Peruzzo · Heizkostenabrechnung nach Verbrauch

D1724086

Heizkostenabrechnung nach Verbrauch

Kommentar und Anleitung für die Praxis

von

Dr. Guido Peruzzo

Kommentar zur Verordnung
über die verbrauchsabhängige Abrechnung
der Heiz- und Warmwasserkosten

6., grundlegend überarbeitete
und wesentlich erweiterte Auflage

Luchterhand 2009

Bibliografische Information der Deutschen National Bibliothek
Die Deutsche National Bibliothek verzeichnet diese Publikation in der Deutschen
Nationalbibliografie; detaillierte bibliografische Daten sind im Internet über
http://dnb.ddb.de abrufbar.

ISBN 978-3-472-07559-2

www.wolterskluwer.de
www.luchterhand-fachverlag.de

Luchterhand – eine Marke von Wolters Kluwer Deutschland GmbH.
© 2009 by Wolters Kluwer Deutschland GmbH, Luxemburger Str. 449, 50939 Köln

Umschlaggestaltung: Martina Busch, Grafikdesign, Fürstenfeldbruck
Satz: Stahringer Satz GmbH, Grünberg
Druck und Bindung: Druckerei Uniprint, Meppel

∞ Gedruckt auf säurefreiem, alterungsbeständigem und chlorfreiem Papier.

Vorwort zur 6. Auflage

Kaum ein anderes Thema beherrscht seit Jahren weltweit die Diskussionen so wie die **Klima- und Energiepolitik.** Sie gilt es, nachhaltig zu gestalten, um auch langfristig auf unserer Erde die Lebensgrundlagen umwelt- und menschengerecht zu sichern. Die privaten Haushalte sind neben dem Energie- und dem Verkehrssektor der drittgrößte CO_2-Emittent in Deutschland. Auch sie können deshalb durch eine rationelle Energieverwendung auf Basis der verbrauchsabhängigen Heizkostenabrechnung ihren angemessenen Anteil zur Lösung der Klimaproblematik in der Welt leisten. Sie helfen dabei inzidenter mit, die Ziele des Kyoto-Protokolls von 1997 zu verwirklichen. Darin verpflichten sich die Teilnehmerstaaten (auch Deutschland), die Emissionen von Treibhausgasen bis 2012 um mindestens 5 % unter das Niveau von 1990 abzusenken. Auch die Europäische Union teilt dieses Ziel. Auf dem Frühjahrsgipfel der Staats- und Regierungschefs im März 2007 hat sie unter deutscher Präsidentschaft mit dem so genannten Klima- und Energiepaket konkrete Schritte in die Wege geleitet, dieser Verpflichtung zeitgerecht nachzukommen.

Die verbrauchsabhängige Abrechnung von Heizung und Warmwasser hat auch unter diesem generellen Aspekt erheblich an Bedeutung zugenommen. Entsprechend sind allerdings die **Probleme** bei ihrer Anwendung angestiegen und haben über die Instanzgerichte hinaus das **höchste deutsche Gericht** zu grundsätzlichen **Entscheidungen** veranlasst. Die einschlägige Fachliteratur hat sie auf diesem Weg kritisch begleitet.

Die 6. Auflage geht auf diese Gerichtsentscheidungen detailliert ein und bewertet die dazu erschienene Literatur. Ausführlich behandelt werden u. a. die **BGH-Entscheidungen** zu den **formellen Anforderungen an die Heiz- und Warmwasserkostenabrechnung,** zum **Recht auf Einsicht in die Abrechnungsbelege** oder die Überlassung von **Kopien,** zum **Wärmecontracting,** zum Abwälzen der Ablesekosten bei **Nutzerwechsel** oder die Kostentragung für **Leerstand.** Vielfach befasst haben sich die Gerichte wiederum mit der **Wirtschaftlichkeit** von Ausstattungen zur Verbrauchserfassung oder der verbrauchsabhängigen Abrechnung insgesamt, mit **Schätzungen** des Verbrauchs und natürlich mit dem **Recht zur Kürzung um 15 %,** wenn entgegen den Vorschriften der Verordnung nicht verbrauchsabhängig abgerechnet wird.

Die 6. Auflage ist völlig überarbeitet und berücksichtigt **auch** die inzwischen eingetretenen **rechtlichen Änderungen** bei der **Verordnung über Heizkostenabrechnung mit Wirkung zum 1.1.2009** und den in Bezug genommenen anderen Gesetzen und Verordnungen. Die Texte der jeweiligen Paragraphen der HeizkostenV und die Kommentierungen beinhalten diese Änderungen bereits. Rund 20 Jahre nach der zweiten Neufassung wurde die **HeizkostenV am 2. Dezember 2008** (BGBl. I S. 2375 ff.) ein weiteres Mal **geändert**. Die neuen Regelungen traten am 1. Januar 2009 in Kraft. Allerdings darf die bis dahin geltende Fassung der Verordnung noch auf Abrechnungszeiträume angewendet werden, die vor diesem Termin begonnen haben. Der Stichtag liegt mitten in der Heizperiode. Der Text der HeizkostenV im Anhang ist daher noch nicht abgeändert, die Änderungsverordnung jedoch zusätzlich aufgeführt.

Im Rahmen von Maßnamen eines sog. »Integrierten Energie- und Klimaschutzpaketes«, das die Bundesregierung zur Umsetzung von EU-Zielen kurz vorher beschlossen hatte, sollen weitere Potenziale zur Minderung der CO_2-Emissionen im Gebäudebereich genutzt werden. Durch die **Erhöhung des verbrauchsabhängigen Anteils** bei der Abrechnung der Heizkosten soll die Motivation der Nutzer zur Energieeinsparung gestärkt oder durch eine **Ausnahme von der Verbrauchererfassungspflicht** z. B. ein Anreiz zur Erreichung des **Passivhausstandards** beim Bau oder der Sanierung von Mehrfamilienhäusern gesetzt werden. In Anbetracht des technischen Fortschritts und geänderter Rahmenbedingungen wurden noch weitere Anpassungen vorgenommen wie die Verpflichtung zur **Mitteilung des Ableseergebnisses** innerhalb eines Monats, eine erweiterte Möglichkeit zur **Änderung unzweckmäßiger Abrechnungsmaßstäbe** durch den Gebäudeeigentümer, die Erstellung einer **Verbrauchsanalyse, neue Berechungsgrundlagen** für die Kostenverteilung **bei verbundenen Anlagen,** die Erweiterung der **Kostenverteilung in Sonderfällen** sowie die **Definition unverhältnismäßig hoher Kosten** und eine **Befristung** der bis dahin geltenden **Besitzstandsklausel.** Nicht zuletzt wurde aufeine überflüssige Regelung unter dem Aspekt der **Entbürokratisierung** verzichtet. Die bisher **nach Landesrecht zuständige Stelle** muss nun einer Ausnahme von der verbrauchsabhängigen Abrechung bei Verwendung moderner Technologien wie Wärmepumpen oder Solaranlagen **nicht mehr zustimmen.**

Letztlich hat der Verfasser die von vielen Seiten über einen längeren Zeitraum an ihn herangetragenen Fragen und Probleme bei der praktischen Anwendung der Verordnung in angemessener Weise berücksichtigt.

Bonn, im März 2009 Guido Peruzzo

Vorwort zur 5. Auflage

Seit Erscheinen der letzten Auflage 1990 hat sich die **politische Landschaft in Europa verändert.** Der Eiserne Vorhang existiert nicht mehr. **Deutschland ist vereinigt.** Mit Wirksamwerden des Beitritts der zuvor noch in der Deutschen Demokratischen Republik gebildeten Länder Brandenburg, Mecklenburg-Vorpommern, Sachsen, Sachsen-Anhalt und Thüringen sowie des ehemaligen Ostberlins zur Bundesrepublik Deutschland trat das Grundgesetz in den neuen Bundesländern in Kraft. Das übrige Bundesrecht wurde mit Maßgaben und Übergangsvorschriften übergeleitet. Auch die **HeizkostenV** gehört hierzu. Sie **ist seit dem 1.1.1991 in den neuen Bundesländern grundsätzlich anwendbar.** Der Verfasser geht ausführlich auf alle sich aus dem Einigungsvertrag ergebenden Maßgaben für die Anwendung der Verordnung in den neuen Bundesländern ein. Er erläutert diese an den einschlägigen Stellen der Kommentierung der einzelnen Vorschriften und stellt sie in einem neuen Teil des Buches im Zusammenhang dar. Dabei berücksichtigt er auch hierzu bereits ergangene wichtige Gerichtsentscheidungen und erörtert besonders das Verhältnis von HeizkostenV und Betriebskosten-Umlageverordnung, die sich speziell mit den Betriebskosten für Wohnraum in den neuen Bundesländern befasst.

Im Übrigen führt er die Kommentierung der in nunmehr 15jähriger Anwendung bewährten HeizkostenV fort. Er hat dabei **wiederum** die seit der letzten Auflage erschienenen **wesentlichen Gerichtsentscheidungen berücksichtigt** und ist unter anderem auf die Urteile des Bundesgerichtshofes zur Frage der Verhältnismäßigkeit der Kosten für die Anbringung von Ausstattungen zur Verbrauchserfassung und der Verjährung von Heizkostenforderungen eingegangen.

Die 5. Auflage ist grundlegend überarbeitet und wesentlich erweitert. Ihre neue optische Gestaltung erleichtert dem Benutzer das Lesen und das Verständnis auch inhaltlich schwieriger Probleme.

Bonn, im September 1996   Guido Peruzzo

Vorwort zur 4. Auflage

Durch die Verordnung zur Änderung energieeinsparrechtlicher Vorschriften vom 19. Januar 1989 (BGBl. I S. 109 ff) ist die Verordnung über Heizkostenabrechnung in wesentlichen Punkten geändert und neu gefasst worden.

Die Änderungen berücksichtigen die langjährigen praktischen Erfahrungen und die zur Anwendung der Verordnung ergangene Rechtsprechung. Sie sind intensiv mit den Verbänden der Beteiligten, der Wissenschaft und den Bundesländern erörtert worden.

Die Vorschriften für die Kostenverteilung im Bereich der verschiedenen Arten **der eigenständig gewerblichen Lieferung von Wärme und Warmwasser** sind nunmehr harmonisiert. Sogenannte Direktversorgungsfälle wie Fern- oder Nahwärme werden jetzt grundsätzlich gleich behandelt und in Form der Liefer-Nutzer-Direktabrechnung in die Pflicht zur verbrauchsabhängigen Abrechnung einbezogen.

Weiterhin werden neue Regeln zur verbrauchsabhängigen Abrechnung von **Gemeinschaftsräumen mit nutzungsbedingt hohem Wärme- oder Warmwasserverbrauch wie Schwimmbäder oder Saunen** aufgestellt.

Darüber hinaus wird eine Regelungslücke geschlossen durch neue Vorschriften für die **Kostenverteilung in Sonderfällen wie Nichterfassung** des anteiligen Verbrauchs wegen **Geräteausfalls oder aus anderen zwingenden Gründen**. Auch die bislang praktizierte **Zwischenablesung** wird durch die neue Regelung über die **Kostenverteilung bei Nutzerwechsel** legalisiert.

Letztlich wird das **Kürzungsrecht um 15 vom Hundert** bei nicht verbrauchsabhängiger Abrechnung als eigenes Sanktionsrecht des Nutzers generell festgeschrieben.

Die neuen Vorschriften verbessern nachhaltig die Rechtsgrundlagen der verbrauchsabhängigen Heizkostenabrechnung. Sie sorgen für mehr **Rechtssicherheit** in bisher **streitigen Fragen**. Der Verordnungsgeber ist damit den Bedürfnissen und Wünschen der Praxis nachgekommen und hat die HeizkostenV materiell verbessert.

Die 4. Auflage ist völlig überarbeitet und geht auf alle neuen Regelungen ausführlich ein. Der Verfasser hat wiederum die von den Betroffenen an ihn gerichteten Fragen und Probleme bei der praktischen Anwendung der Verordnung sowie in der Zwischenzeit ergangene wichtige Gerichtsurteile zur Heizkostenabrechnung bei der Neuauflage in angemessener Weise berücksichtigt.

Bonn, im Juni 1989   Guido Peruzzo

Vorwort zur 3. Auflage

Die Verordnung über die verbrauchsabhängige Abrechnung der Heiz- und Warmwasserkosten (HeizkostenV) ist neu gefasst worden.

Mit Wirkung vom 1. Mai 1984 an wurde ihr **Anwendungsbereich ausgedehnt**. Sie gilt jetzt sowohl für den preisgebundenen, öffentlich geförderten als auch für den nicht preisgebundenen Wohnraum. Damit besteht nunmehr **einheitliches Recht** für die verbrauchsabhängige Abrechnung der Kosten der Versorgung mit Wärme und Warmwasser für alle Mietwohnungen, Eigentumswohnungen und gewerblich genutzten Räume.

Der Gebäudeeigentümer ist verpflichtet, 50 %–70 % der Kosten des Betriebs zentraler Heizungs- und Warmwasserversorgungsanlagen nach Maßgabe des individuellen Verbrauchs auf die Nutzer zu verteilen. Der Rest der Kosten darf weiterhin nach festen Maßstäben (Wohnfläche, umbauter Raum) umgelegt werden.

Die Neufassung der HeizkostenV nimmt das **Zweifamilienhaus** ausdrücklich von der Verpflichtung zur verbrauchsabhängigen Abrechnung aus, wenn der Vermieter eine Wohnung im Haus selbst bewohnt. Das lang umstrittene Leasing von Verbrauchserfassungsgeräten ist jetzt ausdrücklich erlaubt und die hierdurch entstehenden Kosten sind Teil der Heizkosten, wie auch die gesamten **Kosten der Messdienstfirmen** einschließlich der Kosten für die Erstellung der Heizkostenabrechnung nunmehr ausdrücklich zu den Heizkosten gehören.

Diese und weitere bisher bestehende **Streitfragen** hat der Verordnungsgeber in der Neufassung ausdrücklich **geklärt**. All diesen Neuerungen trägt die 3. Auflage Rechnung. Sie ist völlig überarbeitet und geht ausführlich auf alle Textänderungen in der Neufassung der HeizkostenV ein. Der Verfasser hat darüber hinaus die immer wieder von vielen Seiten an ihn herangetragenen Fragen und Probleme bei der praktischen Anwendung der Verordnung eingehend geprüft und ihnen bei der Kommentierung angemessen Rechnung getragen.

Bonn, im August 1985   Guido Peruzzo

Vorwort zur 2. Auflage

Nach der Heizperiode 1981/82 haben sich zahlreiche Fragen zur Auslegung der Verordnung über Heizkostenabrechnung ergeben. Die 2. Auflage dieses Kommentars soll bei der Lösung von Problemen helfen, die durch die praktische Anwendung der HeizkostenV entstanden sind. Der Verfasser ist daher bei der Überarbeitung besonders auf Fragen zur verbrauchsabhängigen Heizkostenabrechnung eingegangen, die u. a. von Mietern, Vermietern, Hausverwaltern, Geräteherstellern und Messdienstfirmen an ihn herangetragen wurden. Er hat Kritik an der Verordnung im Lichte des von ihr verfolgten Ziels gewürdigt.

Bonn, im Januar 1983   Guido Peruzzo

Vorwort zur 1. Auflage

Nach fast zweijährigen Vorarbeiten durch das Bundesministerium für Wirtschaft, das Bundesministerium für Raumordnung, Bauwesen und Städtebau und das Bundesministerium der Justiz wurde die **Verordnung über die verbrauchsabhängige Abrechnung der Heiz- und Warmwasserkosten (Verordnung über Heizkostenabrechnung – HeizkostenV)** am 17. Dezember 1980 vom Bundeskabinett beschlossen. Nachdem der Bundesrat seine Zustimmung am 20. Februar 1981 erteilt hatte, wurde sie am 25. Februar 1981 im Bundesgesetzblatt (BGBl. I S. 261, ber. S. 296) verkündet. **Sie trat am 1. März 1981 in Kraft.**

Angesichts der bestehenden Vielfalt rechtsgeschäftlicher Bestimmungen über die Abrechnung von Heizung und Warmwasser bringt die Verordnung erhebliche Eingriffe in die Vertragsgestaltungen und fordert von den Betroffenen die **Umstellung von Verträgen und Abrechnungsverfahren.** Hierfür belässt sie angemessene Übergangsfristen.

Die vorliegenden Erläuterungen sollen in erster Linie bei der praktischen Umsetzung der Verordnung helfen und darüber hinaus auch zu den zahlreichen Fragen, in denen die Verordnung der Präzisierung durch Literatur und Rechtsprechung bedarf, einige Anstöße für die künftige Diskussion geben.

Bonn, im April 1981   Guido Peruzzo

Inhalt

Abkürzungsverzeichnis

AG	Amtsgericht
AMVOB	Altbaumietenverordnung Berlin
AVBFernwärmeV	Verordnung über allgemeine Bedingungen für die Versorgung mit Fernwärme
BayObLG	Bayerisches Oberstes Landesgericht
BetrKostUÄndV	Betriebskostenumlage-Änderungsverordnung
BetrKostUV	Betriebskosten-Umlageverordnung
BetrKV	Betriebskostenverordnung
BGB	Bürgerliches Gesetzbuch
BGBl	Bundesgesetzblatt
BGH	Bundesgerichtshof
BMWI	Bundesministerium für Wirtschaft
II.BV	Zweite Berechnungsverordnung
BVerfGE	Entscheidungen des Bundesverfassungsgerichts
DWW	Deutsche Wohnungswirtschaft
EnEG	Energieeinsparungsgesetz
f, ff	folgend(e)
HeizAnlV	Heizungsanlagen-Verordnung
HeizBetrV	Heizungsbetriebs-Verordnung
HeizkostenV	Verordnung über Heizkostenabrechnung
KG	Kammergericht
LG	Landgericht
MDR	Monatsschrift für Deutsches Recht
MHG	Gesetz zur Regelung der Miethöhe
4.MietRÄndG	Viertes Mietrechtsänderungsgesetz
m.w.N.	mit weiteren Nachweisen
NJW	Neue Juristische Wochenschrift
NJW-RR	Neue Juristische Wochenschrift-Rechtsprechungsreport
NMV 1970	Neubaumietenverordnung 1970
OLG	Oberlandesgericht
PTB	Physikalisch-Technische Bundesanstalt
Rdn.	interne Randnummer
S.	Seite
u.a.	unter anderem
usw.	und so weiter
vgl.	vergleiche
WE	Wohnungseigentum
WEG	Wohnungseigentumsgesetz
WoBindG	Wohnungsbindungsgesetz
WM	Wohnungswirtschaft und Mietrecht
z.B.	zum Beispiel
ZMR	Zeitschrift für Miet- und Raumrecht

Literaturverzeichnis

Das Literaturverzeichnis beschränkt sich auf ausgewählte Monographien und Kommentare zur Verordnung über Heizkostenabrechnung. Aufsätze und Beiträge in Fachzeitschriften haben ein derartiges Ausmaß, dass auf ihre Auflistung hier verzichtet wird.

Baermann, Johannes/Pick, Eckhart: Wohnungseigentumsgesetz: Gesetz über das Wohnungseigentum und das Dauerwohnrecht; Kommentar mit Wohnungsgrundbuchverfügung, der Heizkostenverordnung, Energieeinsparverordnung, Wohnflächenverordnung, Betriebskostenverordnung sowie weiteren das Wohnungseigentum betreffenden Gesetzen und Verordnungen; 18. Aufl., München 2007.

Blümmel, Dieter/Becker, Peter: Heizung und Heizkostenabrechnung, Berlin 1982.

Böttcher, Paul/Memmert, Erwin: Verbrauchsabhängige Wärmekostenabrechnung, Kommentar zur Heizkosten-Verordnung und zu DIN-Normen, Berlin 1981.

Brintzinger, Ottobert L.: Verordnung über die verbrauchsabhängige Abrechnung der Heiz- und Warmwasserkosten in: Fischer-Dieskau/Pergande/Schwender: Wohnungsbaurecht, Essen 1985.

Bub, Wolf-Rüdiger/Treier, Gerhard: Handbuch der Geschäfts- und Wohnraummiete, 3. Aufl.; München 1999.

Frank, Folker: Heizkostenabrechnung, Stuttgart 1994.

Freywald, Dieter: Heizkostenabrechnung leicht gemacht: Die verbrauchsabhängige Abrechnung der Heiz- und Warmwasserkosten, Freiburg 1996.

Goettling, Dieter/Kuppler, Friedemann: Heizkostenverteilung: Technische Grundlagen und praktische Anwendung, Karlsruhe 1981.

Gramlich, Bernhard: Mietrecht: Bürgerliches Gesetzbuch, Zweite Berechnungsverordnung, Wirtschaftsstrafgesetz, Heizkostenverordnung; Kommentar, 10. Aufl., München 2007.

Hampel, Armin: Wärmekostenabrechnung: Bestimmungen, Systeme, Geräte, Anwendung, München 1981.

Henkes, Ulrich: WEG. Handbuch und Kommentar zum Wohnungseigentumsgesetz mit Anmerkungen zur Heizkosten- und der Heizungsanlagen-Verordnung, einschlägigen Gesetzestexten und Mustern zur Begründung und Verwaltung von Wohnungseigentum sowie zum gerichtlichen Verfahren, 7. Aufl., Heidelberg 2004.

Kapmeyer, Eberhard: Gas- und Heizkostenabrechnung: Die praktische Anwendung der Rechtsverordnung, Stuttgart 1986.

Kinne, Harald: Heizung und Heizkostenabrechnung, Berlin 1992.

Kohlenbach, Helmut: Kommentar zur Heizkostenverordnung; in: Schade/Schubart: Soziales Mietrecht 2003.

Kreuzberg, Joachim/Wien, Joachim: Handbuch der Heizkostenabrechnung: Abrechnung nach Heizkostenverordnung und im Contracting nach AVBFernwärmeV; Messung von Wasser- und Kältelieferung; begr. von Joachim Kreuzberg; fortgeführt von Joachim Wien, 6. Aufl., Düsseldorf 2005.

Kuppler, Friedemann: Heizkosten richtig erfassen und verteilen, Grafenau 1993.

Lammel, Siegbert: Heizkostenverordnung, Verordnung über die verbrauchsabhängige Abrechnung der Heiz- und Warmwasserkosten (VO über Heizkostenabrechnung – Heizkosten V), 2. Aufl., München 2000.

Peters, Frank: Handbuch der Wärmekostenabrechnung, Minol Messtechnik, 11. Aufl., 2004.

Pfeifer, Frank-Georg: Die neue Heizkosten-Verordnung, 3. Aufl., Düsseldorf 1994.

ders.: Die Heizkostenverordnung: Erfassung und Umlage, Düsseldorf 1994.

Schubart, Hans-Georg/Kohlenbach, Helmut: Soziales Miet- und Wohnrecht – Kommentar, Neuwied 1995.

Schulz, Walter: Anwendungsprobleme zur Heizkostenverordnung, 1987.

Sternel, Friedemann: Mietrecht, 43. Aufl., München 2007.

ders.: Mietrecht aktuell, Erläuterungen der neuen Mietgesetze, aktuelle Rechtsprechung, Gesetzestexte, 3. Aufl., Köln 1996.

Thieler, Volker: Das neue Heizkostenrecht und Wärmeschutzverordnung, Weilheim 1985.

1. Teil   Einleitung

Die Hauptaufgabe der Energiepolitik ist die ausreichende und relativ sichere **1**
sowie kostengünstige Energieversorgung der Volkswirtschaft. Selbst wenn es
den Industrie- und -schwellenländern gelingen sollte, ihren Energieverbrauch
auf dem heutigen Niveau zu stabilisieren, wird der Energieverbrauch in der
Welt weiter steigen. Wesentliche Nachfrageimpulse werden weiterhin von den
Ländern der Dritten Welt ausgehen, die ein anhaltendes Bevölkerungswachs-
tum verzeichnen. Für diese Länder wird die ausreichende Energieversorgung
zur Überlebensvoraussetzung, Gleichzeitig ist absehbar, dass sich die Vorräte
der traditionellen Energieträger insbesondere des Öls erschöpfen. Ein weltwei-
ter Verteilungskampf um diesen knappen Energieträger ist nicht auszuschließen, dabei sind die Entwicklungsländer wegen ihrer geringen wirtschaftlichen
Kraft von vornherein entscheidend benachteiligt. Für die Bundesrepublik
Deutschland ist die Versorgungssituation immer noch relativ problemlos. Die
deutschen Bezugsquellen sind auf dem Ölmarkt ausgewogen verteilt. Dennoch lassen sich Versorgungsrisiken wie in der Vergangenheit auch für die Zukunft nicht ausschließen, da Unsicherheiten hinsichtlich der Angebotspolitik
der Förderländer und der weltweiten Nachfrage von uns nicht zu beeinflussen
sind. Hieraus ergibt sich für eine verantwortungsvolle Energiepolitik die
Konsequenz, das Ziel einer rationelleren und sparsamen sowie effizienteren
Energieverwendung ganz an die Spitze zu stellen. Dadurch wird sowohl ein
deutlicher Beitrag zum schonenden Umgang mit den verbleibenden Energie-
reserven als auch zum Umweltschutz und zur Klimapolitik geleistet.

Eine rationelle Energieverwendung hat u. a. die Bedeutung, eine Verbesserung **2**
des Verhältnisses von Nutzenergie zu Verlusten in der Gesamtenergiebilanz
herbeizuführen. Es muss weiterhin angestrebt werden, das Wirtschaftswachs-
tum vom Energieverbrauchswachstum zu entkoppeln. Bei gleicher Produkti-
vität und gleichem Lebensstandard wird es gleichzeitig möglich, Ressourcen,
Umwelt und Klima zu schonen. Das Ziel einer gesamtwirtschaftlich rationellen Energieverwendung ist jedoch nicht kurzfristig zu erreichen. Denn technische Verbrauchsstrukturen und Verhaltensweisen der einzelnen Verbraucher
können nicht in kurzer Zeit völlig verändert werden. Aufgabe der Politik der
rationellen Energieverwendung ist es deshalb, notwendige Umstrukturie-
rungsprozesse in allen Verbrauchsbereichen der Volkswirtschaft zu unterstützen und, wo erforderlich, zu beschleunigen. Sie muss deshalb vom Charakter
her längerfristig und stetig angelegt sein. Nach dem Gesamtkonzept der
Bundesregierung wird dem Steuerungsmechanismus der Energiepreise erste
Priorität zugeordnet. Man vertraut der Effizienz und Fähigkeit des Markt-
mechanismus, notwendige Strukturanpassungen mit den volkswirtschaftlich

geringsten Reibungsverlusten zu vollziehen. Eine sparsame und rationelle Energieverwendung allein über den Preis reicht jedoch nicht aus. Sie hat darüber hinaus vor allem sozial ihre Grenzen. Auch in Zukunft muss deshalb eine solche Politik durch staatliche Anreize in finanzieller Form und dort, wo es nötig wird, durch gesetzliche Gebote und Verbote ergänzt und weiterentwickelt werden.

3 Um finanzielle Anreize zu schaffen, Energie zu sparen und Öl zu ersetzen, wurden bislang und werden immer noch erhebliche Mittel eingesetzt. Beispiele aus der Vergangenheit sind das 4,35 Mrd-DM-Programm zur Förderung heizenergiesparender Investitionen in den 1970er Jahren sowie die Energieforschungsprogramme. An gesetzlichen Vorschriften im Bereich der rationellen Energieverwendung ist an erster Stelle das Gesetz zur Einsparung von Energie in Gebäuden (Energieeinsparungsgesetz-EnEG) vom 22. Juli 1976 (BGBl. I S. 1873) zu nennen. Dieses Gesetz ermächtigt die Bundesregierung, mit Zustimmung des Bundesrates Anforderungen an energiesparenden Wärmeschutz bei zu errichtenden Gebäuden sowie an heizungs- und raumlufttechnische Anlagen und Brauchwasseranlagen und deren Betrieb zu stellen. In Ausschöpfung dieser Ermächtigungen wurden erlassen:
1. die Verordnung über einen energiesparenden Wärmeschutz bei Gebäuden (Wärmeschutzverordnung – Wärmeschutz V) vom 11. 8. 1977 (BGBl. I S. 1554) in der Neufassung vom 24. Februar 1982 (BGBl. I S. 209)
2. die Verordnung über energiesparende Anforderungen an heizungstechnische Anlagen und Brauchwasseranlagen (Heizungsanlagen-Verordnung-Heiz-AnlV) vom 22.9.1978 (BGBl. I S. 1581) in der Neufassung vom 26. Januar 1989 (BGBl. I S. 121), inzwischen außer Kraft
3. die Verordnung über energiesparende Anforderungen an den Betrieb von heizungstechnischen Anlagen und Brauchwasseranlagen (Heizungsbetriebs-Verordnung-HeizBetrV) vom 22.9.1978 (BGBl. I S. 1584).

4 Im Jahre 1980 wurde das Energieeinsparungsgesetz zum ersten Mal geändert. Durch den neugeschaffenen § 3 a wurde die Bundesregierung ermächtigt, durch Rechtsverordnung mit Zustimmung des Bundesrates vorzuschreiben, dass
1. der Energieverbrauch der Benutzer von heizungs- oder raumlufttechnischen oder der Versorgung mit Brauchwasser dienenden gemeinschaftlichen Anlagen oder Einrichtungen erfasst wird,
2. die Betriebskosten dieser Anlagen oder Einrichtungen so auf die Benutzer zu verteilen sind, dass dem Energieverbrauch der Benutzer Rechnung getragen wird.

5 Mit dieser Vorschrift wurde die Einführung der verbrauchsabhängigen Abrechnung der Kosten des Betriebes von heizungs- oder raumlufttechnischen oder der Versorgung mit Brauchwasser dienenden gemeinschaftlichen Anlagen für nicht preisgebundene Mietwohnungen, Eigentumswohnungen und gewerblich genutzte Räume mit mehreren Wirtschaftseinheiten ermöglicht. Für den preisgebundenen Mietwohnraum war die verbrauchsabhängige Abrechnung seit dem 1. Juli 1979 durch die Verordnung über die Ermittlung der zulässigen Miete für preisgebundene Wohnungen (Neubaumietenverordnung 1970 – NMV 1970) in der Fassung vom 18.7.1979 (BGBl. I S. 1103) mit Übergangsfristen bereits eingeführt. In Ausschöpfung der ihr in § 3 a EnEG erteilten Ermächtigung hatte die Bundesregierung mit Zustimmung des Bundesrates am 23.2.1981 die

»Verordnung über die verbrauchsabhängige Abrechnung der Heiz- und Warmwasserkosten (Verordnung über Heizkostenabrechnung-HeizkostenV)«

(BGBl. I S. 261 ber. S. 296) erlassen.

Da die inhaltliche Ausgestaltung der verbrauchsabhängigen Abrechnung hier **6** aber wegen zwischenzeitlicher Veränderungen in der Energieversorgungssituation von der in der Neubaumietenverordnung 1970 abwich, wurden beide Vorschriften harmonisiert. Mit der ersten Neufassung der HeizkostenV vom 5. April 1984 (BGBl. I S. 592) galt jetzt im preisgebundenen und nicht preisgebundenen Wohnraum einheitliches Recht für die verbrauchsabhängige Abrechnung der Heiz- und Warmwasserkosten.

Auf der Grundlage weiterer praktischer Erfahrungen bei der Abrechnung und **7** der hierzu ergangenen Rechtsprechung wurde die HeizkostenV durch die Verordnung zur Änderung energieeinsparrechtlicher Vorschriften vom 19. Januar 1989 (BGBl. I S. 109 ff.) erneut geändert. Am 1. März 1989 trat die zweite Neufassung der HeizkostenV (BGBl. I S. 115) in Kraft. Sie harmonisiert Vorschriften für die Kostenverteilung im Bereich verschiedener Arten eigenständig gewerblicher Lieferung von Wärme und Warmwasser, regelt Sonderfälle für die Kostenverteilung in speziellen Situationen wie zum Beispiel bei Mieterwechsel, Ausfall von Erfassungsgeräten und gemeinschaftlich genutzten Räumen und schreibt das 15 %ige Kürzungsrecht der Mieter grundsätzlich für den Fall fest, dass entgegen den Bestimmungen der Verordnung nicht verbrauchsabhängig abgerechnet wird.

Mit der Änderungsverordnung wurden weiterhin die für die Errichtung und **8** den Betrieb von Heizungsanlagen geltenden energiesparrechtlichen Vorschriften in einer einzigen Verordnung, der Heizungsanlagen-Verordnung, zusammengefasst und die Heizungsbetriebs-Verordnung aufgehoben. Die bis dahin in diesen beiden Verordnungen enthaltene Begrenzung der Abgasverluste von Heizungsanlagen ist nun in der 1. Bundesimmissionsschutz-Verordnung geregelt. Mit Wirkung vom 1.2.2002 wurde auch die Heizungsanlagen-Verordnung aufgehoben.

9 Nach der deutschen Vereinigung trat die HeizkostenV am 1.1.1991 auch in den neuen Bundesländern in Kraft. Bis dahin konnte noch nach den Regeln der DDR verfahren werden. Seit dem 1.1.1996 müssen jetzt grundsätzlich auch dort alle Räume mit Ausstattungen zur Verbrauchserfassung ausgerüstet sein und die Heiz- und Warmwasserkosten nach der Verordnung abgerechnet werden. Der Vertrag zwischen der Bundesrepublik Deutschland und der Deutschen Demokratischen Republik über die Herstellung der Einheit Deutschlands (Einigungsvertrag) vom 31. August 1990 (BGBl. II S. 889) gibt detaillierte Maßgaben und Übergangsvorschriften für die Anwendung der Verordnung in Anlage I Kapitel V Sachgebiet D Abschnitt III Nr. 10 vor. In einer weiteren Verordnung über die Umlage von Betriebskosten auf die Mieter (Betriebskosten-Umlageverordnung – BetrKostUV) vom 17. Juni 1991 (BGBl. I S. 1270) wurden ebenfalls Regelungen für Kosten der Heizung und Warmwasserversorgung in den neuen Bundesländern getroffen. Die wichtigste in diesem Zusammenhang war die Möglichkeit, die Kosten ab einem Betrag von 3,00 DM (ab 1.1.1994: 2,50 DM) je Quadratmeter Wohnfläche zu kappen. Der Betrag verminderte sich auf 2,60 DM (ab 1.1.1994: 2,10 DM), wenn nur Heizkosten umgelegt wurden. Ausschlaggebend hierfür waren soziale Gründe. Die Mieter in den neuen Bundesländern sollten nicht mit zu hohen Kosten für die Versorgung mit Wärme und Warmwasser belastet werden, nachdem diese zu DDR-Zeiten nur in geringer Höhe und pauschal in Rechnung gestellt wurden. Diese Möglichkeit ist allerdings seit dem 11.6.1995 durch die Aufhebung der BetrKostUV wieder entfallen.

10 Rund 20 Jahre nach der zweiten Neufassung wurde die HeizkostenV am 2. Dezember 2008 (BGBl. I S. 2375 ff.) ein weiteres Mal geändert. Die neuen Regelungen traten am 1. Januar 2009 in Kraft. Allerdings durfte die bis dahin geltende Fassung der Verordnung noch auf Abrechnungszeiträume angewendet werden, die vor diesem Termin begonnen hatten. Der Stichtag lag mitten in der Heizperiode. Im Rahmen von Maßnahmen eines sog. »Intergrierten Energie- und Klimaschutzpaketes«, das die Bundesregierung zur Umsetzung von EU-Zielen kurz vorher beschlossen hatte, sollten weitere Potentiale zur Minderung der CO_2-Emissionen im Gebäudebereich genutzt werden. Durch die Erhöhung des verbrauchsabhängigen Anteils bei der Abrechnung der Heizkosten sollte die Motivation der Nutzer zur Energieeinsparung gestärkt oder durch eine Ausnahme von der Verbrauchserfassungspflicht z. B. ein Anreiz zur Erreichung des Passivhausstandards beim Bau oder der Sanierung von Mehrfamilienhäusern gesetzt werden. In Anbetracht des technischen Fortschritts und geänderter Rahmenbedingungen wurden noch weitere Anpassungen vorgenommen wie die Verpflichtung zur Mitteilung des Ableseergebnisses innerhalb eines Monats, eine erweiterte Möglichkeit zur Änderung unzweckmäßiger Abrechnungsmaßstäbe durch den Gebäudeeigentümer, die Erstellung einer Verbrauchsanalyse, neue Berechnungsgrundlagen für die Kostenverteilung bei verbundenen Anlagen, die Erweiterung der Kostenverteilung in Sonderfällen sowie die Definition unverhältnismäßig hoher Kosten und eine Befristung der bis dahin geltenden Besitzstandsklausel. Nicht zuletzt wurde auf eine überflüssige Regelung unter dem Aspekt der Entbürokratisierung verzichtet. Die bisher nach Landesrecht zuständigen Stellen müssen nun einer Ausnahme von der verbrauchsabhängigen Abrechnung bei Verwendung moderner Technologien wie Wärmepumpen oder Solaranlagen nicht mehr zustimmen.

Auch auf europäischer Ebene setzt sich die verbrauchsabhängige Abrechnung **11** immer weiter durch. Der Rat der Europäischen Gemeinschaften verabschiedete am 13. September 1993 die Richtlinie (93/76/EWG) zur Begrenzung der Kohlendioxidemissionen durch eine effizientere Energienutzung (SAVE). Sie zielte darauf ab, die Qualität der Umwelt zu bewahren und eine umsichtige und rationelle Verwendung der natürlichen Ressourcen zu gewährleisten. Sie verpflichtete die Mitgliedstaaten u. a., Programme für eine in einem angemessenen Verhältnis zum tatsächlichen Verbrauch stehende Abrechnung der Kosten für Heizung, Klimatisierung und Warmwasserbereitung zu erstellen und durchzuführen. Die Programme sollten die Aufteilung der Kosten für diese Leistungen auf die Nutzer eines Gebäudes oder Gebäudeteiles nach dem Wärmeverbrauch bzw. Kalt- und Warmwasserverbrauch jedes Nutzers ermöglichen. Dies betrifft Gebäude oder Gebäudeteile, die über eine zentrale Heizung, Klimatisierung oder Warmwasserbereitung verfügen. Die Bewohner solcher Gebäude sollten in die Lage versetzt werden, ihren eigenen Wärme-, Kaltwasser- und Heißwasserverbrauch zu regeln. Hiermit wurden EG-weit Regelungen getroffen, die in Deutschland bereits existierten und sich in jahrelanger Anwendung bewährt haben. Änderungen oder Anpassungen unserer Vorschriften an die europäischen Vorgaben der SAVE-Richtlinie waren bei uns nicht erforderlich. Nur die Mitgliedstaaten der Europäischen Union, die ein diesen Anforderungen noch nicht entsprechendes Abrechnungssystem hatten, waren verpflichtet, die Richtlinie in ihr innerstaatliches Recht umzusetzen.

Mit der Richtlinie 2006/32/EG des Europäischen Parlaments und des Rates **12** vom 5. April 2006 über Endenergieeffizienz und Energiedienstleistungen und zur Aufhebung der Richtlinie 93/76/EWG des Rates wurde die SAVE-Richtlinie aufgehoben und ging inhaltlich in diese erweiterte neue Richtlinie ein. Sie macht in Art. 13 detaillierte Vorgaben zur Erfassung und Abrechnung des

Energieverbrauchs und gibt im dazugehörigen Anhang IV einen allgemeinen Rahmen für die Messung und Überprüfung von Energieeinsparungen vor.

13 Nach einem Forschungsbericht der Technischen Universität Dresden wird die HeizkostenV rund 25 Jahre nach ihrer Einführung in Deutschland in etwa 16 Mio Wohnungen angewendet. Der Verbrauch wird dabei mit weit über 100 Mio Geräten erfasst (zu näheren Angaben des Berichts vgl. WM 2005, 312/313). Da die privaten Haushalte neben dem Energie- und dem Verkehrssektor der drittgrößte CO_2-Emittent in unserem Land sind, können auch sie durch eine rationelle Energieverwendung auf Basis der verbrauchsabhängigen Heizkostenabrechnung ihren angemessenen Anteil zur Lösung der Klimaproblematik in der Welt leisten. Sie helfen dabei inzidenter mit, die Ziele des Kyoto-Protokolls von 1997 zu verwirklichen. Darin verpflichten sich die Teilnehmerstaaten (auch Deutschland), die Emissionen von Treibhausgasen bis 2012 um mindestens 5 % unter das Niveau von 1990 abzusenken. Auch die gesamte Europäische Union teilt dieses Ziel. Auf dem Frühjahrsgipfel der Staats- und Regierungschefs im März 2007 hat sie unter deutscher Präsidentschaft mit dem so genannten Klima- und Energiepaket konkrete Schritte in die Wege geleitet, dieser Verpflichtung zeitgerecht nachzukommen.

14 Die verbrauchsabhängige Abrechnung kann nach empirisch belegten Untersuchungen den Energieverbrauch im Gebäudebereich um durchschnittlich 15 % verringern. Früher wurde lediglich in begrenztem Umfang aufgrund privatrechtlicher Vereinbarungen eine solche Abrechnung vorgenommen. Ansonsten erfolgte die Kostenverteilung nach nicht verbrauchsabhängigen Kriterien, insbesondere nach der Wohnfläche.

15 Die verbrauchsabhängige Abrechnung ist eine Maßnahme, mit der ohne großen Investitionsaufwand durch Verhaltensänderung der Bürger ein beachtliches Maß an Energieeinsparung erzielt werden kann. Änderungen der Temperaturwahrnehmung können durch Änderung von z. B. Bekleidung, Lüftung oder Heizungsregelung einen individuellen Behaglichkeitszustand herstellen. Bei der Wahl der Mittel wird in der Regel der Handlungsalternative der Vorzug gegeben, die einen minimalen Aufwand erfordert. Die moderne Heizungstechnik hat zur Herstellung einer konstanten, auf das subjektive Wärmebedürfnis eingestellten Raumtemperatur gute Fortschritte gemacht. Durch Institutionalisierung der Energiebeschaffung und ihrer Lagerung sind für den Benutzer einer zentralen Heizungsanlage wesentliche Einflussgrößen im Optimierungsprozess entfallen. Der Benutzer einer Sammelheizung erlebt nicht mehr direkt die Probleme, die mit der Wohnraumbeheizung zusammenhängen. Unmittelbarer Anlass zur Einschränkung oder zum Verzicht auf eine voll beheizte Wohnung beim Aufstehen oder bei der Heimkehr besteht für den

Einzelnen nicht mehr. Der für diese Annehmlichkeiten erforderliche finanzielle Aufwand wird nicht mehr empfunden. Auch die körperlichen Leistungen für die Wärmebereitstellung sind entfallen. Die unterschiedlichen Kostenbelastungen, die verschiedene Lüftungsgewohnheiten mit sich bringen, werden ebenfalls nicht mehr unmittelbar erkannt, wenn nicht der individuelle Verbrauch zur Grundlage der Abrechnung wird.

Die Heizkostenabrechnung nach Verbrauch hat deshalb und wird auch zukünftig wesentlich zur Verhaltensänderung beitragen. Die durch Wegfall individueller Energiebeschaffung und Lagerhaltung entfallene Motivation zum sparsamen Energieverbrauch wird weiterhin aktiviert. **16**

2. Teil   Die Verordnung über Heizkostenabrechnung

§ 1   Anwendungsbereich

(1) Diese Verordnung gilt für die Verteilung der Kosten
1. des Betriebs zentraler Heizungsanlagen und zentraler Warmwasserversorgungsanlagen,
2. der eigenständig gewerblichen Lieferung von Wärme und Warmwasser, auch aus Anlagen nach Nummer 1 (Wärmelieferung, Warmwasserlieferung),

durch den Gebäudeeigentümer auf die Nutzer der mit Wärme oder Warmwasser versorgten Räume.

(2) Dem Gebäudeeigentümer stehen gleich
1. der zur Nutzungsüberlassung in eigenem Namen und für eigene Rechnung Berechtigte,
2. derjenige, dem der Betrieb von Anlagen im Sinne des § 1 Abs. 1 Nr. 1 in der Weise übertragen worden ist, dass er dafür ein Entgelt vom Nutzer zu fordern berechtigt ist,
3. beim Wohnungseigentum die Gemeinschaft der Wohnungseigentümer im Verhältnis zum Wohnungseigentümer, bei Vermietung einer oder mehrerer Eigentumswohnungen der Wohnungseigentümer im Verhältnis zum Mieter.

(3) Diese Verordnung gilt auch für die Verteilung der Kosten der Wärmelieferung und Warmwasserlieferung auf die Nutzer der mit Wärme oder Warmwasser versorgten Räume, soweit der Lieferer unmittelbar mit den Nutzern abrechnet und dabei nicht den für den einzelnen Nutzer gemessenen Verbrauch, sondern die Anteile der Nutzer am Gesamtverbrauch zugrunde legt; in diesen Fällen gelten die Rechte und Pflichten des Gebäudeeigentümers aus dieser Verordnung für den Lieferer.

(4) Diese Verordnung gilt auch für Mietverhältnisse über preisgebundenen Wohnraum, soweit für diesen nichts anderes bestimmt ist.

Absatz 1

In § 1 der HeizkostenV wird der Anwendungsbereich dieser Verordnung festgelegt. Nach Abs. 1 gilt sie für die **Verteilung der Kosten des Betriebs zentraler Heizungs- und Warmwasserversorgungsanlagen** sowie für die **eigenständig gewerbliche Lieferung von Wärme und Warmwasser** dann, wenn der Gebäudeeigentümer diese Kosten auf eine **Mehrheit von Nutzern** der mit Wärme und Warmwasser versorgten Räume umlegt.   **17**

9

18 Die Verordnung findet nur Anwendung für die **zentrale Versorgung mit Wärme und Warmwasser.** Nicht von der verbrauchsabhängigen Abrechnung betroffen sind damit alle Räume, die z. B. mit Einzelöfen oder Etagenheizungen beheizt werden oder die in anderer Weise mit einer dezentralen Wärmeversorgungsanlage ausgestattet sind. Dies trifft auch für den Fall zu, dass Einzelöfen zentral mit Brennstoffen, wie z. B. Öl, versorgt und auch andere Wohnungen im Haus so bedient werden. Hier kann die Abrechnung der Kosten, anders als in der HeizkostenV vorgegeben, erfolgen. Nur sollten vertragliche Regelungen die Aufteilung der Kosten festlegen, um Streitfragen von vornherein zu vermeiden und Klarheit über die Nichtanwendung der HeizkostenV zu schaffen (*AG Schwäbisch Hall* WM 1997, 118).

19 Um **Lieferung von Wärme und Warmwasser** im Sinne der Verordnung handelt es sich dann, wenn die Wärme oder das Warmwasser nicht vom Gebäudeeigentümer, sondern von einem Dritten bereitgestellt wird. Damit sind die üblichen Fernversorgungsunternehmen wie Fernheizwerk, Kraftwerk mit Kraft-Wärme-Kopplung usw. in die Verordnung eingebunden. Es werden aber auch diejenigen Unternehmen berührt, die die Heizungsanlage des Gebäudeeigentümers für ihn im eigenen Namen und für eigene Rechnung betreiben (vgl. die Ausführungen zu Abs. 2 Rdn. 33–36).

20 Die bis 1989 geltende Fassung des § 1 Abs. 1 Nr. 2 deckte ausschließlich die Lieferung von Fernwärme und Fernwarmwasser ab. Nunmehr wird umfassend die **eigenständig gewerbliche Lieferung von Wärme und Warmwasser, auch aus Anlagen nach Nr. 1 (Wärmelieferung, Warmwasserlieferung),** einbezogen. Nach dieser Neufassung ist es unerheblich, ob die Wärme- oder Warmwasserlieferung in Lieferverträgen als Direkt-, Nah- oder Fernlieferung deklariert wird. Jede Art der eigenständig gewerblichen Wärme- und Warmwasserlieferung ist abgedeckt einschließlich des gewerblichen Betriebs von Heizzentralen mit Lieferung von Wärme und Warmwasser für die Nutzer eines oder mehrerer Gebäude. Selbst bei einem einzigen Gebäude können sich sehr unterschiedliche Fallgestaltungen ergeben. So kann z. B. bei der Errichtung eines Gebäudes die Heizungs- und Warmwasserversorgungsanlage direkt durch den künftigen Betreiber eingebaut werden. Sie kann auch vom Gebäudeeigentümer, der sie selbst installiert, später an einen Betreiber verpachtet werden. Ebenso kann der erstmalige, nachträgliche Einbau einer Anlage in Gebäuden, die bislang nicht zentral versorgt wurden, vom Betreiber selbst vorgenommen werden.

21 Vor allem in Praxis und Rechtsprechung kam es in diesem Bereich immer wieder zu Streitfällen. Es war unklar, ob bei Direkt- und Nahwärmeversorgungskonzepten, die in zunehmendem Maße die regionale Wärmeversorgung mittragen, die für Fernwärme geltenden Vorschriften der HeizkostenV Anwendung finden und damit insbesondere nicht nur die Betriebskosten nach § 7 Abs. 2, sondern die gesamte Kosten für die Lieferung nach § 7 Abs. 4 auf die Nutzer verteilt werden konnten. Die Neufassung stellt diese Zweifelsfragen außer Streit. Selbst der BGH musste sich mit diesen Problemen mehrmals befassen (vgl. u. a. NJW 1990, 1181 und 1986, 3195 mit weiteren Nachweisen). Er ging zunächst davon aus, dass die Voraussetzungen für Fernwärme dann nicht vorlägen, »... wenn die Wärme in einer dem Gebäudeeigentümer gehörenden zentralen Anlage ... erzeugt werde, die integraler Bestandteil des Gebäudes sei, zu dessen ausschließlicher Wärmeversorgung sie errichtet und nach wie vor bestimmt sei«. Nach der Neufassung der HeizkostenV 1989 erkannte er jedoch alle die Fälle als Fernwärme an, »in denen ... aus einer nicht im Eigentum des Gebäudeeigentümers stehenden Heizungsanlage von einem Dritten nach unternehmenswirtschaftlichen Gesichtspunkten eigenständig Wärme produziert und an andere geliefert wird. ... Dabei kommt es auf die Nähe der Anlage zum versorgten Gebäude ebenso wenig an, wie auf das Vorhandensein eines größeren Leitungsnetzes.«

Auch die einschlägige Fachliteratur (vgl. umfassende Nachweise in NJW 1990, **22** 1182) vertrat in dieser Frage unterschiedliche Auffassungen. Die einen sahen Fernwärme nur dann als gegeben an, wenn der Lieferer durch die von ihm betriebene Versorgungsanlage mehrere Gebäude oder gar Stadtteile über ein eigenes Netz und über Anschlüsse an die Kundenanlage versorgte. Andere orientierten sich an der Versorgung Dritter, der Zahlung eines regelmäßigen Entgelts für die Wärmelieferung aufgrund einer Preisregelung und an eigentumsmäßigen Abgrenzungsmöglichkeiten zwischen Kundenanlage und Anlage des Versorgungsunternehmens. Wiederum andere – und sie liegen auf der Linie der jetzigen Regelung – nahmen Fernwärme auch dann an, wenn die Wärme aus einer dem Gebäudeeigentümer gehörenden, aber von einem Dritten im eigenen Namen für eigene Rechnung betriebenen Anlage aufgrund eines mit dem Gebäudeeigentümer oder den Nutzern abgeschlossenen Vertrages geliefert wurde.

Noch einmal: Die Neufassung des § 1 Abs. 1 Nr. 2 stellt alle diese Zweifelsfra- **23** gen außer Streit. Dennoch hat sie nicht verhindern können, dass sich im Laufe der Zeit **neue Probleme** ergaben, die wiederum zu Rechtsstreiten führten, mit denen sich die höchsten Gerichte befassen mussten und die zahlreiche kontroverse Kommentierungen in der einschlägigen Fachliteratur hervorriefen. Die Wichtigsten sollen im Folgenden kurz zusammenfassend dargestellt werden:

Im Jahre 2005 fasste der *BGH* (NJW 2005, 1776) eine **Grundsatzentschei-** **24** **dung zum so genannten »Wärmecontracting«.** Er bezeichnete hiermit die

Übertragung des Betriebs einer vorhandenen Heizungsanlage auf einen Dritten (zur Definition vgl. auch DIN 8930–5, November 2003). Die vom *BGH* zu entscheidende Frage war, ob der Vermieter von Wohnraum während eines laufenden Mietverhältnisses zum Wärmecontracting nur mit oder auch ohne Zustimmung des Mieters übergehen konnte, wenn eine ausdrückliche Regelung hierfür im Mietvertrag fehlte und dem Mieter dadurch zusätzliche Kosten auferlegt werden sollten. Der *BGH* entschied, dass in einem solchen Fall der Mieter zustimmen müsste. Er bestätigte dies danach in weiteren Urteilen (vgl. u. a. *BGH* WM 2005, 456, WM 2006, 256 und WM 2006, 686).

25 In der Praxis waren bis dahin vermehrt Fälle aufgetreten, in denen der Vermieter den Betrieb einer bereits vorhandenen Zentralheizungsanlage während des laufenden Mietverhältnisses auf einen Dritten übertragen hatte und den von diesem in Rechnung gestellten (höheren) Wärmepreis auf den Mieter umlegen wollte. Vor den Instanzgerichten und im Schrifttum entbrannte ein Streit darüber, unter welchen Voraussetzungen der Vermieter diesen Wärmepreis erhalten sollte (vgl. zusammenfassende Übersichten u. a. im Urteil selbst sowie bei *Hack* NJW 2005, 2039 und *Schmid* WM 2005, 553 oder zu den grundsätzlichen mietvertraglichen Voraussetzungen und Folgen solcher Maßnahmen: *Derleder* WM 2000, 3 ff; genereller *Eisenschmid* WM 2008, 264 ff. zum Contracting als Instrument des Klimaschutzes mit kritischen Anmerkungen zu diesem und weiteren BGH-Urteilen).

26 Die einen meinten, der Vermieter könne auch dann ohne vertragliche Grundlage und ohne Zustimmung des Mieters die Umstellung vornehmen, wenn dem Mieter dadurch im Wärmepreis enthaltene Kosten für z. B. Abschreibung, Kapital und Gewinn auferlegt würden (vgl. stellvertretend für viele: *LG Frankfurt/Oder* WM 1999, 403; *LG Chemnitz* NJW 2000, 81; *LG München II* WM 2000, 81; *AG Dortmund* NJW 2004, 300; *Schmid* Handbuch der Mietnebenkosten, 8. Aufl., Rn 6019; *Schmid* ZMR 1998, 733 ff, WM 2000, 339 und WM 2002, 456; Staudinger/*Weitemeyer* BGB, Neubearb. 2003, Anh. §§ 556, 556 a, Rn. 7 ff.). Sie beriefen sich auf §§ 1 Abs. 1 Nr. 2 und 7 Abs. 4 HeizkostenV, die dem Vermieter bei der Lieferung der Wärme durch einen Dritten auch die Umlegung der in dessen Abrechnung enthaltenen kalkulatorischen Kosten ermöglichten, selbst wenn im Mietvertrag nur die Umlegung der reinen Energiekosten vereinbart war. Im Zweifel sollte auch die einseitige Änderung des Mietvertrages durch den Vermieter für die Zukunft möglich sein.

27 Die anderen hielten grundsätzlich an den getroffenen Vereinbarungen zwischen Mieter und Vermieter fest mit der Folge, dass der Vermieter zusätzlich entstehende Kosten nicht gegen den Willen des Mieters umlegen durfte (vgl. stellvertretend für viele: *LG Braunschweig* ZMR 2000, 832; *LG Neuruppin*

WM 2000, 554; *LG Essen* ZNM 2001, 90; *LG Frankfurt/Main* WM 2003, 217; *LG Berlin* WM 2004, 611; *LG Köln* WM 2004, 400; *LG Bochum* 2005, 245; KG WM 2007, 129; *LG Bremen* WM 2007, 512; *AG Hannover* WM 1998, 40; *AG Hohenstein-Ernstthal* NZM 1999, 499; *AG Gladbeck* WM 2000, 17; *AG Frankfurt/Main* WM 2002, 375; *AG Waiblingen* WM 2003, 216; *AG Spandau* WM 2006, 566; *Eisenschmid* WM 1998, 449; *Lammel* HeizkostenVO, 2. Aufl., § 1 Rn. 17 ff.; *Pfeiffer* WM 2004, 586 m.w.N.; *Langenberg* WM 2004, 375 m.w.N.; *Glause* WM 2003, 377). Es bedürfe also einer nachträglichen Einigung mit dem Mieter, wenn der Vermieter in einem bestehenden Mietverhältnis von der eigenen Erzeugung von Wärme und Warmwasser zum Fremdbezug übergehen wollte, ohne dass es hierfür eine Regelung im Mietvertrag gab.

Der *BGH* entschied zugunsten dieser Rechtsauffassung (NJW 2005, 1777): **28** »Eine Abweichung von der mit dem Mieter vereinbarten Vertragsgestaltung durch einseitige Erklärung des Vermieters ist nicht gerechtfertigt und würde den Mieter mit Kosten belasten, auch wenn sie ihm durch die vertragliche Belastung mit den Heizkosten nicht auferlegt werden; dies betrifft insbesondere die Investitionskosten. Etwas anderes folgt vorliegend nicht aus § 7 Abs. 3 HeizkostenV. Nach dieser Vorschrift sind zwar die Kosten einer Wärmelieferung gem. § 7 Abs. 1 HeizkostenV zu verteilen. Doch setzt sie voraus, dass zwischen Vermieter und Mieter bereits eine vertragliche Vereinbarung über die grundsätzliche Verteilung der Heizkosten besteht, wozu auch die Art und Weise der Versorgung mit Wärme gehört. Fehlt eine solche Vereinbarung, kann auch die in der Heizkostenverordnung zugelassene Umlegbarkeit der Wärmelieferungskosten nicht zu einer Umlegung führen.«

Im Jahr 2007 bestätigte der *BGH* (WM 2007, 445) das Erfordernis der vertrag- **29** lichen Grundlage selbst für den Fall, dass die Umstellung der Wohngebäudebeheizung und gegebenenfalls Warmwasserversorgung bereits vor Abschluss des Wohnungsmietvertrages erfolgt war. Wolle der Vermieter die gesamten durch das Contracting entstehenden Kosten auf den Mieter umlegen, müsse dies im Mietvertrag geregelt werden. Aus der Grundsatzentscheidung von 2005, wonach es für eine während des laufenden Mietverhältnisses vollzogenen Umstellung einer vertraglichen Grundlage bedürfe, folge nicht, dass dann keine vertragliche Grundlage für die Umlage der Kosten erforderlich sei, wenn die Umstellung vor Abschluss des Mietvertrages erfolgt sei.

Der *BGH* (WM 2008, 29) befasste sich im selben Jahr nochmals mit dem **30** Contracting und der mietvertraglichen Grundlage im Hinblick auf den **Grundsatz der Wirtschaftlichkeit.** Ein Mieter hatte seinem Vermieter gegenüber gerügt, dieser habe einen unwirtschaftlichen Contracting-Vertrag geschlossen. Dieser Vertragsschluss lag allerdings zeitlich vor dem Mietvertrag.

Der *BGH* entschied, dass eine Pflicht des Vermieters zur Rücksichtnahme auf ein angemessenes Kosten-Nutzen-Verhältnis zum Zeitpunkt des Abschlusses des Contracting-Vertrages dem späteren Mieter gegenüber nicht bestand. Eine vertragliche Pflicht zur Rücksichtnahme setze das Bestehen eines Schuldverhältnisses voraus und könne daher erst mit Abschluss des Mietvertrages bzw. allenfalls mit der Aufnahme von Vertragsverhandlungen über den Abschluss eines Mietvertrages einsetzen. Zur Wirtschaftlichkeit des Contracting hatte der *BGH* (WM 2007, 393) kurz davor grundsätzlich bestätigt, dass ein Mieter im bestehenden Mietverhältnis die Wirtschaftlichkeit in Frage stellen könne, dann aber konkret vortragen müsse, dass Heizwärme und Warmwasser in den der Abrechnung zugrunde liegenden Zeiträumen von einem anderen Contractor preiswerter angeboten würden. Erst dann sei es am Vermieter darzulegen und erforderlichenfalls den Beweis zu erbringen, dass er mit dem von ihm abgeschlossenen Vertrag das Wirtschaftlichkeitsgebot nicht verletzt habe.

31 In einem weiteren Urteil (NJW 2007, 3060) befasste sich der *BGH* erneut mit der Frage der Kostenumlage, dieses Mal bei der **Heizungsumstellung auf Fernwärme** unter Berücksichtigung der **reformierten Zweiten Berechnungsverordnung (II. BV)**. Ein Vermieter hatte eine Ölzentralheizung, die nicht mehr den gesetzlichen Vorgaben entsprach, stillgelegt und abbauen lassen. Seitdem bezog er Fernwärme. Der Mietvertrag enthielt eine Klausel, wonach der Mieter die Betriebskosten der Heizung »erläutert durch Anlage 3 zu § 27 II. BV« zu tragen hatte. Der BGH sah eine solche Vereinbarung als ausreichend dafür an, dem Vermieter die Umlegung der Wärmelieferungskosten auf den Mieter zu erlauben, wenn die zum Zeitpunkt des Vertragsschlusses geltende Fassung der II. BV bereits eine Umlegung der Kosten der Fernwärmelieferung vorsah. Dies war im zu entscheidenden Fall gegeben (anders als in einem ähnlichen Urteil des *BGH*, vgl. WM 2006, 322). Die Umstellung auf den Bezug von Fernwärme stelle somit keine unzulässige einseitige Änderung des Mietvertrages durch den Vermieter dar. Eine Verpflichtung des Vermieters, die Wohnung nur durch eine ölbetriebene Zentralheizung zu beheizen, habe der zugrunde liegende Mietvertrag gerade nicht vorgesehen, da der Verweis auf die II. BV die Kosten der Wärmelieferung durch Fernwärme als umlagefähige Betriebskosten aufführe. Damit erlaube der Mietvertrag den Parteien auch die Beheizung mit Fernwärme. Der BGH stellte ausdrücklich klar, dass zu den Kosten der Wärmelieferung im Sinne der Grundsätze der Anlage 3 zu § 27 II. BV die gesamten Kosten gehörten, die der Wärmelieferant seinerseits dem Vermieter in Rechnung stelle. Dies schließe die darin enthaltenen Investitions- und Verwaltungskosten sowie den Unternehmensgewinn des Wärmelieferanten ein (so auch schon *BGH* NJW 2003, 2900 und *BGH* NJW 1984, 971). Das Urteil ist wegen des Zusammenhangs mit der klima- und energie-

politischen Debatte sehr aktuell. Es hat möglicherweise im Streit um die Umstellung auf gewerbliche Wärmelieferung einschließlich des Wärmecontracting im laufenden Mietverhältnis grundsätzliche Bedeutung. Dennoch führt es bereits jetzt schon zu weiteren streitigen Diskussionen in der Literatur im vertrags- und mietrechtlichen Bereich. Dabei geht es u. a. um das Transparenzgebot aus § 307 Abs. 1 S. 2 BGB, das Verbot überraschender Klauseln in § 305 c BGB oder das Recht zur Änderung der Mietstruktur mit der Folge einer höheren Kostenbelastung in der Wohnraummiete in §§ 557 ff. BGB (vgl. *Derckx* NJW 2007, 3062/3063 in Anmerkung zum BGH-Urteil).

Für die verbrauchsabhängige Abrechnung kommt es nicht darauf an, wie die **32** Räume in den Gebäuden benutzt werden. Die Verordnung erstreckt sich sowohl auf **Wohnungen** als auch auf **gewerblich** oder sonstwie zu Erwerbszwecken oder auf **in anderer Weise benutzte Räume**. Entscheidend ist alleine, dass die Räume in einem Gebäude von einer Mehrzahl von Nutzern benutzt, aber grundsätzlich von einer gemeinsamen Anlage mit Wärme oder Warmwasser versorgt werden. Als Nutzer sind dabei z. B. die einzelnen Mietparteien in einem Miethaus anzusehen. Mieter von Einfamilienhäusern, wenn es sich dabei auch um eine Mehrzahl von Personen handelt, werden nicht erfasst. Denn hier erfolgt keine Verteilung der Kosten durch den Gebäudeeigentümer auf eine Mehrheit von Nutzern. Nutzer ist hier vielmehr die Mietpartei, die die für das Einfamilienhaus anfallenden Kosten insgesamt alleine trägt. Hat das vermietete Einfamilienhaus dagegen noch eine vermietete Einliegerwohnung, so findet die Verordnung grundsätzlich wiederum Anwendung, da hier Kosten zwischen Einliegerwohnung und übrigem Einfamilienhaus aufgeteilt werden müssen. Seit der ab 1.5.1984 geltenden Fassung der HeizkostenV kann jedoch bei Gebäuden mit nicht mehr als zwei Wohnungen, von denen eine der Vermieter selbst bewohnt, von der Anwendung der HeizkostenV abgesehen werden (vgl. die Ausführungen zu § 2 Rdn. 50–55). Keine Bedeutung für die Anwendung der Verordnung hat die **Rechtsnatur des Nutzungsverhältnisses.** Es sollen alle Nutzungsverhältnisse, bei denen Heizungs- und Warmwasserbereitungskosten verteilt werden, unter die Pflicht zur verbrauchsabhängigen Abrechnung fallen. Überwiegend werden Nutzer im Sinne der Verordnung die Mieter sein, daneben sind dies aber auch Wohnungsinhaber bei genossenschaftlichen Nutzungsverhältnissen sowie die Pächter. Ebenfalls fallen Wohnungseigentümer nach dem WEG und die diesen gleichgestellten Teileigentümer (§ 1 Abs. 3 und 6 WEG) sowie Inhaber eines Wohnungserbbaurechts oder Teilerbbaurechts nach § 30 WEG oder eines Dauerwohnrechts oder Dauernutzungsrechts nach § 31 WEG und nicht zuletzt auch Inhaber eines Wohnungsrechts nach § 1039 BGB hierunter.

Absatz 2

33 In § 1 Abs. 2 stellt die Verordnung einen weiteren Personenkreis dem Gebäudeeigentümer gleich. Hinsichtlich der für diesen in der Verordnung statuierten Verpflichtungen bezüglich z. b. Geräteausstattung, Verbrauchserfassung und Kostenverteilung sollen die hier genannten Personen an seine Stelle treten.

34 Nach **Nr.** 1 ist dies zunächst **der zur Nutzungsüberlassung im eigenen Namen und für eigene Rechnung Berechtigte.** Hierunter fallen die Personen, die, ohne Eigentümer zu sein, Inhaber dinglicher Nutzungsrechte wie Nießbraucher, Wohnungsrechtsinhaber, Dauerwohnrechts- und Dauernutzungsrechtsinhaber sind. Aber auch diejenigen, die aufgrund sonstiger Rechtsverhältnisse Befugnisse des Gebäudeeigentümers ausüben, fallen hierunter. Dies sind u. a. der Mieter und der Pächter im Verhältnis zu Untermietern und Unterpächtern. Da es im Rahmen des § 1 Abs. 2 nur um die Gleichstellung bestimmter weiterer Personenkreise mit dem Gebäudeeigentümer geht, ist darauf hinzuweisen, dass nicht bei allen Untermietverhältnissen ausnahmslos die verbrauchsabhängige Abrechnung praktiziert werden muss. Die Fälle, die gerade nicht hierunter fallen, werden im Einzelnen näher im Rahmen der §§ 2 (vgl. Rdn. 50–55) und 11 dargestellt (vgl. Rdn. 283–290).

35 Nach **Nr.** 2 steht **derjenige** dem Gebäudeeigentümer gleich, **dem der Betrieb von Anlagen im Sinne des § 1 Abs. 1 Nr. 1 in der Weise übertragen worden ist, dass er dafür ein Entgelt vom Nutzer zu fordern berechtigt ist.** Hierbei handelt es sich um Personen, die eine Zentralheizungs- oder Warmwasserversorgungsanlage für den Gebäudeeigentümer betreiben und direkt mit den einzelnen Nutzern abrechnen. Auch sie fallen unter die Vorschriften der HeizkostenV. Für den Fall, dass Wärme oder Warmwasser geliefert wird, lässt die Verordnung selbst eine Ausnahme zu, wenn das Versorgungsunternehmen direkt mit den einzelnen Nutzern abrechnet und dabei den für den einzelnen Nutzer gemessenen Verbrauch zugrunde legt. Die Vorschriften über die verbrauchsabhängige Abrechnung gelten hier nicht, da dem Gebäudeeigentümer oder dem ihm Gleichstehenden keine Kosten zu Lasten der Nutzer in Rechnung gestellt werden oder bei ihm keine solchen Kosten als zusätzliche Betriebskosten anfallen (vgl. hierzu ausführlicher die Erläuterungen zu Abs. 3, Rdn. 37–45). Die Abrechnung richtet sich dann in der Regel nach den Vorschriften der Verordnung über Allgemeine Bedingungen für die Versorgung mit Fernwärme (AVB FernwärmeV).

36 Beim Wohnungseigentum stehen dem Gebäudeeigentümer nach **Nr. 3 die Gemeinschaft der Wohnungseigentümer im Verhältnis zum einzelnen Wohnungseigentümer** gleich, bei **Vermietung einer oder mehrerer Eigentumswohnungen ist es der Wohnungseigentümer im Verhältnis zum Mieter.**

Die Verpflichtungen aus der HeizkostenV treffen damit im Wohnungseigentum grundsätzlich die Gemeinschaft der Wohnungseigentümer. Beschlüsse, die zur Erfüllung dieser Verpflichtungen erforderlich werden, sind von der Gemeinschaft nach Maßgabe des § 3 zu fassen. Obgleich Nr. 3 nur das Wohnungseigentum im Rahmen der Gleichstellung mit dem Gebäudeeigentümer erwähnt, fällt nach § 1 Abs. 6 WEG auch das Teileigentum hierunter. Denn für das Teileigentum gelten die Vorschriften über das Wohnungseigentum entsprechend. Bei der Vermietung einer oder mehrerer Eigentumswohnungen steht auch der einzelne Wohnungseigentümer im Verhältnis zu seinem Mieter dem Gebäudeeigentümer gleich. Da bei der Vermietung einer Eigentumswohnung im Verhältnis zwischen Wohnungseigentümer und Mieter eine Kostenverteilung nicht erfolgt, sondern hier im Grunde die gleiche Situation wie bei der Vermietung eines Einfamilienhauses gegeben ist, dass nämlich der Mieter die gesamten auf die Wohnung entfallenden Kosten trägt, war es erforderlich, solche Situationen ausdrücklich in die verbrauchsabhängige Abrechnung einzubeziehen. Der Eigentümer ist auch hier verpflichtet, gegenüber seinem Mieter einen der Verordnung entsprechenden Abrechnungsschlüssel anzuwenden. Da es für die Abrechnung unpraktisch wäre, seinem Mieter gegenüber einen anderen Abrechnungsschlüssel zu wählen, als die Eigentümergemeinschaft dem Eigentümer gegenüber anwendet, wird dieser im Falle der Vermietung seiner Eigentumswohnung den auf die Wohnung fallenden Abrechnungsschlüssel auch im Rahmen des Mietverhältnisses anwenden.

Absatz 3

Nach § 1 Abs. 3 gilt die HeizkostenV **auch für die Verteilung der Kosten der Wärmelieferung und Warmwasserlieferung auf die Nutzer der mit Wärme oder Warmwasser versorgten Räume, soweit der Lieferer unmittelbar mit den Nutzern abrechnet und dabei nicht den für den einzelnen Nutzer gemessenen Verbrauch, sondern die Anteile der Nutzer am Gesamtverbrauch zugrunde legt; in diesen Fällen gelten die Rechte und Pflichten des Gebäudeeigentümers aus dieser Verordnung auch für den Lieferer.** 37

Durch Abs. 3 werden alle Fälle der HeizkostenV unterworfen, bei denen der Lieferer die Kosten der Lieferung nicht dem Gebäudeeigentümer in Rechnung stellt, sondern unmittelbar auf die einzelnen Nutzer verteilt. Hierdurch sollen Härten durch Anwendung des nicht verbrauchsabhängigen Verteilungsschlüssels (30–50 %) abgemildert werden, die in der Praxis durch das Zusammenwirken eines hohen verbrauchsbezogenen Arbeitspreisanteiles des Lieferers mit zum Beispiel extremen Lageunterschieden bei den Nutzern aufgetreten sind. Der Lieferer von Wärme oder Warmwasser wird hierdurch nicht in seiner Preisbildung beeinträchtigt. Er muss lediglich in einem zusätzlichen Re- 38 chenschritt den Verteilungsschlüssel der HeizkostenV auf die zu verteilenden Gesamtkosten oder den zu verteilenden Gesamtpreis für eine Abrechnungseinheit anwenden.

39 Damit ist auch bei der Anwendung der Verordnung auf den Lieferer von Wärme und Warmwasser die Verteilung der Kosten das entscheidende Kriterium.

40 Durch den mit »soweit« beginnenden **Halbsatz** wird eine Einschränkung der Anwendbarkeit der HeizkostenV festgelegt. Nur diejenigen Direktabrechnungsfälle sind ihr unterworfen, bei denen der Abrechnung die **Anteile der Nutzer am Gesamtverbrauch zugrunde gelegt werden.** Hierbei handelt es sich um die Fälle, bei denen ein echter Verteilvorgang mit Heizkostenverteilern oder Wärmezählern stattfindet.

41 **Ausgenommen von der verbrauchsabhängigen Abrechnung** sind nach wie vor die Fälle, in denen die **Direktabrechnung** auf der **Grundlage** des für den einzelnen Nutzer **gemessenen Verbrauchs** erfolgt. In der Praxis handelt es sich dabei im Wesentlichen um die Verbrauchsmessung beim einzelnen Nutzer mit eichpflichtigen Erfassungsgeräten. Es ist nicht selten, dass die Wärme- oder Warmwasserversorgungsunternehmen Versorgungsverträge direkt mit den einzelnen Mietparteien oder Wohnungseigentümern in einem Wohngebäude abschließen und folglich auch mit diesen direkt abrechnen. Bei solchen vertraglichen Beziehungen zwischen Versorgungsunternehmen und Nutzer erfolgt keine Kostenverteilung im Sinne der HeizkostenV. Auch der bis 1989 geltende und durch die Neufassung der HeizkostenV aufgehobene § 6 Abs. 1 Satz 2 nahm diese Sondersituation bewusst von der Anwendung der Verordnung aus.

42 Es ist jedoch darauf hinzuweisen, dass in derartigen Fällen keine Regelungslücke besteht, sondern sich die Abrechnung in aller Regel nach der **AVBFernwärmeV** richtet. Sie gilt, soweit Fernwärmeversorgungsunternehmen für den Anschluss an die Fernwärmeversorgung und für die Versorgung mit Fernwärme Vertragsmuster oder Vertragsbedingungen verwenden, die für eine Vielzahl von Verträgen vorformuliert sind (Allgemeine Versorgungsbedingungen).

43 Sie schreibt in § 18 Abs. 1 vor, dass zur Ermittlung des verbrauchsabhängigen Entgelts das Fernwärmeversorgungsunternehmen Messeinrichtungen zu verwenden hat, die den eichrechtlichen Vorschriften entsprechen müssen. Die gelieferte **Wärmemenge** ist auch hier **durch Messung festzustellen.** Anstelle der Wärmemessung ist als **Ersatzverfahren** die **Messung der Wassermenge** ausreichend, wenn die Einrichtungen zur Messung der Wassermenge vor dem 30. September 1989 installiert worden sind (§ 18 Abs. 1 Satz 3). Bei Versorgung aus Anlagen der Kraft-Wärme-Kopplung oder aus Anlagen zur Verwertung von Abwärme kann nach § 18 Abs. 3 eine Ausnahme von Abs. 1 durch die zuständige Behörde im Interesse der Energieeinsparung zugelassen werden.

Aus dem einschränkenden **soweit-Halbsatz** des § 1 Abs. 3 HeizkostenV folgt **44** weiter, dass von der Vorschrift nur die Kosten erfasst werden, die der Lieferer aufgrund des Liefervertrages mit den Nutzern abrechnet. Der Lieferer ist nicht gezwungen, **Kosten der zugehörigen Hausanlagen**, die nicht im Entgelt der Lieferung enthalten sind, in seine Abrechnung mit einzubeziehen. Wenn solche Kosten vom Gebäudeeigentümer verteilt werden, ist in § 11 **Abs. 1 Nr. 4** eine **Ausnahmeregelung** vorgesehen. Greift sie ein, richtet sich die Verteilung der Kosten der zugehörigen Hausanlagen durch den Gebäudeeigentümer nach den jeweiligen rechtsgeschäftlichen Bestimmungen, das heißt danach, welche Regelungen die Mietverträge hierfür vorsehen.

Sind die Voraussetzungen der Anwendung der Verordnung auf die Verteilung **45** der Kosten der Wärmelieferung und Warmwasserlieferung auf die Nutzer der mit Wärme oder Warmwasser versorgten Räume gegeben, weil der Lieferer unmittelbar mit den Nutzern abrechnet und dabei die Anteile der Nutzer am Gesamtverbrauch zugrunde legt, so gelten die Rechte und Pflichten des Gebäudeeigentümers aus der HeizkostenV für den Lieferer. Er tritt insofern in die Rechtsstellung des Gebäudeeigentümers ein (Abs. 3, 2. Halbsatz).

Absatz 4

Nach § 1 Abs. 4 gilt die Verordnung **auch für Mietverhältnisse überpreis- 46 gebundenen Wohnraum, soweit für diesen nichts anderes bestimmt ist.** Hierfür, insbesondere für öffentlich geförderte Mietwohnungen und steuerbegünstigte Neubauwohnungen, waren bereits entsprechende Regelungen vorhanden. Die verbrauchsabhängige Abrechnung der Kosten der Versorgung mit Wärme und Warmwasser wurde im preisgebundenen Wohnraum durch die §§ 22–23b der NVM 1970 in der Fassung vom 18. Juli 1979 (BGBl. I S. 1103) verbindlich vorgeschrieben. Da diese jedoch von den Vorschriften der HeizkostenV abwichen, wurde der Anwendungsbereich der HeizkostenV auch auf den preisgebundenen Wohnraum ausgedehnt. Nach § 22 Abs. 1 der NVM 1970 in der Neufassung vom 5. April 1984 (BGBl. I S. 579) findet für die Umlegung der Kosten der Versorgung mit Wärme und Warmwasser die Verordnung über Heizkostenabrechnung Anwendung. Die Vorschriften über die Verteilung der Heiz- und Warmwasserkosten **im preisgebundenen und nicht preisgebundenen Wohnraum sind harmonisiert. Ab dem 1.5.1984 gelten die Regelungen der HeizkostenV für den gesamten Bereich.** Bei der Anwendung auf Mietverhältnisse über preisgebundenen Wohnraum sind ihre Vorschriften zugleich **Preisrecht.** Aus § 12a (alte Fassung) ergaben sich weitere **Sondervorschriften** mit größtenteils Übergangscharakter für die Anwendung der HeizkostenV auf preisgebundene Neubaumietwohnungen (vgl. unten zu § 12a Rdn. 341–349, sowie auch weitere Sonderregelungen in den Ausführungen zu § 11 Abs. 1 Nr. 1c Rdn. 288–290, § 11 Abs. 1 Nr. 3 Rdn. 298–299).

47 Die HeizkostenV gilt **seit dem 1. Dezember 1982 bereits für den preisgebundenen Altbauwohnraum in Berlin.** Die verbrauchsabhängige Abrechnung ist durch die Dritte Verordnung zur Änderung der Verordnung über den Mietpreis für den bis zum 31. Dezember 1949 bezugsfertig gewordenen Wohnraum in Berlin AMVOB vom 21. März 1961 (BGBl. I S. 230), zuletzt geändert durch Gesetz vom 24. Juli 1979 (BGBl. I S. 1202), vorgeschrieben worden (Dritte ÄndVO – AMVOB, BGBl. 1982 I S. 1472, 1473). Die bisherigen Regelungen der AMVOB über die preisrechtliche Zulässigkeit von Umlagen der Heiz- und Warmwasserkosten wurden dabei so geändert, dass die grundsätzliche Pflicht zur verbrauchsabhängigen Abrechnung zum Ausdruck kommt. Die Einbeziehung des preisgebundenen Altbauwohnraums in Berlin in die Pflicht zur verbrauchsabhängigen Abrechnung wurde dadurch erreicht, dass in die AMVOB eine Vorschrift aufgenommen wurde, die für die Umlegung der Kosten der Versorgung mit Wärme und Warmwasser auf die HeizkostenV in ihrer jeweils geltenden Fassung verweist (**§ 20 Abs. 1 AMVOB**).

48 Durch das Gesetz zur dauerhaften sozialen Verbesserung der Wohnungssituation im Land Berlin vom 14. Juli 1987 (BGBl. I S. 1625) ist der preisgebundene Altbauwohnraum in Berlin in das allgemeine Mietrecht übergeleitet worden und die Preisbindung entfallen. Nach § 8 Abs. 2 Nr. 12 ist die **AMVOB am 1. Januar 1988 außer Kraft** getreten. **Seitdem gilt die HeizkostenV** auch für den Berliner Altbauwohnraum **unmittelbar.**

49 Da im **Saarland** die öffentlich geförderten Mietwohnungen nicht unter die Vorschriften der NMV 1970 fielen, war die HeizkostenV im Saarland auch vorher schon uneingeschränkt anwendbar. Hieran hat sich auch durch die Neufassung 1989 nichts geändert.

§ 2 Vorrang vor rechtsgeschäftlichen Bestimmungen

Außer bei Gebäuden mit nicht mehr als zwei Wohnungen, von denen eine der Vermieter selbst bewohnt, gehen die Vorschriften dieser Verordnung rechtsgeschäftlichen Bestimmungen vor.

Nach § 2 gehen außer bei Gebäuden mit nicht mehr als zwei Wohnungen, von **50** denen eine der Vermieter selbst bewohnt, die Vorschriften der HeizkostenV rechtsgeschäftlichen Bestimmungen vor. Hiernach gilt für die Verteilung der Kosten der Versorgung mit Wärme und Warmwasser **grundsätzlich nur die HeizkostenV.** Entgegenstehende rechtsgeschäftliche Vereinbarungen können dies nicht verhindern. Ist z. B. in einem Mietvertrag oder in Vereinbarungen oder Beschlüssen der Wohnungseigentümer festgelegt, dass die auf das Gebäude entfallenden Heizkosten lediglich anteilmäßig nach der Größe der einzelnen Wohnungen aufgeteilt werden, so wird eine solche Vereinbarung durch die Verordnung überlagert. Die faktische Durchsetzung des Vorrangs der HeizkostenV ist allerdings Sache der Vertragspartner selbst. So muss sich z. B. der Mieter seinem Vermieter gegenüber darauf berufen, die Kosten gemäß der Verordnung abzurechnen, wenn der zugrunde liegende Mietvertrag eine andere Regelung vorsieht und bislang danach einvernehmlich – wenn auch entgegen der Verordnung – abgerechnet wurde. Dieses war jedenfalls die einhellige Auffassung in Rechtsprechung und Literatur bis zu einer **restriktiveren Entscheidung des** *BGH* (WM 2006, 518; kritisch dazu *Thomma* WM 2006, 658). Er entschied, dass nach dem Wortlaut des § 2 die Geltung der Vorschriften der Heizkostenverordnung nicht davon abhängig sei, dass der Gebäudeeigentümer oder der Nutzer eine verbrauchsabhängige Kostenverteilung verlange. Allein dadurch, dass die Vorschriften der Heizkostenverordnung abweichenden Vereinbarungen ohne weiteres vorgehen, sei die rechtsgeschäftliche Gestaltungsfreiheit der Parteien kraft Gesetzes eingeschränkt. Dabei könne es dahinstehen, ob § 2 als Verbotsgesetz gemäß § 134 BGB oder als Kollisionsnorm anzusehen sei, die entgegenstehende Vereinbarungen nur für die Zeit ihrer Geltung überlagert (der *BGH* führt zahlreiche weitere Quellen in Rechtsprechung und Literatur zu diesem Problemkreis an). Die Außerkraftsetzung solcher Vereinbarungen entspreche dem Zweck der Heizkostenverordnung. Durch die Pflicht zur verbrauchsabhängigen Abrechnung solle das Nutzerverhalten bei der Raumheizung und beim Warmwasserverbrauch mit dem Ziel der Energieeinsparung beeinflusst werden. Daher sei die in einem Mietvertrag enthaltene Vereinbarung einer Bruttowarmmiete – außer bei Gebäuden mit nicht mehr als zwei Wohnungen, von denen eine der Vermieter selbst bewohnt – nicht anzuwenden, weil sie den Bestimmungen der

Heizkostenverordnung widerspreche. Die nachträgliche Berufung auf die HeizkostenV dürfte allerdings gegen den Grundsatz von Treu und Glauben (§ 242 BGB) verstoßen, wenn die Abrechnung vorher auf einer abweichenden Vereinbarung im Mietvertrag unbeanstandet erfolgte und plötzlich rückwirkend geändert werden soll (vgl. so ausdrücklich *OLG Düsseldorf* WM 2006, 381 und auch *LG Hamburg* WM 1995, 192). Ein ähnliches Urteil des *AG Erfurt* (WM 2007, 130) stellte allerdings fest, dass ein Mieter für die Zukunft mit dem Vorrang der HeizkostenV rechnen müsse. Die Regelung in § 2 diene dem Schutz des Mieters. Er solle mit Heizenergie bewusst sparsam umgehen und so seine Nebenkosten reduzieren können. Dieses Ziel würde verfehlt, wenn rückwirkend verbrauchsabhängig abgerechnet werden könnte. Das Verhalten zur Energieeinsparung sei dann nicht mehr zu beeinflussen. Anderes gelte im Hinblick auf die Zukunft. In Anbetracht der BGH-Entscheidung (WM 2006, 518) stieß das Urteil des *AG Erfurt* besonders wegen seiner Begründung auf Kritik (*Lammel* WM 2007, 439), obwohl ihm im Ergebnis zugestimmt wurde. Als Gründe wurden dafür angeführt u. a. der Vergleich mit der Festlegung und der Änderung der Abrechnungsmaßstäbe nur für künftige Abrechnungszeiträume in § 6 Abs. 4 S. 3 oder praktische Erwägungen wie das erforderliche vorherige Anbringen von Erfassungsgeräten, deren Ablesung und die Erstellung der darauf basierenden Abrechnung.

51 Da nach § 2 die Vorschriften der Verordnung den rechtsgeschäftlichen Bestimmungen lediglich vorgehen, diese jedoch nicht unwirksam werden, ist es zumindest theoretisch denkbar, dass die HeizkostenV in Zukunft einmal aufgehoben werden könnte. Für diesen theoretischen Fall würden die rechtsgeschäftlichen Bestimmungen wieder aufleben, so dass bezüglich der Umlegung der Kosten der Versorgung mit Wärme und Warmwasser in den Vertragsbeziehungen zwischen den einzelnen Vertragsparteien keine Lücke vorhanden wäre.

52 Der Vorrang der Regelungen der HeizkostenV vor rechtsgeschäftlichen Bestimmungen gilt nicht bei **Gebäuden mit nicht mehr als zwei Wohnungen, von denen eine der Vermieter selbst bewohnt.** Bei Einfamilienhäusern mit Einliegerwohnung und Zweifamilienhäusern, bei denen eine Wohnung vom Vermieter selbst bewohnt wird, kann von der Anwendung der HeizkostenV abgesehen werden. Bei dieser Art von Nutzungsverhältnissen ist der Verordnungsgeber davon ausgegangen, dass Vermieter und Mieter gemeinsam bemüht sind, dem Ziel der HeizkostenV auch ohne hoheitlichen Zwang Rechnung zu tragen und Heizenergie einzusparen.

53 Diese Änderung gegenüber der ursprünglichen klareren Fassung des § 2 (»Die Vorschriften dieser Verordnung gehen rechtsgeschäftlichen Bestimmungen vor.«) wirft jedoch einige **Auslegungsfragen** auf. Neben dem Begriff des

»Gebäudeeigentümers« (vgl. § 1 Abs. 1 und 2) wird in der Neufassung 1984 erstmals der Begriff des »Vermieters« benutzt. Es muss davon ausgegangen werden, dass es sich hierbei um ein Redaktionsversehen handelt, da ein Grund für eine Ungleichbehandlung vermietender Zweifamilienhauseigentümer gegenüber den nicht vermietenden Eigentümern nicht ersichtlich ist. Da durch die Neufassung weitere redaktionelle Änderungen vorgenommen wurden, hätten auch die folgenden Auslegungsfragen leicht geklärt werden können.

Nach § 3 Satz 1 sind die Vorschriften dieser Verordnung und damit auch § 2 **54** auf das Wohnungseigentum anzuwenden. Nach dem Wortlaut des § 2 wäre bei einem in zwei Eigentumswohnungen aufgeteilten Zweifamilienhaus der Vorrang der HeizkostenV nur dann beseitigt und damit eine nicht verbrauchsabhängige Abrechnung ermöglicht, wenn beide Eigentumswohnungen nur einem Eigentümer gehören, er eine Wohnung selbst bewohnt und die andere vermietet. Nicht vom Wortlaut des § 2 direkt umfasst ist die Situation, dass beide Eigentumswohnungen in einem Zweifamilienhaus verschiedenen Wohnungseigentümern gehören und beide ihre Wohnungen selbst bewohnen. Hier gäbe es keinen »Vermieter« im Sinne des § 2. Ebenso unklar bleibt der Fall, dass nur eine Eigentumswohnung vermietet ist. Dann nämlich bewohnt die nicht vermietete Eigentumswohnung nicht der »Vermieter«, sondern der andere »Miteigentümer«. Letztlich ist auch möglich, dass beide Eigentumswohnungen vermietet sind, auch dann bewohnt nicht eine Wohnung der Vermieter selbst. Nach dem Wortlaut der Verordnung müsste es in allen diesen Problemfällen bei der grundsätzlichen Vorrangregelung des § 2 und damit bei einer verbrauchsabhängigen Abrechnung bleiben. Da der tatsächliche Lebenssachverhalt hier jedoch weitestgehend mit dem vom Verordnungsgeber ins Auge gefassten übereinstimmt, sollte unter Beachtung des Sinns und Zwecks der Neufassung des § 2 auch hier von der vom Verordnungsgeber gemeinten typischen Zweifamilienhaussituation ausgegangen und die Möglichkeit zu einer nicht verbrauchsabhängigen Abrechnung eröffnet werden. Dies allerdings hat das *OLG Düsseldorf* (WM 2004, 47) für den Fall einer Wohnungseigentumsanlage mit zwei Wohnungen abgelehnt, von denen eine von ihrem Eigentümer vermietet ist und die andere von ihrem Eigentümer selbst bewohnt wird. Es entschied, dass in dieser Situation die Pflicht zur Verbrauchserfassung und entsprechenden Abrechnung bestehe. Der Wortlaut des § 2 gehe ersichtlich von einem vom »Vermieter bewohnten Zweifamilienhaus« aus. Daher könne bei der Übertragung dieser Vorschrift auf das Wohnungseigentum nur der Fall betroffen sein, dass beide Wohnungen demselben Eigentümer gehören und dieser eine der Wohnungen vermietet habe. Für eine **»großzügige Auslegung«** gegen den klaren Wortlaut der Bestimmung bestehe **kein Bedürfnis**. Denn der Umstand, dass der Gesetzgeber von einem Gebäude »mit nicht mehr als zwei Wohnungen« spreche, »von denen eine der Vermieter selbst bewohnt« zeige, dass es auf das letztgenannte Kriterium entscheidend ankomme. Selbst wenn die Parteien gemeinsam bemüht seien, Heizkosten einzusparen, so dass sich eine verbrauchsabhängige Abrechnung eigentlich erübrige, könne eine solche Erwägung, die – ersichtlich – in erster Linie auf das typische Einfamilienhaus mit Einliegerwohnung zutrifft, nicht ohne weiteres auf eine Eigentumswohnanlage mit zwei Wohnungen übertragen werden (so auch für den gleichen Sachverhalt *OLG München* WM 2007, 593).

55 Nicht zuletzt unter Berücksichtigung der dargestellten Probleme fragt es sich, ob es gesetzestechnisch nicht sinnvoller gewesen wäre, das Vorrangprinzip des § 2 alte Fassung unverändert zu lassen und die Möglichkeit zu einer nicht verbrauchsabhängigen Abrechnung in der typischen Zweifamilienhaussituation durch eine Modifizierung des Anwendungsbereichs der Verordnung in § 1 oder durch eine weitere Ausnahmeregelung in § 11 (vgl. Rdn. 280–306) zu eröffnen.

§ 3 Anwendung auf das Wohnungseigentum

Die Vorschriften dieser Verordnung sind auf Wohnungseigentum anzuwenden unabhängig davon, ob durch Vereinbarung oder Beschluss der Wohnungseigentümer abweichende Bestimmungen über die Verteilung der Kosten der Versorgung mit Wärme und Warmwasser getroffen worden sind. Auf die Anbringung und Auswahl der Ausstattung nach den §§ 4 und 5 sowie auf die Verteilung der Kosten und die sonstigen Entscheidungen des Gebäudeeigentümers nach den §§ 6 bis 9 b und 11 sind die Regelungen entsprechend anzuwenden, die für die Verwaltung des gemeinschaftlichen Eigentums im Wohnungseigentumsgesetz enthalten oder durch Vereinbarung der Wohnungseigentümer getroffen worden sind. Die Kosten für die Anbringung der Ausstattung sind entsprechend den dort vorgesehenen Regelungen über die Tragung der Verwaltungskosten zu verteilen.

56 Nach Satz 1 sind die Vorschriften der HeizkostenV auf das Wohnungseigentum anzuwenden, unabhängig davon, ob durch Vereinbarung oder Beschluss der Wohnungseigentümer abweichende Bestimmungen über die Verteilung der Kosten der Versorgung mit Wärme und Warmwasser getroffen worden sind. Dies ist die notwendige Regelung, um die Verordnung für den Bereich des Wohnungseigentums anwenden zu können. Unabhängig vom Vorhandensein entsprechender Vereinbarungen oder Beschlüsse der Wohnungseigentümer ist infolgedessen die Verordnung maßgebend. Auch für den Fall, dass in der Teilungserklärung nach § 8 WEG abweichende Vereinbarungen über die Verteilung der Heiz- und Warmwasserkosten enthalten sind, soll ausschließlich die HeizkostenV zur Anwendung gelangen. War die Verteilung gemäß der Verordnung geregelt und beschließen die Wohnungseigentümer aus Gründen, die außerhalb der Regelungsgegenstände des § 3 Satz 2 HeizkostenV liegen – z.b. um mit nur geringen verfügbaren Finanzmitteln andere Maßnahmen durchzuführen und die Kosten für die Messdienstfirma einzusparen –, eine der Verordnung widersprechende Abrechnung, so ist ein solcher Beschluss nichtig (vgl. *OLG Hamm*, Beschluss vom 12.12.1994, Az 15W32/94). Zu einem abweichenden Ergebnis gelangt allerdings das *OLG Karlsruhe* (WM 2001, 458). Es entschied, dass das Fehlen eines verbrauchsabhängigen Anteils der Warmwasserkosten in der Abrechnung in Abweichung von der Vorgabe der Heizkostenverordnung Bestand bis zu einer Neuvereinbarung der Wohnungseigentümer habe. Auch wenn eine von der Teilungserklärung vorgesehene Verteilung der Kosten ausschließlich nach der Wohnfläche nicht im Einklang mit § 8 Abs. 1 der Verordnung stehe, bedeute der in § 3 S. 1 normierte Vorrang der Heizkostenverordnung vor abweichenden Vereinbarungen nicht, dass solche von vornherein nichtig seien. Sie seien vielmehr solange maßgeblich, bis die Wohnungseigentümer durch Mehrheitsentscheidung eine Kostenverteilungsregelung vereinbart hätten, die in Übereinstimmung mit der Heizkostenverordnung stehe.

Wurde die Verteilung der Kosten im umgekehrten Fall über eine sehr lange **57** Zeit gemäß der Verordnung vorgenommen, obwohl die Teilungserklärung anderes entgegen der Verordnung (z.b. pauschal nach der Wohnfläche) vorsah, so kommt nach Ansicht des *OLG Hamburg* (WM 2007, 536) durch das faktische Verhalten eine konkludente schuldrechtliche Vereinbarung in Abweichung von der Teilungserklärung zustande. Die Wohnungseigentümer seien sich dann bewusst, mit ihrem Verhalten eine dauerhafte, künftig geltende und nicht zu ändernde Regelung zu schaffen. Sie würden damit ein Verhalten zeigen, das deutlich von der Teilungserklärung abweiche und sich an einer zeitgemäßen Heizkostenverteilung orientiere. Soweit der Bestand der Wohnungseigentümer zwischenzeitlich gewechselt habe, gelte dies sogar für die Erwerber, die diese Regelung nicht nur stillschweigend geduldet, sondern ihrerseits konkludent dadurch bestätigt hätten, dass sie Beschlussfassungen über Jahresabrechnungen mitgetragen hätten und ihnen nicht entgegengetreten seien (so auch *OLG Düsseldorf* WM 2004, 225).

Die Ermächtigung für einen derart weitgehenden Eingriff in das Wohnungsei- **58** gentumsrecht durch eine Verordnung ist durch § 5 Abs. 4 EnEG gegeben. Hiernach kann in der Rechtsverordnung nach § 3 a (Ermächtigungsgrundlage für den Erlass der HeizkostenV) die Erfassung und Kostenverteilung abweichend von Vereinbarungen der Benutzer und von Vorschriften des WEG geregelt und näher bestimmt werden, wie diese Regelungen sich auf die Rechtsverhältnisse zwischen den Beteiligten auswirken.

59 Die Entscheidung, die die Wohnungseigentümergemeinschaft nach **Satz 2** hinsichtlich der Anbringung und Auswahl der Ausstattung zur Verbrauchserfassung nach §§ 4 und 5, der Verteilung der Kosten und der sonstigen Entscheidungen nach §§ 6 bis 9 b und 11 zu fällen haben, sind analog den **Regelungen zu treffen**, die **für die Verwaltung des gemeinschaftlichen Eigentums im WEG** enthalten oder durch **Vereinbarung der Wohnungseigentümer** getroffen worden sind. Bei der Statuierung dieser Regelung ist der Verordnungsgeber davon ausgegangen, dass über die zur Entscheidung anstehenden Fragen der Verwaltung des gemeinschaftlichen Eigentums im allgemeinen durch Mehrheitsbeschluss entschieden wird, wie dies auch im WEG vorgesehen ist, oder dass für die gesamte Verwaltung und damit auch für die Entscheidungen im Zusammenhang mit der Heizkostenabrechnung keine Vereinbarungen der Wohnungseigentümer gelten, die die Einführung der verbrauchsabhängigen Abrechnung in nennenswertem Maße erschweren. In der Praxis ist die Vereinbarung einstimmiger Entscheidungen für die Verwaltung des gemeinschaftlichen Eigentums höchst selten. Wo jedoch eine einstimmige Entscheidung vereinbart wird, muss davon ausgegangen werden, dass dies aus sachlichen Gründen in der konkreten Situation geboten ist. Für diesen Fall will die HeizkostenV die Vereinbarung der einstimmigen Entscheidung nicht beeinträchtigen, so dass neben den Regelungen für die Verwaltung des gemeinschaftlichen Eigentums auch diejenigen gelten sollen, die die Wohnungseigentümer speziell vereinbart haben.

60 Indem die Verordnung lediglich auf die Regelungen des WEG und auf Vereinbarungen der Wohnungseigentümer verweist, beschränkt sie sich auf das zur Erreichung ihrer Ziele unerlässliche Minimum an abweichenden Regelungen. Soweit die Verwaltung des gemeinschaftlichen Eigentums nicht durch Vereinbarung der Wohnungseigentümer geregelt ist, gilt insbesondere der Mehrheitsbeschluss nach § 21 Abs. 3 WEG. Nach § 21 Abs. 4 WEG kann jeder Wohnungseigentümer die Verwirklichung der der Verordnung entsprechenden Maßnahmen verlangen. Darüber hinaus bleiben unberührt die Vorschriften über die Versammlung der Wohnungseigentümer (§§ 23 bis 25 WEG) und über die Anfechtung der Beschlüsse bei Gericht (§§ 43 ff. WEG). Hinsichtlich des Stimmrechts der Wohnungseigentümer bestimmt § 25 Abs. 2 WEG, dass jeder Wohnungseigentümer eine Stimme hat. Für den Fall, dass ein Wohnungseigentum mehreren gemeinschaftlich zusteht, können diese das Stimmrecht nur einheitlich ausüben. Da in Teilungserklärungen jedoch vielfach das Stimmrecht der Wohnungseigentümer abweichend vom WEG geregelt ist, trägt die HeizkostenV auch insoweit der Beschlussfähigkeit der Wohnungseigentümerversammlung Rechnung. Bei von § 25 Abs. 2 WEG abweichenden Vereinbarungen, die sich auf die im Rahmen der Verordnung zu behandelnden Fragen beziehen, kann es verbleiben.

Im Zusammenhang mit der verbrauchsabhängigen Heizkostenabrechnung ist **61** von der Wohnungseigentümergemeinschaft im Wesentlichen folgendes **zu** **entscheiden**: Bei der Neueinführung der verbrauchsabhängigen Abrechnung war zunächst über die **Anbringung und Auswahl der Geräte zur Verbrauchs-** **erfassung** nach §§ 4 und 5 zu befinden. Hier war vor allem von Bedeutung, von welchem **Zeitpunkt** an in Gebäuden, die vor dem 1. Juli 1981 bezugsfertig geworden waren, die Geräte zur Verbrauchserfassung angebracht werden soll-ten. Die Übergangsregelung des § 12 alte Fassung schrieb lediglich vor, dass Räume, die vor dem 1. Juli 1981 bezugsfertig geworden waren und in denen die nach der Verordnung erforderliche Ausstattung zur Verbrauchserfassung noch nicht vorhanden war, mit diesen Geräten spätestens bis zum 30. Ju-ni 1984 zu versehen waren. Die Wohnungseigentümer konnten eine frühere Anbringung der Geräte beschließen. Auch konnte ein Nutzer einen Anspruch auf die Anbringung vor Ablauf dieser Frist geltend machen. Die Verpflichtung zur Anbringung durfte jedoch nur mit der Maßgabe ausgesprochen werden, dass die Geräte spätestens bis zu diesem Zeitpunkt einzubauen waren. Die Eigentümergemeinschaft hat neben der Frage, ab wann die Geräte installiert sein sollen, auch die Entscheidung darüber zu treffen, **welche Geräte** ein-zubauen sind. Diesbezüglich besteht zur Erfassung des anteiligen Wärme-verbrauchs nach § 5 Abs. 1 Satz 1 die Möglichkeit der Auswahl zwischen Wärmezählern und Heizkostenverteilern. Sofern nicht für die einzelnen zu verwendenden Geräte spezielle Anbringungsorte am Heizkörper oder an sonstigen Stellen vorgeschrieben sind, müssen die Eigentümer auch über die Art und Weise des Anbringens der Erfassungsgeräte entscheiden. Zu weiteren Fragen im Zusammenhang mit den zu verwendenden Geräten wird auf die Ausführungen zu § 5 verwiesen (vgl. Rdn. 103–145).

Neben der Anbringung und Auswahl der für die Verbrauchserfassung erfor- **62** derlichen Geräte haben die Wohnungseigentümer darüber zu entscheiden, welchen konkreten **Verteilungsschlüssel** sie für die Umlegung der Kosten der Versorgung mit Wärme und Warmwasser nach den §§ 7 und 8 im Rahmen der dort festgelegten Prozentsätze auswählen. Da nach §§ 7 und 8 neben dem ver-brauchsabhängigen Teil auch die übrigen Kosten umgelegt werden müssen, haben die Wohnungseigentümer ferner darüber zu befinden, ob hierfür die Wohn- oder Nutzfläche oder der umbaute Raum zugrunde zu legen ist. Letz-teres würde eine Umlegung nach Kubikmetern bedeuten. Dachgeschosswoh-nungen mit schrägen Wänden wären dadurch gegenüber anderen Wohnungen bessergestellt. Die Wohnungseigentümer könnten sich auch dafür aussprechen, die Wohn- oder Nutzfläche oder den umbauten Raum lediglich der beheizten Räume zugrunde zu legen. Je nachdem für welches Kriterium sie sich entscheiden, ist dafür grundsätzlich die in der Teilungserklärung festgelegte Größe (z. B. Wohn- oder Nutzfläche der Einheit) für die Heizkostenabrechnung zugrunde zu legen (*OLG Schleswig* WM 2007, 471). Den Wohnungseigentümern steht es jedoch frei, einen anderen Beschluss hierfür herbeizuführen.

63 Besondere **praktische und rechtliche Schwierigkeiten** bei der Abrechnung können im **Verhältnis von vermietendem Wohnungseigentümer zum Mieter** auftreten. So sollten z. B. im Mietverhältnis dieselben Prozentsätze nach §§ 7 und 8 gelten, wie sie die Wohnungseigentümer für sich im Verhältnis untereinander festgelegt haben. Nehmen die Wohnungseigentümer daran Änderungen vor, so müssten im Zweifel auch Mietverträge angepasst werden, um keine Differenzen in der Abrechnung auftreten zu lassen. Denn die dem vermietenden Wohnungseigentümer auf der Basis einer Abrechnung von 70 % nach dem erfassten Verbrauch und 30 % nach der Wohnfläche in Rechnung gestellten Kosten sind andere als die, die er bei einer Verteilung von 50 % nach erfasstem Verbrauch und 50 % nach der Wohnfläche auf Basis des Mietvertrages an den Mieter weiterleiten kann (vgl. hierzu auch die Ausführungen zu § 1 Abs. 2 Nr. 3 Rdn. 36 und *LG Hannover* WM 1998, 741).

64 Weiterhin haben sie die in § 6 vorgesehenen Entscheidungen im Zusammenhang mit der Einführung der Vorerfassung und möglicher Änderungen der Abrechnungsmaßstäbe sowie erforderlich werdende Entscheidungen aufgrund der § 9 a über die Kostenverteilung in Sonderfällen und § 9 b über die Kostenaufteilung bei Nutzerwechsel vorzunehmen. Kann im Fall des § 9 a der anteilige Wärme- oder Warmwasserverbrauch von Nutzern für einen Abrechnungszeitraum wegen Geräteausfalls oder aus anderen zwingenden Gründen nicht ordnungsgemäß erfasst werden, so muss der Gebäudeeigentümer darüber entscheiden, ob der Verbrauch auf der Grundlage des Verbrauchs der betroffenen Räume in vergleichbaren früheren Abrechnungszeiträumen oder des Verbrauchs vergleichbarer anderer Räume im jeweiligen Abrechnungszeitraum zu ermitteln ist. Im Falle des § 9 b hat er darüber zu befinden, ob und wann eine Zwischenablesung vorzunehmen ist oder ob sie wegen des Zeitpunktes des Nutzerwechsels aus technischen Gründen keine hinreichend genaue Ermittlung der Verbrauchsanteile zulässt (zu §§ 9 a und b vgl. eingehend Rdn. 241–270).

65 Letztlich sind von den Eigentümern Entscheidungen nach §§ 9 und 11 zu treffen. Diese Entscheidungen können sich darauf beziehen, welche der in § 9 Abs. 2 und 3 zugelassenen **Berechnungsarten** für die Verteilung der Kosten der Versorgung mit Wärme und Warmwasser **bei verbundenen Anlagen** zu

wählen ist. Hier stehen den Wohnungseigentümern die in der Verordnung angegebenen **Formeln**, aber auch die Berechnung nach **den anerkannten Regeln der Technik** wie z. B. **DIN 4713** Teil 5 Abschnitt 2.5 (Ausgabe Dezember 1980) sowie bis Ende 2008 ein **Pauschalverfahren** zur Verfügung. Weiterhin haben die Eigentümer zu klären, ob für ihre Wohnungseigentumsanlage möglicherweise eine **Ausnahme** nach § 11 Abs. 1 Nr. 1 gegeben ist. Dies wäre der Fall, wenn die verbrauchsabhängige Abrechnung nicht oder nur mit unverhältnismäßig hohen Kosten möglich wäre oder aber der einzelne Wohnungseigentümer den Wärmeverbrauch nicht beeinflussen könnte. Sie haben eventuell darüber zu befinden, ob nach § 11 Abs. 1 Nr. 3 eine Ausnahme von der verbrauchsabhängigen Abrechnung genutzt werden soll. Dies wäre möglich, wenn das Gebäude überwiegend mit sogenannten modernen Technologien versorgt würde. Hierzu gehören u. a. Wärmepumpen, Solaranlagen, Wärmerückgewinnungsanlagen oder Fernwärme aus Anlagen der Kraft-Wärme-Kopplung.

§ 3 Satz 3 schließt inhaltlich an die Verweisung des Satzes 2 an. Ähnlich wie in **66** Satz 2 wird auch hier für die Kosten der Anbringung der Ausstattung zur Verbrauchserfassung auf das WEG oder die Vereinbarungen der Wohnungseigentümer über die Tragung der Verwaltungskosten verwiesen. Weil im Bereich des Wohnungseigentums die Kosten nicht immer so aufgegliedert werden können, dass die für jede Wohnung anfallenden Kosten betragsmäßig erfasst werden, war eine solche Regelung vonnöten. Jeder Wohnungseigentümer ist damit gemäß § 16 Abs. 2 WEG den anderen Wohnungseigentümern gegenüber verpflichtet, die Lasten des gemeinschaftlichen Eigentums sowie die Kosten der Instandhaltung, Instandsetzung, sonstigen Verwaltung und eines gemeinschaftlichen Gebrauchs des gemeinschaftlichen Eigentums nach dem Verhältnis seines Anteils am Wohnungseigentum zu tragen. Dies gilt jedoch nur insofern, als die Wohnungseigentümer nicht eine andere Aufteilung der Verwaltungskosten vereinbart haben. Letztlich ist es nicht ausgeschlossen, dass unter Berücksichtigung des Grundsatzes von Treu und Glauben (§ 242 BGB) in besonderen Härtefällen eine andere Verteilung als nach WEG vorgesehen oder in Vereinbarungen der Wohnungseigentümer enthalten geboten ist.

§ 4 Pflicht zur Verbrauchserfassung

(1) Der Gebäudeeigentümer hat den anteiligen Verbrauch der Nutzer an Wärme und Warmwasser zu erfassen.

(2) Er hat dazu die Räume mit Ausstattungen zur Verbrauchserfassung zu versehen; die Nutzer haben dies zu dulden. Will der Gebäudeeigentümer die Ausstattung zur Verbrauchserfassung mieten oder durch eine andere Art der Gebrauchsüberlassung beschaffen, so hat er dies den Nutzern vorher unter Angabe der dadurch entstehenden Kosten mitzuteilen; die Maßnahme ist unzulässig, wenn die Mehrheit der Nutzer innerhalb eines Monats nach Zugang der Mitteilung widerspricht. Die Wahl der Ausstattung bleibt im Rahmen des § 5 dem Gebäudeeigentümer überlassen.

(3) Gemeinschaftlich genutzte Räume sind von der Pflicht zur Verbrauchserfassung ausgenommen. Dies gilt nicht für Gemeinschaftsräume mit nutzungsbedingt hohem Wärme- oder Warmwasserverbrauch, wie Schwimmbäder oder Saunen.

(4) Der Nutzer ist berechtigt, vom Gebäudeeigentümer die Erfüllung dieser Verpflichtungen zu verlangen.

Absatz 1

67 Nach Abs. 1 hat der Gebäudeeigentümer den anteiligen Verbrauch der Nutzer an Wärme und Warmwasser zu erfassen. Die hiermit dem Gebäudeeigentümer auferlegte Pflicht zur Verbrauchserfassung realisiert die Ermächtigung aus § 3 a Nr. 1 EnEG, wonach vorgeschrieben werden kann, dass der Energieverbrauch erfasst wird. Die **Verpflichtung** trifft primär den **Gebäudeeigentümer**, da zunächst er alleine garantieren kann, dass ihre Verwirklichung gewährleistet ist. Daneben tritt aber auch der in **§ 1 Abs. 2 beschriebene weitere Personenkreis** an die Stelle des Gebäudeeigentümers und damit in seine Pflicht, wenn die Voraussetzungen nach § 1 Abs. 2 vorliegen.

68 Die Erfassung des anteiligen Verbrauchs der Nutzer an Wärme und Warmwasser erfolg heute in aller Regel durch die sogenannten **Messdienstfirmen**. Im Auftrag des Eigentümers kündigen sie ihre Termine rechtzeitig an und führen die Ablesung der Erfassungsgeräte durch. Es passiert allerdings immer wieder, dass besonders in größeren Wohnanlagen nicht alle Parteien zu einem einzigen Termin anwesend sind. Deshalb entsteht vielfach **Streit** darüber, ob gleich ein **zweiter Ablesetermin kostenfrei** mit angeboten werden muss oder ob ein solcher Termin dem nicht anwesenden Mieter in Rechnung gestellt werden darf. Hierzu hat das *LG München I* (WM 2001, 190) entschieden, dass der Nutzer nach der Heizkostenverordnung nur verpflichtet sei, die Ablesung

durch den Vermieter oder das von ihm beauftragte Unternehmen zu dulden und die dafür anfallenden Kosten an den Vermieter zu bezahlen. Eine Verletzung dieser Duldungspflicht liege nur dann vor, wenn der Nutzer rechtzeitig vom Ablesetermin informiert worden sei und schuldhaft zwei Ablesetermine nicht wahrgenommen habe. Die Termine seien im Abstand von mindestens 14 Tagen durchzuführen. Beim Termin für die Zweitablesung sei der Hinweis aufzunehmen, dass bei Nichteinhaltung und Nichtvereinbarung eines erneuten Termins der Verbrauch geschätzt werde. Kosten für eine gesonderte zweite Ablesung müssen demnach vom Mieter nicht übernommen werden (vgl. auch früher *AG Hamburg* WM 1996, 348).

Absatz 2

Nach Abs. 2 Satz 1 hat der Gebäudeeigentümer die Räume mit Ausstattungen zur Verbrauchserfassung zu versehen und die Nutzer haben die Anbringung der erforderlichen Geräte zu dulden. Obgleich der Eigentümer für die Ausstattung der Räume mit Geräten zur Verbrauchserfassung verantwortlich ist und ihm alleine nach Abs. 2 Satz 3 die Wahl der im Rahmen des § 5 zu verwendenden Geräte überlassen bleibt, wird es sich dennoch für den Eigentümer empfehlen, die **Belange und Interessen der einzelnen Mieter** im Hinblick auf die anzubringenden Geräte in angemessener Weise zu berücksichtigen. **69**

Denn zunächst wird es einem zufriedenen Zusammenleben innerhalb einer Hausgemeinschaft wenig dienlich sein, wenn der Gebäudeeigentümer sich für die Verwendung eines bestimmten Gerätes entscheidet, ohne dass er sich zumindest bei den Mietern rückversichert hat, ob auch diese dem konkreten Gerät zustimmen. Es ist bekannt, dass die verschiedenen Geräte jeweils auf die unterschiedlichsten Bedenken stoßen. So hängt den Heizkostenverteilern nach dem Verdunstungsprinzip der Ruf an, sie seien nicht in hinreichendem Maße manipulationssicher. Darüber hinaus sei ihre Anzeige derart ungenau, dass ihre Verwendung bei vielen auf große Bedenken stößt. Im Gegensatz zu diesen Verdunstungsgeräten arbeiten die Wärmezähler wesentlich genauer. Hinsichtlich der Genauigkeit ist jedoch darauf zu verweisen, dass auch andere eichpflichtige Messgeräte wie z. B. die Stromzähler eine gewisse Toleranz in der Genauigkeit aufweisen. An dieser Stelle soll nicht weiter auf die einzelnen Vor- und Nachteile der unterschiedlichen zu verwendenden Geräte eingegangen werden. Es ist nur wichtig klarzustellen, dass unnötige Probleme innerhalb einer Hausgemeinschaft vermieden werden können, wenn der Gebäudeeigentümer vor der Auswahl der Geräte, die er in seinem Gebäude anbringen lassen will, die Mieter zu diesen Geräten konsultiert. Ihm steht zwar die alleinige Entscheidungsbefugnis zu, doch können die einzelnen Mieter **70** sachliche Gründe für die Verwendung eines bestimmten Gerätes vortragen, die der einsichtige Gebäudeeigentümer im Rahmen des möglichen berücksichtigen wird.

71 Eine solche Anhörung der Belange der Mieter ist durch die Verordnung nicht vorgeschrieben, sie wird aber umso dringlicher, wenn man bedenkt, dass gerade die **Investitionskosten** für die Anbringung der Geräte in gewissem Maße **auf die Mieter umgelegt** werden können. Da nach § 4 Abs. 2 der Gebäudeeigentümer verpflichtet ist, die Räume mit Ausstattungen zur Verbrauchserfassung zu versehen, hat auch er zunächst alleine die gesamten Kosten hierfür zu tragen. Jedoch besteht für ihn die Möglichkeit, diese nach § 559 Abs. 1 BGB sowie schon früher nach Maßgabe des MHG vom 18. Dezember 1974 (BGBl. I S. 3603) außer Kraft getreten am 1.9.2001 (BGBl. I S. 1149), auf die Mieter umzulegen. Nach dieser Regelung kann der Gebäudeeigentümer eine Erhöhung der jährlichen Miete um 11 vom Hundert der für die Wohnung aufgewendeten Kosten verlangen, wenn er bauliche Maßnahmen durchgeführt hat, die u.a. nachhaltig Einsparungen von Energie oder Wasser bewirken (Modernisierung), oder er andere bauliche Maßnahmen aufgrund von Umständen, die er nicht zu vertreten hat, durchgeführt hat. Im Hinblick auf die Möglichkeit der Mieterhöhung könnte man darüber streiten, ob die Anbringung der Verbrauchserfassungsgeräte eine bauliche Maßnahme ist, die nachhaltig Einsparungen von Heizenergie bewirkt. Denn es sind zunächst nicht die Geräte alleine, die für einen geringeren Verbrauch an Heizenergie in einem Gebäude sorgen, sondern es ist das Verhalten der Nutzer, das sich aufgrund der vorhandenen Geräte ändert und somit zu den Einsparungen führt (vgl. Einleitung S. 1 ff.). Die Klärung dieser Streitfrage ist jedoch im Hinblick auf die Möglichkeit zur Erhöhung der Miete für den Gebäudeeigentümer unerheblich. Da der Gebäudeeigentümer durch die Verordnung verpflichtet wird, die entsprechenden Geräte zur Verbrauchserfassung in den Räumen anzubringen, führt er auf jeden Fall eine bauliche Maßnahme aufgrund von Umständen durch, die er nicht zu vertreten hat. Denn die Frage des Ob des Anbringens der Geräte liegt nicht in seiner ausschließlichen Entscheidungsbefugnis. Vielmehr wird ihm im Einzelnen durch die HeizkostenV vorgeschrieben, wie er dieser Pflicht nachzukommen hat. Damit erfüllt der Gebäudeeigentümer bei Anbringen der Geräte eine Pflicht, die ihm aufgrund von rechtlichen Regelungen auferlegt worden ist. Das gerade ist ein Umstand, den er persönlich nicht zu vertreten hat.

72 Da somit diese Alternative des § 559 Abs. 1 BGB sowie § 3 Abs. 1 Satz 1 MHG erfüllt ist, kann der Gebäudeeigentümer die Jahresmiete um 11 % der für die konkrete Wohnung aufgewendeten Kosten erhöhen. Die Möglichkeit besteht jedoch nur für die erste Anbringung von Ausstattungen zur Verbrauchserfassung. Beschließt der Gebäudeeigentümer später, vorhandene Geräte gegen andere auszutauschen, kann er die Kosten hierfür nicht mehr umlegen. Eine Umlage scheidet auch für die Kosten bereits vorhandener älterer Geräte aus, da deren Anbringung unabhängig von der Verpflichtung nach der HeizkostenV erfolgte.

Für den Bereich des **preisgebundenen Wohnraums** können, ähnlich wie im 73
nicht preisgebundenen Wohnraum, die **Investitionskosten** für die Anbringung der Ausstattungen zur Verbrauchserfassung **im Rahmen der Miete umgelegt** werden. Die Möglichkeit hierzu eröffnen § 6 NMV 1970 in Verbindung mit § 11 der II. BV.

Unter dem Aspekt der Möglichkeit der Mieterhöhung wird die Beteiligung der 74
Mieter bei der Auswahl der zu verwendenden Geräte besonders wichtig. Allein schon die Frage, ob Wärmezähler oder Heizkostenverteiler gewählt werden, erlangt eine große Bedeutung. Da Wärmezähler immer noch wesentlich teurer sind als z.B. Heizkostenverteiler nach dem Verdunstungsprinzip, kommt eine größere Mieterhöhung auf die Mieter zu, wenn der Hauseigentümer sich für das erste Gerät entscheidet. Unter Abwägung all dieser Gesichtspunkte ist es angebracht, dass der Gebäudeeigentümer bei der Auswahl der zu installierenden Geräte die Belange der Mieter in angemessener Weise berücksichtigt.

Aber selbst für den Fall, dass der Gebäudeeigentümer Geräte anbringen will, 75
die nicht auf die Zustimmung der Mieter stoßen, haben die Mieter die Ausstattung der Räume mit diesen Geräten zu dulden (**§ 4 Abs. 2 Satz 1, 2. Halbsatz**). Diese förmliche Festschreibung der **Duldungspflicht** ist in der HeizkostenV bewusst vorgenommen worden. Denn andere den Mieter treffende Duldungspflichten in § 541 a Abs. 2 BGB alte Fassung oder § 20 Abs. 1 ModEnG alte Fassung reichen nicht aus.

Nach **§ 541 a Abs. 2 BGB** alte Fassung musste der Mieter Maßnahmen zur 76
Verbesserung der gemieteten Räume oder sonstiger Teile des Gebäudes dulden, soweit ihm dies zugemutet werden konnte. Hätte die HeizkostenV keine Duldungspflicht des Mieters festgelegt, wäre ihre Ableitung aus dieser Vorschrift des BGB auf Schwierigkeiten gestoßen. Die Ausstattung der Räume mit Verbrauchserfassungsgeräten hätte möglicherweise vom Mieter verhindert werden können. Denn nach § 541 a Abs. 2 BGB alte Fassung war der Mieter nur zur Duldung verpflichtet, soweit ihm dies zugemutet werden konnte. Hätte der Mieter sachliche Gründe dafür vortragen können, warum im konkreten Einzelfall er die Ausstattung seiner Räume mit den erforderlichen Geräten nicht tolerieren wollte, hätten eine Unzumutbarkeit vorliegen und die Ausstattung der Räume nicht mehr garantiert sein können.

77 Auf ähnliche Bedenken stieß auch die Duldungspflicht nach § 20 Abs. 1 Mod-EnG alte Fassung. Hiernach hatte der Mieter eine Modernisierung, die nach diesem Gesetz oder anderen Rechts- oder Verwaltungsvorschriften mit Mitteln öffentlicher Haushalte gefördert wurde oder eine Maßnahme nach § 4 Abs. 3 ModEnG (energiesparende Maßnahmen) darstellte, zu dulden, es sei denn, dass deren Durchführung oder bauliche Auswirkung für den Mieter oder seine Familie eine Härte bedeutete, die auch unter Würdigung der berechtigten Interessen des Vermieters und anderer Mieter in dem Gebäude nicht zu rechtfertigen war. Ähnlich wie die Duldungspflicht aus § 541 a Abs. 2 BGB alte Fassung war auch die Duldungspflicht nach § 20 Abs. 1 ModEnG alte Fassung daran geknüpft, dass eine bestimmte Voraussetzung gerade nicht vorlag. Nach dem ModEnG war der Mieter nur dann zur Duldung verpflichtet, wenn die Durchführung oder bauliche Auswirkung der Maßnahme durch den Vermieter für den Mieter oder seine Familie keine Härte bedeutete, die er unter Abwägung der Interessen von Vermieter und anderer Mieter im Gebäude nicht hinnehmen musste. Im Rahmen der Duldungspflicht des § 20 Abs. 1 ModEnG alte Fassung war darüber hinaus zu beachten, dass nach Abs. 2 Satz 2 der Mieter berechtigt war, bis zum Ablauf des Monats, der auf den Zugang der Mitteilung über die Durchführung der beabsichtigten Maßnahme folgte, für den Ablauf des nächsten Monats zu kündigen. Dieses Kündigungsrecht des Mieters war im vorliegenden Zusammenhang mit der Schaffung der notwendigen Voraussetzungen für eine verbrauchsabhängige Abrechnung der Heizkosten nicht angemessen. Durch derartige Verfahrenshindernisse, die dem Gebäudeeigentümer bei der Erfüllung seiner Verpflichtung nach § 4 Abs. 2 durch den Mieter bereitet werden konnten, war die Ausstattung der Räume mit Verbrauchserfassungsgeräten spätestens bis zum Ablauf der Übergangsfrist (§ 12 Abs. 1 Nr. 1, alte Fassung – 30. Juni 1984) nicht gewährleistet.

78 Letztlich war zu bedenken, dass beide Vorschriften Maßnahmen betrafen, die der Vermieter freiwillig vornahm. Hieraus erklärte sich die Interessenabwägung, die jeweils vorgenommen werden musste, bei der Duldungspflicht nach § 541 a Abs. 2 BGB alte Fassung die Zumutbarkeit, nach § 20 Abs. 1 ModEnG alte Fassung die Härte. Durch die HeizkostenV jedoch wurde der Gebäudeeigentümer verpflichtet, bestimmte bauliche Maßnahmen vorzunehmen. Eine freiwillige Entscheidung stand ihm nur hinsichtlich der Frage zu, zu welchem Zeitpunkt innerhalb der Übergangsfrist er tätig wurde.

79 Zu beachten war weiterhin, dass sowohl § 541 a Abs. 2 BGB alte Fassung als auch § 20 Abs. 1 ModEnG alte Fassung zu Gunsten des Mieters abdingbar waren. Dies konnte den Vermieter veranlassen, beim Abschluss der Mietverträge den Mieter dazu zu bewegen, auf die Duldungspflichten nach den genannten Vorschriften zu verzichten. Das hatte zur Folge, dass der Mieter zur Duldung der erwähnten Maßnahmen nicht mehr verpflichtet war. Hätte sich eine Duldungspflicht zur Anbringung der verbrauchsanzeigenden Geräte folglich nur aus den Vorschriften des BGB und des ModEnG ableiten lassen, so konnte der Mieter sich für den Fall, dass diese Duldungspflichten vertraglich ausgeschlossen wurden, unter Umständen mit Erfolg gegen die Anbringung der Erfassungsgeräte zur Wehr setzen.

Als letzte Möglichkeit, den Mieter dennoch zur Duldung zu verpflichten, **80** blieb der Weg über den Grundsatz von Treu und Glauben nach § 242 **BGB**. Da der Gebäudeeigentümer durch § 4 Abs. 2 der Verordnung öffentlich-rechtlich verpflichtet ist, die Ausstattung zur Verbrauchserfassung anzubringen, sollte der Mieter auch ohne Einschränkung verpflichtet sein, dieses Anbringen zu ermöglichen. Da sich eine solche Auslegung jedoch nicht in jedem Falle aus den genannten Vorschriften ergab, war es erforderlich, zur Klarstellung der Rechtslage eine ausdrückliche öffentlich-rechtliche Verpflichtung des Nutzers zur Duldung der nach § 4 dem Gebäudeeigentümer obliegenden Maßnahmen in der Verordnung vorzusehen.

Eine derartige öffentlich-rechtliche Duldungspflicht ist nicht neu. Auch im **81** Bundesbaugesetz werden in § 39 f. Mieter, Pächter und sonstige Nutzungsberechtigte zur Duldung von Maßnahmen im Zusammenhang mit Abbruchsgeboten oder Modernisierungs- und Instandsetzungsgeboten verpflichtet.

Durch das Gesetz zur Erhöhung des Angebots an Mietwohnungen vom **82** 20. Dezember 1982 (BGBl. I S. 1912) wurden § 541 a Abs. 2 BGB und § 20 ModEnG aufgehoben. Sie wurden ersetzt durch den neuen § 541 b BGB, der jene Regelungen in modifizierter Form zusammenfasst. An der eigenständigen Duldungspflicht in § 4 Abs. 2 Satz 1, 2. Halbsatz hat sich hierdurch nichts geändert.

Nach Abs. 2 Satz 2 darf der Gebäudeeigentümer **Ausstattungen zur Ver-** **83** **brauchserfassung mieten oder durch eine andere Art der Gebrauchsüber-** **lassung beschaffen.**

Im Zusammenhang mit der Möglichkeit der Umlegung der Investitionskos- **84** ten für die Anbringung der Geräte auf die Mieter war es bislang umstritten, ob der Gebäudeeigentümer auch solche Kosten auf die Miete abwälzen durfte, die nicht durch den Kauf, sondern durch das bloße Anmieten von Verbrauchserfassungsgeräten entstanden.

Der Gebäudeeigentümer hatte nach Abs. 2 alte Fassung die Räume mit Aus- **85** stattungen zur Verbrauchserfassung zu versehen, wobei ihm deren Auswahl im Rahmen des § 5 überlassen blieb. Es war ihm grundsätzlich nicht verwehrt, diese Pflicht durch das Anmieten von Verbrauchserfassungsgeräten zu erfüllen.

86 Die Möglichkeit, die Kosten für das Anmieten nach § 3 Abs. 1 Satz 1 MHG auf die Mieter umzulegen, musste aber ausscheiden. Sie hatte zur Voraussetzung, dass der Vermieter bauliche Maßnahmen durchgeführt hatte. Dieses Tatbestandsmerkmal war beim Anmieten der Geräte regelmäßig nicht gegeben. Sie wurden im Zweifel nach Ablauf der Mietzeit oder zu Wartungs- und Reparaturzwecken wieder entfernt und blieben deshalb frei beweglich. Darüber hinaus zielt der Sinn und Zweck des § 3 Abs. 1 Satz 1 MHG in eine andere Richtung. Die Vorschrift will Modernisierungen fördern und gewährt dem Vermieter daher zum Ausgleich für die Finanzierungskosten die Möglichkeit einer anteiligen Umlage der aufgewendeten Mittel. Dieser Gedanke greift bei angemieteten Ausstattungen, für die ein Kapitaleinsatz auf Seiten des Gebäudeeigentümers nicht erforderlich ist, nicht ein.

87 Daher durften die Kosten für das Anmieten von Verbrauchserfassungsgeräten nicht nach § 3 Abs. 1 Satz 1 MHG vom Gebäudeeigentümer auf die Mieter umgelegt werden. Nicht so eindeutig zu beantworten war auch die Frage, ob derartige Kosten nach § 7 Abs. 2 verteilt werden konnten (vgl. hierzu die Ausführungen auf Rdn. 204–207).

88 Diesen Problemen hat der Verordnungsgeber durch den neuen Abs. 2 Satz 2 Rechnung getragen. Hiernach darf der Gebäudeeigentümer die Ausstattung zur Verbrauchserfassung mieten oder durch eine andere Art der Gebrauchsüberlassung beschaffen. Entschließt er sich für diesen Weg, so muss er den Nutzern dieses vorher mitteilen und ihnen die dadurch entstehenden Kosten angeben. Die Auskunft über die Kosten ist für die Nutzer besonders deswegen wichtig, weil diese nach der Neufassung 1984 im Rahmen des § 7 Abs. 2 zu den Kosten des Betriebs der zentralen Heizungsanlage gehören und auf die Nutzer verteilt werden dürfen (vgl. die Ausführungen auf Rdn. 204). Die Art der Mitteilung und die Information über die Kosten haben in der Praxis häufig zu Problemen geführt, die gerichtlich geklärt werden mussten. Die Rechtsprechung sah die Mitteilungspflicht des Gebäudeeigentümers als nicht erfüllt an, wenn dieser seine Absicht zur Anmietung der Geräte lediglich in Form eines Aushangs im Hausflur kundtat. Die HeizkostenV schreibt hierfür zwar keine besondere Form vor. Dennoch muss der Wille des Gebäudeeigentümers dem betroffenen Nutzer individuell bekanntwerden, juristisch gesprochen, als einseitig empfangsbedürftige Willenserklärung zugehen (§ 130 Abs. 1 Satz 1 BGB). Nur dann kann darauf vertraut werden, dass er entsprechend reagiert (vgl. *AG Warendorf* WM 2002, 339 und *AG Neuss* WM 1995, 46). Nach Ansicht dieser Gerichte sei der Zugang einer schriftlichen Mitteilung erst dann bewirkt, wenn sie in verkehrsüblicher Weise in die tatsächliche Verfügungsgewalt des Empfängers gelangt sei und für diesen die Möglichkeit bestehe, vom Inhalt Kenntnis zu nehmen. Dies sei bei einem Aushang im Hausflur nicht der Fall, da der Flur nicht der Verfügungsgewalt des einzelnen Nutzers unterliege. Die Mitteilung müsse vielmehr eine vom Adressaten vorgehaltene Empfangsvorrichtung wie z.B. den Briefkasten erreichen. Selbst für den Fall, dass bereits angemietete Verbrauchserfassungsgeräte durch andere, z.b. technisch fortgeschrittenere (im konkreten Fall durch Funkheizkostenverteiler) ausgetauscht werden sollen und dies mit Kostensteigerungen verbunden ist, hat das *AG Rüdesheim* (WM 2007, 265) entschieden, dass auch dann die Voraussetzungen des Abs. 2 S. 2 einzuhalten seien. Die Regelung solle nicht die Nutzer vor der Anmietung durch den Gebäudeeigentümer überhaupt schützen, sondern ihnen die Möglichkeit geben, die Belastung mit gegenüber dem Kauf der entsprechenden Geräte in aller Regel höheren Kosten abzuwenden. Auch wenn die Nutzer vorher mehrheitlich mit der Anmietung einverstanden gewesen seien, stelle sich die Frage mit dem Einbau fortgeschrittenerer Geräte erneut, sofern dies zu einer weiteren Kostensteigerung führe.

Bei der Information über die Kosten entsteht häufig die Frage, ob diese nur **89** betragsmäßig angegeben oder auch erläutert und begründet werden müssen. Die HeizkostenV enthält hierzu keine Regelung, wie sie z.B. in einigen gesetzlichen Vorschriften des Mietrechts für den Vermieter vorgesehen sind (vgl. u.a. § 558 a BGB). Dennoch sollte der Gebäudeeigentümer im Interesse eines harmonischen Zusammenlebens die Gründe für seine Absicht, eventuell sogar weitergehende Informationen wie z.B. Dauer des Vertrages oder Folgekosten für Wartung, Eichung usw. verständlich und nachvollziehbar darlegen. Denn immerhin erwartet er vom Nutzer hierzu eine Entscheidung. Dieser könnte im Zweifel das Ansinnen des Gebäudeeigentümers nach Abs. 2 Satz 2 2. Halbsatz ablehnen, nur weil er sich nicht ausreichend informiert fühlt. Diesem Mangel kann durch eine für den objektiven Durchschnittsnutzer verständliche und nachvollziehbare Erläuterung abgeholfen werden und somit unnötige Probleme vermieden werden (vgl. auch WM 1994, 695).

Der Gebäudeeigentümer darf die Ausstattung zur Verbrauchserfassung je- **90** doch nicht mieten oder durch eine andere Art der Gebrauchsüberlassung beschaffen, wenn die Mehrheit der Nutzer innerhalb eines Monats nach Zugang der Mitteilung widerspricht. Da diese Arten der Gebrauchsüberlassung gegenüber dem Erwerb von Verbrauchserfassungsgeräten zu höheren Kosten für die Nutzer führen können, stellt das **Widerspruchsrecht der Nutzer** sicher, dass der Gebäudeeigentümer nicht gegen den erklärten Willen der Mehrheit der Nutzer diesen Weg beschreiten darf. Nutzer im Sinne dieser Regelung sind z.B. die einzelnen Mietparteien in einem Mietshaus, nicht die Gesamtzahl aller dort wohnenden Mieter (vgl. auch § 1 Abs. 1, oben Rdn. 17–32). Auch hierüber hat es in der Praxis wiederholt Streit gegeben.

91 Das Verfahren nach Abs. 2 Satz 2 sollte auch für den Fall durchgeführt werden, dass der Gebäudeeigentümer die bereits gemietete Ausstattung zur Verbrauchserfassung durch eine neue, vielleicht bessere, aber teurere ersetzen will. Die Interessenlage der Beteiligten unterscheidet sich hinsichtlich des ausschlaggebenden Kostenfaktors nicht wesentlich von der Situation einer erstmaligen Anmietung. Auch hier sollte daher dasselbe Verfahren eingehalten werden.

92 So wünschenswert und notwendig diese Klarstellung durch den Verordnungsgeber war, um das Anmieten oder andere Arten der Gebrauchsüberlassung von Ausstattungen zur Verbrauchserfassung zu ermöglichen, der technischen Fortentwicklung auf diesem Gebiet Rechnung zu tragen und Anstöße zur Verwendung verbesserter Geräte zu geben, so problematisch ist sie wiederum für den Bereich des Wohnungseigentums. Hier kann nämlich die Gemeinschaft der Wohnungseigentümer wirksam mit Mehrheit beschließen, die Verbrauchserfassungsgeräte anzumieten. Der einzelne Wohnungseigentümer, der seine Eigentumswohnung nicht selbst bewohnt, sondern diese vermietet, muss nunmehr seinen Mieter auf die Anmietungsabsicht und die dadurch entstehenden Kosten hinweisen, um dem Erfordernis des Abs. 2 Satz 2 Rechnung zu tragen. Der Mieter wiederum kann von seinem Widerspruchsrecht Gebrauch machen, so dass die Anmietung für den Bereich dieser vermieteten Eigentumswohnung unterbleiben muss. Der vermietende Wohnungseigentümer ist folglich einerseits der Gemeinschaft der Wohnungseigentümer gegenüber an den Mehrheitsbeschluss gebunden und muss die Anmietung hinnehmen, kann aber den Einbau der angemieteten Geräte gegen den Widerspruch seines Mieters nicht durchsetzen. Er müsste deshalb einen auf Anmietung gerichteten Beschluss der Wohnungseigentümergemeinschaft bis zum Vorliegen der Zustimmung des Mieters bzw. bis zum Ablauf der Widerspruchsfrist vorsorglich anfechten, um nicht zu einer unmöglichen Leistung verpflichtet zu werden. Alternativ könnte er der Gemeinschaft der Wohnungseigentümer gegenüber darauf dringen, dass ein Beschluss zur Anmietung von Ausstattungen zur Verbrauchserfassung den vermietenden Wohnungseigentümern den Erwerb der anzubringenden Geräte für den Fall offenhält, dass deren Mieter der Anmietung widersprechen.

Absatz 3

93 Durch Abs. 3 sind **gemeinschaftlich genutzte Räume von der Pflicht zur Verbrauchserfassung ausgenommen. Dies gilt nicht für Gemeinschaftsräume mit nutzungsbedingt hohem Wärme- oder Warmwasserverbrauch, wie Schwimmbäder oder Saunen.**

94 In Praxis und Rechtsprechung wurde die Pflicht des Gebäudeeigentümers zur Verbrauchserfassung von Räumen, die von mehreren oder allen Nutzern gemeinschaftlich genutzt wurden, sehr unterschiedlich beurteilt. Zum einen wurde sie bejaht, da es nicht gerechtfertigt sei, Nutzer auch noch mit hohen Anteilen am Verbrauch von gemeinschaftlich genutzten Räumen zu belasten, nur weil sie in ihren Wohnungen bereits überdurchschnittlich viel geheizt hatten. Dies jedoch war das Ergebnis in den Fällen, bei denen der Verbrauch der gemeinschaftlich genutzten Räume ohne Verbrauchserfassung lediglich entsprechend dem Verbrauch in den Wohnungen umgelegt wurde.

Zum anderen wurde die Pflicht zur Verbrauchserfassung verneint, da tatsächlich oft nur ein geringer Teil gemeinschaftlich genutzter Räume mit Heizkörpern ausgestattet ist. Die durch sie verursachten Kosten sind gemessen an den Gesamtkosten meist relativ gering, so dass ihre Aufteilung entsprechend dem Verbrauch in den Wohnungen sich faktisch kaum bemerkbar macht. **95**

Für diese Streitfragen ist in Abs. 3 eine einheitliche Rechtsgrundlage geschaffen worden. Nach Satz 1 sind die »**normalen**« gemeinschaftlich genutzten **Räume** von der Pflicht zur Verbrauchserfassung ausgenommen. Hierbei handelt es sich im Wesentlichen um Flure, Treppenhäuser oder Trockenräume. Die auf sie entfallenden Verbrauchsanteile sind verhältnismäßig gering. Sie werden in Wissenschaft und Praxis auf durchschnittlich 2–3 % des Gesamtverbrauchs eines Gebäudes geschätzt. Der Verbrauch in solchen gemeinschaftlich genutzten Räumen kann in der Regel den einzelnen Nutzern nicht zugeordnet und von ihnen nicht individuell beeinflusst werden. Es ist daher folgerichtig, den Verbrauch dieser Räume von der Pflicht zur gesonderten Erfassung auszunehmen. Das entspricht sowohl dem Grundsatz der Verhältnismäßigkeit als auch dem Gebot der Wirtschaftlichkeit, das in § 5 EnEG verankert ist. Durch die neue Regelung ist zwar die Erfassungspflicht und damit die Pflicht zur verbrauchsabhängigen Abrechnung aufgehoben. Das bedeutet jedoch nicht, dass die Beteiligten gehindert wären, rechtsgeschäftlich auch für gemeinschaftlich genutzte Räume eine gesonderte Verbrauchserfassung zu vereinbaren. Ist für sie bei Wohnungseigentum zum Beispiel in der Teilungserklärung oder bei Mietverhältnissen in den einzelnen Verträgen die verbrauchsabhängige Abrechnung vorgeschrieben, so können auch diese Räume bei der verbrauchsabhängigen Aufteilung der Kosten berücksichtigt werden. Insofern ist der Privatautonomie der Beteiligten ausreichend Gestaltungsraum belassen. **96**

Nach Abs. 3 Satz 2 gilt die Ausnahme von der Pflicht zur Verbrauchserfassung jedoch **nicht für Gemeinschaftsräume mit nutzungsbedingt hohem Wärme- oder Warmwasserverbrauch, wie Schwimmbäder oder Saunen.** Sie weisen durch ihre spezielle Art der Nutzung einen relativ hohen Wärme- oder Warmwasserverbrauch auf und sollen gerade deswegen der Erfassungspflicht **97** unterworfen bleiben. Den Nutzern, die Schwimmbäder oder Saunen nutzen, wird der Energieverbrauch derartiger Gemeinschaftsräume aufgezeigt und so ein zusätzlicher Anreiz für sparsames Verbrauchsverhalten gegeben. Damit wird letztlich eine Verbrauchskontrolle ermöglicht.

98 Die Formulierung des Abs. 3 des § 4 wirft wiederum einige Auslegungsfragen auf. Gleichberechtigt nebeneinander spricht der Verordnungsgeber von **gemeinschaftlich genutzten Räumen** und **Gemeinschaftsräumen**. Als Gemeinschaftsräume definiert er unter anderem Schwimmbäder oder Saunen. Man könnte hieraus schließen, dass andere Räume wie Flure, Treppenhäuser oder Trockenräume nicht als Gemeinschaftsräume im Sinne der Verordnung angesehen werden sollen, obwohl gerade Trockenräume oft ähnlich wie Schwimmbäder einen nutzungsbedingt hohen Wärmeverbrauch aufweisen. Die Begründung des Regierungsentwurfs zur Änderung der HeizkostenV (Bundesrats-Drucksache Nr. 494/88, S. 24/25), die als authentische Auslegungshilfe zur Klärung von Zweifelsfragen herangezogen werden muss, sorgt hier gerade nicht für größere Klarheit. Sie erwähnt bei der Erläuterung von **gemeinschaftlich genutzten Räumen** Flure, Treppenhäuser und Trockenräume, nennt sie aber Gemeinschaftsräume. Als **Gemeinschaftsräume** definiert die Verordnung selbst dahingegen Schwimmbäder oder Saunen, die nutzungsbedingt einen hohen Wärme- oder Warmwasserverbrauch aufweisen.

99 Es ist zu vermuten, dass diese Unklarheiten in Praxis und Rechtsprechung zu Problemen und Streitfällen führen können. Der Verordnungsgeber hätte zweckmäßigerweise durch eine Legaldefinition abschließend geregelt, welche Räume er als Gemeinschaftsräume verstanden wissen wollte, die der Pflicht zur Verbrauchserfassung unterworfen bleiben. Alle anderen hätten dann als **gemeinschaftlich genutzte Räume** gegolten, die von dieser Pflicht ausgenommen sind. Eine größere Präzision bei der Formulierung des Abs. 3 wäre wünschenswert gewesen, um die nötige Rechtsklarheit zu schaffen, die mit der Änderung der HeizkostenV angestrebt ist.

Absatz 4

100 Nach § 4 Abs. 4 ist der Nutzer berechtigt, vom Gebäudeeigentümer die Erfüllung der diesem nach Abs. 1 bis 3 auferlegten Verpflichtungen zu verlangen. Diese Berechtigung des Nutzers ist das Gegenstück zu seiner Duldungspflicht aus Abs. 2. Der Mieter kann folglich im Zweifel im Zivilrechtsweg durchsetzen, dass der Gebäudeeigentümer seinen öffentlich-rechtlichen Verpflichtungen aus § 4 nachkommt. Für den Fall, dass der Gebäudeeigentümer entgegen den Vorschriften der HeizkostenV die erforderlichen Verbrauchserfassungsgeräte nicht anbringt, ist der Mieter nicht darauf beschränkt, sich mit einer Kürzung um 15 % der auf ihn entfallenden Heizkostenabrechnung zu begnügen (§ 12 Abs. 1 – im Einzelnen erfolgen hierzu weitere Ausführungen im Rahmen des § 12, vgl. Rdn. 319–327). Er kann vielmehr aktiv verlangen und gerichtlich durchsetzen, dass die erforderlichen Geräte angebracht werden.

Es ist abschließend darauf hinzuweisen, dass es **zweckmäßig** gewesen wäre, in der **HeizAnlVO**, die sich im Einzelnen näher mit energiesparenden Anforderungen an heizungstechnische Anlagen und Brauchwasseranlagen befasst, vorzuschreiben, dass die **Ausstattung zur Verbrauchserfassung bei Neubauten von vornherein zwingend angebracht und dies öffentlich-rechtlich überwacht wird.** Das Einstellen einer derartigen Verpflichtung in diese Verordnung wäre bei der Änderung möglich gewesen. 1982 ist lediglich das Anforderungsniveau der HeizAnlVO erhöht worden, da zusätzliche Maßnahmen wirtschaftlich geworden sind (zur Wirtschaftlichkeit der Erfassungsgeräte vgl. Rdn. 130–133). Inzwischen ist die HeizAnlVO außer Kraft getreten und materiell in der EnEV aufgegangen. **101**

Im Rahmen dieser Änderung wurde allerdings die verpflichtende Ausstattung von Neubauten mit Geräten zur Verbrauchserfassung nicht zwingend vorgeschrieben. Mit der Aufhebung der HeizAnlVO im Jahre 2002 ist auch diese Möglichkeit entfallen, so dass es keine derartigen Regelungen gibt. **102**

§5 Ausstattung zur Verbrauchserfassung

(1) Zur Erfassung des anteiligen Wärmeverbrauchs sind Wärmezähler oder Heizkostenverteiler, zur Erfassung des anteiligen Warmwasserverbrauchs Warmwasserzähler oder andere geeignete Ausstattungen zu verwenden. Soweit nicht eichrechtliche Bestimmungen zur Anwendung kommen, dürfen nur solche Ausstattungen zur Verbrauchserfassung verwendet werden, hinsichtlich derer sachverständige Stellen bestätigt haben, dass sie den anerkannten Regeln der Technik entsprechen oder dass ihre Eignung auf andere Weise nachgewiesen wurde. Als sachverständige Stellen gelten nur solche Stellen, deren Eignung die nach Landesrecht zuständige Behörde im Benehmen mit der Physikalisch-Technischen Bundesanstalt bestätigt hat. Die Ausstattungen müssen für das jeweilige Heizsystem geeignet sein und so angebracht werden, dass ihre technisch einwandfreie Funktion gewährleistet ist.
(2) Wird der Verbrauch der von einer Anlage im Sinne des § 1 Abs. 1 versorgten Nutzer nicht mit gleichen Ausstattungen erfasst, so sind zunächst durch Vorerfassung vom Gesamtverbrauch die Anteile der Gruppen von Nutzern zu erfassen, deren Verbrauch mit gleichen Ausstattungen erfasst wird. Der Gebäudeeigentümer kann auch bei unterschiedlichen Nutzungs-

oder Gebäudearten oder aus anderen sachgerechten Gründen eine Vorerfassung nach Nutzergruppen durchführen.

Einigungsvertrag Anlage I Kapitel V Sachgebiet D Abschnitt III Nr. 10 c):

Soweit und solange die nach Landesrecht zuständigen Behörden des in Artikel 3
des Vertrages genannten Gebietes noch nicht die Eignung sachverständiger
Stellen gemäß § 5 Abs. 1 Satz 2 und 3 der Verordnung bestätigt haben, können
Ausstattungen zur Verbrauchserfassung verwendet werden, für die eine sachverständige Stelle aus dem Gebiet, in dem die Verordnung schon vor dem Beitritt gegolten hat, die Bestätigung im Sinne von § 5 Abs. 1 Satz 2 erteilt hat.

Absatz 1

103 Abs. 1 Satz 1 legt fest, dass zur Erfassung des anteiligen Wärmeverbrauchs
Wärmezähler oder **Heizkostenverteiler**, zur Erfassung des anteiligen Warmwasserverbrauchs **Warmwasserzähler** oder **andere geeignete Ausstattungen**
zu verwenden sind. Dies sind die **Oberbegriffe für unterschiedliche Erfas-
sungssysteme**, die die Grundlage zur Umlegung der Heiz- und Warmwasserkosten bilden. Nach ihrer technischen Funktionsweise lassen sie sich im Wesentlichen in folgende Gruppen einteilen:
1. Wärmezähler
2. Heizkostenverteiler mit elektrischer Messgrößenerfassung
3. Heizkostenverteiler nach dem Verdunstungsprinzip
4. Warmwasserzähler
5. andere geeignete Ausstattungen

104 Im Folgenden soll ihre Funktionsweise kurz erläutert werden.

1. Wärmezähler:

105 Wärmezähler ermitteln durch Messfühler die Temperaturdifferenz zwischen
Vor- und Rücklauftemperatur des zu messenden Heizkreises. Die verbrauchte Wärmemenge in Kilowattstunden (kWh) ergibt sich dabei als Produkt aus
Temperaturdifferenz und gemessenem Durchflussvolumen und einem Ab-
rechnungsfaktor, der unter anderem die spezifische Wärmekapazität des
Heizwassers enthält. Unzweifelhaft ist ein großer Vorteil der Wärmezähler,
eine sehr genaue Methode zur Verbrauchserfassung zu sein. Sie haben jedoch
nicht nur Vorteile. Wie bereits im Rahmen der Ausführungen zu § 4 dargestellt (vgl. Rdn. 69–92), ist der Kostenaufwand für Wärmezähler im Unterschied zu Heizkostenverteilern z. B. nach dem Verdunstungsprinzip erheblich
höher. Weiterhin ergibt sich ein regelmäßiger Kostenaufwand dadurch, dass
diese Geräte eichpflichtig sind bzw. mit dem CE $\boxed{M}$ Zeichen gekennzeichnet

sein müssen und in regelmäßigen Zeitabständen eine Nacheichung oder bei Wärmezählern in Wohnungen ein Austausch erforderlich wird. Der Einsatz der Geräte setzt weiterhin voraus, dass eine horizontale Heizungsverteilung für jede Wohneinheit existiert, d. h. Vor- und Rücklauf müssen zentral für jede Nutzereinheit angeordnet sein. Aus diesem Grunde ist der Einsatz von Wärmezählern in bestehenden Gebäuden nur bedingt möglich, ihr Einsatz in Neubauten ist dagegen bei Einhaltung korrekter Planungen problemlos.

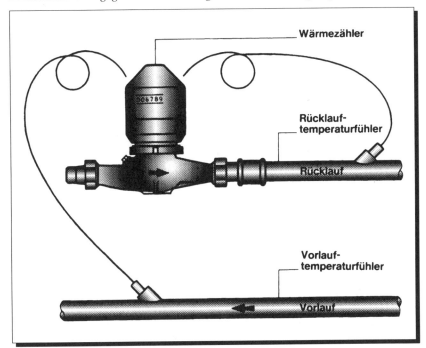

Wärmezähler

2. Heizkostenverteiler mit elektrischer Verbrauchswerterfassung:

Bei Heizkostenverteilern mit elektrischer Verbrauchswerterfassung sind die **106** angewendeten Methoden zur Bestimmung des tatsächlichen Heizenergieverbrauchs je Raum nicht identisch. Verschiedene Herstellerfirmen haben bereits Systeme auf den Markt gebracht, bzw. sind zurzeit dabei, neue Geräte mit unterschiedlicher Funktionsweise zu entwickeln.

Die tatsächlich verbrauchte Heizenergie soll durch die elektrische Ver- **107** brauchswerterfassung möglichst genau bestimmt werden. Da diese Systeme eine sehr hohe Verteilgenauigkeit erreichen, kann die Genauigkeit die Basis dafür sein, bei der jeweiligen Abrechnung zu einer größeren Gerechtigkeit zu gelangen.

108 Ebenso wie bei den Wärmezählern fällt auch für die Installierung von Heizkostenverteilern mit elektrischer Verbrauchswerterfassung ein relativ hoher Kostenaufwand an. Vorteilhaft hingegen ist die große Präzision bei der Verbrauchserfassung sowie die Tatsache, dass auch bestehende Gebäude ohne Eingriff in das Heizsystem mit diesen Geräten ausgestattet werden können. Darüber hinaus sind sie im Wesentlichen wartungsfrei. Dadurch, dass jeder Nutzer täglich das Gerät ablesen kann und die Abrechnung aufgrund der erfassten Daten im gesamten Haus durch die Nutzer oder den Gebäudeeigentümer selbst vorgenommen werden kann, entfällt bei der Verwendung von Heizkostenverteilern mit elektrischer Verbrauchswerterfassung insofern die Abhängigkeit von externen Abrechnungsdiensten.

3. Heizkostenverteiler nach dem Verdunstungsprinzip:

109 Bei den Heizkostenverteilern nach dem Verdunstungsprinzip verdunstet eine Messflüssigkeit, die in einem Röhrchen enthalten ist. Abhängig davon, ob die Heizkörper in Betrieb genommen, abgeschaltet oder auf unterschiedliche Temperaturen eingestellt sind, verdunstet die Messflüssigkeit langsamer oder schneller. Das Röhrchen mit der Flüssigkeit ist hinter einer Skala angebracht.

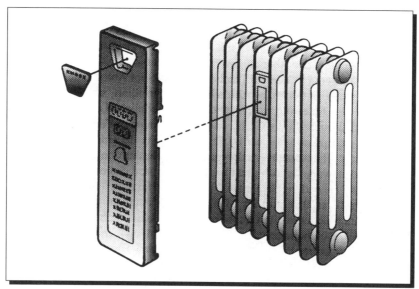

Heizkostenverteiler mit elektrischer Messgrößenerfassung

Entsprechend dem Stand der Flüssigkeit kann auf der Skala abgelesen werden, wie hoch der anteilige Heizenergieverbrauch des jeweiligen Heizkörpers ist. Die Skala kann nach Heizkörperfabrikat, Heizkörperart und -große unterschiedlich sein (zum Problem der sogenannten »Reduktion« – Ausgleich von lagebedingten Wärmebedarfsunterschieden – vgl. die Ausführungen zu § 7 Abs. 1 Rdn. 178–195).

Der Vorteil von Heizkostenverteilern nach dem Verdunstungsprinzip ist die **110** einfache und vor allem preisgünstige Installation der Geräte. Sie weisen jedoch im Vergleich zu den bereits dargestellten einen Nachteil insofern auf, als der Energieverbrauch nicht korrekt an den Geräten abgelesen werden kann und der Nutzer keine Möglichkeit hat, sich mit anderen zu vergleichen. Für das Ablesen und die Aufstellung der Abrechnung muss ein externer Messdienst in Anspruch genommen werden. Für den Fall, dass der Nutzer beim Ablesen der Skala nicht zugegen ist und eine korrektes Ablesen nicht kontrolliert, sind Reklamationen hinsichtlich der Ablesung nachträglich kaum möglich. Letztlich sei darauf verwiesen, dass auch dieses Gerät, wie jede technische Vorrichtung, nicht in jedem Falle manipulationssicher ist. Diesbezügliche Bedenken sind hauptsächlich gegen die Heizkostenverteiler nach dem Verdunstungsprinzip ins Feld geführt worden, wobei jedoch nicht zu übersehen ist, dass diese wesentlich mehr verbreitet sind als andere Geräte zur Verbrauchserfassung und von daher allein schon ein größeres Potential für Manipulation

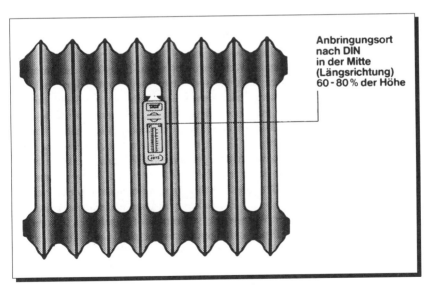

Anbringungsort nach DIN in der Mitte (Längsrichtung) 60 - 80 % der Höhe

Heizkostenverteiler nach dem Verdunstungsprinzip

darstellen. Letztlich ist in der Öffentlichkeit eine mögliche Gesundheitsgefährdung durch die in der Verdunstungsflüssigkeit enthaltenen chemischen Stoffe (Methylbenzoat, Cyklohexanol und Phenethol) erörtert worden. Nach eingehenden Untersuchungen hat das Bundesgesundheitsamt jedoch festgestellt, dass die mögliche Konzentration dieser Stoffe in der Luft bei bestimmungsmäßigem Gebrauch so gering ist, dass die Gesundheit von Menschen, die sich in den Räumen aufhalten, nicht beeinträchtigt oder gefährdet wird.

4. Warmwasserzähler:

111   Die Warmwasserzähler ermitteln den Warmwasserverbrauch auf physikalischer Grundlage. Sie zeigen die Menge des verbrauchten Warmwassers in Kubikmetern (m³) an. Warmwasserzähler sind eichpflichtig und müssen nach 5 Jahren nachgeeicht werden. Der nachträgliche Einsatz von Warm Wasserzählern in bestehenden Gebäuden ist oft anders als bei Wärmezählern unter vertretbarem Aufwand möglich.

5. Andere geeignete Ausstattungen:

112   Ähnlich wie bei den Heizkostenverteilern gibt es zur Erfassung des anteiligen Warmwasserverbrauchs auch Warmwasserkostenverteiler mit elektrischer Verbrauchswerterfassung und Warmwasserkostenverteiler nach dem Verdunstungsprinzip. Ihre Funktionsweise ist mit derjenigen der Heizkostenverteiler vergleichbar. Bislang wurden nur diejenigen nach dem Verdunstungsprinzip benutzt. Entgegen lange gehegten Erwartungen hat sich jedoch erwiesen, dass es keine technischen Regelwerke für Warmwasserkostenverteiler geben wird. Sie haben heute fast keine Bedeutung mehr. Sie werden daher in § 5 Abs. 1 Satz 1 nicht mehr genannt. An ihrer Stelle wird nunmehr der Begriff **andere geeignete Ausstattungen** verwendet. Hierdurch soll die technische Entwicklung anderer besserer Ausstattungen zur Erfassung des anteiligen Warmwasserverbrauchs offengehalten werden. Die Eignung derartiger neuer Entwicklungen bestimmt sich nach Abs. 1 Satz 2. Soweit nicht eichrechtliche Bestimmungen zur Anwendung kommen, dürfen nur solche Ausstattungen zur Erfassung des anteiligen Warmwasserverbrauchs verwendet werden, hinsichtlich derer sachverständige Stellen bestätigt haben, dass sie den anerkannten Regeln der Technik entsprechen oder dass ihre Eignung auf andere Weise nachgewiesen wurde. Da es für Warmwasserkostenverteiler keine anerkannten Regeln der Technik gibt, dürfen lediglich die am 1. Januar 1987 bereits vorhandenen (vgl. § 12 Abs. 2 Nr. 1) weiter benutzt werden. Dem Einbau solcher Geräte nach diesem Termin könnte im Zweifel vor Gericht die Anerkennung als geeignete Ausstattung zur Erfassung des Warmwasserverbrauchs verweigert werden, da ihnen nicht bestätigt werden kann, dass sie anerkannten Regeln der Technik entsprechen, es sei denn, ihre Eignung wurde auf andere Weise nachgewiesen.

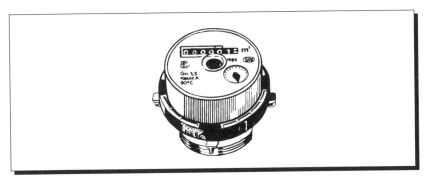

Warmwasserkostenverteiler

Nach **§ 5 Abs. 1 Satz 2 alte Fassung** mussten die Ausstattungen zur Ver-   **113**
brauchserfassung und ihre Verwendung bestimmten **Mindestanforderungen**
genügen, die sich aus **DIN 4713 Teil 2 bis 4** und der darin in Bezug genommenen **DIN 4714 Teil 2 und 3** (beide Ausgabe Dezember 1980) ergaben. Die Inbezugnahme von DIN-Normen beruhte auf der Ermächtigung des § 5 Abs. 3
EnEG. Hiernach kann in Rechtsverordnungen wegen technischer Anforderungen auf Bekanntmachungen sachverständiger Stellen unter Angabe der
Fundstelle verwiesen werden. Sachverständige Stelle im Sinne des Gesetzes ist
das Deutsche Institut für Normung, so dass auf dessen Bekanntmachungen
und damit auf die DIN-Normen verwiesen werden konnte.

Es ist von Bedeutung klarzustellen, dass durch die Inbezugnahme diese pri-   **114**
vaten Normierungen Teil des staatlichen Rechts wurden (BVerfGE 47, S. 285
[310]). Der Verordnungsgeberbediente sich durch die Inbezugnahme von
DIN-Normen des technischen Sachverstandes einer privaten Institution. Er
gab hierdurch nicht die ausschließlich ihm zustehende Befugnis aus der
Hand, die Art und Weise der verbrauchsabhängigen Abrechnung selbst zu
bestimmen.

Nach der **Neufassung 1984 des** § 5 Abs. 1 Satz 2 dürfen nunmehr, soweit   **115**
nicht eichrechtliche Bestimmungen zur Anwendung kommen, nur solche Ausstattungen zur Verbrauchserfassung verwendet werden, hinsichtlich derersach-
verständige Stellen bestätigt haben, dass sie den **anerkannten Regeln der
Technik** entsprechen **oder** dass ihre **Eignung auf andere Weise nachgewiesen** wurde. Die starre Inbezugnahme von DIN-Normen ist durch eine Verweisung auf die anerkannten Regeln der Technik ersetzt worden. Es hat sich
seit Inkrafttreten der HeizkostenV gezeigt, dass die Ausstattungen zur Verbrauchserfassung einem schnellen technischen Wandel unterliegen. Mit der
starren Verweisung auf die DIN-Normen aus dem Jahre 1980 konnte dieser

Entwicklung nicht hinreichend Rechnung getragen werden. Da bei einem fortgeschrittenen Stand der Technik die entsprechende DIN-Norm ebenfalls fortgeschrieben werden musste, um aktuell zu bleiben – und dies ist bis zu einer einheitlichen Normung auf europäischer Ebene im November 1994 wiederholt geschehen (vgl. unten Rdn. 119–129) –, hätte auch die HeizkostenV auf die jeweils neue DIN-Norm verweisen und somit selbst geändert werden müssen. In Anbetracht des schnellen technischen Wandels war dieser Weg mit einer starren Inbezugnahme der DIN-Normen äußerst schwerfällig. Auf ihn ist daher seit der Neufassung 1984 des § 5 Abs. 1 Satz 2 verzichtet worden. Stattdessen wird nunmehr auf die anerkannten Regeln der Technik verwiesen. Um solche handelt es sich, wenn sie in der praktischen Anwendung erprobt worden sind und von einschlägigen Fachkreisen für richtig gehalten werden. Sie müssen in der Wissenschaft als theoretisch richtig anerkannt worden sein und sich in der Praxis dadurch bewährt haben, dass sie von den für ihre Anwendung in Betracht kommenden Technikern, die für ihre Beurteilung die erforderliche Vorbildung besitzen, anerkannt und mit Erfolg praktisch angewendet worden sind. Technische Regeln werden hauptsächlich von Fachverbänden oder Sachverständigengremien nach einem bestimmten Verfahren erstellt. Zu den anerkannten Regeln der Technik gehören u. a. besonders DIN-Normen oder auch VDI-Richtlinien und -Bestimmungen. Gegenüber der ersten Fassung des § 5 Abs. 1 sind die Warmwasserzähler und die anderen geeigneten Ausstattungen nunmehr in Satz 1 erwähnt. Die anerkannten Regeln der Technik in Satz 2 beziehen sich daher auch auf diese, so dass auch sie künftig den anerkannten Regeln der Technik entsprechen müssen. Nach der alten Fassung des Abs. 1 gab es hierfür noch keine in DIN-Normen festgelegten Mindestanforderungen. Für die dem Eichrecht unterliegenden Geräte waren zusätzliche Regelungen in der HeizkostenV nicht erforderlich. Satz 2 lässt weiterhin zu, dass die Eignung von zu verwendenden Geräten auch auf andere Weise nachgewiesen werden kann. Diese Möglichkeit ist von besonderer Bedeutung bei technischen Neuentwicklungen. Hier können sich anerkannte Regeln der Technik noch nicht entwickelt haben, so dass ihre Eignung anderweitig nachgewiesen werden muss.

116 Nach **Satz 3** gelten als **sachverständige Stellen** nur solche Stellen, deren Eignung die nach Landesrecht zuständige Behörde im Benehmen mit der Physikalisch-Technischen Bundesanstalt (PTB) bestätigt hat. Als sachverständige Stellen sind dabei insbesondere die mit technischer Normung befassten Institutionen wie das Deutsche Institut für Normung anzusehen. Die Mitwirkung der PTB gewährleistet darüber hinaus, dass nur solche Stellen zur Prüfung der Ausstattungen zur Verbrauchserfassung befugt sind, deren fachliche Eignung gegeben ist. Mögliche Interessen der Bundesländer bei der Auswahl der

sachverständigen Stellen werden durch die Mitwirkung der nach Landesrecht zuständigen Behörde gewahrt.

Der **Einigungsvertrag** enthält in Anlage I Kapitel V Sachgebiet D Abschnitt III **117** Nr. 10 c) für die Anwendung von Satz 2 und 3 **folgende Maßgabe:** Soweit und solange die nach Landesrecht zuständigen Behörden der neuen Bundesländer noch nicht die Eignung sachverständiger Stellen gemäß § 5 Abs. 1 Satz 2 und 3 der Verordnung bestätigt haben, können Ausstattungen zur Verbrauchserfassung verwendet werden, für die eine sachverständige Stelle aus den alten Bundesländern die Bestätigung im Sinne von § 5 Abs. 1 Satz 2 erteilt hat. Hierdurch ist klargestellt, dass alle Geräte auch in den neuen Bundesländern verwendet werden dürfen, denen von sachverständigen Stellen der alten Bundesländer attestiert wurde, dass sie den anerkannten Regeln der Technik entsprechen oder dass ihre Eignung auf andere Weise nachgewiesen wurde.

Nach **Satz 4** müssen die **Ausstattungen zur Verbrauchserfassung** für das je- **118** weilige Heizsystem **geeignet** sein und so angebracht werden, dass ihre **technisch einwandfreie Funktion** gewährleistet ist. Sie kann u. a. auch dadurch beeinträchtigt werden, dass die an den Heizkörpern angebrachten Ausstattungen aufgrund nicht isolierter Rohrleitungen und hohen Vorlauftemperaturen nur einen geringen Anteil der tatsächlich in einer Wohnung abgegebenen Wärmemenge erfassen (vgl. hierzu *LG Meiningen* WM 2003, 453, mit der Folge der nicht verbrauchsabhängigen Abrechnung und Kürzung um 15 %). Der ausschlaggebende Zeitpunkt für die Erfüllung dieser Voraussetzungen ist der **Zeitpunkt des Einbaus** der Geräte. Hierüber ist es wiederholt zu Streit vor den Gerichten gekommen (vgl. u. a. *LG Frankfurt/M.*, Urteil vom 9.2.1988, Az 2/11). Juristisch wäre es unter dem Gesichtspunkt der **Besitzstandswahrung** (vgl. unten zu § 12 Abs. 2 Rdn. 328–335), aber auch wirtschaftlich im Hinblick auf die entstehenden Kosten unhaltbar zu verlangen, dass vorhandene Geräte immer den neuesten technischen Anforderungen entsprechen müssten. Dies würde zu einer ständigen Umrüstung immer dann führen, wenn das technische Regelwerk sich ändert. So etwas ist vom Verordnungsgeber nicht gewollt und daher nicht akzeptabel. Deshalb besteht solange kein Anspruch auf Ersetzung vorhandener Ausstattungen zur Verbrauchserfassung durch andere, wie die bei ursprünglicher Einrichtung eingesetzten den gesetzlichen Anforderungen entsprechen. Allenfalls nach dem Grundsatz von Treu und Glauben könnte dann eine Änderung erforderlich werden, wenn Abrechnungsergebnisse nur aufgrund der Ausstattungen für einen Betroffenen grob unbillig und nicht mehr hinnehmbar wären (*BayObLG* WM 2003, 519 zum Einsatz von Heizkostenverteilern nach dem Verdunstungsprinzip bei Einrohrheizungen). Werden jedoch **nach der Anbringung der Ausstattung zur Verbrauchserfassung wesentliche Veränderungen** z. B. an der Heizungsanlage vorgenommen, **muss erneut geprüft werden**, ob die Geräte für das neue Heizsystem noch geeignet und so angebracht sind, dass ihre technisch einwandfreie Funktion gewährleistet ist. Sollte dies nicht mehr der Fall sein, müsste dann allerdings umgerüstet werden.

119 Die **technischen Anforderungen** waren zunächst in **DIN 4713** und **DIN 4714** beide Ausgabe Dezember 1980 festgeschrieben. Sie wurden u. a. für DIN 4713 Teil 3 (Heizkostenverteiler mit elektrischer Messgrößenerfassung) im Januar 1989 und für DIN 4713 Teil 2 (Heizkostenverteiler nach dem Verdunstungsprinzip) im März 1990 geändert. Beide gingen im November 1994 in **europäischen Normen** auf, die vom Comité Européen de Normalisation (CEN) angenommen wurden. CEN-Mitglieder sind die nationalen Normungsinstitute der 27 Mitgliedstaaten der Europäischen Union sowie von Island, Norwegen und der Schweiz. Die Norm **EN 834** ersetzt **DIN 4713 Teil 3** und **EN 835** die **DIN 4713 Teil 2**. Darüber hinausgehende deutsche Normen gibt es insoweit nicht mehr. Da die DIN- und CEN-Normen auch weiterhin zu den anerkannten Regeln der Technik gehören, sollen sie im Folgenden kurz dargestellt werden.

Der wesentliche Inhalt der DIN 4713 und DIN 4714:

120 Die Arbeiten zur Erstellung der DIN 4713 und DIN 4714 begannen im Jahre 1979. Dem eigens hierfür gegründeten Normenausschuss Heiz- und Raumlufttechnik (NHR) im Deutschen Institut für Normung gehörten neben Vertretern der zuständigen Bundesministerien (Wirtschaft sowie Raumordnung, Bauwesen und Städtebau) Fachleute aus dem Bereich der Wissenschaft, Vertreter von Prüfinstituten, Experten aus der Heizungsbranche, der Wohnungswirtschaft, von Verbraucherorganisationen, Hersteller- und Messdienstfirmen, unabhängige beratende Ingenieure des Heizungsfaches, Brennstoff- und Fernwärmeunternehmen und andere an.

121 Der Ausschuss stand vor dem Problem, dass bereits in einigen Millionen Wohnungen Heizkostenverteilersysteme nach dem Verdunstungsprinzip existierten, die jedoch nach unterschiedlichsten Konstruktions-, Betriebs- und Abrechnungsmodalitäten arbeiteten. Daneben waren die Heizkostenverteilersysteme mit elektrischer Messgrößenerfassung im Stadium der Entwicklung. Im Verlauf der Erarbeitung der DIN-Normen gab es gerade auf diesem Gebiet eine Reihe vielversprechender Neuentwicklungen, so dass während der insgesamt zweijährigen Erarbeitungszeit ein ständiger Anpassungsprozess erforderlich war. Darüber hinaus war der Normenausschuss gezwungen, die DIN-Normen vor der Verabschiedung der HeizkostenV fertig zu stellen, da diese sich hinsichtlich der zu stellenden Mindestanforderungen an die Geräte zur Verbrauchserfassung auf die DIN-Normen beziehen sollte. Obgleich die technische Entwicklung während der Erarbeitung der DIN-Normen weiter fortschritt und den Normenausschuss zu einer stetigen Anpassung der Normen an die Entwicklung zwang, hierneben aber auch die HeizkostenV mittlerweile im Entwurfsstadium war, selbst Änderungen unterlag und immer wieder die Anpassung der Normen an den jeweiligen Verordnungsentwurf verlangte, konnte im Dezember 1980 das fertige Normenwerk vorgelegt werden.

DIN 4713 Teil 1 enthält die Begriffsdefinitionen für die Heizkostenabrechnung sowie die verwendeten Einheiten- und Formelgrößen, wobei auf eine vollständige Übereinstimmung mit den in der HeizkostenV verwendeten Begriffen Wert gelegt wurde. Sie definiert ferner allgemein gültige Voraussetzungen für die Anwendung von Geräten zur Wärmekostenabrechnung. **122**

DIN 4713 Teil 2 ursprünglich oder jetzt **EN 835** befasst sich mit Heizkostenverteilern nach dem Verdunstungsprinzip. Sie legt ihre Definition fest und bestimmt, wo und unter Einhaltung welcher Kriterien solche Geräte im Rahmen der verbrauchsabhängigen Heizkostenabrechnung anwendbar sind. Sie stellt Mindestanforderungen an die Konstruktion, das Material, die Fertigung, den Einbau, die Funktion und an die Auswertung der Anzeigewerte, die von den Geräten erzeugt werden, auf. Schließlich gibt sie Prüfverfahren an, welche die Erfüllung der aufgestellten Anforderungen kontrollieren, und legt Richtlinien für die Art und den Umfang ihrer Durchführung fest. Im Unterschied zur DIN 4713 Teil 2 wurde der Anwendungsbereich der EN 835 inzwischen auf vertikale Einrohrheizungen, die sich über eine Nutzeinheit hinaus erstrecken, erweitert. Ansonsten wurde der Inhalt von DIN 4713 Teil 2 zu wesentlichen Teilen übernommen. Auch nach DIN 4713 Teil 2 waren Heizkostenverteiler nach dem Verdunstungsprinzip für Einrohrheizungen geeignet, sofern diese nicht über den Bereich einer Nutzeinheit hinaus verwendet wurden. Ihre Anwendung hat jedoch immer wieder zu Rechtsstreiten vor den Gerichten Anlass gegeben (vgl. u.a. *BayObLG* WM 1993, 298; *LG Berlin* DWW 1995, 53, 115; auch unten Rdn. 290). **123**

DIN 4713 Teil 3 ursprünglich oder jetzt **EN 834** definiert Heizkostenverteiler mit elektrischer Messgrößenerfassung und legt ihren Anwendungsbereich sowie einzuhaltende Mindestanforderungen fest. Auch bei EN 834 wurde der Inhalt von DIN 4713 Teil 3 zu wesentlichen Teilen übernommen. Zusätzlich werden in einem informativen Anhang Erläuterungen und Empfehlungen zur Messausstattung von Heizungsanlagen gegeben. Es ist darauf hinzuweisen, dass nur solche Geräte die Anforderungen der HeizkostenV erfüllen, die die Wärmeabgabe von Heizkörpern und nicht andere Kriterien wie z.B. Raumtemperatur oder Sollwerteinstellung für die Heizkostenabrechnung zugrunde legen. **124**

125 DIN 4713 Teil 4 schreibt vor, wie Wärmezähler und Warmwasserzähler für die Heizkostenabrechnung zu verwenden sind. Diese Geräte unterliegen der Eichpflicht und erfordern eine Bauartzulassung. Infolgedessen war eine Festschreibung konstruktiver Mindestanforderungen in DIN 4714 entbehrlich.

126 DIN 4713 Teil 5 wiederholt in beschreibender Weise die Vorschriften der HeizkostenV über die Verteilung der Kosten des Betriebs zentraler Heizungs- und Warmwasserversorgungsanlagen und deren Abrechnung. Sie befasst sich darüber hinaus mit dem Ablesen der Erfassungsgeräte, legt Mindestangaben in den Abrechnungen fest und dient hiermit der Transparenz und Überprüfbarkeit der Heizkostenabrechnung.

127 DIN 4713 Teil 6 hatte einen ausschließlich DIN-internen Charakter. Teil 6 ist in der Zwischenzeit aufgehoben worden. Hier wurden Verfahren zur Prüfung und Registrierung der zu verwendenden Geräte beschrieben sowie die erforderlichen Angaben zur Erlangung des DIN-Prüf- und Überwachungszeichens in Verbindung mit einer Registriernummer aufgeführt. Diese Regelungen sind jetzt in den anderen Teilen direkt enthalten.

128 Die Genehmigung zur Führung des DIN-Zeichens setzt voraus, dass die Heizkostenverteiler nach den DIN 4713 Teil 2 und 3 geprüft sind und das Ergebnis der Prüfung von einem Anerkennungsausschuss bestätigt wird. Die DIN-geprüften und anerkannten Geräte wurden zusammengefasst zuletzt im Bundesanzeiger Nr. 131 vom 17. Juli 1984 bekannt gemacht.

129 Mit der Neufassung 1984 der HeizkostenV entfiel die Bezugnahme auf DIN-Normen und damit auch die erforderliche Bekanntmachung im Bundesanzeiger. Weitere Veröffentlichungen erfolgten in den Mitteilungen der PTB. Das Verzeichnis der Deutschen Gesellschaft für Warenkennzeichnung (DGWK) enthält eine Übersicht der DIN-geprüften Heizkostenverteiler.

Die Wirtschaftlichkeit der Geräte zur Verbrauchserfassung:

130 Nach § 5 Abs. 1 EnEG müssen die in den Rechtsverordnungen nach §§ 1 bis 4 EnEG aufgestellten Anforderungen nach dem Stand der Technik erfüllbar und für die Gebäude gleicher Art und Nutzung wirtschaftlich vertretbar sein. Dabei gelten Anforderungen als **wirtschaftlich** vertretbar, **wenn generell die erforderlichen Aufwendungen innerhalb der üblichen Nutzungsdauer durch die eintretenden Einsparungen erwirtschaftet werden können.** Bei bestehenden Gebäuden ist die noch zu erwartende Nutzungsdauer zu berücksichtigen.

131 Diese Kriterien der Wirtschaftlichkeit gelten auch für die nach der HeizkostenV zu installierenden Geräte zur Verbrauchserfassung. Basierend auf einer Vielzahl von Untersuchungen hat der Lehrstuhl für Unternehmensforschung an der Rheinisch-Westfälischen-Technischen Hochschule Aachen im Auftrag des Bundesministers für Wirtschaft ein **Gutachten** über wirtschaftliche und technische Möglichkeiten der Energieeinsparung durch Einführung einer umfassenden verbrauchsabhängigen Heizkostenabrechnung erarbeitet. Dabei wurden Wirtschaftlichkeitsanalysen verschiedener Heizkostenverteilersysteme durchgeführt. Die gewonnenen Ergebnisse zeigen, dass sowohl bei Wärmezählern als auch bei Heizkostenverteilern Investitions- und Betriebskosten nach kurzer Zeit durch die Heizkosteneinsparungen erwirtschaftet werden. Das Gutachten weist die Rentabilität der Erfassungsgeräte sowohl für den Einsatz in gut wärmegedämmten als auch in älteren, schlechter isolierten Gebäuden nach. Insofern unterscheiden sich die Geräte zur Erfassung des anteiligen Wärme- und Warmwasserverbrauchs nicht von den seit langem gebräuchlichen Zählern für Strom, Gas und Wasser, deren Wirtschaftlichkeit nicht mehr in Frage gestellt wird.

Auch in gesamtwirtschaftlicher Sicht führt die verbrauchsabhängige Abrech- **132** nung der Kosten für Heizung und Warmwasser zu beachtenswerten Ergebnissen. Das Gutachten führt aus, dass gesamtwirtschaftlich zu erzielende Energieeinsparungen höher zu bewerten sind als ihr Geldwert, da damit u. a. die Abhängigkeit von importiertem Öl verringert wird. Bei einer Mineralölimportquote von etwa 97 % und angesichts der Tatsache, dass der Anteil des Heizöls am Endenergieverbrauch der privaten Haushalte zur Zeit der ersten Energiekrise 1973 fast 60 %, bei der Einführung der HeizkostenV 1981 ca. 48 %, 1988 über 44 % betrug und heute etwa 27 %, wird bereits deutlich, dass ein gesamtwirtschaftliches Interesse an einer Heizenergieeinsparung besteht. Durch den Ausfall des Iranöls Anfang 1979, die Ungewissheit über künftige Exportquoten der weiteren ölexportierenden Länder sowie die wiederkehrende Anhebung des Ölpreises hatte sich die Lage auf dem Rohölmarkt zusehends verschärft. Angesichts der drohenden Energiekrise beschlossen die Staats- und Regierungschefs der EG-Mitgliedsländer im Jahre 1979, die Ölimporte um 5 % zu verringern. Dass hierzu auch die verbrauchabhängige Abrechnung der Heiz- und Warmwasserkosten einen Beitrag leisten konnte, liegt auf der Hand.

Unter Wirtschaftlichkeitsgesichtspunkten bestehen keine Bedenken gegen die **133** verbrauchsabhängige Abrechnung und die hierzu zu verwendenden Geräte. Damit genügen die Anforderungen der HeizkostenV dem Grundsatz der Wirtschaftlichkeit nach § 5 Abs. 1 EnEG.

Absatz 2

134 Im Normalfall ist davon auszugehen, dass der Verbrauch der von einer Anlage im Sinne des § 1 Abs. 1 versorgten Nutzer im ganzen Gebäude mit gleichen Geräten zur Verbrauchserfassung ermittelt wird. Obgleich dies vielfach so sein wird, ist es unter technischen Gesichtspunkten oder aus anderen sachlich gerechtfertigten Erwägungen jedoch nicht immer möglich oder zweckmäßig. Deshalb behandelt § 5 Abs. 2 die Fälle, bei denen zum einen der **Verbrauch** der von einer Anlage im Sinne des § 1 Abs. 1 versorgten Nutzer z. B. aus technischen Gründen **nicht mit gleichen Ausstattungen** erfasst wird und daher eine sogenannte »Vorerfassung« **durchgeführt werden muss** oder bei denen zum anderen **bei unterschiedlichen Nutzungs- oder Gebäudearten oder aus anderen sachgerechten Gründen** eine »Vorerfassung« nach Nutzergruppen **durchgeführt werden kann.**

135 **Satz 1 des Abs. 2** behandelt die auch in der alten Fassung der HeizkostenV geregelte Alternative, dass der **Verbrauch der Nutzer nicht mit gleichen Ausstattungen erfasst** wird. Die Verwendung unterschiedlicher Verbrauchserfassungsgeräte kann u. a. dann erforderlich werden, wenn in Wohnungen unterschiedliche Beheizungssysteme vorhanden sind. So kommt es nicht selten vor, dass neben Radiatoren auch eine Fußbodenheizung vorhanden ist, die die Grundlast deckt. Hier kann der anteilige Verbrauch der einzelnen Radiatoren untereinander zwar mit Heizkostenverteilern erfasst werden, der anteilige Verbrauch der Fußbodenheizung hingegen wird mit Wärmezählern ermittelt. In diesen Fällen der Verwendung von unterschiedlichen Ausstattungen zur Verbrauchserfassung, die untereinander keine vergleichbaren Ergebnisse liefern, sind zunächst durch Vorerfassung vom Gesamtverbrauch die Anteile der Gruppen von Nutzern zu erfassen, deren Verbrauch mit gleichen Ausstattungen erfasst wird. Beim gleichzeitigen Gebrauch von Radiatoren und Fußbodenheizung bedeutet dies, dass zunächst durch Wärmezähler der anteilige Verbrauch beider Beheizungssysteme ermittelt wird und dann eine weitere Unterverteilung für die Radiatoren durch Heizkostenverteiler erfolgen kann. Wichtig ist dabei, dass innerhalb einer Gruppe von Nutzern nur Geräte gleichen Fabrikats und Typs eingesetzt werden dürfen, die untereinander vergleichbare Ergebnisse liefern.

136 Nach Satz 2 kann der Gebäudeeigentümer auch bei **unterschiedlichen Nutzungs- oder Gebäudearten oder aus anderen sachgerechten Gründen** eine Vorerfassung nach Nutzergruppen durchführen. Durch diese Neufassung des Satzes 2 wird der Vielfalt der praktischen Gegebenheiten weit besser Rechnung getragen als durch die alte Fassung des § 5 Abs. 2. Nach Satz 2 darf der Gebäudeeigentümer auch dann eine Vorerfassung im Sinne des Satzes 1 vornehmen, wenn der Verbrauch zwar mit gleichen Ausstattungen erfasst wird, eine Vorerfassung aber aus anderen Gründen geboten ist. Diese Situation liegt nach Satz 2 ausdrücklich dann vor, wenn im Gebäude unterschiedliche Nutzungsarten vorhanden sind oder unterschiedliche Gebäudearten von der gleichen Heizungsanlage versorgt werden.

Eine **unterschiedliche Nutzung** ist u.a. dann gegeben, wenn in einem Gebäude z.B. im Parterre die Verkaufsräume eines Geschäftes liegen, sich in den Etagen darüber Büro- oder Praxisräume von z.b. Ärzten oder Rechtsanwälten befinden und schließlich über diesen noch Etagen mit normalen Wohnungen vorhanden sind. An diesem Beispiel kann deutlich gemacht werden, dass alle diese verschiedenen Nutzeinheiten möglicherweise auch unterschiedlich beheizt werden müssen. Wenn das Parterre u.a. als Metzgerei und als Blumengeschäft genutzt wird, so kann davon ausgegangen werden, dass diese Räume nur sehr gering beheizt werden. Die Praxisräume eines Arztes, die sich darüber befinden, müssen eventuell in wesentlich stärkerem Maße beheizt werden als die wiederum hierüber liegenden Wohnungen, da Patienten sich entkleiden und dabei nicht übermäßiger Kälte vor allem bei Krankheit ausgesetzt sein sollen. **137**

Diese unterschiedlichen Nutzungsarten können es rechtfertigen, die Anteile der jeweiligen Gruppen von Nutzern durch Vorerfassung vom Gesamtverbrauch zu ermitteln. Im Unterschied zu Satz 1 ist die Vorerfassung nach Satz 2 auch dann erlaubt, wenn der Verbrauch mit gleichen Ausstattungen erfasst werden sollte. Wird in dem beschriebenen Gebäude das Parterre als Metzgerei und als Blumengeschäft genutzt, so darf nach Satz 2 zunächst ihr anteiliger Gesamtverbrauch ermittelt werden. Ebenso verhält es sich mit den Büro- oder Praxisräumen, die sich über dem Parterre befinden. Auch ihr anteiliger Gesamtverbrauch darf getrennt ermittelt werden. Nicht anders ist es bei den Wohnungen, die darüber liegen. **138**

Eine **Pflicht zur Vorerfassung** wie im alten § 20 Abs. 2 Satz 2 Neubaumietenverordnung 1970 **besteht nach der Heizkostenverordnung** allerdings **nicht**. Dies hat der *BGH* (WM 2006, 200 m.w.N.) ausdrücklich klargestellt (anders vorher u.a.: *LG Hamburg* WM 2006, 273; *LG Hanau* WM 2000, 250). Rechne der Vermieter preisfreien Wohnraums über Betriebskosten in gemischt genutzten Abrechnungseinheiten ab, so sei – soweit die Parteien nichts anderes vereinbart haben – ein Vorwegabzug der auf Gewerbeflächen entfallenden Kosten für alle oder einzelne Betriebskostenarten dann nicht geboten, wenn diese Kosten nicht zu einer ins Gewicht fallenden Mehrbelastung der Wohnraummieter führen. Der *BGH* **lehnt** eine **analoge Anwendung** der Regelung der **Neubaumietenverordnung** auf den preisfreien Wohnraum **ab**. Es liege **139** keine planwidrige Regelungslücke vor (vgl. auch *BGH* WM 2003, 440). Die Vorschrift der Neubaumietenverordnung könne schon deshalb nicht auf andere Sachverhalte übertragen werden, weil es sich um eine auslaufende, nur noch auf den Altbestand im sozialen Wohnungsbau anzuwendende Regelung handele. Der Gesetzgeber habe das Recht des sozialen Wohnungsbaus durch das Wohnraumförderungsgesetz mit Wirkung zum 1.1.2002 auf eine neue gesetzliche Grundlage gestellt. Daher sei die Neubaumietenverordnung nur noch übergangsweise anwendbar. Von der Schaffung einer entsprechenden Nachfolgeregelung habe der Gesetzgeber abgesehen. Inhaltlich stellt der *BGH* klar, dass durch einen Vorwegabzug verhindert werden solle, dass Wohnungsmieter mit Kosten belastet werden, die allein oder in höherem Maße aufgrund einer gewerblichen Nutzung entstehen (im zu entscheidenden Fall ein Job-Center, ein Internet-Cafe mit 30 Sitzplätzen und Wohnungen). Dem Wohnungsmieter entstehe jedoch aus einer gemischten Nutzung des Gebäudes kein Nachteil, wenn er durch die Umlage der auf das Gebäude entfallenden Gesamtkosten nach einem einheitlich für alle Mieter geltenden Maßstab nicht schlechter gestellt werde als im Fall einer Voraufteilung zwischen Wohn- und Gewerbeflächen. Grundsätze der Billigkeit (§§ 315, 316 BGB) würden so nicht verletzt.

140 In einem weiteren Urteil zu unterschiedlichen Nutzungsarten zwischen einem Geschäftslokal und drei Wohnungen befasste sich der *BGH* (WM 2008, 556 m.w.N.) nochmals mit den Erfordernissen der Vorerfassung auch im Sinne des Satzes 1 von Abs. 2. Er stellte klar, dass der Anteil jeder Nutzergruppe am Gesamtverbrauch durch einen gesonderten Zähler erfasst werden müsse. Dies gelte auch dann, wenn nur zwei Nutzergruppen vorhanden seien. Es genüge nicht, nur den Anteil einer Gruppe am Gesamtverbrauch zu messen und den Anteil der anderen in der Weise zu berechnen, dass vom Gesamtverbrauch der gemessene Anteil abgezogen werde. Denn die Berechnung des Verbrauchs der Wohnungen durch Abzug des durch einen Wärmezähler erfassten Verbrauchs des Geschäftslokals von dem Gesamtverbrauch des Hauses, der durch den Eingangszähler gemessen werde, stelle keine Vorerfassung im Sinne des Satzes 1 dar. Vielmehr sei dazu eine Messung durch ein geeignetes Gerät, namentlich einen Wärmezähler, erforderlich. Dies folge bereits aus dem Wortlaut des Satzes 1, der den Begriff »erfassen« benutze. Erfassen aber bedeute messen und eben nicht berechnen. Auch der Zweck der Regelung sowie der HeizkostenV insgesamt sprächen dafür. Heizenergie solle dadurch eingespart werden, dass dem Nutzer mit der Abrechnung sein Energieverbrauch und die dadurch verursachten Kosten vor Augen geführt würden. Dies setze dann aber auch eine möglichst genaue Erfassung voraus.

Auch bei der Versorgung **unterschiedlicher Gebäudearten** durch dieselbe   **141**
Anlage ist nunmehr eine Vorerfassung möglich. Dies ist u. a. dann der Fall,
wenn Hochhäuser, Einfamilienhäuser oder Ladenzeilen gemeinsam versorgt
werden.

Letztlich darf die **Vorerfassung** auch **aus anderen sachgerechten Gründen**   **142**
durchgeführt werden. So kann sich eine Vorerfassung z. B. dann anbieten,
wenn gleichartige Gebäude wegen unterschiedlicher Entfernung zur Anlage
unterschiedlich hohen Leitungsverlusten ausgesetzt sind oder durch unterschiedliche Heizungssysteme versorgt werden.

Die Erfassung der Anteile der Gruppen von Nutzern durch **Vorerfassung**   **143**
vom Gesamtverbrauch ist aus technischen Gründen nur dann möglich, wenn
zur Erfassung des Wärmeverbrauchs Wärmezähler und **zur Erfassung des
Warmwasserverbrauchs Warmwasserzähler** für die einzelnen Gruppen verwendet werden. Da sich in der Praxis gezeigt hat, dass eine entsprechende
Handhabung tatsächlich gewährleistet ist, ist die Verwendung von Wärme-
und Warmwasserzählern jetzt nicht mehr zwingend vorgeschrieben, wie es
noch die alte Fassung des § 5 Abs. 2 Satz 2 vorsah.

Absatz 3 (alte Fassung)

Abs. 3 des § 5 der ersten Fassung ist durch die Neufassung 1984 der Heiz-   **144**
kostenV ersatzlos entfallen. Nach jener »Technologieklausel« konnten Ausnahmen von den Anforderungen an die Geräte, wie sie in Abs. 1 alte Fassung
und den dort in Bezug genommenen DIN-Normen aufgeführt waren, zugelassen werden, soweit eine Verteilung der Kosten nach den Vorschriften der
Verordnung durch andere Ausstattungen im gleichen Umfang erreicht wurde.
Die Erteilung der Ausnahmen oblag den nach Landesrecht zuständigen Stellen (vgl. Anhang 15). Durch die Technologieklausel wurde sichergestellt, dass
der Weiter- oder Neuentwicklung von Geräten zur Verbrauchserfassung der
Weg nicht versperrt wurde. Die zu erteilenden Ausnahmen von den Anforderungen nach Abs. 1 alte Fassung waren zu verstehen im Sinne einer »Bauartzulassung«. Damit war gemeint, dass nicht bei jeder einzelnen Verwendung eines
neuartigen Gerätes der einzelne Eigentümer, der dieses Gerät einbauen wollte, die Ausnahmegenehmigung bei der zuständigen Behörde einholen musste.
Vielmehr oblag es dem Hersteller, der zuständigen Behörde nachzuweisen,
dass sein neuartiges Gerät die Verteilung der Kosten nach Maßgabe der HeizkostenV in gleichem Umfang erreichte wie ein DIN-gemäßes Gerät. Wenn
das sichergestellt war, erteilte die zuständige Behörde eine generelle Ausnahmegenehmigung für das Fabrikat des Herstellers, das dann in Serie produziert
und ohne weitere Einzelausnahmegenehmigungen benutzt werden durfte.

145 Da in der **Neufassung des Abs.** 1 auf eine starre Inbezugnahme der DIN-Normen verzichtet wurde, ist auch die **Notwendigkeit für eine Technologieklausel entfallen.** Der Weg für eine Weiter- oder Neuentwicklung von Ausstattungen zur Verbrauchserfassung wird bereits dadurch hinreichend offengehalten, dass im neuen Abs. 1 lediglich noch verlangt wird, dass sachverständige Stellen bestätigt haben, dass die zu verwendenden Verbrauchserfassungsgeräte den anerkannten Regeln der Technik entsprechen oder ihre Eignung auf andere Weise nachgewiesen wurde. Dementsprechend konnte der ursprüngliche Abs. 3 ersatzlos entfallen. Da hierdurch nunmehr auch die vorher geforderte Mitwirkung der nach Landesrecht zuständigen Stelle für die Erteilung von Ausnahmen nicht mehr nötig ist, ist durch den Wegfall des Abs. 3 alte Fassung auch dem Gedanken der Deregulierung und des Abbaus von Verwaltungsaufwand Rechnung getragen worden.

§ 6 Pflicht zur verbrauchsabhängigen Kostenverteilung

(1) Der Gebäudeeigentümer hat die Kosten der Versorgung mit Wärme und Warmwasser auf der Grundlage der Verbrauchserfassung nach Maßgabe der §§ 7 bis 9 auf die einzelnen Nutzer zu verteilen. Das Ergebnis der Ablesung soll dem Nutzer in der Regel innerhalb eines Monats mitgeteilt werden. Eine gesonderte Mitteilung ist nicht erforderlich, wenn das Ableseergebnis über einen längeren Zeitraum in den Räumen des Nutzers gespeichert ist und von diesem selbst abgerufen werden kann. Einer gesonderten Mitteilung des Warmwasserverbrauchs bedarf es auch dann nicht, wenn in der Nutzeinheit ein Warmwasserzähler eingebaut ist.

(2) In den Fällen des § 5 Abs. 2 sind die Kosten zunächst mindestens zu 50 vom Hundert nach dem Verhältnis der erfassten Anteile am Gesamtverbrauch auf die Nutzergruppen aufzuteilen. Werden die Kosten nicht vollständig nach dem Verhältnis der erfassten Anteile am Gesamtverbrauch aufgeteilt, sind

1. die übrigen Kosten der Versorgung mit Wärme nach der Wohn- oder Nutzfläche oder nach dem umbauten Raum auf die einzelnen Nutzergruppen zu verteilen; es kann auch die Wohn- oder Nutzfläche oder der umbaute Raum der beheizten Räume zugrunde gelegt werden,

2. die übrigen Kosten der Versorgung mit Warmwasser nach der Wohn- oder Nutzfläche auf die einzelnen Nutzergruppen zu verteilen.

Die Kostenanteile der Nutzergruppen sind dann nach Absatz 1 auf die einzelnen Nutzer zu verteilen.

(3) In den Fällen des § 4 Abs. 3 Satz 2 sind die Kosten nach dem Verhältnis der erfassten Anteile am Gesamtverbrauch auf die Gemeinschaftsräume

und die übrigen Räume aufzuteilen. Die Verteilung der auf die Gemein-schaftsräume entfallenden anteiligen Kosten richtet sich nach rechtsge-schäftlichen Bestimmungen.

(4) Die Wahl der Abrechnungsmaßstäbe nach Absatz 2 sowie nach § 7 Abs. 1 Satz 1, §§ 8 und 9 bleibt dem Gebäudeeigentümer überlassen. Er kann diese für künftige Abrechnungszeiträume durch Erklärung gegen-über den Nutzern ändern

1. bei der Einführung einer Vorerfassung nach Nutzergruppen,
2. nach Durchführung von baulichen Maßnahmen, die nachhaltig Ein-sparungen von Heizenergie bewirken oder
3. aus anderen sachgerechten Gründen nach deren erstmaliger Bestim-mung.

Die Festlegung und die Änderung der Abrechnungsmaßstäbe sind nur mit Wirkung zum Beginn eines Abrechnungszeitraumes zulässig.

Absatz 1

Nach der Ermächtigungsgrundlage des § 3 a EnEG sollen der Energiever-brauch der Nutzer erfasst und die Betriebskosten in Abhängigkeit vom Energieverbrauch verteilt werden. Die erste Anforderung der Ermächtigungs-grundlage ist durch § 4 Abs. 1 realisiert. Hiernach wird der Gebäudeeigentü-mer verpflichtet, den anteiligen Verbrauch der Nutzer an Wärme und Warm-wasser zu erfassen.   **146**

Die weitere Anforderung, die Betriebskosten von Heizungs- und Warmwas-serversorgungsanlagen so zu verteilen, dass dem Energieverbrauch der Nutzer Rechnung getragen wird, erfüllt § 6 Abs. 1.   **147**

Hiernach hat der Gebäudeeigentümer die Betriebskosten auf der Grundlage der Verbrauchserfassung nach Maßgabe der §§ 7–9 auf die einzelnen Nutzer zu verteilen. Der Verpflichtung des Gebäudeeigentümers zur verbrauchsab-hängigen Abrechnung der Betriebskosten entspricht das ihm in Abs. 4 Satz 1 gewährte Recht, die zulässigen Abrechnungsmaßstäbe, d.h. die Auswahl des konkreten verbrauchsabhängigen Prozentsatzes innerhalb der Bandbreite zwi-schen 50 % und 70 % einseitig zu bestimmen. Der ursprüngliche Satz 2 des Abs. 1, der die Kostenverteilung bei Lieferung von Fernwärme und Fern-warmwasser regelte, soweit diese dem Gebäudeeigentümer zu Lasten der Nutzer in Rechnung gestellt wurden oder beim Gebäudeeigentümer als zu-sätzliche Betriebskosten entstanden, ist durch die Änderung der Verordnung aufgehoben worden. Die Einbeziehung von Direktabrechnungsfällen in die Pflicht zur verbrauchsabhängigen Abrechnung bei Lieferung von Wärme und Warmwasser ist jetzt in § 1 Abs. 3 enthalten.   **148**

149 Mit der **Änderung der Verordnung zum 1.1.2009** wurden neue Vorschriften über die ordnungsgemäße Ablesung und **Mitteilung der erfassten Verbrauchswerte** in die Verordnung aufgenommen. Solche existierten bislang nur als Richtlinien der Verbände der Abrechnungsunternehmen bezüglich der Ankündigung des Ablesetermins und des -protokolls.

150 Nach **Satz 2** soll dem Nutzer das Ergebnis der Ablesung in der Regel **innerhalb eines Monats** mitgeteilt werden. Er soll sich zeitnah mit der Ablesung auseinandersetzen können und nicht erst sehr viel später bei Vorlage der Gesamtbetriebskostenabrechnung Kenntnis von den abgelesenen Werten erhalten (vgl. entsprechende Begründung des Verordnungsgebers in Bundesrats-Drucksache 570/08). Ein solches Vorgehen soll zur Streitvermeidung und zum Rechtsfrieden beitragen, da ein zweifelhafter Sachverhalt rechtzeitig aufgeklärt werden kann. Die Mitteilung soll **in der Regel** innerhalb eines Monats erfolgen. Eine Überschreitung ist in Ausnahmefällen durchaus zulässig. Wann diese vorliegen, werden im Zweifel wiederum die Gerichte zu entscheiden haben. Der Verordnungsgeber nennt beispielhaft nur größere Abrechnungseinheiten, bei denen Einzelergebnisse nicht früher verfügbar seien.

151 Eine gesonderte Mitteilung ist nach **Satz 3** allerdings dann nicht erforderlich, wenn das Ableseergebnis über einen längeren Zeitraum in den Räumen des Nutzers gespeichert ist und von diesem selbst abgerufen werden kann. Dies trifft z. B. auf Fälle zu, bei denen Geräte mit Funkablesung oder andere Techniken verwendet werden, die dem Nutzer ein einfaches und für den technischen Laien anwenderfreundliches Abrufen der Werte ermöglichen. So verfügen elektronische Heizkostenverteiler über einen sogenannten Stichtagsspeicher, mit dem der Nutzer das Vorjahresergebnis bis zur nächsten Ablesung jederzeit abrufen kann. Bei modernen Heizkostenverteilern nach dem Verdunstungsprinzip bleibt die Vorjahresampulle für die Eigenkontrolle verschlossen im Gerät.

152 Nach **Satz 4** kann eine gesonderte Mitteilung des **Warmwasserverbrauchs** entfallen, wenn in der Nutzeinheit ein **Warmwasserzähler** eingebaut ist.

Absatz 2

153 § 6 Abs. 2 bezieht sich auf die **Fälle der Vorerfassung des** § 5 Abs. 2, in denen der Verbrauch der von einer Anlage im Sinne des § 1 Abs. 1 versorgten Nutzer nicht mit gleichen Ausstattungen erfasst wird oder eine Vorerfassung wegen unterschiedlichen Nutzungs- oder Gebäudearten oder aus anderen sachgerechten Gründen durchgeführt wird. Hier sind die **Kosten zunächst mindestens zu 50 % nach dem Verhältnis der erfassten Anteile am Gesamtverbrauch auf die Nutzergruppen aufzuteilen.** Dies bedeutet, dass zunächst eine Kostenverteilung im Rahmen der Vorerfassung nach § 5 Abs. 2 zwischen 50 % und 100 % nach dem erfassten Verbrauch auf die einzelnen Gruppen von Nutzern erfolgt. Werden im Rahmen der Vorerfassung die Kosten nicht zu 100 % nur nach dem Verhältnis der erfassten Anteile am Gesamtverbrauch aufgeteilt, wie dies nach der alten Fassung des Abs. 2 ausschließlich möglich war, so sind bei der **Versorgung mit Wärme (Nr.** 1) die **übrigen Kosten** nach der Wohn- oder Nutzfläche oder nach dem umbauten Raum auf die einzelnen Nutzergruppen zu verteilen; es kann auch die Wohn- oder Nutzfläche oder der umbaute Raum der beheizten Räume zugrunde gelegt werden (vgl. hierzu Ausführungen zu § 7 Abs. 1 Satz 2 Rdn. 174–175). Bei der **Versorgung mit Warmwasser (Nr.** 2) sind die **übrigen Kosten** nach der Wohn- oder Nutzfläche auf die einzelnen Nutzergruppen zu verteilen (vgl. hierzu die Ausführungen zu § 8 Abs. 1 Rdn. 214–217). Die sich ergebenden Kostenanteile der Nutzergruppen sind dann nach Abs. 1 auf die jeweiligen Nutzer zu verteilen. Die einzelnen Kostenblöcke werden jetzt wie die normalen Kosten des Betriebs einer zentralen Heizungs- oder Warmwasserversorgungsanlage behandelt und gemäß §§ 7 bis 9 verteilt.

Die Neufassung 1984 des § 6 Abs. 2 gab den Weg frei für ein flexibleres Vorgehen bei der Aufteilung der Kosten auf die Nutzergruppen. Sie ermöglicht es dem Gebäudeeigentümer, die Kosten bis zu maximal 50 % auch nach festen Maßstäben aufzuteilen. Dies kann in Fällen nutzungsbedingter unterschiedlicher Intensität des Verbrauchs geboten sein. So wäre es bei einer Gruppe von Ferienwohnungen durchaus zu rechtfertigen, eine Vorerfassung nicht nur 100 % nach dem Verbrauch vorzunehmen, da sonst Besitzer leerstehender Ferienwohnungen praktisch keine Heizkosten zu zahlen hätten, obwohl nicht verbrauchsabhängige Kosten entstehen, die sinnvollerweise auf alle Wohnungen umzulegen sind. **154**

In dem in § 5 Abs. 2 erwähnten Beispielsfall (vgl. Rdn. 137) muss erst gesondert der jeweils anteilige Gesamtverbrauch der Metzgerei und des Blumengeschäftes erfasst werden, sodann der der Arzt- oder Anwaltspraxen und schließlich der der einzelnen Wohnungen. Die gesamten für das Gebäude entstandenen Kosten sind dann zunächst mindestens zu 50 % nach dem Verhältnis der erfassten Anteile am Gesamtverbrauch auf die Nutzergruppen, d.h. auf Metzgerei und Blumengeschäft, Arzt- oder Anwaltspraxis sowie Wohnungen, aufzuteilen. **155**

Die sich hiernach ergebenden Kostenanteile sind schließlich unter Berücksichtigung des individuellen Verbrauchs der einzelnen Nutzer auf diese zu verteilen. Der entstandene Anteil der Metzgerei und des Blumengeschäfts am Gesamtverbrauch wird nach Maßgabe des jeweils für sie ermittelten Ver- **156** brauchs unter beiden aufgeteilt. Dasselbe Verfahren findet weiter Anwendung auf die Arzt- oder Anwaltsräume sowie auf die einzelnen Wohnungen untereinander.

Absatz 3

157 Abs. 3 in § 6 nimmt inhaltlich Bezug auf die Regelung zur Verbrauchserfassungspflicht für Gemeinschaftsräume mit nutzungsbedingt hohem Wärmeoder Warmwasserverbrauch wie Schwimmbäder oder Saunen in § 4 Abs. 3 Satz 2.

158 Satz 1 schreibt für die Aufteilung der Kosten derartiger Gemeinschafträume vor, dass **sie nach dem Verhältnis der erfassten Anteile am Gesamtverbrauch auf die Gemeinschaftsräume und die übrigen Räume aufzuteilen sind.** Nach Satz 2 **richtet sich die Verteilung der auf die Gemeinschaftsräume entfallenden anteiligen Kosten nach rechtsgeschäftlichen Bestimmungen.** Solche Bestimmungen können zum Beispiel in Teilungserklärungen oder Mietverträgen bereits ausdrücklich vorliegen, im Wege ergänzender Vertragsauslegung ermittelt oder künftig getroffen werden.

Absatz 4

159 Nach Abs. 4 Satz 1 bleibt es dem **Gebäudeeigentümer** überlassen, die Auswahl der Abrechnungsmaßstäbe nach Abs. 2 sowie nach den § 7 Abs. 1 S. 1, §§ 8 und 9 zu treffen. Ihm steht folglich das alleinige Bestimmungsrecht darüber zu, welchen **konkreten Prozentsatz innerhalb der Bandbreite zwischen 50 % und 100 % für den verbrauchsabhängigen Teil bei der Vorerfassung und zwischen 50 % und 70 % für den verbrauchsabhängigen Teil bei der Abrechnung gemäß § 7 Abs. 1 S. 1, §§ 8 und 9** er auswählen will. Unter Berücksichtigung der berechtigten Interessen von Gebäudeeigentümer und Nutzer muss hinsichtlich dieser Festlegung dem Gebäudeeigentümer die alleinige Entscheidungsbefugnis zustehen. Er ist derjenige, der die Qualität seines Gebäudes hinsichtlich der Wärmedämmung, der Auslegung der Heizungsanlage und ähnlicher für die Bestimmung Ausschlag gebender Faktoren am genauesten kennen sollte. Wäre er darauf angewiesen, einen Konsens unter den Parteien herbeizuführen, wäre oft die Auswahl eines alle befriedigenden Prozentsatzes kaum zu erreichen. Da es jedoch nicht möglich ist, innerhalb eines Gebäudes bei verschiedenen Nutzern unterschiedliche Abrechnungssätze anzuwenden, z.B. im Parterre 50 % verbrauchsabhängig und 50 % pauschal nach der Wohnfläche, in den ersten zwei Etagen 60 % verbrauchsabhängig und 40 % pauschal nach der Wohnfläche sowie in weiteren Etagen möglicherweise 70 % verbrauchsabhängig und 30 % nach der Wohnfläche, muss letzt-

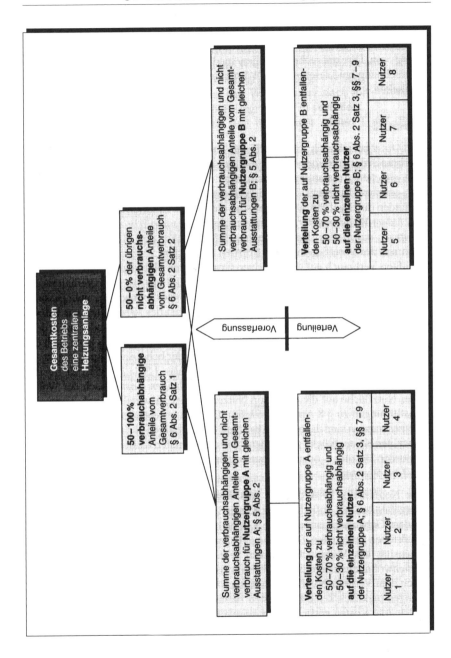

lich dem Eigentümer die alleinige Entscheidung über den zu wählenden Prozentsatz verbleiben.

160 Genauso wie der Eigentümer bei der Auswahl der zu verwendenden Geräte zur Verbrauchserfassung die berechtigten Interessen der Nutzer berücksichtigen sollte, sollte er auch im Falle der Bestimmung des Prozentsatzes versuchen, eine Einigung unter den einzelnen Parteien herbeiführen. Dies kann vor allem unter Berücksichtigung des unterschiedlichen Wärmebedarfs einzelner Wohnungen innerhalb eines Gebäudes unnötigen Konfliktstoff vermeiden helfen. (Zum unterschiedlichen Wärmebedarf einzelner Wohnungen wird auf die Ausführungen unter § 7 Abs. 1 verwiesen, vgl. Rdn. 178–195).

161 Im Bereich des Wohnungseigentums obliegt die Entscheidung über den zu wählenden Prozentsatz der Wohnungseigentümergemeinschaft. Diese kann mit Stimmenmehrheit einen Beschluss hierüber herbeiführen. (Es wird auf die Ausführungen unter § 3 verwiesen, vgl. Rdn. 62–63).

162 Da nicht auszuschließen ist, dass die erstmalige Bestimmung eines Abrechnungsmaßstabes im Laufe der Zeit als nicht richtig angesehen wird und das Verlangen nach Änderung aufkommt, muss dem Eigentümer die Möglichkeit eingeräumt werden, einen **neuen Prozentsatz** zu bestimmen. Wäre nach der ersten Festlegung der Maßstäbe die Änderung nur durch eine rechtsgeschäftliche Vereinbarung, der alle Nutzer zustimmen müssten, möglich, so wäre eine Einigung über den neu zu bestimmenden Abrechnungsmaßstab aufgrund der zu erwartenden Interessengegensätze unwahrscheinlich. Daher legt Abs. 4 Satz 2 fest, dass der Gebäudeeigentümer die Abrechnungsmaßstäbe für künftige Abrechnungszeiträume durch Erklärung gegenüber den Nutzern ändern kann. Die Änderung der Maßstäbe ist nur dann wirksam, wenn der Gebäudeeigentümer dies durch Erklärung gegenüber den Nutzern kundtut. Darüber hinaus gilt die Änderung nur für künftige Abrechnungszeiträume.

163 Nach der bis zum 31.12.2008 geltenden Fassung der Verordnung durfte der Eigentümer die Abrechnungsmaßstäbe bis zum Ablauf von drei Abrechnungszeiträumen nach deren erstmaliger Bestimmung nur **einmalig** für künftige Abrechnungszeiträume ändern. Alle weiteren Änderungen mussten danach durch rechtsgeschäftliche Vereinbarung erfolgen. Gemäß einer Entscheidung des *BGH* (WM 2005, 774 m.w.N.) konnte dies auch konkludent geschehen und zwar selbst dann, wenn mietvertraglich dafür die Schriftform vorgesehen war. Solange die Parteien einvernehmlich danach handelten, stand dies der Wirksamkeit der Vereinbarung nicht entgegen. Mit der **Änderung der Verordnung 2009** sind die **nur einmalige Möglichkeit** der Neufestlegung des Prozentsatzes und die bisherige *Nr. 1* von Absatz 4 mit der Befristung auf drei Abrechnungszeiträume **aufgehoben** worden. Der Gebäudeeigentümer soll nun in der Lage sein, die Abrechnungsmaßstäbe auch ein weiteres Mal zu ändern, wenn sie sich als nicht sachgerecht erwiesen haben. Die bisherige Beschränkung hat sich in der Praxis nach Einschätzung des Verordnungsgebers nicht bewährt. Sie war zu eng. (Zur obligatorischen Festlegung von Abrechnungsmaßstäben vgl. auch § 7 Rdn. 192–195.)

Da die Verordnung in der bis zum 31.12.2008 geltenden Fassung auf Abrechnungszeiträume anzuwenden ist, die bis zu diesem Termin begonnen haben (vgl. § 12 Abs. 6), werden auch die Kommentierungen zu dieser Fassung beibehalten, da sie für künftig zu lösende Streitfragen weiterhin von Bedeutung sein können. **164**

Unter welchen Voraussetzungen der Gebäudeeigentümer die Abrechnungsmaßstäbe ändern darf, wird in den Nr. 1 bis 3 des Abs. 4 **abschließend** festgelegt: **165**

Nach Nr. 1 (in der bis zum 31.12.2008 geltenden Fassung) darf die Änderung **bis zum Ablauf von drei Abrechnungszeiträumen nach der erstmaligen Bestimmung der Abrechnungsmaßstäbe** erfolgen. Diese Regelung traf zunächst im Wesentlichen auf die Fälle zu, bei denen die Geräte zur Verbrauchserfassung innerhalb der Übergangsfrist nach § 12 alte Fassung in den einzelnen Räumen installiert wurden. Wenn aber auch in Zukunft mit dem nach der erstmaligen Bestimmung der Abrechnungsmaßstäbe beginnenden Abrechnungszeitraum verbrauchsabhängig abgerechnet wird und sich dann innerhalb von drei Abrechnungszeiträumen zeigt, dass der falsche Abrechnungsmaßstab im Gebäude gewählt wurde, so kann der Gebäudeeigentümer die Auswahl des Prozentsatzes neu treffen. **166**

Nach **Nr. 1** (Neufassung 2009) können die Abrechnungsmaßstäbe **bei der Einführung einer Vorerfassung nach Nutzergruppen** geändert werden. Die Vorschrift der früheren Nr. 2, die die Änderung der Abrechnungsmaßstäbe bis zum Ablauf von drei Abrechnungszeiträumen nach Inkrafttreten der Verordnung vorsah, wenn die Abrechnungsmaßstäbe zu diesem Zeitpunkt rechtsgeschäftlich bestimmt waren, ist durch Zeitablauf gegenstandslos geworden. Die früher in der Übergangsvorschrift des § 12 Abs. 3 alte Fassung enthaltene Regelung über die Änderung der Abrechnungsmaßstäbe bei der Einführung einer Vorerfassung nach Nutzergruppen tritt nunmehr an ihre Stelle in § 6 Abs. 4 Nr. 1. Dabei wurde auf das in § 12 Abs. 3 alte Fassung vorgesehene Datum 31. Dezember 1985 verzichtet, so dass die Änderung der Abrechnungsmaßstäbe bei Einführung der Vorerfassung ohne zeitliche Befristung möglich ist. Diese Regelung stellt sicher, dass die sich aus §§ 5 Abs. 2 und 6 Abs. 2 ergebenden zusätzlichen Möglichkeiten einer Vorerfassung, Haupt- und Unterverteilung der Kosten nicht daran scheitern, dass der Gebäudeeigentümer von **167** der bisherigen Regelung des § 6 Abs. 3 Satz 2 alte Fassung bereits Gebrauch gemacht hatte. Danach konnte er nämlich Abrechnungsmaßstäbe nur einmalig für künftige Abrechnungszeiträume durch Erklärung gegenüber den Nutzern ändern. Hatte er dieses Recht bereits ausgeübt, und war eine erneute Änderung der Abrechnungsmaßstäbe nach § 6 Abs. 3 Satz 2 alte Fassung nicht mehr erlaubt, so gestattete § 12 Abs. 3 alte Fassung wegen der damals neu eingeführten Möglichkeit der Vorerfassung nach § 5 Abs. 2 die zusätzliche einmalige Möglichkeit für eine weitere Änderung der Abrechnungsmaßstäbe. § 12 Abs. 3 alte Fassung befristete diese allerdings bis zum 31. Dezember 1985. Mit der Übernahme der materiellen Regelung in § 6 Abs. 4 Nr. 1 (früher Nr. 2) und der Aufgabe der zeitlichen Befristung ist nunmehr die Möglichkeit grundsätzlich gegeben, Abrechnungsmaßstäbe bei der Einführung einer Vorerfassung zu ändern.

168 Nach **Nr. 2** darf **nach der Durchführung von baulichen Maßnahmen, die nachhaltig Einsparungen von Heizenergie bewirken,** der Abrechnungsmaßstab durch den Gebäudeeigentümer geändert werden. Welche Maßnahmen bauliche Maßnahmen sind, die nachhaltig Einsparungen von Heizenergie bewirken, ist in § 4 Abs. 3 ModEnG im Einzelnen aufgeführt. Hierzu gehören insbesondere Maßnahmen zur wesentlichen Verbesserung der Wärmedämmung von Fenstern, Außentüren, Außenwänden, Dächern, Kellerdecken und obersten Geschossdecken, Maßnahmen zur wesentlichen Verminderung des Energieverlustes und des Energieverbrauchs der zentralen Heizungs- und Warmwasserversorgungsanlagen, sowie die Änderung von zentralen Heizungs- und Warmwasserversorgungsanlagen innerhalb des Gebäudes für den Anschluss an die Fernwärmeversorgung, die überwiegend aus Anlagen der Kraft-Wärme-Kopplung, zur Verbrennung von Müll oder zur Verwertung von Abwärme gespeist wird, letztlich aber auch Maßnahmen zur Rückgewinnung von Wärme und zur Nutzung von Energie durch Wärmepumpen und Solaranlagen.

169 Damit erhält der Gebäudeeigentümer nach Nr. 2 immer dann, wenn sich durch die Vornahme von energiesparenden Investitionen der Wärmebedarf des Hauses verringert, die Möglichkeit, die Abrechnungsmaßstäbe neu festzusetzen. Im Unterschied zu Nr. 1 kann nach Nr. 2 eine Änderung der Maßstäbe jedesmal dann vorgenommen werden, wenn energiesparende Maßnahmen den Wärmebedarf des Hauses verringern. Nr. 1 beschränkt sich auf den Fall, dass nach Einführung einer Vorerfassung nach Nutzergruppen ein Abrechnungsmaßstab revidiert werden soll, der nach der Änderung endgültig Bestandteil des Mietvertrages wird.

170 Nach der neuen **Nr. 3** der Änderung der Verordnung 2009 kann der Gebäudeeigentümer die Abrechnungsmaßstäbe auch **aus anderen sachgerechten Grün-**

den nach deren erstmaliger Bestimmung neu festlegen. Inhaltlich lehnt sich diese Regelung an die bisherige Nr. 1 an, wonach der Gebäudeeigentümer die Abrechnungsmaßstäbe nur bis zum Ablauf von drei Abrechnungszeiträumen nach deren erstmaliger Bestimmung ändern konnte. Von jetzt an wird auf eine solche Befristung verzichtet. Auch wenn die erstmalige Festlegung der Abrechnungsmaßstäbe schon mehr als drei Abrechnungszeiträume zurück liegt, kann der Gebäudeeigentümer sie noch ändern. Vorher war dies nach Fristablauf auch dann nicht mehr möglich, wenn es aus sachlichen Gründen gerechtfertigt gewesen wäre. Besonders für Neubauten ist die jetzige Regelung von Vorteil, da über eine längere Zeitspanne als drei Abrechnungszeiträume beurteilt werden kann, ob die gewählten Maßstäbe sachgerecht sind oder nicht. Im Zweifel können sie auch nach mehreren Jahren noch geändert werden. Der Verordnungsgeber hat allerdings davon abgesehen, die für eine Änderung erforderlichen sachgerechten Gründe näher zu definieren. Dies muss der Beurteilung in jedem Einzelfall überlassen bleiben und wird sicherlich auch in Zukunft die Gerichte beschäftigen.

Um die Nutzer jedoch vor Überraschungen zu schützen, bestimmt **Abs. 4** **171** **Satz 3** weiter, dass **die Festlegung und die Änderung der Abrechnungsmaßstäbe nur mit Wirkung zum Beginn eines Abrechnungszeitraumes zulässig sind**. Dies hinderte den Gebäudeeigentümer jedoch nicht, bei der Ausstattung der Räume mit Verbrauchserfassungsgeräten innerhalb der Übergangsfrist des § 12 alte Fassung nach Beginn eines Abrechnungszeitraumes den Abrechnungsmaßstab festzulegen. Die Festlegung wurde dennoch **rückwirkend** vom Beginn des Abrechnungszeitraumes an wirksam. Begann dieser z.B. am 1.4.1984, wurden die Verbrauchserfassungsgeräte am 1.6.1984 angebracht und der Abrechnungsmaßstab am 1.8.1984 festgelegt, so konnte bereits für 1984/85 verbrauchsabhängig abgerechnet werden. Satz 3 lässt eine solche Möglichkeit durchaus zu, weil ansonsten die laufende Abrechnungsperiode zu Ende gehen müsste, ohne dass bereits hier trotz Vorhandenseins der Erfassungsgeräte verbrauchsabhängig abgerechnet werden könnte. Da eine solche Lösung nicht im Sinne der Energieeinsparung ist, ist in diesem Fall die rückwirkende Festlegung des Abrechnungsmaßstabes mit dem Wortlaut der Verordnung zu vereinbaren. Wesentlich ist nur, dass die Festlegung des Abrechnungsmaßstabes auf den Beginn eines Abrechnungszeitraumes zurückdatiert und nicht eine Änderung während der Heizperiode mit sofortiger Wirkung vorgenommen werden kann. Würde die Festlegung z.B. erst im Januar 1985 erfolgt sein, so hätte der Nutzer fast während des halben Winters darauf vertraut, dass die Kosten für die Versorgung mit Wärme in der bislang praktizierten Art und Weise verteilt würden. Bei einer Festlegung oder Änderung des Abrechnungsmaßstabs zu diesem Zeitpunkt wäre er vor einer möglichen

Überraschung nicht mehr sicher gewesen. Deshalb ist eine Rückwirkung unter Berücksichtigung des Sinn und Zweckes des Abs. 4 Satz 3 nur so lange zulässig, bis die Nutzer tatsächlich mit dem Heizen beginnen.

172 Problematischer ist die Frage der Zulässigkeit der Rückwirkung bei der Anbringung von Geräten zur Erfassung des Warmwasserverbrauchs. Wurden diese z.B. am 1.6.1984 installiert, so war aber schon vom 1.4.1984 bis zum 31.5.1984 Warmwasser verbraucht worden. Insofern ist der Sachverhalt beim Verbrauch von Warmwasser anders als beim Verbrauch von Wärme. Die Zulässigkeit der rückwirkenden Festlegung der Abrechnungsmaßstäbe für die Verteilung der Kosten der Versorgung mit Warmwasser dürfte demnach im Wesentlichen davon abhängen, ob ein praktikabler Weg dafür gefunden werden kann, auch diejenigen Kosten verbrauchsabhängig zu verteilen, die in der Zeit entstanden sind, als noch keine Verbrauchserfassungsgeräte vorhanden waren. Ein Lösungsweg könnte darin bestehen, den tatsächlichen Verbrauch für die Zeit vom 1.4.1984 bis zum 31.5.1984 zu schätzen. Er ist der ungenaueste und stößt daher auf erhebliche Bedenken. Ein anderer wäre über eine dem § 9 Abs. 2 Satz 5 (in der bis 31.12.2008 geltenden Fassung) entsprechende Lösung möglich. Danach könnte ein Anteil von 18 v.H. der für die Versorgung mit Wärme anfallenden Kosten für die Versorgung mit Warmwasser für die Zeit zugrunde gelegt werden, in der der tatsächliche Verbrauch mangels der Verbrauchserfassungsgeräte noch nicht ermittelt werden konnte.

173 Letztlich sind diese oder ähnliche Konstruktionen jedoch im Hinblick auf die Zulässigkeit einer Rückwirkung alle bedenklich. Sie sollte daher nur sehr restriktiv gehandhabt werden. Entscheidend können jeweils nur die Umstände des konkreten Einzelfalles sein. Bei Zweifeln sollte vom Wortlaut der Verordnung ausgegangen und eine Rückwirkung für den Bereich der Festlegung der Abrechnungsmaßstäbe für die Verteilung der Kosten der Versorgung mit Warmwasser abgelehnt werden.

§ 7 Verteilung der Kosten der Versorgung mit Wärme

(1) Von den Kosten des Betriebs der zentralen Heizungsanlage sind mindestens 50 vom Hundert, höchstens 70 vom Hundert nach dem erfassten Wärmeverbrauch der Nutzer zu verteilen. In Gebäuden, die das Anforderungsniveau der Wärmeschutzverordnung vom 16. August 1994 (BGBl. I S. 2121) nicht erfüllen, die mit einer Öl- oder Gasheizung versorgt werden und in denen die freiliegenden Leitungen der Wärmeverteilung überwiegend gedämmt sind, sind von den Kosten des Betriebs der zentralen Heizungsanlage 70 vom Hundert nach dem erfassten Wärmeverbrauch

der Nutzer zu verteilen. In Gebäuden, in denen die freiliegenden Leitungen der Wärmeverteilung überwiegend ungedämmt sind und deswegen ein wesentlicher Anteil des Wärmeverbrauchs nicht erfasst wird, kann der Wärmeverbrauch der Nutzer nach anerkannten Regeln der Technik bestimmt werden. Der so bestimmte Verbrauch der einzelnen Nutzer wird als erfasster Wärmeverbrauch nach Satz 1 berücksichtigt. Die übrigen Kosten sind nach der Wohn- oder Nutzfläche oder nach dem umbauten Raum zu verteilen; es kann auch die Wohn- oder Nutzfläche oder der umbaute Raum der beheizten Räume zugrunde gelegt werden.

(2) Zu den Kosten des Betriebs der zentralen Heizungsanlage einschließlich der Abgasanlage gehören die Kosten der verbrauchten Brennstoffe und ihrer Lieferung, die Kosten des Betriebsstromes, die Kosten der Bedienung, Überwachung und Pflege der Anlage, der regelmäßigen Prüfung ihrer Betriebsbereitschaft und Betriebssicherheit einschließlich der Einstellung durch eine Fachkraft, der Reinigung der Anlage und des Betriebsraumes, die Kosten der Messungen nach dem Bundes-Immissionsschutzgesetz, die Kosten der Anmietung oder anderer Arten der Gebrauchsüberlassung einer Ausstattung zur Verbrauchserfassung sowie die Kosten der Verwendung einer Ausstattung zur Verbrauchserfassung einschließlich der Kosten der Eichung sowie der Kosten der Berechnung, Aufteilung und Verbrauchsanalyse. Die Verbrauchsanalyse sollte insbesondere die Entwicklung der Kosten für die Heizwärme- und Warmwasserversorgung der vergangenen drei Jahre wiedergeben.

(3) Für die Verteilung der Kosten der Wärmelieferung gilt Absatz 1 entsprechend.

(4) Zu den Kosten der Wärmelieferung gehören das Entgelt für die Wärmelieferung und die Kosten des Betriebs der zugehörigen Hausanlagen entsprechend Absatz 2.

Absatz 1

Abs. 1 enthält die grundsätzliche inhaltliche Regelung der verbrauchsabhängigen Verteilung der Kosten der Versorgung mit Wärme. Hiernach sind von den Kosten des Betriebs der zentralen Heizungsanlage mindestens 50 %, höchstens 70 % nach dem erfassten Wärmeverbrauch der Nutzer zu verteilen. Die übrigen Kosten sind nach der Wohn- oder Nutzfläche oder nach dem umbauten Raum aufzuteilen. Dabei kann auch die Wohn- oder Nutzfläche oder der umbaute Raum der beheizten Räume zugrunde gelegt werden. **174**

Nach dieser Regelung erfolgt die Umlegung der Kosten für die Beheizung der Räume nach einem Schlüssel, der sich aus einem verbrauchsabhängigen und **175**

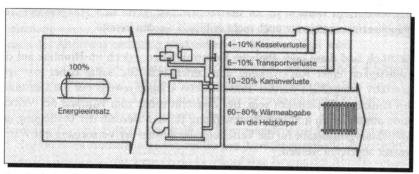

Durchschnittliche Wärmeverluste von Heizanlagen

aus einem nicht verbrauchsabhängigen Teil zusammensetzt. Der verbrauchsabhängige Teil kann sich dabei innerhalb der vorgegebenen Bandbreite zwischen 50 % und 70 % bewegen, der nicht verbrauchsabhängige Teil beschränkt sich jeweils auf den verbleibenden Vom-Hundert-Satz zwischen 50 % und 30 %. Eine derartige Aufteilung in einen verbrauchsabhängigen und einen nicht verbrauchsabhängigen Anteil wirft die Frage auf, ob und in welcher Höhe bei der Berechnung der Heizkosten ein sog.»Fixkostenanteil« überhaupt erforderlich oder vertretbar ist.

176 Nach Abs. 2 gehören zu den Kosten des Betriebs der zentralen Heizungsanlage u. a. die Kosten der verbrauchten Brennstoffe und ihrer Lieferung. Der Anteil der Brennstoffkosten an den Gesamtbetriebskosten schwankt zwischen 53 % und 94 %, in vielen Fällen liegt er bei etwa 75 %. Je höher der durch den einzelnen Wärmebezieher beeinflussbare Teil der Heizkosten ist, umso größer ist sein Anreiz zum sparsamen Umgang mit Heizenergie. Da aber auch ein nicht zu unterschätzender Anteil der Kosten unabhängig vom jeweiligen Verbrauch entsteht, muss dieser Teil von allen Nutzern entsprechend eines festen Umlegungsmaßstabes getragen werden. Die relative Höhe des pauschal umzulegenden Fixkostenanteils richtet sich nach der Höhe der nicht durch den einzelnen Verbraucher beeinflussbaren Betriebskosten. Zu ihnen gehören u. a. auch die Verluste der Wärmeerzeugungsanlage sowie die Leitungsverluste. Vorschriften über die **Dämmung** von in Räumen **frei liegenden Steigleitungen** gab es früher in **§ 6 HeizAnlVO** und heute in **§ 14 Abs. 5 Energieeinsparverordnung (EnEV)**. Die mittleren Gesamtwirkungsgrade von öl- und gasgefeuerten Anlagen liegen bei über 75 % und die von noch vorhandenen koks- und kohlegefeuerten Anlagen bei etwa 70 %. Durchschnittlich fällt ungefähr ein Drittel der Brennstoffkosten als Fixkosten unabhängig vom Verbrauch an. Wenn jedoch verbrauchsunabhängige Kosten bei der Versorgung mit Wärme entstehen, ist es auch gerechtfertigt, einen Teil der Heizkosten nicht verbrauchsabhängig umzulegen.

Für die Bestimmung der Größe des nicht verbrauchsabhängigen Anteils der **177** Abrechnung sind neben den nicht verbrauchsabhängig anfallenden Kosten für die Versorgung mit Wärme mögliche weitere Faktoren im Einzelfall entscheidend. Um diesen Einzelfällen in ausreichendem Maße Rechnung tragen zu können, hat der Verordnungsgeber es vorgezogen, anstelle der Festschreibung eines bestimmten Prozentsatzes für den nicht verbrauchsabhängigen Teil eine Bandbreite vorzugeben, innerhalb derer sich der verbrauchsabhängige und damit abhängig von diesem auch der nicht verbrauchsabhängige Teil bewegen dürfen.

Berücksichtigung lagebedingter Wärmebedarfsunterschiede (»Reduktion«):

Die Bandbreite bietet darüber hinaus zugleich und im Wesentlichen die Mög- **178** lichkeit, lagebedingte Wärmebedarfsunterschiede von Räumen in einem Gebäude zu berücksichtigen. Der Heizenergiebedarf der Wohnungen in einem Gebäude ist je nach Lage der Wohnung unterschiedlich. So haben z. B. außen liegende Wohnungen normalerweise einen höheren Wärmebedarf als innen gelegene Wohnungen. Bei der Heizkostenverteilung nach Quadratmetern werden diese Unterschiede verdeckt. Wenn jedoch der individuelle Wärmeverbrauch der einzelnen Nutzer gemessen und zur Basis der Heizkosten wird, kommen die Unterschiede zum Tragen. Dies hat zur Folge, dass die Nutzer von Wohnungen mit relativ hohem Wärmebedarf bei gleichem individuellen Verhalten gegenüber Nutzern mit relativ niedrigem Wärmebedarf höhere Heizkosten aufzuwenden haben.

Die Berücksichtigung lagebedingter Wärmebedarfsunterschiede von Räumen **179** würde bedeuten, dass die Unterschiede durch die Änderung der Messverfahren oder bei der Verteilung der Kosten ausgeglichen werden. Dieses sogenannte Reduktionsverfahren hätte zur Folge, dass der Nutzer einer Innenwohnung zum Teil die Kosten des Nutzers einer Außenwohnung mitträgt. Der tatsächliche Wärmeverbrauch würde dem einzelnen nicht mehr genau zugerechnet werden. Der mit der verbrauchsabhängigen Heizkostenabrechnung verbundene Anreiz zur Energieeinsparung wird hierdurch erheblich vermindert. Auch ist zu bedenken, dass der Unterschied im Wärmebedarf einzelner Wohnungen umso größer ist, je unwirtschaftlicher die Heizungsanlage arbeitet und je mangelhafter die Wärmedämmung des Baukörpers ist.

Bei einem freistehenden Einfamilienhaus wird dem Nutzer sehr schnell deut- **180** lich, dass die Wärme je nach Isolierung des Baukörpers durch Mauerwerk und

Fenster schneller oder langsamer in die Umgebung entweicht. Da er für die Energiekosten seines Hauses alleine aufkommt, ist ihre Höhe für ihn der Maßstab für den Energieverbrauch. Eine Wohnung in einem Mehrfamilienhaus bietet in dieser Hinsicht in jedem Falle Vorteile, da mindestens eine Umschließungswand nicht den äußeren Witterungsverhältnissen ausgesetzt ist. Dieser Vorteil nimmt bei weiter innen liegenden Wohnungen zu. Der die Wohnung verlassende Wärmestrom ist bei ihnen geringer.

181 Als noch mit Einzelöfen geheizt wurde, hat sich der Nutzer vor Beziehen einer neuen Wohnung über die mit ihrer Beheizung zusammenhängenden Fragen durchaus Gedanken gemacht. Die Kohlen mussten aus dem Keller geholt und je nach Lage und Wärmebedarf der Wohnung auch mehrmals am Tag in die verschiedenen Etagen getragen werden. In der damaligen Situation kam kein Nutzer einer außen liegenden Wohnung auf den Gedanken, von seinen Mitbewohnern einen Ausgleich für seine höhere Brennstoffrechnung zu verlangen. Gleiches gilt noch heute für die Benutzer von Nachtstromspeicher- oder Einzeletagenheizungen.

182 Die Beheizbarkeit einer Wohnung gehörte früher ebenso zu den Bewertungsfaktoren für die Wohnqualität wie u. a. freie oder eingeengte Lage, Wohnmilieu, Geräuschpegel, Sonnen- und Sichtverhältnisse sowie Entfernung zum Arbeitsplatz und zu den Einkaufszentren. Der zu zahlende Mietpreis wurde nicht nur nach Wohnfläche und Ausstattung, sondern auch nach diesen Gesichtspunkten beurteilt.

183 Ein Optimum im Wärmebedarf steht jedoch nicht selten im Gegensatz zu den anderen Bewertungsfaktoren.

184 Eine innen gelegene gut beheizbare Wohnung muss nämlich nicht auch in anderer Hinsicht unbedingt erstrebenswert sein. Eine allseitig von Nachbarn umgebene Wohnung ist in erhöhtem Maße Beeinträchtigungen ausgesetzt. Das Gefühl von Eingeengtheit wird hier schnell spürbar. Für exponiert liegende Wohnungen wie z. B. Dachterrassenwohnungen werden infolgedessen oft höhere Mietpreise bezahlt, obwohl diese heiztechnisch sehr ungünstig sind. Außen liegende Wohnungen werden von vielen Nutzern deshalb bevorzugt, weil sie in der Regel eine zusätzliche Fensterwand aufweisen und dadurch freier wirken. Erdgeschoss- und Dachgeschosswohnungen haben demgegenüber oft eine mindere Wohnqualität. Kein Nachbar wäre folglich damit einverstanden, den höheren Heizkostenaufwand einer Dachterrassenwohnung wegen ihres größeren Wärmebedarfs zum Teil mit zu bezahlen, obgleich er ihren sonstigen Nutzen nicht genießen kann.

185 Mit dem Übergang auf zentral beheizte Wohnungen war der Wärmebedarf kein Kriterium mehr, die Qualität der Wohnung zu beurteilen. Die Heizkos-

ten wurden zunächst vorwiegend pauschal nach der beheizten Wohnfläche oder nach dem umbauten Raum umgelegt. Sie wurden damit zu einem relativ festen Bestandteil der Miete, unabhängig von der Beheizbarkeit der Wohnung oder den Heizgewohnheiten der Nutzer. Dem Nutzer wurde das Gefühl für die Höhe der von ihm verursachten Heizkosten genommen. Da ihm die wärmetechnischen Qualitätsunterschiede der Wohnung nicht mehr bewusst wurden, war auch keine Motivation für ihre Verbesserung durch z.b. Modernisierung der Heizungsanlage oder zusätzliche Wärmedämmung gegeben. Darüber hinaus wurde die sog. Kaltmiete unabhängig vom Wärmebedarf festgelegt.

Als jedoch im Laufe der Zeit die verbrauchsabhängige Heizkostenabrechnung **186** immer mehr an Boden gewann, wurden gerade die lagebedingten Wärmebedarfsunterschiede von Wohnungen in einem Gebäude deutlich. Zur Vermeidung von hierdurch auftretenden Streitigkeiten über die Abrechnung ging man bald dazu über, diese bei der Verteilung der Kosten zu berücksichtigen. Das erfolgte bei Verwendung von Heizkostenverteilern nach dem Verdunstungsprinzip durch die Einführung sogenannter Reduktionsskalen. Hierbei wurden die Strichabstände der Skala in den schlechter beheizbaren Wohnungen größer. Trotz einer stärkeren Verdunstung der Messflüssigkeit wegen des größeren Wärmebedarfs der Wohnung wurde damit auf der Skala ein Ergebnis angezeigt, das einen geringeren Verbrauch vermuten ließ. Die gut beheizbare Wohnung hingegen wies engere Strichabstände auf der Skala auf und erweckte bei der gleichen erreichten Anzahl von Strichen den Eindruck eines gleichen Verbrauchs, obgleich sie tatsächlich wegen des geringeren Wärmebedarfs weniger Heizenergie verbraucht hatte.

Bei der Verwendung der reduzierten Skalen wird damit in der Tat mit verschie- **187** denen Maßstäben gemessen. Der Willkür sind hierbei keine Grenzen gesetzt. Denn eindeutige Kriterien für eine sachgerechte Reduktion sind nicht definierbar. Diese Methode ist weder physikalisch noch messtechnisch vertretbar. Aus Energieeinsparungsgesichtspunkten ist sie darüber hinaus abzulehnen, weil hierdurch jeglicher Anreiz zum sparsamen Umgang mit Heizenergie verloren geht. Es gibt keinen Grund dafür, Qualitätsunterschiede einzelner Wohnungen über die Heizkosten auszugleichen und die gesamte Nutzergemeinschaft die erhöhten Heizkosten der schlecht isolierten Wohnungen mittragen zu lassen.

Aus Gründen der Gleichbehandlung könnte dann auch die Forderung er- **188** hoben werden, die Reduktion generell vorzuschreiben und z.b. bei Nachtstromspeicher- oder Einzeletagenheizung von den Nutzern der innen liegenden Wohnungen eine Heizkostenausgleichsabgabe für die Bewohner der außen liegenden Wohnungen zu verlangen.

189 Die Berücksichtigung des unterschiedlichen Wärmebedarfs von Wohnungen durch die Einführung von Reduktionsverfahren bei der Heizkostenabrechnung verbietet sich aber auch nach dem Wortlaut des § 3 a EnEG. Hiernach ist der Energieverbrauch der Nutzer zu erfassen und die Heizkosten sind entsprechend der Erfassung auf die Nutzer umzulegen. Bei einer Berücksichtigung des Wärmebedarfs wird jedoch der Energieverbrauch nicht mehr ausschließlich erfasst, sondern darüber hinaus nach anderen Kriterien bewertet. Eine solche Bewertung entspricht nicht dem EnEG. Aus diesen Gründen ist es nicht vertretbar, Heizkostenverteilersysteme zuzulassen, die die Umlegung der Kosten nach anderen Kriterien als nach der abgenommenen Wärmemenge vornehmen. Diese Auffassung ist inzwischen auch in zahlreichen Gerichtsurteilen bestätigt worden (vgl. stellvertretend und mit weiteren Nachweisen *BayObLG* WM 1993, 298).

190 Bei Verwendung von Geräten, bei denen der Heizkostenanteil z. B. nach der durchschnittlichen Raumtemperatur der Wohnung berechnet wird, kommt ein Verschwender, der bei voller Heizkörperleistung zum offenen Fenster hinaus heizt, zu einem zu niedrigen Heizkostenanteil. Mit solchen und ähnlichen Systemen wird der unterschiedliche Wärmebedarf einzelner Wohnungen ebenfalls verschleiert. Auch die Anwendung dieser Geräte ist vom Wortlaut des Gesetztes nicht gedeckt.

191 Nach § 7 Abs. 1 HeizkostenV ist es nur noch möglich, den lagebedingten Wärmebedarfsunterschied von Wohnungen in einem Gebäude durch die angemessene Gestaltung des Prozentsatzes für den verbrauchsabhängigen Teil der Heizkostenabrechnung zu berücksichtigen. Ist der Wärmebedarfsunterschied in einem Gebäude sehr groß, so kann es sich empfehlen, einen Vom-Hundert-Satz für den verbrauchsabhängigen Teil der Abrechnung im unteren Bereich der Bandbreite zu wählen. Bei gut wärmegedämmten Gebäuden mit geringen Wärmebedarfsunterschieden kann dagegen durch Festlegung eines höheren Vom-Hundert-Satzes ein stärkerer Energieeinsparanreiz geschaffen werden (vgl. zur Ausgestaltung der Vom-Hundert-Sätze auch *AG Saarburg* WM 2001, 85 mit dem Hinweis, dass der bauliche Zustand des Gebäudes mit dem jeweiligen Energiebedarf der Wohnung zu berücksichtigen sei). Durch die Einführung der verbrauchsabhängigen Abrechnung wird sichtbar, dass die Kaltmietenberechnung für einzelne Wohnungen ohne Berücksichtigung des jeweiligen Wärmebedarfs nicht vertretbar ist. Die Heizkostenabrechnung darf nicht dazu missbraucht werden, falsch und unzeitgemäß festgelegte Mieten auszugleichen.

192 Mit der Änderung der HeizkostenV 2009 wurden dem § 7 Abs. 1 die **neuen Sätze 2 bis 4** hinzugefügt. Sie regeln die Festlegung des verbrauchsabhängigen

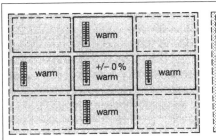 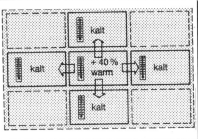

Sind alle Wohnungen gleichmäßig erwärmt, ist der Wärmeübergang von einer Wohnung auf die andere gering.

Eine Wohnung, die nur von kalten Nachbarwohnungen umgeben ist, hat einen bis zu 40 % erhöhten Heizbedarf.

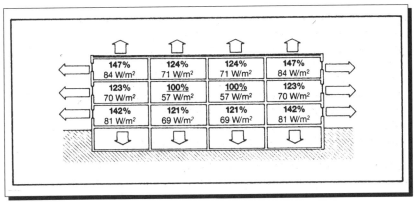

Spezifischer Wärmebedarf von Wohnungen in einem Mehrfamilienhaus in Watt je Quadratmeter, abhängig von der Lage im Gebäude

Teils der Kosten des Wärmeverbrauchs unter bestimmten Bedingungen auf 70 % (Satz 2) oder die Bestimmung des Wärmeverbrauchs nach anerkannten Regeln der Technik (Satz 3). Der so bestimmte Verbrauch wird dann als erfasster Wärmeverbrauch nach Satz 1 berücksichtigt (Satz 4).

Nach **Satz 2** sind künftig in **Gebäuden,** die das Anforderungsniveau der **Wär-** 193 **meschutzverordnung vom 16.8.1994 (BGBl. I S. 2121) nicht erfüllen,** die mit einer **Öl- oder Gasheizung** versorgt werden **und** in denen die **freiliegenden Leitungen der Wärmeverteilung überwiegend gedämmt** sind, von den Kosten des Betriebs der zentralen Heizungsanlage 70 % nach dem erfassten Wärmeverbrauch der Nutzer zu verteilen. Die grundsätzliche Wahlmöglichkeit des Gebäudeeigentümers zur Bestimmung der Abrechnungsmaßstäbe nach § 6 Abs. 4 S. 1 wird in diesen Fällen eingeschränkt. Der Verordnungsgeber will hierdurch den Einfluss des Nutzerverhaltens in bestimmten Gebäuden stärken und ihn zu sparsamerem Wärmeverbrauch anhalten. Unter Wahrung der Verteilungsgerechtigkeit sollen weitere Einsparpotenziale ausgeschöpft werden (vgl. Begründung in Bundesrats-Drucksache 570/08). Da Verteilungsverluste aber generell nur durch entsprechende Dämmung der Leitungen der Wärmeverteilung vermieden werden können, ist der Abrechnungsmaßstab von 70 % nur gerechtfertigt, wenn diese drei Voraussetzungen im Gebäude überwiegend, d. h. zu mehr als der Hälfte, erfüllt sind. Dies lässt sich bei den freiliegend auf der Wand verlaufenden Leitungen leicht feststellen. Auslegungsprobleme können aber bereits dann entstehen, wenn gedämmte Leitungen z. B. aus ästhetischen Gründen verdeckt (eingekoffert) werden. Ob sie dann noch als freiliegend im Sinne der Verordnung gelten, werden im Zweifel die Gerichte entscheiden müssen.

194 Der **Wärmeverbrauch** der Nutzer kann nach **Satz 3** dann **nach anerkannten Regeln der Technik bestimmt** werden, wenn in Gebäuden die **freiliegenden Leitungen der Wärmeverteilung** überwiegend, d. h. zu mehr als der Hälfte, **ungedämmt** sind und deswegen ein wesentlicher Anteil des Wärmeverbrauchs nicht durch Ablesung verursachergerecht erfasst wird. Der Verordnungsgeber geht davon aus, dass ein wesentlicher Anteil dann vorliegt, wenn zumindest 20 % nicht erfasst werden. Er verweist in diesem Zusammenhang auf das Beiblatt Rohrwärme zur Richtlinie VDI 2077. Sie stelle hierfür unterschiedliche Verfahren zur Verfügung, wobei die Auswahl des Verfahrens im Einzelfall unter Berücksichtigung der im Gebäude vorhandenen Erfassungsgeräte zu erfolgen habe, um zusätzliche Kosten zu vermeiden (vgl. Bundesrats-Drucksache 570/08). Generell sei für solche Gebäude zwar ein verbrauchsabhängiger Anteil von 50 % angemessen. Denn insbesondere von ungedämmten auf der Wand verlaufenden Rohrleitungen abgegebene Wärmemengen könnten nur unzureichend von den Ausstattungen zur Verbrauchserfassung ermittelt und durch das Verhalten der Nutzer nicht beeinflusst werden. In der Praxis gebe es jedoch auch Fälle, in denen es bei der Anwendung dieses Maßstabes zu großen nicht hinnehmbaren Verzerrungen der Heizkostenverteilung innerhalb eines Gebäudes komme. Der Verordnungsgeber verweist dazu insbesondere auf Leerstände in Gebäuden, die das Problem der unerfassten Wärmeabgabe ungedämmter Leitungen noch zusätzlich verschärften. In Anbetracht dessen sei eine Kostenverteilung nach anerkannten Regeln der Technik gerechtfertigt. Durch das Abstellen auf alle Leitungen werden neben den vertikal verlaufenden Strangleitungen auch horizontale Verteilleitungen wie beim ungedämmten und freiliegenden Ringleitungssystem (sog. Rietschel-

Henneberg-System) einbezogen. Das Beiblatt Rohrwärme der Richtlinie VDI 2077 erweitert den Anwendungsbereich auf Rohrleitungen, die nicht sichtbar sind und wegen in der Regel nicht vorhandener oder nur geringer Dämmung zur Verstärkung des Effektes beitragen.

Nach dem neuen **Satz 4** wird der so bestimmte Verbrauch der einzelnen Nutzer als erfasster Wärmeverbrauch nach Satz 1 berücksichtigt. Dadurch ist klargestellt, dass es sich hierbei nicht um eine generelle Ausnahme von der Verbrauchserfassungspflicht handelt, sondern der nach Regeln der Technik bestimmte Anteil lediglich als erfasster Verbrauch nach § 7 Abs. 1 Satz 1 zu berücksichtigen ist. **195**

Umlegung des nicht verbrauchsabhängigen Anteils der Heizkosten:

Nach Abs. 1 Satz 5 darf der Kostenanteil, der nicht verbrauchsabhängig verteilt wird, nach der Wohn- oder Nutzfläche oder nach dem umbauten Raum verteilt werden. Es kann auch die Fläche oder der Raum der beheizten Räume zugrunde gelegt werden. Bei der Verteilung nach der Wohn- oder Nutzfläche zahlt jeder Nutzer einen Anteil vom nicht verbrauchsabhängig abzurechnenden Teil der Heizkosten, der dem Anteil seiner Wohn- oder Nutzfläche am gesamten Flächenaufkommen des Gebäudes entspricht. Die Fläche ergibt sich in der Regel aus dem Mietvertrag oder der Teilungserklärung im Wohnungseigentum. Weicht die dort angegebene Fläche aber von der tatsächlichen Fläche ab, so ist nach Ansicht des *BGH* (WM 2007, 700 m.w.N.; NJW 2008, 142 m.w.N.) der Abrechnung die vereinbarte Fläche zugrunde zu legen, wenn die Abweichung nicht mehr als 10 % beträgt. Erfolgt die Umlegung nach dem Anteil am umbauten Raum, so wird die Kubikmeterzahl der Räume zur Grundlage der Verteilung. Gerade bei Dachgeschosswohnungen mit schrägen Wänden kann es von Bedeutung sein, ob für die Umlegung des nicht verbrauchsabhängigen Teils die Wohn- oder Nutzfläche oder die Kubikmeterzahl des Raumes herangezogen wird. Da sich das Kubikmeteraufkommen einer Dachgeschosswohnung mit schrägen Wänden im Vergleich zu einer normalen Wohnung erheblich reduziert, könnte für sie die Heranziehung des umbauten Raumes als Verteilungsmaßstab von Vorteil sein. **196**

Weiterhin ist es möglich, neben der gesamten Wohn- oder Nutzfläche oder dem umbauten Raum nur die Fläche oder den Raum der beheizten Räume zugrunde zu legen. Hierdurch könnten Räume wie Speisekammern, Abstellräume, Flure z.B. auch Balkonflächen als Berechnungsgrundlage ausscheiden, wenn sie nicht beheizt werden. Das Zugrunde legen der beheizten Räume führt jedoch in dem Augenblick zu Auslegungsschwierigkeiten, wo z.B. in einer Abstellkammer oder in einem Flur ein Heizkörper nicht vorhanden ist, diese aber dadurch indirekt mitbeheizt werden, dass die Zugangstüre offen **197** stehen bleibt. Ihre Fläche oder ihr Raum käme damit für eine Berechnung im Rahmen des nicht verbrauchsabhängigen Teils der Heizkosten nicht in Betracht, der Raum selbst wäre jedoch von einer Beheizung nicht ausgeschlossen. Wenn daher für die Umlegung des nicht verbrauchsabhängigen Teils die Fläche oder der Raum der beheizten Räume zugrunde gelegt werden sollen, muss genau bestimmt werden, welche Räume hierzu gehören und welche nicht.

198 Unter angemessener Berücksichtigung der örtlichen Gegebenheiten könnte man im Wohnraum zweckmäßigerweise Flure, Abstellräume und Speisekammern zu den beheizten Räumen rechnen, da sie nach außen abgeschlossen sind. Dagegen erscheint die Einbeziehung von Loggien, Balkonen, Terrassen, getrennten Mansarden und ähnlichen nicht als geeignet, da sie vielfach nach außen offen sind und auch faktisch kaum beheizt werden. Allerdings hat das *BayObLG* (NJW 1996, 2106) entschieden, dass auch solche Flächen mit einem Viertel anzusetzen seien, wenn im Wohnungseigentum in der Gemeinschaftsordnung die Kosten und Lasten des gemeinschaftlichen Eigentums nach der Wohnfläche ohne nähere Regelung über deren Berechnung umgelegt werden. Das Gericht stützt sich dabei auf eine alte und in der Zwischenzeit zurückgezogene DIN-Norm und auf Berechnungsvorgaben in § 44 Abs. 2 II. BV. Jedoch räumt es ein, dass eine Verkehrssitte nicht bestehe, wie Balkone, Loggien und Dachterrassen im Wohnungseigentumsrecht zu berechnen seien. In einem späteren Urteil (WM 2000, 202) bestätigt es, dass die Fläche eines nach allen Seiten geschlossenen Raumes bei dem nach der Fläche berechneten Teil der Heizkosten zur Hälfte berücksichtigt werden müsse, wenn der Kostenverteilungsschlüssel es so vorsehe. Und zwar gelte dies auch für eine Terrasse, die durch eine Isolierverglasung geschlossen wurde, dabei aber ein vier bis fünf Zentimeter breiter Spalt offen blieb. Eine solche Terrasse werde als Folge der Isolierverglasung von der Wohnung aus indirekt mitbeheizt. Dies rechtfertige es, sie bei dem nach der Fläche berechneten Teil der Heizkosten auch zu berücksichtigen. Nach einem anderen Urteil des *AG Köln* (WM 2001, 449) muss dahingegen ein Kellerraum selbst dann nicht in die Berechnung einfließen, wenn sich in ihm ein Heizkörper befindet, der nicht betrieben wird.

199 Für die Umlegung des nicht verbrauchsabhängigen Anteils der Heizkosten ist letztlich wichtig zu beachten, dass im gesamten Gebäude ein gleicher Maßstab für alle Wohnungen zugrunde gelegt wird. Gleichgroße Wohnungen müssen demnach bei der Heizkostenabrechnung auch gleich behandelt werden. Es darf für sie kein unterschiedlicher Flächenmaßstab verwendet werden (*AG Hamburg* WM 1996, 778). Auch bei unklaren Formulierungen in vertraglichen Grundlagen ist bei ihrer Auslegung auf das eigentlich Gewollte abzustellen. So hat das *BayObLG* (WM 2003, 100) eine Teilungserklärung mit der Formulierung für die Abrechnung der Heizungs- und Warmwasserkosten »auf der Grundlage der jeweiligen Wohnungsfläche unter Berücksichtigung eventuell vorhandener Verbrauchszähler« derart interpretiert, dass die Kosten zu 50 % nicht verbrauchsabhängig und 50 % verbrauchsabhängig zu verteilen seien. Dies komme dem Willen der Parteien am nächsten.

Die II. BV enthält zur Wohnflächenberechnung eingehendere Bestimmungen **200** in den §§ 42, 43 und 44, die für die Festlegung der beheizten Räume zu Hilfe gezogen werden können.

Kostentragung für leerstehende Nutzeinheiten:

Kosten des Betriebs der zentralen Heizungsanlage fallen auch für Nutzeinhei- **201** ten an, die ganz oder zeitweise leer stehen. Dieser Fall tritt häufig dann ein, wenn Mieter im Laufe der Heizperiode kündigen, aus der Wohnung ausziehen und der Vermieter sie nicht gleich weiter vermieten kann. Eine Beheizung ist gerade im Winter dennoch erforderlich, um nicht z. B. Wasserleitungen einfrieren und sonstige Kälteschäden auftreten zu lassen. Sie wirkt sich somit auch auf den Gesamtverbrauch des Gebäudes aus.

Die verbliebenen Nutzer dürfen jedoch nur mit den Kosten belastet werden, **202** für deren Entstehen sie mit ursächlich geworden sind. Heizkosten für leerstehende Wohnungen sind ihnen nicht zuzurechnen. Sie gehören in den Verantwortungsbereich des Gebäudeeigentümers. Die auf leerstehende Nutzeinheiten entfallenden Heizkosten sind, ausschließlich, von diesem zu tragen. Für den nicht verbrauchsabhängigen Teil der Heizkosten ist es ohnehin gleichgültig, ob die jeweilige Nutzeinheit tatsächlich beheizt wird oder nicht. Der durch den Verbrauch verursachte Teil der Kosten wird dem zugerechnet, der ihn verursacht hat. Bei leerstehenden Nutzeinheiten ist für beide Teile der Gebäudeeigentümer verantwortlich (vgl. *BGH* WM 2004, 150 m. w. N. grundsätzlich zur Verpflichtung des Vermieters zur Kostentragung und besonders zur Änderung der Abrechnungsmaßstäbe nach § 6 Abs. 4, um der Kostentragungspflicht zu entgehen; und *BGH* WM 2003, 503 m. w. N. ebenfalls grundsätzlich zur Kostentragungspflicht des Eigentümers und besonders zu leer stehenden Mietwohnungen bei Fernwärmelieferung mit direkter Vertragsbeziehung des Lieferanten zum Mieter; auch grundsätzlich zu Betriebskostenabrechnung bei Leerständen: *Langenberg* WM 2002, 589 ff. m. w. N., der ausdrücklich darauf hinweist, dass bei Leerständen der Vermieter nicht berechtigt sei, alle angefallenen Kosten auf die verbliebenen Mieter zu verteilen. Er dürfe die Gesamtfläche nicht generell um diejenige der nicht vermieteten Objekte reduzieren, weil das Vermietungsrisiko allein in seine Sphäre falle; so zuletzt auch *LG Cottbus* WM 2007, 323).

203 Gleiche Grundsätze gelten für die Fälle, in denen ein Nutzer z. B. seine Zweitwohnung in einer Ferienwohnanlage während der Heizperiode nicht benutzt oder sich in dieser Zeit nicht in seiner Hauptwohnung aufhält, sondern im Süden »überwintert«. Er kann zwar den verbrauchsabhängigen Teil der auf ihn entfallenden Kosten durch einen sehr geringen faktischen Verbrauch auf ein Minimum reduzieren. Nicht verlangen kann er hingegen, dass ihm der nicht verbrauchsabhängige Teil der Kosten ganz oder teilweise erlassen wird. Denn bei diesem kommt es gerade nicht darauf an, ob eine Nutzung stattgefunden hat. Da ein Teil der Brennstoffkosten als Fixkosten unabhängig vom Verbrauch anfällt, ist es gerechtfertigt, diesen Teil der Heizkosten unabhängig vom Verbrauch tragen zu müssen (vgl. oben Rdn. 175–177).

Absatz 2

204 In § 7 Abs. 2 S. 1 erfolgt eine Aufzählung der Kosten, die als **Kosten des Betriebs der zentralen Heizungsanlage** einschließlich der Abgasanlage umlagefähig sind. Diese **Aufzählung ist abschließend.** Hierzu gehören:

– **die Kosten der verbrauchten Brennstoffe und ihre Lieferung:**
Sie machen vor allem bei Ölzentralheizungen den Hauptteil der anfallenden Kosten aus. Die zu erstellende Heizkostenabrechnung sollte die einzelnen Brennstofflieferungen und den hierfür gezahlten Preis ersichtlich machen. Bei **unterschiedlichen Preisen,** z. B. Einkauf von Heizöl im Sommer oder im Winter, ist der tatsächlich gezahlte Preis in Rechnung zu stellen und nicht nur der höhere zugrunde zu legen. Dabei sind **Mengenrabatte, Preisnachlässe** und **Skonti,** die dem Gebäudeeigentümer gewährt wurden, an die Nutzer weiterzugeben. Trinkgelder für die Anlieferung der Brennstoffe und Zinsen für deren Bevorratung sind nicht umlagefähig.
Oft hat die Berechnung des restlichen Bestands an Brennstoff und dessen Wert am Ende eines Abrechnungszeitraums zu Streiten geführt, die gerichtlich entschieden werden mussten. Üblicherweise wird der Restbestand als Anfangsbestand in den neuen Abrechnungszeitraum übernommen. Dabei ist sein ursprünglicher Wert zugrunde zu legen. Dieser kann entweder gesondert in die neue Abrechnung einfließen oder mit den Kosten der später gekauften Brennstoffe einen Mischpreis bilden (vgl. u. a. AG Wuppertal DWW 1988, 7). Als nicht zulässig hat es des *AG Wittlich* (WM 2002, 377) angesehen, dass von einem gefüllten Öltank zu Beginn des Mietverhältnisses ausgegangen und die verbrauchte Menge anschließend an Hand nur des nachgetankten Heizöls ermittelt werde. Es sei auf jeden Fall der Anfangs- und Endbestand festzustellen, welcher bei den bis zum Abrechnungsstich-

tag nachgetankten Mengen in Anrechnung gebracht werden müsse, um den tatsächlichen Verbrauch der jeweiligen Abrechnungsperiode zu ermitteln.
- **die Kosten des Betriebsstromes:**
Hierunter fallen u. a. Kosten für den Betrieb der Regelungsanlage, für den Betrieb der elektrischen Umwälzpumpe, der Ölpumpe und ähnliche, nicht aber die Kosten für die **Beleuchtung** des Heizungskellers. Sie gehören zu den sonstigen Nebenkosten. Lassen sich die Kosten des Betriebsstromes nur schwer ermitteln, weil z. b. eigene Zwischenzähler fehlen, so ist eine auf realistischen Annahmen basierende Annäherung zulässig, nicht jedoch eine bloße Schätzung. In den inzwischen hierzu ergangenen Gerichtsentscheidungen (vgl. u. a. WM 1991, 50) wurde ein Stromkostenanteil von ca. 5 % der Brennstoffkosten bei entsprechender Darlegung der Berechnungsgrundlagen noch akzeptiert. Ein wesentlich darüber hinausgehender Anteil dürfte kaum mehr plausibel begründet werden können. Auch der *BGH* (WM 2008, 285 m.w.N.) hat diese Vorgehensweise inzwischen akzeptiert. Er weist allerdings genauso darauf hin, dass die Grundlagen einer Schätzung offen gelegt werden müssten.
Werden im Wohnungseigentum die Kosten des Betriebsstroms nicht in die verbrauchsabhängige Heizungs- und Warmwasserkostenabrechnung einbezogen, sondern wegen fehlender Messgeräte insgesamt nach der Wohnfläche umgelegt, so hält das *BayObLG* (WM 2004, 742) dies mit einer ordnungsgemäßen Verwaltung für vereinbar.
- **die Kosten der Bedienung, Überwachung und Pflege der Anlage:**
Dabei ist in erster Linie an kohlegefeuerte Zentralheizungen zu denken. Sie erfordern eine stetige Bedienung, Überwachung und Pflege. Im Gegensatz zu diesen kann es bei Ölzentralheizungen möglich sein, sie ohne Bedienung, Überwachung und Pflege eine ganze Heizperiode hindurch zu betreiben. Infolgedessen sind nur die Kosten umlagefähig, die tatsächlich mit der Bedienung der Heizungsanlage im Zusammenhang stehen und real entstanden sind (vgl. *AG Nordhausen* WM 1999, 486). Das können u. a. sein die Kosten für den **Heizer** bei kohlegefeuerten Anlagen bzw. ein angemessener Teilbetrag der **Hauswartkosten**, falls er auch die Heizungsanlage zu bedienen hat. Übernimmt der **Gebäudeeigentümer** selbst oder einer seiner **Familienangehörigen** diese Aufgabe, ist es umstritten, ob ein entsprechender, am Stundenlohn des Heizers orientierter Betrag umgelegt werden darf, denn er ist tatsächlich nicht entstanden. Der Zeitaufwand für die Bedienung vor allem von voll automatisch gesteuerten Anlagen ist so gering, dass er in Geld praktisch nicht messbar und durch den Mietzins als abgegolten anzusehen ist. Die Umlagefähigkeit solcher Kosten sollte daher besser rechtsgeschäftlich zwischen Gebäudeeigentümer und Nutzer als sonstige Nebenkosten vereinbart werden.

– Kosten der regelmäßigen Prüfung der Betriebsbereitschaft und der Betriebssicherheit einschließlich der Einstellung durch eine Fachkraft:
Hierbei handelt es sich im Wesentlichen um sogenannte **Wartungskosten**. Sie sind jedoch deutlich abzugrenzen von eigentlichen **Reparaturkosten**. Die exakte Abgrenzung zwischen Wartungs- und Reparaturkosten ist nicht immer einfach vorzunehmen. Oft werden im Rahmen der Wartung einer Anlage kleine Reparaturen durchgeführt, deren Kosten dann als Wartungskosten umgelegt werden. Eine Differenzierung kann jeweils nur im Einzelfall erfolgen. Bedeutung erlangt sie dann, wenn eigentliche Reparaturkosten nicht auf den Nutzer umgelegt werden können, auf dem Umweg über die Wartungskosten dies aber dennoch versucht wird. So hat das *AG Köln* (WM 2001, 32) entschieden, dass angefallene Kosten durch z.B. fehlerhafte Bedienung der Heizungsanlage, Beseitigungsmaßnahmen aufgrund fahrlässiger oder vorsätzlicher Beschädigung oder sonstige Schadensbeseitigungsmaßnahmen wie etwa der Einbau neuer Geräteteile nicht umlagefähig seien.

– **Kosten der Reinigung der Anlage und des Betriebsraumes:**
Auch diese Kosten werden hauptsächlich bei kohlegefeuerten Heizungsanlagen auftreten. Bei ihrer Umlegung ist jedoch darauf zu achten, dass auch sie tatsächlich entstanden sind. Hierzu zählen u.a. die Kosten für die **Reinigung des Heizkessels** und des aufgewendeten **Reinigungsmaterials** wie Schrubber, Besen, Putzlappen und Reinigungsmittel. Da der **Öltank** ausschließlich dem Betrieb der Heizungsanlage dient und hierzu unausweichlich erforderlich ist, sind auch die Kosten für seine Reinigung umlagefähig, nicht hingegen die für seine neue Beschichtung. Hiervon abweichend hat allerdings das *AG Ahrensburg* (WM 2002, 117) entschieden, dass Tankreinigungskosten nicht umlagefähig seien. Sie seien Folgekosten für die vertragsgemäße Benutzung und somit bereits im Mietpreis enthalten (ähnlich *AG Rendsburg* WM 2002, 232 und *AG Hamburg* WM 2000, 332). Da das Gericht selbst aber ausführt, es handele sich bei Tankreinigungskosten um Kosten der Instandhaltung der Anlage, hätte es sie folgerichtig als Wartungskosten und somit als umlagefähig ansehen müssen (mit vergleichbar zu kritisierendem Ergebnis *AG Speyer* WM 2007, 575). Zu Recht hat das *AG Friedberg* (WM 2000, 381) Kosten für den Korrosionsschutz am Öltank als nicht umlagefähig angesehen. Umstritten war bislang in dem Zusammenhang, ob die Kosten für den **Schornsteinfeger** hierunter fallen. Denn er reinigt nicht unmittelbar die Anlage oder den Betriebsraum. Der Sinn und Zweck des Schornsteins und sein einwandfreies Funktionieren steht jedoch in einem so engen sachlichen Zusammenhang mit der Funktionsfähigkeit der Heizungsanlage, dass man seine Reinigung als Bestandteil der Reinigung der Anlage sehen muss. Wenn die Kosten der Reinigung des Betriebsraumes zu den Kosten des Betriebes der zentralen Heizungsanlage gehören, so spricht

das erst recht dafür, auch die Kosten der Reinigung des Schornsteines hierunter zu subsumieren. Diese hier schon immer vertretene Auffassung ist bei der Neufassung der Verordnung durch das Einfügen der Wörter »**einschließlich der Abgasanlage**« hinter **Kosten des Betriebs der zentralen Heizungsanlage** in Abs. 2 Satz 1 ausdrücklich bestätigt worden.

Für den Bereich des preisgebundenen Wohnraumes traf diese Auslegung bisher nicht zu, da die Kosten der Schornsteinreinigung und hier speziell die Kehrgebühren für den Kamin in Nr. 12 der Anlage 3 zu § 27 Abs. 1 der II. BV von den Kosten des Betriebs der zentralen Heizungsanlage in Nr. 4 a) deutlich getrennt waren. Durch die Verordnung zur Änderung energieeinsparrechtlicher Vorschriften vom 19. Januar 1989 ist neben der Änderung der HeizkostenV in diesem Punkt auch die II. BV angeglichen worden. Nr. 4 a) zählt die Kosten des Betriebs der zentralen Heizungsanlage **einschließlich der Abgasanlage** auf. In Nr. 12 gehören die Kehrgebühren nur noch dann zu den Kosten der Schornsteinreinigung, wenn sie nicht bereits als Kosten nach Nr. 4 a) berücksichtigt sind. Die Regelung findet sich entsprechend auch in § 2 Nr. 4 a) und Nr. 12 der Betriebskostenverordnung wieder, die Anlage 3 zu § 27 Abs. 1 II. BV ersetzt.

Der Verordnungsgeber hat sich mit diesen Änderungen zum einen der hier vertretenen Auffassung angeschlossen, dass die Schornsteinfegerkosten als Kosten des Betriebs der zentralen Heizungsanlage in der Heizkostenabrechnung umlagefähig sind. Zum anderen ist er mit der Änderung der II. BV dem Petitum gefolgt, die Diskrepanz zwischen HeizkostenV und II. BV hinsichtlich der Umlagefähigkeit von Schornsteinfegerkosten nach der Ausdehnung des Anwendungsbereichs der HeizkostenV auf den preisgebundenen Wohnraum zu beseitigen.

– **Kosten der Messungen nach dem Bundes-Immissionsschutzgesetz:** Dies sind im Wesentlichen die Kosten der Überprüfung von Schornsteinen, Feuerstätten und Verbindungsstücken durch den Schornsteinfeger.

– **Kosten der Anmietung oder anderer Arten der Gebrauchsüberlassung einer Ausstattung zur Verbrauchserfassung:** Mit der Neufassung 1984 der HeizkostenV hat der Verordnungsgeber eine bislang in der Praxis häufig umstrittene Frage geklärt. Die Kosten der Anmietung oder anderer Arten der Gebrauchsüberlassung von Verbrauchserfassungsgeräten – im allgemeinen Sprachgebrauch weitgehend als leasing bezeichnet – gehören nunmehr **zweifelsfrei** zu den **Kosten des Betriebs einer zentralen Heizungs- oder Warmwasserversorgungsanlage.** Die Voraussetzungen, unter denen das Anmieten oder die anderweitige Beschaffung möglich sind, sind in § 4 Abs. 2 Satz 2 geregelt (vgl. Rdn. 83–92). Hierdurch ist den Bedürfnissen der Praxis Rechnung getragen worden. Die Fälle der Anmietung von Verbrauchserfassungsgeräten hatten seit dem Inkrafttreten der HeizkostenV am 1. März 1981 wesentlich an Bedeutung gewonnen. Da eine ausdrückliche Regelung in der bis 1984 geltenden Fassung des § 7 Abs. 2 nicht enthalten war, führte dies immer wieder zu Streitigkeiten über die Umlagefähigkeit derartiger Kosten.

Bei der Lösung solcher Streitfälle musste bis zum Inkrafttreten der Neufassung 1984 der HeizkostenV die grundsätzliche Unterscheidung zwischen Investitionskosten und Verwendungskosten beibehalten werden. Die HeizkostenV enthielt keine Regelung zur Umlegung von Investitionskosten. Hierfür war § 3 Abs. 1 Satz 1 MHG einschlägig. § 7 Abs. 2 erwähnte nur die Kosten der Verwendung einer Ausstattung zur Verbrauchserfassung. Kosten der Verwendung entstanden aber unabhängig von den eigentlichen Anschaffungskosten. Definierte man sie als Folgekosten der eigentumsmäßigen Anschaffung oder der entgeltlichen Gebrauchsüberlassung, so waren sie nicht Kosten für die Gebrauchsüberlassung selbst. Demnach waren Kosten, die durch das Anmieten von Verbrauchserfassungsgeräten entstanden, nicht als Kosten der Verwendung nach § 7 Abs. 2 umlagefähig. Verstand man sie nicht ausschließlich als Folgekosten der Anschaffung oder Gebrauchsüberlassung, sondern im Unterschied dazu als sonstige Kosten im Zusammenhang mit dem Gebrauch, so konnten auch Kosten für das Anmieten von Verbrauchserfassungsgeräten Kosten der Verwendung sein. Kosten für das Anmieten waren keine Investitionskosten nach § 3 Abs. 1 Satz 1 MHG (vgl. Rdn. 71–72). Wenn man obiger erster Definition folgte, war ihre Verteilung auf die Nutzer auch nicht als Kosten der Verwendung nach § 7 Abs. 2 möglich. Dann konnte nur ein anderer Weg eine Umlagemöglichkeit eröffnen. Denn von einem Verbot des Anmietens von Verbrauchserfassungsgeräten durch die Verordnung durfte nicht ausgegangen werden. Hierzu hatte der Verordnungsgeber nach der Ermächtigungsgrundlage des § 3 a EnEG keine Befugnis. Darüber hinaus konnte es nur im Interesse der verbrauchsabhängigen Abrechnung liegen, durch das Anmieten der jeweils dem neuesten technologischen Stand entsprechenden Geräte den technischen Fortschritt auf diesem Gebiet nicht zu hemmen.

Ein solch anderer Weg konnte die analoge Anwendung des § 7 Abs. 2 sein. Das setzte voraus, dass die HeizkostenV die Frage des Anmietens von Verbrauchserfassungsgeräten nicht regelte. Es war nicht Aufgabe der Verordnung, privatrechtliche Rechtsbeziehungen zwischen Gebäudeeigentümer und Nutzer weitergehend zu gestalten, als dies für die verbrauchsabhängige Abrechnung unbedingt erforderlich war. Deshalb konnte sich die HeizkostenV darauf beschränken, bei der Umlegung der Kosten für die eigentumsmäßige Anschaffung von Geräten als Normalfall sich auf das Gesetz zur Regelung der Miethöhe zu beziehen und die Verteilung der sich an die Investition anschließenden Kosten der Verwendung selbst zu regeln.

Die Praxis zeigte jedoch, dass sich Lebenssachverhalte entwickeln, die vom Normalfall abweichen. Obgleich für die HeizkostenV bezüglich des Anmietens von Verbrauchserfassungsgeräten ursprünglich kein Regelungsbedarf bestand, griff dies immer mehr um sich und war im Hinblick auf die Möglichkeit der dauernden Verwendung von technisch stets weit entwickelten Geräten auch gar nicht unerwünscht.

Sah man die Kosten dieses Anmietens nicht als direkte Kosten der Verwendung an, war ein Sachverhalt gegeben, in dem die durch die verbrauchsabhängige Abrechnung verursachten Kosten nicht dem in der Verordnung enthaltenen Interessenausgleich zwischen Gebäudeeigentümer und Nutzer entsprechend verteilt werden konnten.

Der so bestehende Regelungsbedarf war sinnvollerweise durch die analoge Anwendung des § 7 Abs. 2 zu lösen. In dem Fall blieb es dem Gebäudeeigentümer erspart, Investitionskosten selbst aufzubringen oder zu finanzieren. Dieser Vorteil durfte jedoch nicht zu einer Beeinträchtigung der Interessen des Nutzers führen. Auf keinen Fall durfte es zu einer wesentlichen zusätzlichen Belastung über den durch das MHG gezogenen Rahmen für den Kauf von Verbrauchserfassungsgeräten hinaus kommen. Aufgrund einer sorgfältigen Kalkulation mussten die auf den Nutzer bei Kauf und Wartung der Geräte umlegbaren Kosten mit denjenigen verglichen werden, die durch das Anmieten auf ihn verteilt werden sollten. Eine längerfristige Betrachtung durfte nicht außer acht lassen, dass die Umlegung von Kosten nach § 7 Abs. 2 nicht zu einer endgültigen Erhöhung des Mietzinses führte, wie dies nach § 3 Abs. 1 Satz 1 MHG möglich war. Ein kumulativer Effekt war bei einer analogen Anwendung der HeizkostenV ausgeschlossen.

Hielt man eine direkte oder analoge Anwendung des § 7 Abs. 2 nicht für zulässig, blieb letztlich nur der Weg einer zivilrechtlichen Vereinbarung zwischen den Beteiligten, die Kosten für das Anmieten anteilmäßig auf die Nutzer umzulegen und gemeinsam mit den Heizkosten abzurechnen. Für den Anwendungsbereich der HeizkostenV bestanden insofern keine Bedenken. Anders war dies im preisgebundenen Wohnraum. Der mit § 7 Abs. 2 alte Fassung inhaltlich übereinstimmende § 22 Abs. 1 NMV 1970 alte Fassung stellte in seinem Anwendungsbereich eine Preisvorschrift dar und war damit unabdingbar und nicht durch eine zivilrechtliche Vereinbarung zu umgehen.

Seit der Neufassung 1984 der HeizkostenV und der Ausdehnung ihres Anwendungsbereichs auf Mietverhältnisse über **preisgebundenen Wohnraum** ist die Frage der Umlagefähigkeit der Kosten der Anmietung oder anderer Arten der Gebrauchsüberlassung einer Ausstattung zur Verbrauchserfassung auch für diesen Bereich positiv geregelt. Nach § 22 Abs. 2 Satz 2

NMV 1970 in seiner neuen Fassung gelten § 7 Abs. 2 und 4 sowie § 8 Abs. 2 und 4 der HeizkostenV entsprechend. Damit sind auch die Kosten der Anmietung oder anderer Arten der Gebrauchsüberlassung von Verbrauchserfassungsgeräten für den preisgebundenen Wohnraum Kosten des Betriebs der zentralen Heizungs- und Warmwasserversorgungsanlage. Anlage 3 zu § 27 Abs. 1 II. BV wurde unter Nr. 4 a), die die Kosten des Betriebs der zentralen Heizungsanlage definiert, ebenfalls in diesem Sinne geändert. Die Regelung findet sich entsprechend auch in § 2 Nr. 4 a) der Betriebskostenverordnung wieder, die Anlage 3 zu § 27 Abs. 1 II. BV ersetzt.

Wenn auch die Kosten der Anmietung oder anderer Arten der Gebrauchsüberlassung einer Ausstattung zur Verbrauchserfassung nunmehr zweifelsfrei zu den Kosten des Betriebs einer zentralen Heizungs- oder Warmwasserversorgungsanlage zählen, so dürfen sie dennoch nicht beliebig oder gar unverhältnismäßig hoch sein. Das *LG Berlin* (WM 2004, 340) sah es als einen Verstoß gegen den Grundsatz der Wirtschaftlichkeit an, wenn solche Kosten (hier für Heizkostenverteiler mit Funksystem) »wesentlich überhöht« waren, und kürzte sie auf ein wirtschaftlich angemessenes Maß. Im konkreten Fall waren mehr als die Hälfte der Gesamtkosten auf die Geräte entfallen, weshalb sie das Gericht entsprechend reduzierte (vgl. auch Anmerkung von *Wall* zur Entscheidung des *LG Berlin* in WM 2004, 341 sowie *LG Potsdam* WM 2006, 110 und schon früher *AG Bersenbrück* WM 1999, 467 zu ähnlichem Sachverhalt).

– **Kosten der Verwendung einer Ausstattung zur Verbrauchserfassung einschließlich der Kosten der Eichung sowie der Kosten der Berechnung, Aufteilung und Verbrauchsanalyse:**
 Im Rahmen dieses Postens sind die **gesamten Kosten der Messdienstfirmen** umlagefähig. Hierunter fallen hauptsächlich die Kosten für das Ablesen der Verbrauchserfassungsgeräte, für den notwendigen Austausch von bestimmten Teilen wie den Verdunströhrchen bei Heizkostenverteilern nach dem Verdunstungsprinzip oder den Batterien für Wärmemengenzähler (*AG Steinfurt* WM 1999, 721) und für das Erstellen der Heizkostenabrechnung durch die Firmen. Entgegen früheren Zweifeln sind nun auch die Kosten der Berechnung und Aufteilung und damit die Kosten für das Erstellen der Heizkostenabrechnung Kosten der Verwendung einer Ausstattung zur Verbrauchserfassung. Im Unterschied zum Ablesen und Austauschen der Röhrchen wurde das Erstellen der Abrechnung vor der Neufassung 1984 der HeizkostenV vielfach als Verwaltungstätigkeit und damit nicht als unmittelbare Verwendung der Ausstattung angesehen. Die Einbeziehung der hierdurch entstehenden Kosten in die Heizkostenabrechnung wurde deshalb oft abgelehnt. Eine derartige Betrachtung übersah jedoch, dass die Verbrauchserfassungsgeräte ihrem Zweck nicht gerecht würden,

wenn nicht auf Grund des Ablesens die Abrechnung angefertigt würde. Dies stand damit auch nach der alten Fassung des § 7 Abs. 2 im sachlich logischen Zusammenhang mit dem Ablesen, so dass nach dem Sinn und Zweck der Regelung die Kosten für das Erstellen der Abrechnung zu den Kosten der Verwendung der Verbrauchserfassungsgeräte gehörten.

Mit der **Änderung der Verordnung 2009** sind auch die Kosten für die **Eichung** der eichpflichtigen Ausstattungen zur Verbrauchserfassung Kosten des Betriebs der zentralen Heizungsanlage. Dies war vorher immer mal wieder in Frage gestellt worden. Weiterhin hat der Verordnungsgeber die Kosten für die Erstellung einer **Verbrauchsanalyse** in den Kostenkatalog des Absatzes 2 aufgenommen. Auch sie sind damit umlagefähig.

Mit dem neuen **Satz 2** des Absatzes 2 werden zum ersten Mal Regelungen über eine zu erstellende **Verbrauchsanalyse** getroffen. Sie sollte insbesondere die Entwicklung der Kosten für die Heizwärme- und Warmwasserversorgung der vergangenen drei Jahre wiedergeben. Denn bisher erhält der Nutzer erst nach Abschluss des Abrechnungszeitraumes mit seiner Heizkostenabrechnung eine Rückmeldung über seinen Energieverbrauch und die dadurch entstehenden Kosten. Dann aber wird er sich nicht mehr genau genug an sein Verbrauchsverhalten in der Vergangenheit erinnern, um entsprechende Rückschlüsse für die Zukunft zu ziehen. Dies kann ihm dadurch erleichtert werden, dass ihm sein individueller Energieverbrauch für den aktuellen Abrechnungszeitraum dargelegt und mit vorangegangenen Abrechnungszeiträumen verglichen wird. Eine solche Verbrauchsanalyse soll zu energiesparenden Verhaltensänderungen motivieren. Die dadurch entstehenden Kosten fallen somit zu Recht unter die umlagefähigen Kosten des Betriebs der zentralen Heizungsanlage.

Im **preisgebundenen Wohnraum** stellte die Abrechnung gegenüber den Mietern Verwaltung im Sinne des § 26 Abs. 1 der II. BV in ihrer alten Fassung dar, deren Kosten durch die Pauschale des § 26 Abs. 2 der II. BV abgegolten waren. Da nach der Neufassung 1984 der HeizkostenV und der NMV 1970 der § 7 Abs. 2 der HeizkostenV auch für den Bereich des preisgebundenen Wohnraums gilt, gehören auch hier die Kosten der Berechnung und Aufteilung und damit die Kosten für die Erstellung der Heizkostenabrechnung zu den Kosten der Verwendung einer Ausstattung zur Verbrauchserfassung. Anlage 3 zu § 27 Abs. 1 II. BV in ihrer neuen Fassung ist unter Nr. 4 a) entsprechend geändert worden. Die Regelung findet sich ebenfalls in § 2 Nr. 4 a) der Betriebskostenverordnung wieder.

Zu Streit vor den Gerichten (vgl. u. a. *AG Bremerhaven* WM 1987, 33; *AG Überlingen* NJW 1995, 268; *AG Koblenz* DWW 1996, 252) führte wiederholt die Frage der Umlagefähigkeit von **Kosten für die Eichung eichpflichtiger Geräte** wie Wärme- oder Wasserzähler oder sogenannter Eichservice-

oder Systemwartungsverträge, bei denen die Geräte bei Eichfälligkeit durch neue, geeichte ersetzt werden. Die Rechtsprechung hat die Umlagefähigkeit solcher Kosten als Kosten der Verwendung der Ausstattung zur Verbrauchserfassung bejaht. Begründet wird dies mit dem Ziel der HeizkostenV, die Nutzer durch eine möglichst genaue Verbrauchserfassung zu energiesparendem Verhalten zu veranlassen.

Im Falle der Zwischenablesung bei Nutzerwechsel nach § 9 b entstehen zusätzliche Kosten der Verwendung einer Ausstattung zur Verbrauchserfassung. Die **Zwischenablesungskosten** werden nicht durch alle Nutzer gemeinsam verursacht. Es erscheint daher nicht gerechtfertigt, sie insgesamt zu den Kosten des Betriebs der zentralen Heizungsanlage zu rechnen und alle Nutzer hiermit zu belasten. Jedoch wird auch diese Auffassung mit dem Hinweis darauf vertreten, es handele sich um normale Kosten der Verwendung einer Ausstattung, die nach den Verteilungsmaßstäben der HeizkostenV auf alle Nutzer umzulegen seien. Der Verordnungsgeber habe in Kenntnis der Sachlage keine andere Kostenregelung getroffen (vgl. u.a. WM 1992, 291; *AG Oberhausen* DWW 1994, 24). Demgegenüber muss es aus Gründen der Gerechtigkeit im Einzelfall darauf ankommen, jeweils nach der individuellen Ursache für die Zwischenablesung zu differenzieren. Kündigt z.B. der Nutzer oder wird ihm vom Gebäudeeigentümer wegen Verletzung seiner vertraglichen Verpflichtungen gekündigt, so sollte er auch mit den zusätzlichen Kosten der Zwischenablesung belastet werden. Kündigt hingegen der Gebäudeeigentümer z.B. wegen Eigenbedarfs, so sollte er die Kosten tragen. Auch eine Abwälzung der Kosten ausschließlich auf die Nutzer mit der Möglichkeit ihrer Aufteilung auf Aus- und Einziehende wird gelegentlich mit dem Argument erwogen, beide würden die Heizungsanlage benutzen. Die Kosten seien Verwendungskosten und sollten entsprechend der jeweiligen Nutzungsdauer im Abrechnungszeitraum geteilt werden. Die Rechtsprechung wiederum, die sich mit dieser Problematik befassen musste, entschied mit unterschiedlicher Begründung im Wesentlichen zu Lasten des Gebäudeeigentümers. Dabei wurde darauf abgestellt, dass die Zwischenablesung in seinem Verantwortungsbereich läge (vgl. mit zahlreichen Hinweisen zu weiterführender Literatur und Rechtsprechung: WM 1991, 521; 1992, 291). Da bei Schaffung des § 9 b diese Frage nicht geregelt wurde, ist es ratsam, die Kostentragung für die Zwischenablesung rechtsgeschäftlich zu vereinbaren.

205 Die **Aufzählung** dieser Kosten in Abs. 2, die als Kosten des Betriebs der zentralen Heizungsanlage einschließlich der Abgasanlage umlagefähig sind, ist **abschließend**. Das hat zur Folge, dass andere Kosten, auch wenn sie tatsächlich entstanden sind, nicht im Rahmen der Heizkostenabrechnung auf die

Nutzer umgelegt werden dürfen. Sie sind möglicherweise als sonstige Nebenkosten auf die Nutzer zu verteilen, dies jedoch auch nur dann, wenn ihre Umlegung rechtsgeschäftlich, z.B. im Mietvertrag vereinbart wurde. Um diesbezüglich Auslegungsschwierigkeiten aus dem Wege zu gehen, wird es vielfach angebracht sein, rechtsgeschäftliche Bestimmungen an die HeizkostenV anzugleichen. Wenn bestehende Mietverträge unter dem Punkt »Heizkostenabrechnung« bestimmte Kosten als umlagefähig bezeichnen, die in § 7 Abs. 2 der HeizkostenV nicht aufgeführt sind und auch nicht im Wege einer extensiven Auslegung hierunter subsumiert werden können, so ist es ratsam, den Vertrag dahin neu zu gestalten, dass solche Kosten nunmehr als sonstige Nebenkosten umlagefähig bleiben. Als wichtiges Beispiel hierfür können die Kosten für die Versicherung von Heizöltanks angeführt werden. Gerade Versicherungskosten sind in der HeizkostenV nicht als umlagefähig aufgeführt, obgleich sie in der Praxis häufig in die Heizkostenabrechnung mit einbezogen werden. Auch vielfältige andere Kosten führen immer wieder zu Streit vor den Gerichten. Sie gehen bis zu Wartungskosten für Feuerlöschgeräte (vgl. *AG Stuttgart* WM 1997, 231 m.w.N.) oder Spülung der Fußbodenheizung (*AG Köln* WM 1999, 235), die zwar durchaus in einem Zusammenhang mit der Beheizung eines Gebäudes gesehen werden können, aber mit Heizkosten im Sinne der Verordnung nichts zu tun haben.

Weiterhin empfiehlt es sich, rechtsgeschäftlich zu vereinbaren, wie **Kosten** **206** verteilt werden sollen, **die nicht jährlich, sondern in größeren Abständen entstehen.** Wichtige Anwendungsfälle hierfür sind u.a. die Kosten der Tankreinigung sowie Eichkosten bei der Verwendung von Wärmezählern und Warmwasserzählern. Bei ihnen ist es streitig, ob sie bei der Heizkostenabrechnung in dem Jahr voll berücksichtigt werden müssen, in dem sie dem Gebäudeeigentümer in Rechnung gestellt wurden, oder ob sie über mehrere Jahre verteilt werden dürfen. Werden sie über einen längeren Zeitraum aufgeteilt, wird vermieden, dass nur die Nutzer mit dem Gesamtbetrag belastet werden, auf die im Jahr der Abrechnung die Kosten verteilt werden. Dahingegen legen jedoch § 556 Abs. 3 S. 1 BGB, § 4 Abs. 1 MHG und § 20 Abs. 3 Satz 2 NMV 1970 fest, dass über Betriebskosten jährlich abzurechnen ist. Wenn in der Praxis nicht dadurch eine Lösung dieses Problems gefunden wird, dass Wartungsverträge abgeschlossen werden, bei denen derartige Kosten als laufende Position jährlich in Rechnung gestellt werden, ist es ratsam, die Frage der Verteilung von Kosten des Betriebs der Heizungsanlage über mehrere Jahre rechtsgeschäftlich zu regeln.

Die **HeizkostenV** enthält **keine Regelungen über den Beginn und das En-** **207** **de des Abrechnungszeitraums.** Ihre Festlegung fällt in den Bereich der privatrechtlichen Rechtsbeziehungen zwischen Gebäudeeigentümer und Nutzer.

Sie hat allerdings wesentliche Bedeutung. Denn abgerechnet werden dürfen nur solche Kosten, die in dem zur Abrechnung anstehenden Zeitraum auch tatsächlich angefallen sind, frühere oder spätere dagegen nicht. Werden die Kosten z. b. nach dem Kalenderjahr berechnet und umgelegt, genügt die Ablesung der Ausstattungen zur Verbrauchserfassung im bereits weit begonnenen Folgejahr (etwa im Februar) nicht den Anforderungen (vgl. *AG Nordhorn* WM 2003, 326 und *AG Güstrow* WM 1999, 551).

Absätze 3 und 4

208 Abs. 3 bestimmt, dass für die Verteilung der **Kosten der Wärmelieferung** die Regelung des Abs. 1 entsprechend gilt. Abs. 3 knüpft damit inhaltlich an § 1 Abs. 1 Nr. 2 an, der den Anwendungsbereich der HeizkostenV auch auf die Verteilung der Kosten der eigenständig gewerblichen Lieferung von Wärme und Warmwasser erstreckt. Zur Ermittlung des verbrauchsabhängigen Entgeltes hat das Wärmeversorgungsunternehmen geeignete Geräte zu verwenden, mit denen die gelieferte Wärmemenge durch Messung festgestellt werden kann. Anstelle der Wärmemessung ist als Ersatzverfahren auch die Messung der Wassermenge ausreichend, wenn die Einrichtungen zur Messung der Wassermenge vor dem 30. September 1989 installiert worden sind (§ 18 Abs. 1 Satz 3 AVB FernwärmeV – vgl. auch § 12 Abs. 5). Die Umlegung der Kosten für den anteiligen Verbrauch auf mehrere Nutzer kann dann nach dem herkömmlichen Verfahren erfolgen.

209 Abs. 4 zählt die im Rahmen der HeizkostenV zu berücksichtigenden Kosten der Wärmelieferung auf. Hierzu gehören das Entgelt für die Wärmelieferung. Dies sind im Wesentlichen der Grund-, der Arbeits- und der Verrechnungspreis. Sie waren in der bisher geltenden Fassung des Abs. 4 auch ausdrücklich aufgeführt. Bei ihnen handelt es sich um Begriffe aus dem Preisrecht der Energiewirtschaft. Der **Grundpreis** ist unabhängig vom Energieverbrauch. Er wird für die Festkosten gebildet. Bei Wärmelieferung wird dem Grundpreis ein pauschaler Wärmebedarf für die versorgten Räume zugrunde gelegt, der auf Zahl, Größe und Art der Nutzung der Räume sowie auf Erfahrungswerten beruht. Er umfasst gewöhnlich den Bereitstellungs- und den Verrechnungspreis. Der **Bereitstellungspreis** deckt die Kosten für die Bereitstellung der Energie (Anlagen und Personal für die Erzeugung und Verteilung), der **Verrechnungspreis** die Kosten der technisch notwendigen Messeinrichtungen, der Ablesung, der Verrechnung und des Einzugs der Entgelte für die Energielieferung. Der Verrechnungspreis wird oft selbstständig neben dem Grundpreis aufgeführt, der dann nur die Bereitstellungskosten enthält.

Im **Arbeitspreis** sind die Kosten der Erzeugung der benötigten Energie, d. h. **210** der Brennstoffe, und andere veränderte Kosten enthalten. Er wird nach den tatsächlich angefallenen Preisen berechnet.

Die Angabe dieser Preisfaktoren hat jedoch in der Praxis zu Unklarheiten ge- **211** führt. Es hat sich gezeigt, dass bei der Ermittlung des Entgelts für die Wärmelieferung auch andere Maßstäbe relevant sein können. Daher ist bei der Neufassung der HeizkostenV darauf verzichtet worden, sie weiterhin zu nennen. Es soll somit die falsche Schlussfolgerung vermieden werden, es handele sich ähnlich wie bei den Kosten des Betriebs der zentralen Heizungsanlage in Abs. 2 um eine abschließende Aufzählung, so dass andere Maßstäbe als der Grund-, Arbeits- und Verrechnungspreis nicht zu den Kosten des Entgelts für die Wärmelieferung gehören würden.

Weiterhin fallen auch die Kosten des Betriebs der zugehörigen Hausanlagen **212** entsprechend Abs. 2 unter die Kosten der Wärmelieferung. Hieran hat sich durch die Neufassung nichts geändert.

Auch im Zusammenhang mit § 7 Abs. 4 sind die Entscheidungen des *BGH* **213** (NJW 2005, 1776; WM 2005, 456; WM 2006, 256 und WM 2006, 686) zum sogenannten »**Wärmecontracting**« von Bedeutung. Dabei handelt es sich um die Übertragung des Betriebs einer vorhandenen Heizungsanlage auf einen Dritten. Strittig war die Frage, ob der Vermieter von Wohnraum während eines laufenden Mietverhältnisses zum Wärmecontracting nur mit oder auch ohne Zustimmung des Mieters übergehen konnte, wenn eine ausdrückliche Regelung hierfür im Mietvertrag fehlte und dem Mieter dadurch zusätzliche Kosten auferlegt werden sollten. Der BGH entschied, dass in einem solchen Fall der Mieter zustimmen müsste (vgl. eingehend hierzu die Ausführungen zu § 1 Abs. 1 Nr. 2 oben Rdn. 24–32).

§ 8   Verteilung der Kosten der Versorgung mit Warmwasser

(1) Von den Kosten des Betriebs der zentralen Warmwasserversorgungsanlage sind mindestens 50 vom Hundert, höchstens 70 vom Hundert nach dem erfassten Warmwasserverbrauch, die übrigen Kosten nach der Wohnoder Nutzfläche zu verteilen.

(2) Zu den Kosten des Betriebs der zentralen Warmwasserversorgungsanlage gehören die Kosten der Wasserversorgung, soweit sie nicht gesondert abgerechnet werden, und die Kosten der Wassererwärmung entsprechend § 7 Abs. 2. Zu den Kosten der Wasserversorgung gehören die Kosten des Wasserverbrauchs, die Grundgebühren und die Zählermiete, die Kosten der Verwendung von Zwischenzählern, die Kosten des Betriebs einer

hauseigenen Wasserversorgungsanlage und einer Wasseraufbereitungsanlage einschließlich der Aufbereitungsstoffe.

(3) Für die Verteilung der Kosten der Warmwasserlieferung gilt Absatz 1 entsprechend.

(4) Zu den Kosten der Warmwasserlieferung gehören das Entgelt für die Lieferung des Warmwassers und die Kosten des Betriebs der zugehörigen Hausanlagen entsprechend § 7 Abs. 2.

Absatz 1

214 Entsprechend § 7 regelt § 8 die Verteilung der Kosten der Versorgung mit Warmwasser. Nach Abs. 1 sind von den Kosten des Betriebs der zentralen Warmwasserversorgungsanlage **mindestens 50 %, höchstens 70 % nach dem erfassten Warmwasserverbrauch** umzulegen. Die **übrigen Kosten** sind **nach der Wohn- oder Nutzfläche** zu verteilen. Damit ist für die Umlegung der Warmwasserkosten ebenfalls eine Bandbreite zwischen 50 % und 70 % für den verbrauchsabhängig abzurechnenden Teil vorgegeben. Da auch bei der Versorgung mit Warmwasser nicht verbrauchsabhängige Kosten anfallen, sind hier die jeweils übrigen Kosten nach der Wohn- oder Nutzfläche zu verteilen. Dabei ist zuzugestehen, dass die Umlegung dieser Kosten nach der Wohn- oder Nutzfläche bei der Warmwasserabrechnung nicht völlig unbedenklich ist. Denn der Warmwasserverbrauch ist nicht so sehr wie der Verbrauch von Heizenergie von der Größe der Wohn- oder Nutzfläche abhängig. Eine einzelne Person z. B., die eine große Wohnung benutzt, kann einen geringen Verbrauch an warmem Wasser haben. Dahingegen kann eine mehrköpfige Familie, die eine 2-Zimmer-Wohnung bewohnt, einen wesentlich größeren Bedarf an Warmwasser aufweisen. Infolgedessen hätte man auch daran denken können, die Fixkosten für die Warmwasserversorgung z. B. nach der Anzahl der in einer Wohnung lebenden Personen aufzuteilen. Jedoch ist eine solche Lösung schlecht praktikabel, da die Personenzahl in einer Wohnung schnell verändert werden kann. So verlassen u. a. Kinder die Wohnung der Eltern, um einen eigenen Hausstand zu gründen. Oder es werden Großeltern oder Eltern in die Wohnung von Kindern aufgenommen, um sie im Alter besser zu unterstützen. Da derartige Veränderungen sehr schnell eintreten und die Situationen vor allem häufig wechseln können, ist es nicht immer einfach, die in einer Wohnung lebende Personenzahl für einen Abrechnungszeitraum genau zu bestimmen. Infolgedessen ist auch die Aufteilung der Fixkosten nach der Personenzahl bei der Versorgung mit Warmwasser nicht frei von Bedenken.

Eine weitere Möglichkeit wäre die Umlegung entsprechend der in einer Woh- **215** nung vorhandenen Warmwasserzapfstellen. Man könnte davon ausgehen, je mehr Zapfstellen vorhanden sind, desto mehr Warmwasser wird in einer Wohnung verbraucht. Aber auch insoweit lassen sich Bedenken nicht ausräumen. Denn die in einer großen Wohnung mit vielen Zapfstellen wohnende Einzelperson wird sicherlich einen geringeren Warmwasserverbrauch haben als die vielköpfige Familie in einer kleinen 2-Zimmer-Wohnung mit einer einzigen Zapfstelle.

Wenn die Verordnung demgegenüber vorschreibt, dass die übrigen Kosten **216** nach der Wohn- oder Nutzfläche zu verteilen sind, so mag dieser Maßstab genauso gerecht oder ungerecht wie die anderen dargestellten sein. Er ist jedoch auf alle Fälle objektivierbar und kann damit zweckmäßigerweise für eine Berechnung herangezogen werden.

Die verbrauchsabhängige Verteilung der Kosten der Versorgung mit Warm- **217** wasser könnte u. U. zu einer Abwendung von der zentralen Warmwasserversorgung führen. Die dezentrale Warmwassererzeugung mit Strom oder Gas weckt sowohl unter Berücksichtigung der Kosten als auch unter energiepolitischen Aspekten immer mehr das Interesse der Nutzer. Sie kann den Energieverbrauch für die Wassererwärmung um mehr als ein Drittel senken. Der hierbei gegen die Verwendung von Strom vorgebrachte Einwand, dieser habe einen relativ geringen Wirkungsgrad, wird dadurch entkräftet, dass der Wirkungsgrad von Strom wesentlich über dem der sommerlichen zentralen Warmwassererzeugung liegt. Darüber hinaus wird Strom vorwiegend aus heimischer, zum großen Teil minderwertiger oder ausschließlich für diesen Zweck verwendbarer Primärenergie erzeugt.

Absatz 2

In Abs. 2 erfolgt entsprechend § 7 Abs. 2 eine Aufzählung der Kosten, die die **218** **Kosten des Betriebs der zentralen Warmwasserversorgungsanlage** ausmachen. Dies sind in erster Linie die Kosten der Wasserversorgung selbst. Hierzu gehören die Kosten des Wasserverbrauchs, die Grundgebühren und die Zählermiete, die Kosten der Verwendung von Zwischenzählern, einschließlich ihres periodischen Austausches (*AG Bernkastel-Kues* WM 2000, 437), die Kosten des Betriebs einer hauseigenen Wasserversorgungsanlage und einer Wasseraufbereitungsanlage einschließlich der Aufbereitungsstoffe. Sie fallen jedoch nur dann unter die Kosten des Betriebs der zentralen Warmwasserversorgungsanlage, wenn sie nicht gesondert abgerechnet werden. Das kann gegebenenfalls im Rahmen der Abrechnung sonstiger Nebenkosten nach Maßgabe z. B. des Mietvertrages erfolgen. In jedem Falle zählen zu den Kosten der

Warmwasserversorgung die Kosten der Wassererwärmung entsprechend § 7 Abs. 2, so dass auch hier wiederum die Kosten der verbrauchten Brennstoffe und ihrer Lieferung so wie alle anderen dort erwähnten Kosten Berücksichtigung finden.

Absätze 3 und 4

219 Schließlich bestimmt Abs. 3, dass auch bei der **Lieferung von Warmwasser** die Kosten hierfür verbrauchsabhängig zu verteilen sind. Nach Abs. 4 gehören zu den **Kosten der Warmwasserlieferung** das Entgelt für die Lieferung des Warmwassers. Dies ist wiederum im Wesentlichen der Grund-, Arbeits- und Verrechnungspreis. Da jedoch auch für die Ermittlung des Entgelts für die Warmwasserlieferung andere Maßstäbe relevant sein können, ist in Abs. 4 ebenso wie in § 7 Abs. 4 auf die ausdrückliche Nennung des Grund-, Arbeits- und Verrechnungspreises verzichtet worden (vgl. oben Rdn. 209–212). Weiterhin gehören zu den Kosten der Warmwasserlieferung die Kosten des Betriebs der zugehörigen Hausanlagen entsprechend § 7 Abs. 2.

§ 9 Verteilung der Kosten der Versorgung mit Wärme und Warmwasser bei verbundenen Anlagen

(1) Ist die zentrale Anlage zur Versorgung mit Wärme mit der zentralen Warmwasserversorgungsanlage verbunden, so sind die einheitlich entstandenen Kosten des Betriebs aufzuteilen. Die Anteile an den einheitlich entstandenen Kosten sind bei Anlagen mit Heizkesseln nach den Anteilen am Brennstoffverbrauch oder am Energieverbrauch, bei eigenständiger gewerblicher Wärmelieferung nach den Anteilen am Wärmeverbrauch zu bestimmen. Kosten, die nicht einheitlich entstanden sind, sind dem Anteil an den einheitlich entstandenen Kosten hinzuzurechnen. Der Anteil der zentralen Anlage zur Versorgung mit Wärme ergibt sich aus dem gesamten Verbrauch nach Abzug des Verbrauchs der zentralen Warmwasserversorgungsanlage. Bei Anlagen, die weder durch Heizkessel noch durch eigenständige gewerbliche Wärmelieferung mit Wärme versorgt werden, können anerkannte Regeln der Technik zur Aufteilung der Kosten verwendet werden. Der Anteil der zentralen Warmwasserversorgungsanlage am Wärmeverbrauch ist nach Absatz 2, der Anteil am Brennstoffverbrauch nach Absatz 3 zu ermitteln.
(2) Die auf die zentrale Warmwasserversorgungsanlage entfallende Wärmemenge (Q) ist ab dem 31. Dezember 2013 mit einem Wärmezähler zu messen. Kann die Wärmemenge nur mit einem unzumutbar hohen Aufwand gemessen werden, kann sie nach der Gleichung

$$Q = 2{,}5 \, \frac{kWh}{m^3 \cdot K} \cdot V \cdot (t_w - 10\,°C)$$

bestimmt werden. Dabei sind zu Grunde zu legen
1. das gemessene Volumen des verbrauchten Warmwassers (V) in Kubikmetern (m^3);
2. die gemessene oder geschätzte mittlere Temperatur des Warmwassers (t_w) in Grad Celsius (°C).

Wenn in Ausnahmefällen weder die Wärmemenge noch das Volumen des verbrauchten Warmwassers gemessen werden können, kann die auf die zentrale Warmwasserversorgungsanlage entfallende Wärmemenge nach folgender Gleichung bestimmt werden

$$Q = 32 \, \frac{kWh}{m^2_{A\,Wohn}} \cdot A_{Wohn}$$

Dabei ist die durch die zentrale Anlage mit Warmwasser versorgte Wohn- oder Nutzfläche (A_{Wohn}) zu Grunde zu legen. Die nach den Gleichungen in Satz 2 oder 4 bestimmte Wärmemenge (Q) ist
1. bei brennwertbezogener Abrechnung von Erdgas mit 1,11 zu multiplizieren und
2. bei eigenständiger gewerblicher Wärmelieferung durch 1,15 zu dividieren.

(3) Bei Anlagen mit Heizkesseln ist der Brennstoffverbrauch der zentralen Warmwasserversorgungsanlage (B) in Litern, Kubikmetern, Kilogramm oder Schüttraummetern nach der Gleichung

$$B = \frac{Q}{Hi}$$

zu bestimmen. Dabei sind zu Grunde zu legen
1. die auf die zentrale Warmwasserversorgungsanlage entfallende Wärmemenge (Q) nach Absatz 2 in kWh;
2. der Heizwert des verbrauchten Brennstoffes (Hi) in Kilowattstunden (kWh) je Liter (l), Kubikmeter (m^3), Kilogramm (kg) oder Schüttraummeter (SRm). Als Hi-Werte können verwendet werden für

Leichtes Heizöl EL	10	kWh/l
Schweres Heizöl	10,9	kWh/l
Erdgas H	10	kWh/m^3
Erdgas L	9	kWh/m^3
Flüssiggas	13	kWh/kg
Koks	8	kWh/kg
Braunkohle	5,5	kWh/kg
Steinkohle	8	kWh/kg

Holz (lufttrocken)   4,1 kWh/kg
Holzpellets   5 kWh/kg
Holzhackschnitzel   650 kWh/SRm

Enthalten die Abrechnungsunterlagen des Energieversorgungsunternehmens oder Brennstofflieferanten Hi-Werte, sind diese zu verwenden. Soweit die Abrechnung über kWh-Werte erfolgt, ist eine Umrechnung in Brennstoffverbrauch nicht erforderlich.

(4) Der Anteil an den Kosten der Versorgung mit Wärme ist nach § 7 Abs. 1, der Anteil an den Kosten der Versorgung mit Warmwasser nach § 8 Abs. 1 zu verteilen, soweit diese Verordnung nichts anderes bestimmt oder zulässt.

Bis 31.12.2008 geltende Fassung:

[(2) Der Brennstoffverbrauch der zentralen Warmwasserversorgungsanlage (B) ist in Litern, Kubikmetern oder Kilogramm nach der Formel

$$B = \frac{2,5 \cdot V \cdot (t_w - 10)}{H_u}$$

zu errechnen. Dabei sind zugrunde zu legen
1. das gemessene Volumen des verbrauchten Warmwassers (V) in Kubikmetern;
2. die gemessene oder geschätzte mittlere Temperatur des Warmwassers (t_w) in Grad Celsius;
3. der Heizwert des verbrauchten Brennstoffes (H_u) in Kilowattstunden (kWh) je Liter (l), Kubikmeter (m^3) oder Kilogramm (kg). Als H_u-Werte können verwendet werden für

Heizöl   10   kWh/l
Stadtgas   4,5 kWh/m^3
Erdgas L   9   kWh/m^3
Erdgas H   10,5 kWh/m^3
Brechkoks   8   kWh/kg

Enthalten die Abrechnungsunterlagen des Energieversorgungsunternehmens H_u-Werte, so sind diese zu verwenden.

Der Brennstoffverbrauch der zentralen Warmwasserversorgungsanlage kann auch nach den anerkannten Regeln der Technik errechnet werden. Kann das Volumen des verbrauchten Warmwassers nicht gemessen werden, ist als Brennstoffverbrauch der zentralen Warmwasserversorgungsanlage ein Anteil von 18 vom Hundert der insgesamt verbrauchten Brennstoffe zugrunde zu legen.

(3) Die auf die zentrale Warmwasserversorgungsanlage entfallende Wärmemenge (Q) ist mit einem Wärmezähler zu messen. Sie kann auch in Kilowattstunden nach der Formel

$$Q = 2,0 \cdot V \cdot (t_w - 10)$$

errechnet werden. Dabei sind zugrunde zu legen

1. das gemessene Volumen des verbrauchten Warmwassers (V) in Kubikmetern;
2. die gemessene oder geschätzte mittlere Temperatur des Warmwassers (t_w) in Grad Celsius.
Die auf die zentrale Warmwasserversorgungsanlage entfallende Wärmemenge kann auch nach den anerkannten Regeln der Technik errechnet werden. Kann sie weder nach Satz 1 gemessen noch nach den Sätzen 2 bis 4 errechnet werden, ist dafür ein Anteil von 18 vom Hundert der insgesamt verbrauchten Wärmemenge zugrunde zu legen.

Einigungsvertrag Anlage I Kapitel V Sachgebiet D Abschnitt III Nr. 10 d):

Als Heizwerte der verbrauchten Brennstoffe (H_u) nach § 9 Abs. 2 Ziff. 3 können auch verwendet werden:

Braunkohlenbrikett	5,5 kWh/kg
Braunkohlenhochtemperaturkoks	8,0 kWh/kg]

Mit der Änderung der HeizkostenV 2009 sind die Regelungen über die Verteilung der Kosten der Versorgung mit Wärme und Warmwasser bei verbundenen Anlagen überarbeitet worden. In den zurückliegenden Jahren wurden die Anforderungen an den Wärmeschutz bei Gebäuden wiederholt verschärft. Dies hatte zur Folge, dass der Anteil des Energieverbrauchs für die Bereitung von Warmwasser am gesamten Energieverbrauch sich auch dann erhöhte, wenn der Wasserverbrauch gleich blieb. Dies machte daher Änderungen für die Kostentrennung bei verbundenen Anlagen erforderlich. Im Folgenden wird auf die Änderungen inhaltlicher Art eingegangen. Andere dagegen sind nur redaktionell. Die Aktualisierungen der Formeln und der Heizwerte des verbrauchten Brennstoffes sind vielfach selbsterklärend. Ihre grundsätzliche Erläuterung findet sich bereits in der bisherigen Kommentierung. Sie wird daher ebenso beibehalten wie die Texte der außer Kraft getretenen Absätze 2 und 3. Sie sind auf Abrechnungszeiträume, die vor dem 1.1.2009 begonnen haben, weiterhin anzuwenden (§ 12 Abs. 6) und behalten für mögliche gerichtliche Auseinandersetzungen auch in der Zukunft noch ihre Bedeutung.

Absatz 1

Auch für den Fall, dass die zentrale **Anlage zur Versorgung mit Wärme mit** **220** **der zentralen Warmwasserversorgungsanlage verbunden ist,** muss nach § 9 eine verbrauchsabhängige Verteilung der Kosten der Versorgung mit Wärme und Warmwasser erfolgen. Die **Kosten,** die bei einer verbundenen Anlage einheitlich entstehen, **sind nach Abs. 1 Satz 1 aufzuteilen.** Dabei sind die Anteile an den einheitlich entstandenen Kosten bei Anlagen mit Heizkesseln nach den Anteilen am Brennstoffverbrauch, bei eigenständiger gewerblicher Wärmelieferung nach den Anteilen am Wärmeverbrauch zu bestimmen (**Satz 2**). Diese Änderungen sind redaktioneller Art. Sie dienen der Klarstellung des Anwendungsbereichs des ebenfalls geänderten Abs. 2. Vor der Änderung 2009 waren die Anteile an den einheitlich entstandenen Kosten entsprechend den Anteilen am Energieverbrauch (Brennstoff- oder Wärmeverbrauch) zu bestimmen (Satz 2 – alt –). Dies hat zur Voraussetzung, dass die Anteile am Energieverbrauch für Wärme und für Warmwasser getrennt ermittelt werden. Andere Kosten, die nicht einheitlich entstanden sind, sind dem Anteil an den einheitlich entstandenen Kosten hinzuzurechnen (Satz 3).

221 Vor der Verpflichtung zur Kostenaufteilung bei verbundenen Anlagen gemäß Abs. 1 Satz 1 gibt es eine **Ausnahme für den Bereich des preis gebundenen Wohnraums.** Für diesen bestimmt § 22 Abs. 3 der NMV 1970, dass der bislang verwendete Umlegungsmaßstab auch für künftige Abrechnungszeiträume bei den Wohnungen gilt, die vor dem 1. Januar 1981 bezugsfertig geworden sind und bei denen bei verbundenen Anlagen die Kosten für die Versorgung mit Wärme und Warmwasser am 30. April 1984 unaufgeteilt umgelegt wurden.

222 Die Ermittlung des Anteils der zentralen Anlage zur Versorgung mit Wärme ergibt sich aus dem gemessenen gesamten Verbrauch der verbundenen Anlage nach Abzug des Verbrauchs der zentralen Warmwasserversorgungsanlage. Wenn Anlagen weder durch Heizkessel noch durch eigenständige gewerbliche Wärmelieferung mit Wärme versorgt werden, so kann die Aufteilung der Kosten auch auf der Basis von **anerkannten Regeln der Technik** erfolgen. Der Anteil der zentralen Warmwasserversorgungsanlage am Wärmeverbrauch ist nach Abs. 2, der Anteil am Brennstoffverbrauch nach Abs. 3 zu ermitteln. Die **neue Öffnungsklausel** lässt anerkannte Regeln der Technik dann Anwendung finden, wenn die Wärmeversorgung weder durch Heizkessel noch durch eigenständige gewerbliche Lieferung von Wärme erfolgt (Bundesrats-Drucksache 570/08).

223 Wie bereits oben zum Anwendungsbereich der HeizkostenV in § 1 Abs. 1 (Rdn. 17–32) erwähnt, können auch verbundene Anlagen nur eines oder mehrere Gebäude versorgen. Dem Vermieter steht es frei, mehrere Gebäude zu einer Wirtschafts- und Abrechnungseinheit zusammenzufassen, soweit im Mietvertrag nichts anderes bestimmt ist. Die Regelungen für die Verteilung der Kosten der Versorgung mit Wärme und Warmwasser bei verbundenen Anlagen gelten in diesem Fall uneingeschränkt (*BGH* NJW 2005, 3135).

Absatz 2

224 Abs. 2 hat mit der Änderung der Verordnung 2009 gegenüber der alten Fassung eine klarere Hierarchie der Messverfahren erhalten. Abs. 2 **Satz 1** legt dabei grundsätzlich fest, dass die auf die zentrale Warmwasserversorgungsanlage entfallende Wärmemenge (Q) ab dem 31.12.2013 mit einem **Wärmezähler** zu messen ist. Eine vergleichbare Regelung fand sich schon vorher in Abs. 3 Satz 1 alter Fassung, nur ohne Datum und alternativ mit einem Ersatzverfahren. In Zeiten steigender Energiepreise soll durch die Verwendung von Wärmezählern eine möglichst genaue Erfassung der Wärmemenge für die Warmwasserbereitung sichergestellt werden. Die Messung der Wärmemenge durch Wärmezähler ist das einfachste und sicherste Verfahren. Die festgelegte fünfjährige Übergangsfrist stimmt mit der im neuen § 12 Abs. 2 überein. Sie soll erforderliche Umrüstungen erleichtern und Preisschübe für Wärmezähler verhindern.

Kann die Wärmemenge allerdings nur mit einem **unzumutbar hohen Auf-** **225** **wand** gemessen werden, so darf sie nach Abs. 2 **Satz 2** nach einer aktualisierten Berechnungsmethode bestimmt werden. Die alte Gleichung zur Ermittlung des Brennstoffverbrauchs wurde dabei zweigeteilt. Der erste Teil stellt ab auf die Ermittlung der Wärmemenge $Q = 2,5 \cdot V \cdot (t_w - 10)$. Teilt man diese durch den Heizwert Hi ergibt dies den Brennstoffverbrauch ($B = Q/Hi$). Der Verordnungsgeber hat auch in diesem Fall vermieden, den unzumutbar hohen Aufwand näher zu definieren. Dies muss der Entscheidung im jeweiligen Einzelfall überlassen bleiben. In der Begründung zur Verordnung hat er nur beispielhaft darauf verwiesen, dass die Anbringung von Messgeräten aus baulichen oder technischen Gründen unverhältnismäßig hohe Kosten verursachen könnte (Bundesrats-Drucksache 570/08). Im Zweifel wird die Frage der Unzumutbarkeit eines hohen Aufwandes wiederum die Gerichte beschäftigen. Liegen die Voraussetzungen für eine solche Ausnahme allerdings unstreitig vor, kann die Wärmemenge nach der neuen Formel berechnet werden. Sie ist aktualisiert, entspricht aber materiell dem bislang schon geltenden Recht. Ihre einzelnen Faktoren sind im Text der Verordnung hinreichend erläutert und müssen hier nicht erneut dargestellt werden.

Nach der alten Fassung (Abs. 3 Satz 4) konnte die Berechnung der Wärme- **226** menge auch auf Basis **anerkannter Regeln der Technik** erfolgen. Diese Möglichkeit ist mit der Änderung der Verordnung 2009 **ersatzlos entfallen**, da hierdurch die Bemühungen um eine kostengerechte Abrechnung unterlaufen werden. Ebenso wurde das **Hilfsverfahren aufgehoben**, den Wärmeverbrauch und den Brennstoffverbrauch einer zentralen Warmwasserversorgungsanlage mit **18 %** des Gesamtverbrauchs zugrunde zu legen (Abs. 2 Satz 4, Abs. 3 Satz 5 – alt), wenn eine anderweitige Ermittlung nicht möglich war. Hierdurch wurde der vom baulichen Wärmeschutz des Gebäudes weitgehend unabhängige Energieverbrauch für die Wassererwärmung an gerade diesen baulichen Wärmeschutz gekoppelt. Nach Ansicht des Verordnungsgebers (Bundesratsdrucksache 570/08) war das aber nur solange hinnehmbar, wie sich die Gebäude auf einem vergleichbaren energetischen Niveau befanden. Durch die wiederholten Verschärfungen energetischer Anforderungen in den zurückliegenden Jahren sei die Annahme eines vergleichbaren energetischen Standards jetzt nicht mehr länger gerechtfertigt. Untersuchungen belegen, dass bei Mehrfamilienhäusern der Nutzwärmebedarf für die Warmwasserbereitung bei aktuellem Wärmeschutz schon deutlich über 20 % lägen.

227 Wenn in **Ausnahmefällen weder** die **Wärmemenge noch** das **Volumen des verbrauchten Warmwassers gemessen** werden können, kann die auf die zentrale Warmwasserversorgungsanlage entfallende Wärmemenge wiederum nach einer **Formel** bestimmt werden (Abs. 2 **Sätze 4 bis 6**). Bei ihr ergibt sich der Faktor 32 aus dem Nutzenergiebedarf für Warmwasser nach der Energieeinsparverordnung unter Berücksichtigung von empirischen Erkenntnissen über Verluste von Verteilung und Speicherung sowie einer mittleren Aufwandzahl für den Wärmeerzeuger von 1,15. Auch weiterhin wird nicht zwischen dem Warmwasserverbrauch bei Mietwohnraum und Gewerberaum differenziert.

Absatz 3

228 Auch Absatz 3 ist durch die Änderung 2009 neu gefasst. Die **Formel** in **Satz 1** entspricht materiell der Gleichung des bisherigen Absatzes 2. Wenn sie angewendet wird, müssen nach **Satz 2 Nr. 1** die errechnete Wärmemenge (Q) aus Absatz 2 und nach **Satz 2 Nr. 2** die aufgeführten aktuellen Heizwerte (Hi) der genannten Brennstoffarten eingesetzt werden. Die Aufzählung der Brennstoffe ist um weitere aktuelle ergänzt worden. Die den jeweiligen Energieträgern zugeordneten Heizwerte sind die aus der Bekanntmachung der Regeln für Energieverbrauchskennwerte im Wohngebäudebestand des Bundesministeriums für Verkehr, Bau und Stadtentwicklung vom 26.7.2007.

229 Nach **Satz 3** sind die **Hi-Werte** der Energieversorgungsunternehmen oder der Brennstofflieferanten zu verwenden, soweit deren Abrechnungsunterlagen diese enthalten. Letztlich ist nach **Satz 4** eine Umrechnung in Brennstoffverbrauch nicht erforderlich, wenn die Abrechnung über **kWh-Werte** erfolgt.

[Absatz 2 – alte Fassung]

230 Abs. 2 (alte Fassung) legt im Einzelnen fest, wie der **Brennstoffverbrauch der zentralen Warmwasserversorgungsanlage** zu errechnen ist. Er gibt hierfür die Formel vor:

$$B = 2{,}5 \cdot V \cdot (t_w - 10) / H_u$$

231 Diese Zahlenwertgleichung gibt mit B den Brennstoffverbrauch der zentralen Warmwasserversorgungsanlage an. Es wurde ein mittlerer Wirkungsgrad der

Heizungsanlage zugrunde gelegt, der nach Auskunft von Fachleuten bei etwa 0,46 liegt. Zusammen mit $c = 1,16$ (kWh/m³ × °C) für Wasser ergibt sich die in der Formel aufgeführte Konstante 2,5. Das gemessene Volumen des verbrauchten Warmwassers (V) wird in Kubikmetern, die gemessene oder geschätzte mittlere Temperatur des Warmwassers (t_w) in °C angegeben. Da die exakte Messung der mittleren Temperatur im Brauchwassernetz in der Praxis technische Schwierigkeiten bereitet und zu unvertretbaren Kosten führen kann, lässt die HeizkostenV auch Temperaturschätzungen zu und sieht davon ab, eine bestimmte Messstelle vorzuschreiben. Als Ansatzpunkte für die Ermittlung der Temperatur können der Brauchwasserspeicher, die Zapfstellen oder verschiedene Stellen im Brauchwassernetz gewählt werden. Durch die nunmehr mögliche Art der Ermittlung der mittleren Temperatur des Warmwassers im Brauchwassernetz bleibt sichergestellt, dass extreme oder andere unsachgemäße Werte außer Ansatz bleiben. Der zur Anwendung gebrachte Wert muss sich – auch im Falle der Schätzung – als Mittelwert darstellen, der den Gegebenheiten des Einzelfalles hinreichend Rechnung trägt und den technischen und nutzungsbedingten Besonderheiten der Anlage gerecht wird. Die Verordnung macht zwar keine Vorgaben für eine Schätzung der mittleren Temperatur des Warmwassers. Eine beliebige Schätzung ohne sachliche Absicherung ist hingegen nicht erlaubt. So hat das *BayObLG* (WM 2004, 679) verlangt, dass zur Schätzung der mittleren Temperatur des Warmwassers »die maßgeblichen Schätzgrundlagen ermittelt werden, insbesondere die an der Heizung eingestellte Temperatur und die Heizungskapazität«. Ein pauschaler Ansatz (im zu entscheidenden Fall von 60 °C) sei »jedenfalls dann nicht zulässig, wenn aufgrund tatsächlicher Anhaltspunkte Zweifel daran bestehen, dass diese Durchschnittstemperatur auch tatsächlich erreicht wurde«. Deshalb müssen bei einer Schätzung Tatsachen ermittelt werden, die einen Schluss darauf zulassen, dass das Schätzergebnis mit Wahrscheinlichkeit der tatsächlichen Temperatur nahe kommt. Die mittlere Kaltwassertemperatur, die von t_w subtrahiert wird, wurde mit 10 °C angenommen. Letztlich ist der Heizwert der verbrauchten Brennstoffe (H_u) im Nenner des Bruches in Kilowattstunden (kWh) je Liter (l), Kubikmeter (m³) oder Kilogramm (kg) anzugeben. Als H_u-Werte können die in der Verordnung selbst angegebenen Werte für Heizöl (10 kWh/l), Stadtgas (4,5 kWh/m³), Erdgas L (9 kWh/m³), Erdgas H (10,5 kWh/m³) und Brechkoks (8 kWh/kg) verwendet werden. Der Einigungsvertrag lässt in Anlage I Kapitel V Sachgebiet D Abschnitt III Nr. 10 d) zwei weitere Heizwerte für das Gebiet der neuen Bundesländer zu: Braunkohlenbrikett (5,5 kWh/kg) und Braunkohlenhochtemperaturkoks (8,0 kWh/kg).

Für den Fall, dass auch die Abrechnungsunterlagen der Energieversorgungsunternehmen derartige H_u-Werte enthalten, sind diese zu verwenden. Die in

232

der ersten Fassung der HeizkostenV noch vorhandene Inbezugnahme der DIN 4713 Teil 5 Tabelle 1 sowie Teil 5 Abschnitt 2.5 (Ausgabe Dezember 1980) ist mit der Neufassung 1984 sowohl für die Ermittlung der H_u-Werte als auch für die Berechnung des Brennstoffverbrauchs der zentralen Warmwasserversorgungsanlage entfallen. Die H_u-Werte können nunmehr auf andere Weise ermittelt werden. Auch dies hat zu Rechtsstreiten vor den Gerichten geführt (vgl. *AG Pinneberg* WM 2004, 537).

233 Der Brennstoffverbrauch der zentralen Warmwasserversorgungsanlage kann auch gemäß Satz 4 **nach den anerkannten Regeln der Technik** errechnet werden. Für den Verzicht auf die Inbezugnahme der DIN-Normen gelten die gleichen Überlegungen, wie sie bereits zu § 5 Abs. 1 (vgl. Rdn. 113–129) dargestellt wurden. Da jedoch auch die DIN-Normen zu den anerkannten Regeln der Technik gehören, bleibt es in Zukunft erlaubt, den Brennstoffverbrauch der zentralen Warmwasserversorgungsanlage nach einem dort vorgesehenen Verfahren zu errechnen. Auf jeden Fall aber muss die Abrechnungsmethode erläutert und die Regel der Technik benannt werden (*LG Köln* WM 1989, 584).

234 Da sowohl nach der Formel in Abs. 2 als auch nach den bislang vorhandenen anerkannten Regeln der Technik (DIN 4713 Teil 5 Abschnitt 2.5) für die Berechnung des anteiligen Brennstoffverbrauchs der zentralen Warmwasserversorgungsanlage das Volumen des verbrauchten Warmwassers gemessen werden muss, bietet die Verordnung letztlich in Satz 5 eine **Ersatzlösung** für den Fall an, dass das verbrauchte Warmwasser aus technischen Gründen nicht gemessen werden kann. Es sind dann als Anteil für die Warmwassererzeugung **18 % der insgesamt verbrauchten Brennstoffe** zugrunde zu legen. Dabei beruht die Festlegung des Warmwasseranteils auf 18 % auf Abrechnungserfahrungen der Messdienstfirmen. Dieser Wert wurde auch von Fachleuten aus dem Heizungs- und Installationsbereich bestätigt. Damit ergibt sich bei einer Verteilung der Kosten der Versorgung mit Wärme und Warmwasser bei verbundenen Anlagen der Anteil der zentralen Wärmeversorgungsanlage am Brennstoffverbrauch aus dem gemessenen gesamten Verbrauch nach Abzug von 18 % für den Verbrauch der zentralen Warmwasserversorgungsanlage.

235 Für dieses Ersatzverfahren ist jedoch wichtig zu beachten, dass es nur dann angewendet werden darf, wenn das verbrauchte Warmwasser nicht gemessen werden kann. Hierfür müssen technische Gründe vorliegen. Es reicht nicht aus, dass der Verbrauch z. B. trotz vorhandener Ausstattungen pflichtwidrig nicht erfasst wurde und daher nur wegen des Fehlens entsprechender Werte auf das Ersatzverfahren zurückgegriffen werden soll. In einem solchen Fall müsste ähnlich der Regelung in § 9 a (vgl. unten Rdn. 241–256) auf Verbrauchswerte aus den Vorjahren oder in vergleichbaren anderen Räumen zurückgegriffen werden (vgl. hierzu u.a. *LG Freiburg* WM 1994, 397; im Übrigen auch allgemein zu den hier angesprochenen Problemen der Kostenaufteilung bei verbundenen Anlagen: *Schmid* WM 2004, 643 und *Wall* WM 2005, 119 jeweils m.w.N.).

[Absatz 3 – alte Fassung]

Ähnlich wie Abs. 2 die Ermittlung des Anteils der zentralen Warmwasser-   **236** versorgungsanlage am Brennstoffverbrauch regelt, schreibt Abs. 3 vor, wie ihr **Anteil am Wärmeverbrauch** ermittelt werden kann. Er legt zunächst in Satz 1 fest, dass die auf die zentrale Warmwasserversorgungsanlage entfallende **Wärmemenge (Q)** mit einem Wärmezähler **zu messen** ist. Sie kann aber auch gemäß Satz 2 in Kilowattstunden nach der Formel **errechnet** werden:

$$Q = 2,0 \cdot V \cdot (t_w - 10)$$

Die Zahlenwertgleichung gibt mit Q die auf die zentrale Warmwasserversor-   **237** gungsanlage entfallende Wärmemenge an. Hierbei wurde wegen der geringeren Verluste bei Lieferung von Wärme ein höherer mittlerer Wirkungsgrad der Heizungsanlage von 0,60 zugrunde gelegt. Zusammen mit c = 1,16 (kWh/m³ × °C) für Wasser ergibt sich die in der Formel aufgeführte Konstante 2,0. Das gemessene Volumen des verbrauchten Warmwassers (V) wird in Kubikmetern (m³), die gemessene oder geschätzte mittlere Temperatur des Warmwassers (t_w) in Grad Celsius angegeben. Die mittlere Kaltwassertemperatur, die von t_w subtrahiert wird, wurde mit 10 °C angenommen (vgl. zu den identischen Faktoren der Zahlenwertgleichung in Abs. 2 weiterhin oben Rdn. 230–231).

Ebenso wie bei der Ermittlung des Brennstoffverbrauchs der zentralen Warm-   **238** wasserversorgungsanlage kann auch bei der Errechnung der auf sie entfallenden Wärmemenge nach Abs. 3 Satz 4 auf die **anerkannten Regeln der Technik** zurückgegriffen werden. Wenn sie weder nach Satz 1 gemessen, noch nach den Sätzen 2–4 errechnet werden kann, so ist für sie ein Anteil von **18 % der insgesamt verbrauchten Wärmemenge** zugrunde zu legen (vgl. Rdn. 234).

Absatz 4

Sind schließlich die Anteile an den Kosten der Versorgung mit Wärme und   **239** Warmwasser ermittelt worden, so ist der Anteil an den Kosten der Versorgung mit Wärme nach § 7 Abs. 1 auf die Nutzer zu verteilen. Ebenso verhält es sich mit dem Anteil an den Kosten der Versorgung mit Warmwasser, der nach § 8 Abs. 1 umgelegt wird.

240 Diese Regelung gilt, soweit die Verordnung nichts anderes bestimmt oder zulässt. In der Neufassung 1984 der HeizkostenV war in Abs. 4 Satz 2 festgelegt, dass die Regelungen der §§ 5 Abs. 2 und 6 Abs. 2 unberührt blieben. Dies sollte klarstellen, dass auch bei verbundenen Anlagen eine Vorerfassung sowie eine Aufteilung der Kosten nach den hierfür vorgesehenen Möglichkeiten in § 6 Abs. 2 zulässig waren. Diese engere, nur die Vorerfassung betreffende Regelung ist durch den **soweit-Satz** in Abs. 4 erweitert worden. Dies wurde nötig durch die neuen Vorschriften über die Pflicht zur Verbrauchserfassung in Gemeinschaftsräumen mit nutzungsbedingt hohem Wärme- oder Warm Wasserverbrauch in §§ 4 Abs. 3 und 6 Abs. 3 sowie über die Kostenverteilung in Sonderfällen in § 9 a und die Kostenaufteilung bei Nutzerwechsel in § 9 b.

§ 9 a Kostenverteilung in Sonderfällen

(1) Kann der anteilige Wärme- oder Warmwasserverbrauch von Nutzern für einen Abrechnungszeitraum wegen Geräteausfalls oder aus anderen zwingenden Gründen nicht ordnungsgemäß erfasst werden, ist er vom Gebäudeeigentümer auf der Grundlage des Verbrauchs der betroffenen Räume in vergleichbaren Zeiträumen oder des Verbrauchs vergleichbarer anderer Räume im jeweiligen Abrechnungszeitraum oder des Durchschnittsverbrauchs des Gebäudes oder der Nutzergruppe zu ermitteln. Der so ermittelte anteilige Verbrauch ist bei der Kostenverteilung anstelle des erfassten Verbrauchs zugrunde zu legen.

(2) Überschreitet die von der Verbrauchsermittlung nach Absatz 1 betroffene Wohn- oder Nutzfläche oder der umbaute Raum 25 vom Hundert der für die Kostenverteilung maßgeblichen gesamten Wohn- oder Nutzfläche oder des maßgeblichen gesamten umbauten Raumes, sind die Kosten ausschließlich nach den nach § 7 Abs. 1 Satz 5 und § 8 Abs. 1 für die Verteilung der übrigen Kosten zugrunde zu legenden Maßstäben zu verteilen.

241 § 9 a ist durch die Verordnung zur Änderung energieeinsparrechtlicher Vorschriften vom 19. Januar 1989 in die HeizkostenV eingefügt worden. Er regelt die **Kostenverteilung in Sonderfällen**, die davor nicht von der HeizkostenV abgedeckt waren und in der Praxis häufig zu Schwierigkeiten und Rechtsstreitigkeiten vor den Gerichten führten. Sie ergaben sich hauptsächlich dann, wenn der **anteilige Wärme- oder Warmwasserverbrauch** von Nutzern wegen Geräteausfalls oder aus anderen Gründen **nicht ordnungsgemäß erfasst** werden konnte. In der Praxis griff man in diesen Fällen auf Ersatzkriterien für die Verbrauchsermittlung zurück. Hierbei handelte es sich unter anderem um Vorjahresverbräuche, Verbrauche vergleichbarer Räume oder andere verbrauchsnahe Kriterien. Eine einheitliche Übung bildete sich jedoch nicht heraus. Es wurde regional höchst unterschiedlich verfahren. Darüber hinaus war vielfach streitig, bis zu welchem Grenzwert die bloße Ermittlung anhand derartiger Ersatzkriterien anstelle der exakteren Erfassung des Verbrauchs noch verantwortbar war. Die mit diesen Fragen befassten Gerichte entschieden in vergleichbaren Fällen oft sehr unterschiedlich. Die Neuregelung des § 9 a beseitigt diese Unklarheiten und sorgt für mehr Rechtssicherheit. Ihr Leitgedanke ist die Aufrechterhaltung einer möglichst verbrauchsnahen Abrechnung.

Absatz 1

Abs. 1 Satz 1 enthält die grundsätzliche Regelung dafür, wann der Gebäude-   **242** eigentümer den anteiligen Verbrauch von Wärme oder Warmwasser anders als durch Verbrauchserfassung zu ermitteln hat. Dies ist der Fall, wenn der **Verbrauch von Nutzern für einen Abrechnungszeitraum wegen Geräteausfalls oder aus anderen zwingenden Gründen nicht ordnungsgemäß erfasst werden kann.** Hierdurch ist zunächst der in der Praxis wichtige Fall des **Geräteausfalls** nunmehr durch die HeizkostenV geregelt. Aber auch andere zwingende Gründe sind abgedeckt, in denen eine ordnungsgemäße Erfassung nicht möglich ist. Die Verordnung vermeidet bewusst, die **anderen zwingenden Gründe** näher zu definieren oder abschließend aufzuzählen. Das würde den Bedürfnissen der Praxis nicht entsprechen. Über den Geräteausfall hinaus hat es immer wieder zahlreiche andere Gründe gegeben, dass eine ordnungsgemäße Erfassung nicht möglich war. Da sie in jedem Einzelfall unterschiedlich sind, sollen sie durch die generalklauselartige Fassung »aus anderen zwingenden Gründen« aufgefangen werden. Die Formulierung geht jedoch nicht so weit, jeden beliebigen Grund hierfür ausreichend sein zu lassen. Der tatsächliche Sachverhalt muss **zwingend** dazu führen, dass eine ordnungsgemäße Erfassung nicht möglich ist.

Ob dies bereits dann gegeben ist, wenn z. B. die Wohnung zur Ablesung nicht   **243** betreten werden kann, ist offen. Man könnte einen solchen Fall auch weiter danach differenzieren, ob es objektiv unmöglich ist, in die Wohnung zu gelangen, weil der Nutzer z. B. über längere Zeit verreist ist und keinen Schlüssel hinterlassen hat. Oder ob es bloß subjektiv dadurch unmöglich ist, dass er dem Ableser untersagt, die Wohnung zu betreten. Im letzten Fall könnte gerichtliche Hilfe dazu beitragen, die Ablesung doch noch vornehmen zu können und den Hinderungsgrund zu beseitigen.

Da der Verordnungsgeber durch die weite Formulierung »andere zwingen-   **244** de Gründe« Raum und Notwendigkeit für Auslegung gelassen hat, hatten in der Praxis die Gerichte zu entscheiden, welche Einzelfälle hierunter fallen.

In einer **Grundsatzentscheidung** hat sich auch der *BGH* (WM 2005, 776 m.w.N.) mit diesem Problem befasst. Im zu entscheidenden Fall waren Ausstattungen zur Verbrauchserfassung vorhanden und funktionierten einwandfrei. Jedoch unterlief bei deren Ablesung ein Fehler, der zur falschen Verbrauchserfassung führte. Es war umstritten, ob ein derartiger Fehler als ein »anderer zwingender Grund« im Sinne der Verordnung anzusehen sei. Bislang hatte sich ein Teil der Rechtsprechung und des Schrifttums (vgl. die weiteren Fundstellen in der BGH-Entscheidung) dafür ausgesprochen, einen solchen Fehler anzunehmen, »wenn Umstände gegeben sind, die dem Geräteausfall gleich zu setzen sind, weil sie eine rückwirkende Korrektur der Erfassungsmängel ausschließen«. Entscheidend sei allein die objektive Lage. Auch ein Ablesefehler oder das versehendliche Unterlassen der Ablesung seien ein zwingender Grund, wenn sie nicht mehr nachgeholt werden können. Dem schloss sich der *BGH* an. Er lehnte die Auffassung des anderen Teils (Fundstellen ebenfalls in der BGH-Entscheidung) ab, nach der die Anwendung des § 9 a dann ausscheiden sollte, »wenn der Grund, der für das Unterbleiben einer verbrauchsabhängigen Erfassung ursächlich war, vom Gebäudeeigentümer bzw. vom Vermieter oder von dem Wärmemessdienst, dessen Verschulden sich der Auftraggeber zurechnen lassen muss (§ 278 BGB), zu vertreten ist«. Der *BGH* sieht einen Grund dann stets als zwingend an, »wenn seine Folgen in dem Zeitpunkt, in dem er bemerkt wird, von dem zur Abrechnung verpflichteten Vermieter oder seinem Beauftragten nicht mehr behoben werden können«. Dies kommt der Situation des Geräteausfalls am nächsten.

245 Der zweite Halbsatz des Satz 1 legt dann im Einzelnen fest, wie der anteilige Verbrauch der Nutzer, in deren Nutzeinheit die zwingenden Hinderungsgründe eingetreten sind, zu ermitteln ist. **Der Gebäudeeigentümer hat ihn auf der Grundlage des Verbrauchs der betroffenen Räume in vergleichbaren Zeiträumen oder des Verbrauchs vergleichbarer anderer Räume im jeweiligen Abrechnungszeitraum oder des Durchschnittsverbrauchs des Gebäudes oder der Nutzergruppe zu ermitteln.**

246 Mit dieser Regelung hat der Verordnungsgeber die wichtigsten **Ersatzkriterien** legalisiert, die sich durch ständige Übung in der Praxis herausgebildet haben. Der Rückgriff auf den Verbrauch der betroffenen Räume in vergleichbaren Zeiträumen unterstellt immanent, dass der Nutzer diese Räume im Wesentlichen entsprechend seiner früheren Nutzung auch im aktuellen Abrechnungszeitraum genutzt hat. In der bis zum 31.12.2008 geltenden Fassung der HeizkostenV konnte für dieses Ersatzverfahren nur auf vergleichbare »frühere Abrechnungs«zeiträume zurückgegriffen werden. Dies hat der Verordnungsgeber nunmehr als zu eng angesehen und mit der Änderung 2009 gelockert.

Denn es kann vorkommen, dass keine Daten eines vollständigen früheren Abrechnungszeitraumes zur Verfügung stehen, wohl aber Daten eines kürzeren Zeitraumes. Sind solche gleichwohl aussagekräftig, sollen auch sie herangezogen werden können. Dann ist es gerechtfertigt, auch für die jetzige Verbrauchsermittlung den Verbrauch in vergleichbaren Zeiträumen zugrunde zu legen. Sind jedoch wesentliche Änderungen im Gebrauch der Räume eingetreten, so ist der Gebäudeeigentümer nicht gehindert, das zweite zur Verfügung stehende Ersatzkriterium zu wählen. Er kann dann den anteiligen Wärme- oder Warmwasserverbrauch des Nutzers, in dessen Nutzeinheit die Hinderungsgründe eingetreten sind, auf der Grundlage des Verbrauchs vergleichbarer anderer Räume im aktuellen Abrechnungszeitraum ermitteln. Diese Möglichkeit bietet sich an, wenn zum Beispiel in einem großen Mehrfamilienhaus mehrere Wohnungen den gleichen Zuschnitt und gleichen Wärmebedarf aufweisen sowie darüber hinaus von Nutzern mit etwa gleichem Nutzungsverhalten genutzt werden. In diesem Fall kann davon ausgegangen werden, dass der Verbrauch in der Vergleichsnutzeinheit im Wesentlichen dem entspricht, wo er wegen des Hinderungsgrundes nicht erfasst werden kann.

Durch die geforderte **Vergleichbarkeit** mit anderen Zeiträumen beim ersten Ersatzkriterium wird sichergestellt, dass nicht Abrechnungszeiträume herangezogen werden, in denen etwa aus Witterungsgründen ein wesentlich anderer Heizenergiebedarf als im aktuellen Abrechnungszeitraum bestand. Die erforderliche Vergleichbarkeit der Räume im zweiten Ersatzkriterium soll garantieren, dass nicht Räume herangezogen werden, die zum Beispiel nutzungs- oder lagebedingt einen wesentlich anderen Wärmeverbrauch als die betroffenen Räume aufweisen. Letztlich kann der Gebäudeeigentümer auch den Durchschnittsverbrauch des Gebäudes oder der Nutzergruppe zugrunde legen. Diese Erweiterung um ein zusätzliches Ersatzkriterium für die Ermittlung des anteiligen Wärme- oder Warmwasserverbrauchs ist durch die Änderung der HeizkostenV 2009 neu aufgenommen worden. Sie ist die weniger genaue Basis und sollte nur dann Anwendung finden, wenn die anderen Kriterien sinnvoller weise nicht herangezogen werden können.

247

In seiner oben zitierten Entscheidung (WM 2005, 776) hat der *BGH* es sogar als zulässig angesehen, von diesen beiden Ersatzkriterien der Verordnung abzuweichen und die Korrektur der Abrechnung auf der Basis der **Gradtagszahlmethode** vorzunehmen, wie sie eigentlich nur in Fällen des Nutzerwechsels nach § 9 b Abs. 2 vorgesehen ist, nicht aber für Sonderfälle nach § 9 a Abs. 1. Zwar würden grundsätzlich zuerst die Ersatzkriterien gelten. Wenn jedoch eine Vergleichsberechnung nach ihnen ausscheide, weil die dafür erforderlichen Daten (wie in dem zu entscheidenden Fall) nicht zur Verfügung stehen, so müsse es nach Sinn und Zweck der HeizkostenV ausnahmsweise auch

248

zulässig sein, auf eine andere Methode auszuweichen, die eine möglichst exakte Ermittlung des Wärmeverbrauchs gewährleiste. Dies sei sachgerecht, weil es eine taggenaue Abrechnung ermögliche und den anerkannten Regeln der Technik entspreche. Damit sei auch dieser Weg ein zuverlässiges Mittel zur Verteilung der Heizkosten.

249 Der *BGH* (WM 2007, 700) hält es in einer späteren Entscheidung auch für zulässig, Kosten für Heizung und Warmwasser allein auf Basis der Wohnfläche – unter Abzug von 15 % gemäß § 12 Abs. 1 S. 1 – zu verteilen, wenn eine **verbrauchsabhängige Abrechnung objektiv nicht (mehr) möglich** sei. Dieser Fall könne z. B. dann eintreten, wenn geeignete Schätzgrundlagen nicht vorliegen, weil weder Verbrauchswerte in früheren Zeiträumen noch der Verbrauch vergleichbarer anderer Räume im jeweiligen Abrechnungszeitraum zur Verfügung stünden.

250 Die **Wahl,** auf welcher Grundlage der anteilige Verbrauch ermittelt wird, **obliegt dem Gebäudeeigentümer.** Er muss entscheiden, ob hierfür der Verbrauch der betroffenen Räume in vergleichbaren früheren Abrechnungszeiträumen oder der vergleichbarer anderer Räume im jeweiligen Abrechnungszeitraum zugrunde zu legen ist. Im **Wohnungseigentum** entscheidet die **Gemeinschaft der Eigentümer** über das auszuwählende Ersatzkriterium. Ihr ist dabei ein Ermessen eingeräumt (*OLG Hamburg* WM 2001, 460). Die Ordnungsmäßigkeit der Jahresabrechnung könnte nur dann berührt sein, wenn die Vorgehensweise grob unrichtig war (*BayObLG* WM 2001, 517).

251 Nach Abs. 1 Satz 2 ist dann der auf der Basis der Ersatzkriterien **ermittelte anteilige Verbrauch bei der Kostenverteilung anstelle des erfassten Verbrauchs zugrunde zu legen.** An der Kostenverteilung als solcher ändert sich weiterhin nichts. Sie wird auf der Basis der §§ 7 und 8 nach der Ermittlung des anteiligen Verbrauchs gemäß § 9 a so vorgenommen wie bisher.

Absatz 2

252 In Abs. 2 erfolgt eine Grenzziehung, innerhalb derer eine Verbrauchsermittlung auf der Basis der in Abs. 1 genannten Ersatzkriterien aus Praktikabilitäts- und Wirtschaftlichkeitsgründen noch als vertretbar angesehen werden kann. **Überschreitet die von der Verbrauchsermittlung nach Abs. 1 betroffene Wohn- oder Nutzfläche oder der umbaute Raum 25 vom Hundert der für die Kostenverteilung maßgeblichen gesamten Wohn- oder Nutzfläche oder des maßgeblichen gesamten umbauten Raumes,** so soll die Pflicht zur verbrauchsbezogenen Abrechnung nach Abs. 1 entfallen und zwar für das gesamte Objekt. Diese Grenzziehung liegt auf der Linie der Erfahrungen, die

die Abrechnungsfirmen in der Praxis gesammelt haben. Ist die von dem Hinderungsgrund betroffene Wohn- oder Nutzfläche oder der umbaute Raum größer als 25 % der maßgeblichen gesamten Wohn- oder Nutzfläche oder des maßgeblichen gesamten umbauten Raumes, so wird die bloße Verbrauchsermittlung anstelle der exakteren Erfassung zu vage, als dass sie noch als Kriterium für eine möglichst nahe verbrauchsorientierte Abrechnung dienen könnte. Auch in der früheren, nicht von der HeizkostenV abgedeckten Praxis hat man daher weitestgehend davon abgesehen, in solchen Fällen die Verbrauche anhand von Ersatzkriterien zu ermitteln. Die Neuregelung von 1989 legalisiert diese Praxis.

Nicht näher definiert hat der Verordnungsgeber, welche die für die Kostenverteilung **maßgebliche gesamte Wohn- oder Nutzfläche** oder der **maßgebliche gesamte umbaute Raum** sind. **253**

Sind z.B. in einer Nutzeinheit alle Geräte ausgefallen und ist sie größer als 25 % der gesamten Wohnfläche im Gebäude, braucht im gesamten Gebäude nicht verbrauchsabhängig abgerechnet zu werden. Wie aber ist es, wenn in einer Nutzeinheit lediglich in einem Raum die Geräte ausgefallen und dieser größer als 25 % der gesamten Wohnfläche der Nutzeinheit ist? Ist hier die Wohnfläche der Nutzeinheit maßgeblich oder die des gesamten Gebäudes? Ist es die Nutzeinheit, hätte es zur Folge, dass wegen Ausfalls der Geräte in nur einem Raum die verbrauchsabhängige Abrechnung für das gesamte Gebäude entfiele. Der Verordnungstext kann in diesem Punkt zu neuen Problemen in der Praxis und zu Rechtsstreitigkeiten vor den Gerichten führen. Hier wäre größere Klarheit wünschenswert gewesen. **254**

Ist es wegen des Überschreitens des Grenzwertes von 25 % nicht möglich, die Verbrauchsermittlung nach Abs. 1 vorzunehmen, **sind die Kosten ausschließlich nach den nach § 7 Abs. 1 Satz 5 und § 8 Abs. 1 für die Verteilung der übrigen Kosten zugrunde zu legenden Maßstäben zu verteilen.** Danach kommen nur die Verteilungsmaßstäbe zur Anwendung, die für die Verteilung der sogenannten übrigen Kosten in § 7 Abs. 1 Satz 5 und § 8 Abs. 1 vorgesehen sind. Die Verteilung der Kosten der Versorgung mit Wärme richtet sich dann nach der Wohn- oder Nutzfläche oder nach dem umbauten Raum, es kann auch die Wohn- oder Nutzfläche oder der umbaute Raum der beheizten Räume zugrunde gelegt werden. Die Kosten der Versorgung mit Warmwasser sind ausschließlich nach der Wohn- oder Nutzfläche zu verteilen. **255**

Vielfach umstritten war die Frage, ob die Kostenverteilung in Sonderfällen nach § 9 a ein Kürzungsrecht um 15 % nach § 12 Abs. 1 S. 1 auslösen würde (vgl. u.a. *OLG Düsseldorf* WM 2003, 387, *AG Köln* WM 1997, 273). Auch dazu hat der *BGH* (WM 2005, 776) mittlerweile **klargestellt, dass ein Kürzungs-** **256**

recht nicht bestehe. Zwar handele es sich bei der Vergleichsberechnung nach § 9 a um eine Schätzung des Wärmeverbrauchs. Dies bedeute jedoch nicht, dass es sich hierbei um eine »nicht verbrauchsabhängige Abrechnung« im Sinne des § 12 Abs. 1 S. 1 handele mit der Folge, dass dem Nutzer ein Recht zur Kürzung des auf ihn entfallenden Kostenanteils um 15 % zustünde. Zu den Vorschriften über die verbrauchsabhängige Abrechnung gehöre auch § 9 a, der nach seinem eindeutigen Wortlaut lediglich eine andere, ersatzweise Ermittlung des Verbrauchs regele. § 12 Abs. 1 S. 1 spreche, anders als § 9 a, nicht von dem »ordnungsgemäß erfassten« Verbrauch, sondern von der »nicht verbrauchsabhängigen Abrechnung«. Eine Abrechnung sei aber nur dann nicht verbrauchsabhängig, wenn sie nicht den einschlägigen Bestimmungen der HeizkostenV entspreche, was der Verordnungsgeber durch die Worte »entgegen den Vorschriften dieser Verordnung« unmissverständlich zum Ausdruck gebracht habe.

§ 9 b Kostenaufteilung bei Nutzerwechsel

(1) Bei Nutzerwechsel innerhalb eines Abrechnungszeitraumes hat der Gebäudeeigentümer eine Ablesung der Ausstattung zur Verbrauchserfassung der vom Wechsel betroffenen Räume (Zwischenablesung) vorzunehmen.

(2) Die nach dem erfassten Verbrauch zu verteilenden Kosten sind auf der Grundlage der Zwischenablesung, die übrigen Kosten des Wärmeverbrauchs auf der Grundlage der sich aus anerkannten Regeln der Technik ergebenden Gradtagszahlen oder zeitanteilig und die übrigen Kosten des Warmwasserverbrauchs zeitanteilig auf Vor- und Nachnutzer aufzuteilen.

(3) Ist eine Zwischenablesung nicht möglich oder lässt sie wegen des Zeitpunktes des Nutzerwechsels aus technischen Gründen keine hinreichend genaue Ermittlung der Verbrauchsanteile zu, sind die gesamten Kosten nach den nach Absatz 2 für die übrigen Kosten geltenden Maßstäben aufzuteilen.

(4) Von den Absätzen 1 bis 3 abweichende rechtsgeschäftliche Bestimmungen bleiben unberührt.

257 Auch § 9 b ist durch die Verordnung zur Änderung energieeinsparrechtlicher Vorschriften vom 19. Januar 1989 neu in die HeizkostenV eingefügt worden. Er regelt die **Kostenaufteilung bei Nutzerwechsel**, der bislang nicht von der HeizkostenV abgedeckt war und ebenfalls in der Praxis häufig zu Schwierigkeiten und Rechtsstreitigkeiten vor den Gerichten führte. Streitig waren vielfach die Fragen, ob bei Auszug eines Nutzers eine Zwischenablesung

überhaupt zu erfolgen hatte und nach welchen Kriterien die nicht verbrauchsabhängigen Kosten zu verteilen waren. Die Neuregelung beseitigt auch diese Unklarheiten und sorgt für mehr Rechtssicherheit. Der Grundgedanke des § 9 b ist wiederum das Bestreben, in Fällen des Nutzerwechsels möglichst eine verbrauchsabhängige Aufteilung der Heiz- und Warmwasserkosten auf die wechselnden Nutzer zu erhalten.

Um deutlich zu machen, dass es sich beim Kostensplitting im Fall des Nutzerwechsels nicht um eine übliche **Verteilung** von Kosten des Betriebs der zentralen Heizungs- oder Warmwasserversorgungsanlage unter allen bisherigen Nutzern, sondern um eine **Aufteilung** von Kosten für eine Nutzeinheit zwischen einem alten und einem neuen Nutzer handelt, wird in der Überschrift des § 9 b im Unterschied zur Terminologie in §§ 6–9 a der Begriff »Kostenaufteilung« benutzt. **258**

Absatz 1

Abs. 1 schreibt vor, dass **der Gebäudeeigentümer bei Nutzerwechsel innerhalb eines Abrechnungszeitraumes eine Ablesung der Ausstattung zur** **259**

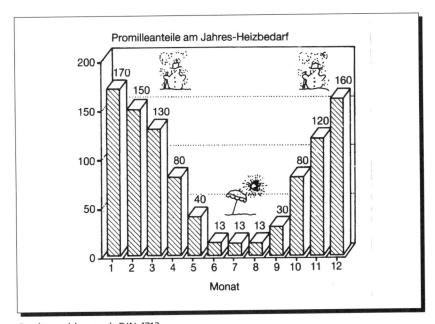

Gradtagzahlen nach DIN 4713

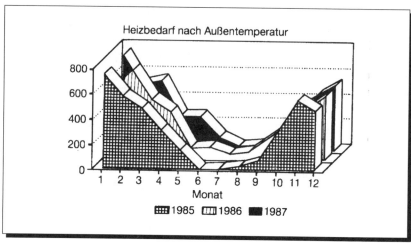

Heizbedarf nach Außentemperatur

⊞ 1985 ▥ 1986 ■ 1987

Temperaturverlauf 1985 bis 1987

Verbrauchserfassung der vom Wechsel betroffenen Räume (Zwischenablesung) vorzunehmen hat. Der Gebäudeeigentümer ist hierdurch in Fällen des Nutzerwechsels grundsätzlich zur Zwischenablesung verpflichtet. Sie erstreckt sich jedoch nur auf solche Räume, die vom Wechsel der Nutzer betroffen sind. Es ist nicht erforderlich, in einem größeren Gebäude mit vielen Nutzeinheiten eine Zwischenablesung in jeder Nutzeinheit vorzunehmen, nur weil die Nutzer in einer Einheit wechseln. Durch die in Abs. 1 vorgeschriebene Zwischenablesung wird somit die Grundlage dafür geschaffen, die verbrauchsabhängige Aufteilung der Kosten auf Vor- und Nachnutzer vornehmen zu können.

Absatz 2

260   Die materiell-rechtliche Regelung, wie die Kosten aufzuteilen sind, enthält Abs. 2. Nach seinem ersten Halbsatz sind die nach dem erfassten Verbrauch zu verteilenden Kosten auf der Grundlage der Zwischenablesung auf Vor- und Nachnutzer aufzuteilen. Diese Regelung garantiert, dass der erfasste Verbrauch auch im Fall des Nutzerwechsels die Grundlage für die Aufteilung der Kosten auf Vor- und Nachnutzer bleibt.

261   Nach dem zweiten Halbsatz sind **die übrigen Kosten des Wärmeverbrauchs auf der Grundlage der sich aus anerkannten Regeln der Technik ergebenden Gradtagszahlen oder zeitanteilig aufzuteilen.** Die nicht verbrauchsab-

hängigen Kosten werden somit auf der Basis von **Hilfsmaßstäben** auf Vor- und Nachnutzer aufgeteilt. Dabei besteht die Möglichkeit, die Aufteilung auf der Grundlage von Gradtagszahlen oder **zeitanteilig** vorzunehmen. Führt man sie zeitanteilig durch, bleibt unberücksichtigt, dass im Winter bei kühlen Außentemperaturen ein wesentlich höherer Heizenergiebedarf als im Sommer anfällt. Hierdurch entstehen in kalten Monaten mehr Heizkosten als in warmen. Diesen Witterungseinflüssen beim Wärmeverbrauch trägt die Gradtagszahlmethode Rechnung. **Gradtagszahlen** werden vom deutschen Wetterdienst als Differenz zwischen der Außentemperatur und einer fixen Raumtemperatur ermittelt. Sie stellen einen Maßstab für den Temperaturverlauf einer Heizperiode dar. Es werden dabei Werte verwendet, die aus einem 20-Jahres-Mittel gebildet wurden (VDI 2067 Blatt 1). Jeder Monat und jeder Tag haben einen bestimmten Promilleanteil am gesamten Heizenergiebedarf einer Abrechnungsperiode (vgl. Schaubilder Rdn. 259–260).

Die **Auswahl** des im Einzelfall anzuwendenden **Hilfsmaßstabs obliegt dem** **262** **Gebäudeeigentümer**, da vorausgesetzt wird, dass er im Unterschied zu den wechselnden Nutzern die maßgeblichen Umstände des Einzelfalls für die Notwendigkeit der Anwendung der Gradtagszahlmethode oder der zeitanteiligen Aufteilung am ehesten beurteilen kann. Er darf somit den individuellen Gegebenheiten des Falles hinreichend Rechnung tragen und dabei Wirtschaftlichkeits- und Praktikabilitätsaspekte ausreichend berücksichtigen.

Nach dem letzten Teil des zweiten Halbsatzes sind **die übrigen Kosten des** **263** **Warmwasserverbrauchs zeitanteilig auf Vor- und Nachnutzer aufzuteilen.** Im Unterschied zum Wärmeverbrauch ist der Warm Wasserverbrauch nur in geringerem Maße von Witterungseinflüssen und Witterungsverlauf abhängig. Es ist daher gerechtfertigt, die nicht verbrauchsabhängigen Kosten des Warmwasserverbrauchs lediglich zeitanteilig aufzuteilen und die Gradtagszahlmethode nicht anzuwenden. Die Verordnung wählt mit der bloß zeitanteiligen Aufteilung den pragmatischen und in der Praxis problemloser zu handhabenden Weg. Eine Aufteilung der nicht verbrauchsabhängigen Warmwasserkosten auf der Basis von Gradtagszahlen würde sicherlich wegen der Unabhängigkeit des Warmwasserverbrauchs vom Witterungsverlauf zu erneuten Streitigkeiten unter den Betroffenen führen. Hier hat der Verordnungsgeber von vornherein durch die Beschränkung auf die zeitanteilige Aufteilung Klarheit und größere Rechtssicherheit geschaffen.

Absatz 3

In Abs. 3 ist das ersatzweise anzuwendende Verfahren für die Fälle geregelt, **264** bei denen eine Zwischenablesung nicht möglich oder sinnvoll ist. **Die ge-**

samten Kosten sind nach den nach Abs. 2 für die übrigen Kosten geltenden Maßstäben aufzuteilen, wenn eine Zwischenablesung nicht möglich ist oder sie wegen des Zeitpunktes des Nutzerwechsels aus technischen Gründen keine hinreichend genaue Ermittlung der Verbrauchsanteile zulässt.

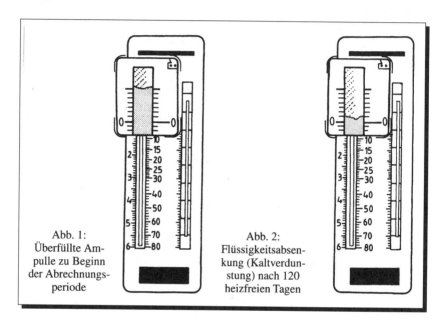

Abb. 1:
Überfüllte Ampulle zu Beginn der Abrechnungsperiode

Abb. 2:
Flüssigkeitsabsenkung (Kaltverdunstung) nach 120 heizfreien Tagen

265 Die **Unmöglichkeit der Zwischenablesung** kann sich in der Praxis wiederum in vielfachen Ausgestaltungen darstellen (vgl. auch die Kommentierung zu § 9 a Abs. 1 Satz 1 Rdn. 242–251). Es sind zahlreiche Fälle denkbar, in denen eine Zwischenablesung nicht vorgenommen werden kann. Der Verordnungsgeber hat mit der generalklauselartigen Fassung der Unmöglichkeit den vielfältigen Gestaltungsformen von Einzelfallen Rechnung getragen. Er hat bewusst darauf verzichtet, konkrete Fälle der Unmöglichkeit, die bislang dazu geführt haben, Ablesungen nicht vornehmen zu können, abschließend aufzuzählen. Die Verordnung bleibt flexibel, um neuen Lebenssachverhalten in angemessener Weise Rechnung tragen zu können. Durch die weitere Umschreibung **oder lässt sie wegen des Zeitpunktes des Nutzerwechsels aus technischen Gründen keine hinreichend genaue Ermittlung der Verbrauchsanteile zu,** sind vor allem Fälle abgedeckt, in denen bei Verwendung von Kostenverteilern eine sachgerechte Aufteilung nach Abs. 1 nicht möglich ist. Sie treten in der Praxis besonders dann auf, wenn bei Verwendung von Heiz-kostenverteilern nach dem Verdunstungsprinzip der Nutzerwechsel unmittel-bar vor oder nach der Heizperiode oder dem Abrechnungszeitraum erfolgt. Heizkostenverteiler nach dem Verdunstungsprinzip geben keine Verbrauchs-anzeige in Messeinheiten wie Kilowattstunde oder Kubikmeter an. Die Röhr-chen sind darüber hinaus beim Austausch nach der Heizperiode mit der so-genannten Kaltverdunstungsvorgabe versehen. Da eine geringe Verdunstung durch die physikalisch bedingten Eigenschaften aller Flüssigkeiten auch bei abgeschalteten Heizkörpern z. B. in der heizfreien Sommerzeit nicht zu nicht zu verhindern ist, sind die Ampullen der Heizkostenverteiler über die Null-marke hinaus überfüllt. Diese Überfüllung reicht im Allgemeinen aus, um die Eigenverdunstung bei unbenutzten Heizkörpern zu kompensieren. Eine Ver-brauchsanzeige ergibt sich erst, wenn die Überfüllung verdunstet ist. Da der Temperaturverlauf eines Abrechnungszeitraums beim Ersetzen der neuen Röhrchen unbekannt ist, muss die Höhe der Kaltverdunstungsvorgabe auf die durchschnittlichen Klimaverhältnisse standardisiert werden. Nach DIN 4713 Teil 2 ist eine Flüssigkeitsüberfüllung für 120 heizfreie Tage vorgeschrieben. Nach diesem Zeitraum ist bei abgestellten Heizkörpern und einer Raumtem-peratur von durchschnittlich 20 °C der Flüssigkeitsspiegel auf die Nullmarke abgesunken. Erst die weitere Verdunstung führt zu Verbrauchsanzeigen am Heizkostenverteiler.

Erfolgt der Nutzerwechsel also in zeitlicher Nähe zum Austausch der Röhr-chen, ist vielfach aus technischen Gründen die Ermittlung des Verbrauchs kaum hinreichend genau möglich. **266**

In diesen Fällen sind die gesamten Kosten nach den nach Abs. 2 für die übri-gen Kosten geltenden Maßstäben aufzuteilen. Auch hier kann für die Kos-tenaufteilung auf die sich aus den anerkannten Regeln der Technik ergeben-den Gradtagszahlen zurückgegriffen oder zeitanteilig aufgeteilt werden (*OLG Düsseldorf* WM 2000, 133). **267**

Absatz 4

Nach Abs. 4 bleiben von den Absätzen 1 bis 3 abweichende rechtsgeschäft-liche Bestimmungen unberührt. Diese Einschränkung der Regelungen in § 9 b Abs. 1 bis 3 finden ihren Grund darin, dass die bei einem Nutzerwechsel auftretenden besonderen Umstände des Einzelfalls nach den Erfahrungen der Praxis sehr unterschiedlich sein können. Durch zu starre Vorgaben im Ver-ordnungstext wird ihnen nicht immer Rechnung getragen. Darüber hinaus können auch die auf § 5 EnEG basierenden Wirtschaftlichkeitsüberlegungen dafür sprechen, in diesen Fällen Freiraum für zivilrechtliche Lösungen zu be- **268**

lassen. Den Beteiligten ist daher freigestellt, ihnen vernünftig und gerechtfertigt erscheinende einfachere oder wirtschaftlichere Lösungen zu vereinbaren.

269 Nach dem Wortlaut des Abs. 4 bleiben nicht nur bereits beim Inkrafttreten der Vorschrift **bestehende** rechtsgeschäftliche Vereinbarungen unberührt. Auch **künftig** ist es möglich, abweichende rechtsgeschäftliche Vereinbarungen zu treffen, die die Kostenaufteilung bei Nutzerwechsel anders als in § 9 b Abs. 1 bis 3 regeln. Sie können sowohl in Individualverträgen wie Mietvertrag oder Teilungserklärung enthalten, als auch in allgemeinen Geschäftsbedingungen niedergelegt sein.

270 Weiterhin wäre es zweckmäßig, rechtsgeschäftlich zu vereinbaren, wer die **Kosten** trägt, die für die **Zwischenablesung** selbst anfallen. Sie sind eigentlich Kosten, die im Zusammenhang mit der Verwendung der Ausstattung zur Verbrauchserfassung entstehen, und damit Kosten des Betriebs der zentralen Heizungsanlage nach § 7 Abs. 2. Sie werden jedoch nicht gemeinsam durch alle Nutzer verursacht, so dass rechtsgeschäftlich geregelt werden sollte, wer die durch eine Zwischenablesung entstehenden Kosten trägt (vgl. auch § 7 Abs. 2 Rdn. 204). Die **Rechtsprechung**, die sich mit diesen Problemen befassen musste, entschied zunächst mit unterschiedlicher Begründung im Wesentlichen zu Lasten des Gebäudeeigentümers. Dabei wurde darauf abgestellt, dass die Zwischenablesung in seinem Verantwortungsbereich läge (vgl. Fundstellennachweise auf S. 64 und *LG Görlitz* WM 2007, 265; *AG Münster* WM 1996, 231 m.w.N.; *AG Wetzlar* WM 2003, 456 m.w.N.). Im Laufe der Jahre jedoch hat sich dies gewandelt. Die Kosten der Zwischenablesung wurden unterschiedlich sowohl als Kosten der Verwendung der Ausstattung zur Verbrauchserfassung angesehen (*AG Münster* WM 1996, 231 m.w.N.; *AG Hamburg* WM 1996, 562), aber auch als Kosten, die der ausziehende Mieter zu tragen hätte (*AG Schopfheim* WM 2000, 331; *AG Köln* WM 1997, 648; *AG Münster* WM 1996, 231), nicht jedoch der einziehende (*AG Münster* WM 2001, 631). Als der sicherste Weg zur Regelung der Kostentragung wurde auch von den Gerichten die rechtsgeschäftliche Ausgestaltung im Mietvertrag bezeichnet (*AG Wetzlar* WM 2003, 456; *AG Steinfurt* WM 2000, 213). Wenn eine solche jedoch nicht vorliegt, so hat der *BGH* (NJW 2008, 575 m.w.N.; vgl. auch *Bieber* WM 2008, 393 m.w.N.) letztlich zu Lasten des Vermieters entschieden. Denn Kosten der Verbrauchserfassung und der Abrechnung von Betriebskosten, die wegen des Auszugs eines Mieters vor Ablauf der Abrechnungsperiode entstehen, seien keine Betriebskosten, sondern Verwaltungskosten, die in Ermangelung anderweitiger vertraglicher Regelung dem Vermieter zur Last fielen. Bei den sog. »Nutzerwechselkosten« handele es sich schon begrifflich nicht um umlagefähige Betriebskosten. Denn nach der Legaldefinition des § 556 Abs. 1 S. 2 BGB seien unter Betriebskosten diejenigen Kosten zu verstehen, die dem Eigentümer laufend entstehen. Es müsse sich um stetig wiederkehrende Belastungen handeln. Daran fehle es bei den Kosten der Zwischenablesung. Sie fielen nicht in wiederkehrenden, periodischen Zeiträumen an, sondern im Laufe eines Mietverhältnisses lediglich einmalig im Zusammenhang mit dem Auszug des Mieters. Für das Wohnungseigentum bestätigten die Instanzgerichte, dass die Umlage dieser Kosten auf alle Wohnungseigentümer den Grundsätzen ordnungsgemäßer Verwaltung entspreche. Die Verursachung alleine im Bereich nur eines Wohnungseigentümers sei noch kein Grund, von der allgemeinen Kostenverteilung abzugehen (*KG* WM 2002, 444 und 507).

§ 10 Überschreitung der Höchstsätze

Rechtsgeschäftliche Bestimmungen, die höhere als die in § 7 Abs. 1 und § 8 Abs. 1 genannten Höchstsätze von 70 vom Hundert vorsehen, bleiben unberührt.

Nach § 10 bleiben rechtsgeschäftliche Bestimmungen unberührt, die höhere als die in § 7 Abs. 1 und § 8 Abs. 1 genannten Höchstsätze von 70 % für den verbrauchsabhängigen Teil der Abrechnung vorsehen. Dies bedeutet, dass Vereinbarungen z. B. in Mietverträgen oder unter Wohnungseigentümern, die festlegen, dass die Heiz- und Warmwasserkosten zu einem größeren Vom-Hundert-Satz als 70 verbrauchsabhängig abgerechnet werden sollen, ihre volle Geltung behalten und von den Vorschriften der Verordnung nicht beeinträchtigt werden. Das gilt selbst und gerade dann, wenn von den Beteiligten vereinbart wurde, die anfallenden **Kosten zu 100 % nur nach dem Verbrauch** umzulegen. **271**

Der Grund für die Regelung des § 10 ist darin zu sehen, dass die Verordnung in einem nicht unerheblichen Maß in die zivilrechtlichen Rechtsbeziehungen zwischen Nutzern und Gebäudeeigentümern eingreift. Es werden rechtsgeschäftliche Bestimmungen über die Abrechnung von Heiz- und Warmwasserkosten durch die Verordnung überlagert, und die Privatautonomie der Betroffenen wird eingeschränkt. **272**

Das erscheint aber insoweit gerechtfertigt, als es zur Erreichung des Ziels der Verordnung, die Nutzer von Räumen zu rationellem und sparsamem Verbrauch von Energie anzuhalten, erforderlich ist. Wohingegen dieses Ziel durch rechtsgeschäftliche Bestimmung eines höheren verbrauchsabhängigen Abrechnungssatzes aufbessere Art und Weise erreicht wird als nach der Verordnung, sollen die Beteiligten nicht gezwungen werden, den rechtsgeschäftlich **273** bestimmten Abrechnungssatz nach unten zu revidieren. Das jedoch wäre der Fall, wenn für die Bestimmung des verbrauchsabhängig abzurechnenden Anteils der Heiz- und Warmwasserkosten nur ein Prozentsatz gewählt werden dürfte, der sich innerhalb der vorgegebenen Bandbreite zwischen 50 % und 70 % bewegt. Alle rechtsgeschäftlichen Vereinbarungen über 70 % würden unter diesen Voraussetzungen gemäß § 2 durch die Verordnung überlagert, da sie rechtsgeschäftlichen Bestimmungen grundsätzlich vorgeht. Die Beteiligten wären gezwungen, den eigentlich zu begrüßenden höheren Prozentsatz zumindest auf das durch die Verordnung vorgegebene Maximum von 70 % herunterzuschrauben. Da ein derartiges Ergebnis jedoch dem Ziel der Verordnung zuwider liefe, legt § 10 ausdrücklich fest, dass solche rechtsgeschäftlichen Bestimmungen unberührt bleiben.

274 **§ 10 geht damit dem § 2 als Spezialregelung vor.** Nach § 2 sollen grundsätzlich die Vorschriften der Verordnung maßgeblich sein. Ausgenommen hiervon sind rechtsgeschäftliche Bestimmungen nach § 10, in denen eine Überschreitung der in der Verordnung genannten Höchstsätze von 70 % vereinbart wurde.

Praktische Relevanz der Regelung:

Wohnungseigentum:

275 Rechtsgeschäftliche Bestimmungen im Sinne des § 10 sind im Bereich des Wohnungseigentums namentlich Teilungsvereinbarungen, welche die Festlegung der Prozentsätze der verbrauchsabhängigen Abrechnung nach Maßgabe der Beschlüsse der Eigentümerversammlung ohne eine Höchstgrenze zulassen. In diesen Fällen ist die Gemeinschaft der Wohnungseigentümer nicht gehindert, an einem bereits vor Inkrafttreten der Verordnung beschlossenen Prozentsatz festzuhalten, wenn dieser über 70 % für den verbrauchsabhängig abzurechnenden Anteil hinausgeht. Es ist der Gemeinschaft aber auch nicht verwehrt, einen solchen Prozentsatz erst in Zukunft zu beschließen. § 10 setzt nicht voraus, dass mit Inkrafttreten der Verordnung eine solche rechtsgeschäftliche Bestimmung schon existiert. Sie kann durchaus nachträglich vereinbart werden und bleibt auch in diesem Falle von der Verordnung unberührt.

276 Die Bestimmung des verbrauchsabhängig abzurechnenden Anteils ist im Wohnungseigentum grundsätzlich durch Mehrheitsbeschluss möglich, solange dieser Anteil sich innerhalb der Bandbreite von 50 % bis 70 % bewegen soll und keine Vereinbarung der Wohnungseigentümer getroffen worden ist, die hierfür andere Mehrheitsverhältnisse z. B. Einstimmigkeit vorsieht. Beabsichtigen die Wohnungseigentümer jedoch, über 70 % hinauszugehen, so ist hierfür ein Mehrheitsbeschluss nicht mehr ausreichend, da in § 3 Satz 2, der den Mehr-

heitsbeschluss für die Festlegung der Prozentsätze zulässt (vgl. Rdn. 59–65), eine Verweisung auf § 10 gerade nicht enthalten ist. Infolgedessen kann die Festlegung eines über 70 % hinausgehenden Vom-Hundert-Satzes nur nach Maßgabe einer zugrunde liegenden Vereinbarung unter den Wohnungseigentümern getroffen werden (vgl. auch *BayObLG* WM 1991, 312). Sieht diese möglicherweise eine Zwei-Drittel-Mehrheit für solche Beschlüsse vor, kann das dazu führen, dass sich die Eigentümerversammlung auch gegen den Willen von Nutzern auf einen höheren als 70 %igen Abrechnungssatz einigt. Nachteilig betroffen sein können hiervon besonders Nutzer, die für ihre Räume einen durch deren Lage bedingten höheren Heizenergieverbrauch haben. Eine unbillige Benachteiligung dieser Nutzer ist darin jedoch nicht zu sehen, da sie schon aufgrund der Vereinbarung damit rechnen mussten, dass die Eigentümerversammlung einen über 70 % hinausgehenden Satz für die verbrauchsabhängige Abrechnung beschließen könnte. In diesem Zusammenhang beschränkt § 10 sich lediglich darauf, an der bereits gegebenen Rechtslage nichts zu ändern. Dennoch sollte bei einem derartigen Beschluss beachtet werden, ob nicht vor allem bei älteren Gebäuden mit lagebedingten Wärmebedarfsunterschieden die Grundsätze ordnungsgemäßer Verwaltung berührt sein könnten (*OLG Hamm* WM 2006, 585).

Mietverhältnisse:

Im Bereich des Mietrechts und anderer vertraglicher Nutzungsrechte betrifft **277** § 10 in erster Linie Vereinbarungen höherer verbrauchsabhängiger Prozentsätze in Miet- und Nutzungsverträgen. Auch sie bleiben für die Abrechnung von Heiz- und Warmwasserkosten in vollem Maße verbindlich, ohne dass sie von der Verordnung berührt und nach unten revidiert werden müssen. Für die Gültigkeit einer solchen Vereinbarung hat es das *OLG Düsseldorf* (WM 2003, 387 m.w.N.) als ausreichend angesehen, dass die Abrechnung »nach Heizkostenverteiler« erfolgt. Soll jedoch von dem vertraglich vereinbarten Satz wieder abgewichen werden, so bedarf dies einer Vereinbarung mit allen Mietern. Denn es ist nicht möglich, verschiedene Prozentsätze für den verbrauchsabhängig abzurechnenden Teil bei verschiedenen Mietern zugrunde zu legen. Wendet sich daher nur ein Mieter gegen eine Abänderung der im Mietvertrag festgelegten Abrechnungsart, so behält die mietvertraglich vereinbarte Abrechnung Gültigkeit. Dies ist keine unbillige Benachteiligung eines einzelnen Mieters, der unter Umständen wiederum die Wohnung mit dem höheren Wärmebedarf bewohnt, da dieser sich bereits vorher mit dem festgelegten Abrechnungssatz einverstanden erklärt hat.

Darüber hinaus kommen auch Klauseln in Mietverträgen in Betracht, die dem **278** Eigentümer ein einseitiges Bestimmungsrecht hinsichtlich des verbrauchsabhängigen Abrechnungssatzes einräumen, ohne eine Obergrenze festzulegen. Wenn derartige Situationen zugegebenermaßen auch sehr selten sind, ist es nicht erforderlich, so gestaltete Verträge abzuändern. Auch hier beschränkt § 10 sich darauf, die bisherige vom Mieter im Mietvertrag akzeptierte Bestimmungsbefugnis des Gebäudeeigentümers unangetastet zu lassen. Eine unbillige Benachteiligung durch die Verordnung ist ebenfalls nicht gegeben. Die mietvertragliche Regelung wurde vorher akzeptiert und bleibt lediglich weiterhin bestehen.

279 In allen weiteren Fällen der vertraglichen Nutzung erfordert die Festlegung eines über 70 % hinausgehenden Vom-Hundert-Satzes eine Vereinbarung mit jedem einzelnen Nutzer. Dies ist bereits ein nach allgemeinem Zivilrecht gegebenes Erfordernis und braucht in § 10 daher nicht mehr wiederholt zu werden. Bei vermieteten Eigentumswohnungen ist dabei jedoch wichtig zu beachten, dass der Vermieter seinem Mieter gegenüber dieselben Prozentsätze anwendet, die innerhalb der Eigentümergemeinschaft auch auf ihn angewendet werden (vgl. oben zu § 1 Abs. 2 Nr. 3 Rdn. 36).

§ 11   Ausnahmen

(1) Soweit sich die §§ 3 bis 7 auf die Versorgung mit Wärme beziehen, sind sie nicht anzuwenden
1. auf Räume
   a) in Gebäuden, die einen Heizwärmebedarf von weniger als 15 kWh/(m². a) aufweisen,
   b) bei denen das Anbringen der Ausstattung zur Verbrauchserfassung, die Erfassung des Wärmeverbrauchs oder die Verteilung der Kosten des Wärmeverbrauchs nicht oder nur mit unverhältnismäßig hohen Kosten möglich ist; unverhältnismäßig hohe Kosten liegen vor, wenn diese nicht durch die Einsparungen, die in der Regel innerhalb von zehn Jahren erzielt werden können, erwirtschaftet werden können; oder
   c) die vor dem 1. Juli 1981 bezugsfertig geworden sind und in denen der Nutzer den Wärmeverbrauch nicht beeinflussen kann;
2. a) auf Alters- und Pflegeheime, Studenten- und Lehrlingsheime,
   b) auf vergleichbare Gebäude oder Gebäudeteile, deren Nutzung Personengruppen vorbehalten ist, mit denen wegen ihrer besonderen persönlichen Verhältnisse regelmäßig keine üblichen Mietverträge abgeschlossen werden;
3. auf Räume in Gebäuden, die überwiegend versorgt werden
   a) mit Wärme aus Anlagen zur Rückgewinnung von Wärme oder aus Wärmepumpen- oder Solaranlagen oder

b) mit Wärme aus Anlagen der Kraft-Wärme-Kopplung oder aus Anlagen zur Verwertung von Abwärme, sofern der Wärmeverbrauch des Gebäudes nicht erfasst wird;

4. auf die Kosten des Betriebs der zugehörigen Hausanlagen, soweit diese Kosten in den Fällen des § 1 Abs. 3 nicht in den Kosten der Wärmelieferung enthalten sind, sondern vom Gebäudeeigentümer gesondert abgerechnet werden;

5. in sonstigen Einzelfällen, in denen die nach Landesrecht zuständige Stelle wegen besonderer Umstände von den Anforderungen dieser Verordnung befreit hat, um einen unangemessenen Aufwand oder sonstige unbillige Härten zu vermeiden.

(2) Soweit sich die §§ 3 bis 6 und § 8 auf die Versorgung mit Warmwasser beziehen, gilt Absatz 1 entsprechend.

Einigungsvertrag Anlage I Kapitel V Sachgebiet D Abschnitt III Nr. 10 f.):

§ 11 Abs. 1 Nr. 1 Buchstabe b) ist mit der Maßgabe anzuwenden, dass an die Stelle des Datums »1. Juli 1981« das Datum »1. Januar 1991« tritt.

280 § 11 zählt **abschließend** die Ausnahmen von den Anforderungen der HeizkostenV auf. Nur bei Vorliegen der hier benannten Ausnahmetatbestände braucht nicht verbrauchsabhängig im Sinne der Verordnung abgerechnet zu werden. Damit entfallen für die Beteiligten sämtliche Verpflichtungen und Berechtigungen, die die Verordnung im Zusammenhang mit der verbrauchsabhängigen Abrechnung in den §§ 3–8 regelt. Der Gebäudeeigentümer ist nicht mehr gezwungen, den anteiligen Verbrauch der Nutzer an Wärme und Warmwasser zu erfassen und dazu die Räume mit entsprechenden Geräten auszustatten. Der Nutzer braucht umgekehrt eine Ausstattung nicht mehr zu dulden, ist aber auch nicht berechtigt, vom Gebäudeeigentümer einseitig die Anbringung solcher Geräte zu verlangen. Weiterhin verbleibt es bezüglich der Umlegung der Kosten der Versorgung mit Wärme und Warmwasser bei den bislang geltenden Vereinbarungen. Der Gebäudeeigentümer braucht die Kosten nicht nach Maßgabe der §§ 7–9 auf die Nutzer zu verteilen.

281 Für den **preisgebundenen Wohnraum** existierten in den §§ 22 Abs. 3, 23 Abs. 3 und 23 a Abs. 5 der alten Fassung der NMV 1970 ähnliche Ausnahmeregelungen, wie sie § 11 vorsieht. Darf von einer verbrauchsabhängigen Abrechnung wegen Eingreifens eines Ausnahmetatbestandes abgesehen werden, gibt die Neufassung 1984 des § 22 Abs. 2 NMV 1970 für den preisgebundenen Wohnraum einen festen Verteilungsmaßstab an die Hand. Hiernach dürfen umgelegt werden die Kosten der Versorgung mit Wärme nach der Wohnfläche oder nach dem umbauten Raum; es darf auch die Wohnfläche oder der umbaute Raum der beheizten Räume zugrunde gelegt werden, die Kosten der Versorgung mit Warmwasser nach der Wohnfläche oder einem Maßstab, der dem Warmwasserverbrauch in anderer Weise als durch Erfassung Rechnung trägt.

Absatz 1

282 Abs. 1 enthält im Einzelnen die **Aufzählung der jeweiligen Ausnahmetatbestände.** Obgleich er sich nur auf die Versorgung mit Wärme bezieht, sind die hier genannten Ausnahmetatbestände auch auf die Versorgung mit Warmwasser anzuwenden. Nach Abs. 2 gelten die Ausnahmen des Abs. 1 für die Versorgung mit Warmwasser entsprechend.

Abs. 1 Nr. 1

283 Mit der Änderung der HeizkostenV 2009 wurde in **Nr. 1 a)** ein **neuer Ausnahmetatbestand** aufgenommen. Danach werden **Räume** von der Anwendung der Vorschriften über die verbrauchsabhängige Abrechnung ausgenommen **in Gebäuden, die einen Heizwärmebedarf von weniger als 15 kWh/(m². a) aufweisen.** Hierdurch wird ein Anreiz zur Erreichung des sog. **Passivhausstandards** beim Bau oder der Sanierung von Mehrfamilienhäusern gesetzt. Durch immer besseren baulichen Wärmeschutz nehmen Energiekosteneinsparpotenziale immer weiter ab. Ihnen stehen dabei weitgehend unveränderte Aufwendungen für die verbrauchsabhängige Abrechnung gegenüber. Dies belegt ein Forschungsvorhaben »Heizkostenerfassung im Niedrigenergiehaus«, das das Bundesministerium für Verkehr, Bau- und Wohnungswesen im Jahr 2004 in Auftrag gegeben hatte (veröffentlicht vom Bundesamt für Bauwesen und Raumordnung, Heft 118, Forschungen S. 67). Der Einfluss des Nutzerverhaltens bei Heizwärme wird danach um so geringer, je besser der energetische Standard des Gebäudes ist. Entsprechend kann der Aufwand für die verbrauchsabhängige Abrechnung nicht mehr durch die Einsparung von Energie erwirtschaftet werden. Dies trifft ganz besonders auf Gebäude zu, deren Heizwärmebedarf weniger als 15 kWh/m² pro Jahr beträgt. Wegen des geringen Energiebedarfs dieser Gebäude ist deren Energieverbrauch nicht mehr wesentlich vom Nutzerverhalten beeinflusst. Sie sind daher von der verbrauchsabhängigen Abrechnung ausgenommen. Dies gilt jedoch nicht für die verbrauchsabinginge Abrechnung des Warmwassers. Der bauliche Wärmeschutz und die energetische Gebäudequalität haben keinen Einfluss auf den Warmwasserverbrauch. Dieser wird von der Anzahl der verbrauchenden Personen und deren Bedürfnissen bestimmt. Das oben zitierte Forschungsvorhaben befasst sich dementsprechend auch nicht mit der Warmwasserabrechnung.

Nach **Nr. 1 b)** werden **Räume** von einer Anwendung der Vorschriften über **284** die verbrauchsabhängige Abrechnung ausgenommen, **in denen das Anbringen der Ausstattung zur Verbrauchserfassung, die Erfassung des Wärmeverbrauchs oder die Verteilung der Kosten des Wärmeverbrauchs nicht oder nur mit unverhältnismäßig hohen Kosten möglich ist.** Durch diese Bestimmung sind zunächst alle Räume ausgenommen, in denen das Anbringen der erforderlichen Erfassungsgeräte oder die Verbrauchserfassung selbst unmöglich sind. Die Verordnung schreibt damit nichts vor, was aus technischen Gründen nicht zu realisieren wäre. Die Ursache muss aber in der technischen Besonderheit, z. B. der Heizungsanlage liegen. Es reicht nicht aus, dass sonstige Gründe die Anbringung von Erfassungsgeräten verhindern. Sind die Heizkörper z. B. so unglücklich oder auch aufwendig mit Verkleidungen versehen, dass ihretwegen keine Geräte angebracht sind, ist das kein Ausnahmefall im Sinne dieser Vorschrift (vgl. auch *LG Hamburg* WM 1992, 259). Weiterhin brauchen die erforderlichen Erfassungsgeräte nicht angebracht oder die Verbrauchserfassung nicht durchgeführt zu werden, wenn dies so aufwendig wäre, dass dadurch unverhältnismäßig hohe Kosten verursacht würden.

Ein solcher Tatbestand der Unverhältnismäßigkeit kann u. a. dann vorliegen, **285** wenn in einem großen Einfamilienhaus eine sehr kleine Einliegerwohnung oder gar einzelne Zimmer untervermietet sind. Ursprünglich waren Einliegerwohnungen in Einfamilienhäusern nach der alten Fassung der HeizkostenV nicht von der verbrauchsabhängigen Abrechnung ausgenommen. Es konnte jedoch der Fall eintreten, dass das ganze Haus möglicherweise mit 20 Heizkörpern ausgerüstet war, wovon die Einliegerwohnung oder das untervermietete Zimmer lediglich einen einzigen aufwiesen. Bei einer derartigen Sachlage war es auch schon vor der Neufassung 1984 der HeizkostenV unverhältnismäßig zu verlangen, wegen eines einzigen Heizkörpers alle restlichen 19 ebenfalls mit Verbrauchserfassungsgeräten auszustatten. Die verbrauchsabhängige Abrechnung konnte hier aufgrund der Ausnahmevorschrift nach Nr. 1 b) entfallen. Da solche Situationen in der Praxis oft zu Streitigkeiten über die Verpflichtung zur verbrauchsabhängigen Abrechnung führten, hat der Verordnungsgeber durch die Neufassung 1984 des § 2 den typischen Fall des Einfamilienhauses mit Einliegerwohnung vom Zwang zur verbrauchsabhängigen Abrechnung dann befreit, wenn der Vermieter selbst mit im Hause wohnt (vgl. die Ausführungen zu § 2 Rdn. 50–55). Dasselbe galt für Situationen, in denen die Verteilung der Kosten für den Verbrauch von Wärme und Warmwasser nicht oder nur mit unverhältnismäßig hohen Kosten möglich war. Wo dabei die Grenze der Unverhältnismäßigkeit zu ziehen war, war nur im konkreten Einzelfall zu entscheiden. Das konnte durch Gegenüberstellung von Kosten für Installation der Geräte sowie Mess- und Abrechnungsaufwand und möglicher Einsparung von Energiekosten erfolgen. Es war jedoch unmöglich, dafür allgemein gültige Leitlinien aufzustellen, da die jeweiligen Gegebenheiten für die Beurteilung der Unverhältnismäßigkeit in jedem Einzelfall differierten und deshalb eine generelle Beurteilung entfallen musste.

286 Die **Frage der Unverhältnismäßigkeit** hat wiederholt selbst **die obersten Gerichte beschäftigt.** Sie ist auch vom *BGH* (WM 1991, 282) entschieden worden. Er hat die hier vertretene These gestützt und den Vergleich der Kosten für die Installation der Messgeräte sowie des Mess- und Abrechnungsaufwands mit der möglichen Einsparung von Energiekosten zugrunde gelegt. Das *BayObLG* (WM 1993, 753) und das *Berliner KG* (WM 1993, 300) nehmen unverhältnismäßig hohe Kosten dann an, wenn in einem 10-Jahres-Vergleich die Kosten für die Geräte mit Einbau sowie Wartung und Ablesung die voraussichtliche Einsparung von Energiekosten übersteigen. Das *LG Frankfurt/M.* (WM 1991, 616) stellt ab auf die aktuellen Energiekosten eines Gebäudes, die auf dessen Restnutzungsdauer hochgerechnet werden, und die Installationskosten für die Geräte, die 15 % der rechnerischen Kosteneinsparung nicht übersteigen dürfen. Die Berücksichtigung der Restnutzungsdauer des Gebäudes leitet das Gericht aus § 5 Abs. 1 EnEG ab. Danach gelten Anforderungen als wirtschaftlich vertretbar, wenn generell die erforderlichen Aufwendungen innerhalb der üblichen Nutzungsdauer durch die eintretenden Einsparungen erwirtschaftet werden können. Bei bestehenden Gebäuden ist die noch zu erwartende Nutzungsdauer zu berücksichtigen. Bei der Berechnung der 15 %igen Energiekostenersparnis sollen die im Beurteilungszeitraum aktuellen Brennstoffpreise herangezogen werden. Die Ersparnis wird dem Aufwand für die Installation der Geräte gegenübergestellt. Überschreitet der Aufwand die mögliche Ersparnis, ist die Unverhältnismäßigkeit gegeben. Allein dieser kursorische Überblick über die Rechtsprechung der Obergerichte zeigt, dass sich die Frage der Unverhältnismäßigkeit nur im konkreten Einzelfall klären ließ und es allgemeingültige Leitlinien im Sinne einer mathematischen Formel hiefür nicht geben konnte. Auch die jüngere Rechtsprechung bestätigt die dargestellte Linie. So hat das *BayObLG* (WM 2004, 737 m.w.N.) erneut Unverhältnismäßigkeit angenommen, wenn in einem 10-Jahres-Vergleich die Kosten für die Installation der Ausstattungen zur Verbrauchserfassung sowie deren Wartung und Ablesung höher sind als die voraussichtlich einzusparenden Kosten. Dahingegen hält das *OLG Köln* (WM 2007, 86) den nachträglichen Einbau von Ausstattungen zur Verbrauchserfassung nicht für unverhältnismäßig, wenn die überschlägig ermittelten Einbaukosten im 10-Jahres-Vergleich die erwartete Ersparnis geringfügig überschreiten, diesen Berechnungen jedoch veraltete Energiepreise zugrunde liegen und in den nächsten Jahren mit einem weiteren Anstieg der Energiekosten gerechnet werden muss (vgl. auch ausführlich zur

Wirtschaftlichkeit bei der Erfassung der Heiz- und Warmwasserkosten: *Wall* WM 2002, 130 ff. m.w.N.).

Mit der **Änderung der HeizkostenV 2009** hat der Verordnungsgeber dieser unterschiedlichen Judikatur und dem vielfach angestellten **10-Jahres-Vergleich Rechnung** getragen. Nach der nun ergänzten Nr. 1 b) liegen **unverhältnismäßig hohe Kosten** dann vor, **wenn diese nicht durch die Einsparungen, die in der Regel innerhalb von zehn Jahren erzielt werden können, erwirtschaftet werden können.** Zur Begründung dieser Änderung wird auf die Wirtschaftlichkeit der verbrauchsabhängigen Abrechnung verwiesen. Sie sei vom baulichen Wärmeschutz der Gebäude abhängig, da sich der Energieverbrauch für das Gebäude mit zunehmendem baulichen Wärmeschutz entsprechend verringere. Dem abnehmenden Energiebedarf stünden weitgehend unveränderte Aufwendungen für die Verbrauchserfassung gegenüber, die durch entsprechende Einsparungen erwirtschaftet bzw. getragen werden müssten. Auch in gut gedämmten Gebäuden sei das Nutzerverhalten ausschlaggebend für die Energiekosteneinsparung. Mit der verbrauchsabhängigen Kostenverteilung werde der Nutzer zum sparsamen Umgang mit Energie angehalten. Die Unverhältnismäßigkeit hoher Kosten sei daher in Abhängigkeit vom jeweiligen Wärmeschutzniveau des Gebäudes und damit der erzielbaren Energieeinsparung und der Kosten der am Markt angebotenen und im Einzelfall verwendeten Erfassungsgeräte zu beurteilen (Bundesrats-Drucksache 570/08). Der angemessene Beurteilungszeitraum dafür sind 10 Jahre.

287

Nach **Nr. 1 c)** bleiben **Räume, in denen der Nutzer den Wärmeverbrauch nicht beeinflussen kann,** von einer Anwendung der Vorschriften über die verbrauchsabhängige Abrechnung ausgenommen. Das gilt jedoch nur, **wenn die Räume vor dem 1. Juli 1981 bezugsfertig** geworden sind. Bei **preisgebundenen Wohnungen** im Sinne der NMV 1970, bei denen die Kosten für Wärme oder Warmwasser am 30. April 1984 in der Einzelmiete enthalten sind, gilt als Stichtag der Bezugsfertigkeit der **1.8.1984** (vgl. § 12 a Abs. 2 Nr. 1 alte Fassung). Zwar ist § 12 a durch Zeitablaufteilweise gegenstandslos geworden und durch den neuen § 12 ersetzt worden. Dessen Abs. 3 legt für preisgebundene Wohnungen anstelle des Datums 1.7.1981 das Datum 1.8.1984 fest. Obgleich dabei nur über Abs. 2, der ebenfalls in Nr. 2 das Datum 1.7.1981 enthält, § 5 Abs. 1 Satz 2 in Bezug genommen wird, sollte dies auch für dasselbe Datum in § 11 Abs. 1 Nr. 1 b gelten, der in der neuen Übergangsregelung nicht erwähnt ist. Andernfalls würde der ursprünglich gewährte Besitzstand 1.8.1984 aus § 12 a Abs. 2 Nr. 1 alte Fassung für den preisgebundenen Wohnraum ohne sachlichen Grund aufgegeben und der 1.7.1981 aus § 11 Abs. 1 Nr. 1 b für die Nichtbeeinflussbarkeit des Wärmeverbrauchs maßgeblich sein. Der reine

288

Wortlaut des neuen § 12 Abs. 3 steht dieser extensiven Auslegung zwar entgegen. Dennoch ist sie sachlich gerechtfertigt.

289 Der **Einigungsvertrag** sieht in Anlage I Kapitel V Sachgebiet D Abschnitt III Nr. 10 f.) vor, dass für die neuen Bundesländer das Datum 1.1.1991 an die Stelle des Datums 1.7.1981 tritt. Auch der *BGH* (WM 2003, 699) hat für die neuen Bundesländer in der Zwischenzeit bestätigt, dass die Pflicht zur Ausstattung mit Verbrauchserfassungsgeräten nicht für Gebäude gilt, die mit nicht regulierbaren Zentralheizkörpern versehen sind und vor dem 1.1.1991 bezugfertig wurden.

290 Räume, die von diesen Terminen (1.7.1981/1.8.1984/1.1.1991) an bezugsfertig geworden sind, müssen bereits so ausgestattet sein, dass der Wärmeverbrauch beeinflussbar ist. Ein Fall der Nichtbeeinflussbarkeit durch den Nutzer im Sinne dieses Ausnahmetatbestandes liegt z.B. dann vor, wenn bei einer Einrohrheizung der erste Nutzer seine Heizung nicht abschalten kann, ohne zugleich die Heizungen der darunterliegenden Nutzer mit abzuschalten. Denn die Funktionsfähigkeit der Einrohrheizung setzt voraus, dass das warme Wasser vom ersten Heizkörper bis zum letzten ununterbrochen durchläuft und somit alle Heizkörper erhitzt. Wird der Fluss des warmen Wassers vor einem Heizkörper unterbrochen, ohne dass das warme Wasser z.B. über einen Bypass den Heizkörper überbrücken kann, um dann in den nächsten zu gelangen, so ist die Situation entstanden, dass der erste Nutzer seine Heizung nicht abschalten kann, ohne zugleich die Heizungen der dahinterliegenden Nutzer mit abzuschalten (vgl. auch oben Rdn. 123). Allerdings gibt es auch Einrohrheizungen, deren Funktionsweise gewährleistet, dass das Abschalten durch einen Nutzer nicht auch zugleich die dahinterliegenden Nutzer mit abschaltet (z.B. über einen Bypass). In diesen Fällen ist die verbrauchsabhängige Heizkostenabrechnung mit geeigneten Ausstattungen zur Verbrauchserfassung durchzuführen (*BayObLG* WM 1997, 691; *AG Neukölln* WM 2003, 325). Auch bei ausschließlich zentral gesteuerten Fußboden- oder Deckenheizungen kann der einzelne Nutzer den Wärmeverbrauch oft nicht beeinflussen. Solche Fälle sind von der verbrauchsabhängigen Abrechnung ausgenommen. In den **neuen Bundesländern** ist es vermehrt vorgekommen, dass technische Regelungsmöglichkeiten zur Beeinflussung des Wärmeverbrauchs zwar vorhanden, aber nicht funktionstauglich waren. Auch hier muss davon ausgegangen werden, dass der Nutzer den Wärmeverbrauch nicht beeinflussen kann. Die verbrauchsabhängige Abrechnung kann folglich bis zur Wiederherstellung der Funktionstauglichkeit entfallen. Eine derartige Auslegung der Ausnahmevorschrift rechtfertigt sich allerdings nur aus der besonderen Situation der neuen Bundesländer unter Berücksichtigung ihres überholten technischen Standards im Energiebereich. Ein entsprechender Fall in den alten Bundesländern müsste anders, z. B. durch Inanspruchnahme rechtlicher Mittel zur Verpflichtung des Gebäudeeigentümers zur Wiederherstellung der Funktionstauglichkeit gelöst werden, nicht jedoch über die Ausnahme von der verbrauchsabhängigen Abrechnung. In der Praxis wird sich die Situation in den neuen Bundesländern in der Zwischenzeit auch geändert haben, so dass die Rechtfertigung für ihre besondere Behandlung heute nicht mehr gegeben sein dürfte.

Abs. 1 Nr. 2

Nr. 2 a) und b) behandeln die traditionelle sogenannte »Warmmiete«. In **Alters- und Pflegeheimen, Studenten- und Lehrlingsheimen, aber auch in vergleichbaren Gebäuden oder Gebäudeteilen, deren Nutzung Personengruppen vorbehalten ist, mit denen wegen ihrer besonderen persönlichen Verhältnisse regelmäßig keine üblichen Mietverträge abgeschlossen werden,** war es bislang vielfach üblich, ein monatliches oder jährliches Einheitsentgelt zu bezahlen, womit neben der Miete auch die sonstigen Nebenkosten und hierin vor allem die Heizkosten sowie weitere Kosten für z. B. Verpflegung, Pflege und ähnliche mehr mit abgegolten waren.   **291**

Obgleich die Vereinbarung von Warmmieten grundsätzlich nicht mehr zulässig ist, ist dennoch die Ausnahme für die Alters- und Pflegeheime, Studenten- und Lehrlingsheime sowie für vergleichbare Gebäude beibehalten worden. Sie sind generell von der verbrauchsabhängigen Abrechnung ausgenommen, ohne dass hierbei darauf abzustellen ist, ob vor Inkrafttreten der HeizkostenV tatsächlich sogenannte Warmmietverhältnisse bestanden oder ob auch hier Kaltmieten bezahlt wurden und die Heiz- und Warmwasserkostenabrechnung extra erfolgte. Entscheidend für diese Ausnahmeregelung ist, dass bei derartigen Heimen in Anbetracht der meist geringen Größe der Wohneinheiten, des großen Wärmeaustausches zwischen den einzelnen Räumen sowie zum Teil auch einer häufigeren Fluktuation der erforderliche Verwaltungsaufwand für eine verbrauchsabhängige Heizkostenabrechnung unverhältnismäßig groß ist.   **292**

Ähnlich wie in den unter a) aufgezählten Heimen entfällt die verbrauchsabhängige Abrechnung auch für vergleichbare Gebäude oder Gebäudeteile. Hierbei ist jedoch wesentlich, dass ihre Nutzung nur bestimmten Personengruppen vorbehalten ist. Mit diesen Personengruppen, z. B. Schwesternschülerinnen oder Lehrlinge in Hotelfachschulen werden üblicherweise keine normalen Mietverträge abgeschlossen. Sie leben vielmehr am Ort ihrer Ausbildung in einer Art Heimsituation, die der der unter a) aufgeführten sehr nahe kommt. Daher wurde auch für diese Gebäude die Ausnahme von der verbrauchsabhängigen Abrechnung ermöglicht, wenn ihre Benutzung einer spezifischen Personengruppe vorbehalten ist.   **293**

294 In allen anderen Gebäuden, die nicht den Anforderungen der Nr. 2 genügen, mussten sonstige **Warmmietverträge** spätestens nach Ablauf der Übergangsfrist (30. Juni 1984, § 12 Abs. 1 Nr. 1 alte Fassung) in normale Mietverträge umgewandelt werden, so dass die Heizkosten nach Maßgabe der Verordnung abgerechnet werden können. Bei allen diesen Verträgen waren die Kosten der Versorgung mit Wärme in dem für die Nutzung zu entrichtenden Gesamtentgelt aufgrund vertraglicher Vereinbarung nicht gesondert ausgewiesen. Die erforderliche **Umwandlung** konnte grundsätzlich auf **zwei verschiedenen Wegen** erfolgen: Zum einen konnten die tatsächlichen Kosten für die Versorgung mit Wärme aus der vereinbarten Warmmiete herausgerechnet werden. Zum anderen konnte aus der Warmmiete die für die Wohnung ortsübliche Vergleichsmiete herausgezogen werden.

295 Wurden die Heizkosten bislang getrennt von der Miete auf die Nutzer umgelegt, wenn auch eine monatliche Pauschale für die Heizung bezahlt wurde und die Endabrechnung einmal im Jahr erfolgte, so muss auch hier nach den Vorschriften der Verordnung verfahren werden. Obgleich in einer derartigen Situation vielfach auch von Warmmiete gesprochen wird, weil nämlich der Nutzer neben der Miete die Heizkostenpauschale entrichtet und diese meistens einen Umfang erreicht, dass Nachzahlungen für die Heizung in größerem Maße nicht erforderlich werden, handelt es sich dabei nicht um Warmmieten im eigentlichen Sinn. Sie unterliegen demnach ohne Besonderheiten der HeizkostenV.

296 Nicht ausdrücklich ausgenommen sind auch künftig Warmmietverhältnisse über mehr als eine Einliegerwohnung sowie Fälle der Untervermietung. Für diese bieten Nr. 1 (vgl. hierzu die Ausführungen zu Nr. 1 a) und die noch später darzustellende Nr. 5 ebenfalls die Möglichkeit einer Lösung, die dem Verhältnis der Kosten zum Einspareffekt Rechnung trägt und unbillige Härten vermeidet. Da alte Warmmietverträge häufig über verhältnismäßig kurze Zeiträume abgeschlossen worden sind, kann davon ausgegangen werden, dass nach Ablauf der Übergangsfrist (30. Juni 1984, § 12 Abs. 1 Nr. 1 alte Fassung) die meisten der Warmmietverträge ausgelaufen sind.

297 Für etwa noch verbleibende Fälle kann über Nr. 1 oder Nr. 5 eine jeweils angemessene Lösung gefunden werden.

Abs. 1 Nr. 3

298 In **Nr. 3 a)** und **b)** werden Ausnahmen zugelassen für den Fall der **Verwendung energiesparender Technologien.** Dies sind im Sinne der Verordnung die Versorgung mit Wärme aus Anlagen zur Rückgewinnung von Wärme oder aus Wärmepumpen- oder Solaranlagen sowie die Versorgung mit Wärme aus

Anlagen der Kraft-Wärme-Kopplung oder aus Anlagen zur Verwertung von Abwärme, sofern der Wärmeverbrauch des Gebäudes nicht erfasst wird. Auch bezüglich der energiesparenden Technologien ist die **Aufzählung unter Nr. 3 abschließend**. Die Verwendung sonstiger Technologien wie z. B. Windkraftanlagen, Biogas und ähnliche mehr kann daher von der Pflicht zur verbrauchsabhängigen Abrechnung nicht befreien. Nur hinsichtlich der genannten Versorgungsanlagen kann davon ausgegangen werden, dass sie nach dem Stand der Technik soweit fortgeschritten sind, dass sie eine überwiegende Versorgung der Gebäude mit Wärme aus sich heraus sicherstellen können. Denn die überwiegende Versorgung ist als das wesentliche Tatbestandsmerkmal der Ausnahme nach Nr. 3 anzusehen. Nicht bei jeder Verwendung einer Wärmepumpe oder Solaranlage ist schon eine Befreiung von den Vorschriften der HeizkostenV möglich, sondern es ist erforderlich, dass diese Anlagen überwiegend die Wärmeversorgung für das Gebäude übernehmen.

In solchen Fällen war bislang eine von der verbrauchsabhängigen Abrechnung 299 abweichende Verteilung der Kosten jedoch nur dann zulässig, wenn die **nach Landesrecht zuständige Stelle eine Ausnahmegenehmigung** erteilt hatte (vgl. die Liste der nach Landesrecht zuständigen Stellen, Anhang 15). Diese Voraussetzung ist mit der Änderung der HeizkostenV 2009 **ersatzlos entfallen**. Die effizientere Verfahrensweise der Nrn. 1 und 2 des Abs. 1 wird nunmehr auch auf die Nr. 3 übertragen. Die ersten beiden Ausnahmeregelungen gelten als erfüllt, wenn die entsprechenden Ausnahmetatbestände vorliegen. Ein besonderes Verwaltungsverfahren ist hierfür nicht erforderlich. Auch für den Nutzer ist leicht zu erkennen, ob die Heizwärmeversorgung durch eine der dort angegebenen Techniken wie Wärmepumpen oder Solaranlagen erfolgt. Bei Nichtbeachtung bestünde das Kürzungsrecht nach § 12. Dieses wirkt kurzfristig und ist damit effizienter als ein langwieriges behördliches Verfahren. Die Änderung ist folglich ein angemessener Beitrag zur Entbürokratisierung. Die bisher erforderliche Erteilung erfolgte nach pflichtgemäßem Ermessen der nach Landesrecht zuständigen Stelle. Da eine Umlegung der Kosten ohne Rücksicht auf den tatsächlichen Verbrauch die Nutzer nicht zu energiesparendem Verhalten motiviert, war es nötig, die Voraussetzungen für die Ausnahmeregelung eng zu begrenzen. Eine Ausnahme kam deshalb nur in Betracht, wenn sie »im Interesse der Energieeinsparung und der Nutzer« lag. Mit dieser Begrenzung auf das Interesse der Nutzer sollte sichergestellt werden, dass die zu erzielende Energieeinsparung der Gesamtheit der Nutzer zugute kommt. Nur bei wenigen Versorgungssystemen konnte die Pauschalabrechnung zu einer solchen Energieeinsparung beitragen. **Die für den preis gebundenen Wohnraum erteilten Ausnahmegenehmigungen** nach den §§ 22 Abs. 5 und 23 Abs. 5 der NMV 1970 alte Fassung **bleiben unberührt** (vgl. § 22

Abs. 2 Satz 3 NMV 1970). Soweit hier die Umlegung der Kosten für Wärme und Warmwasser nach der Wohnfläche oder nach dem umbauten Raum nach den bisherigen Vorschriften von der zuständigen Stelle genehmigt worden ist, bleibt es dabei.

Abs. 1 Nr. 4

300 Nach **Nr. 4** ist die verbrauchsabhängige Abrechnung nicht anzuwenden **auf die Kosten des Betriebs der zugehörigen Hausanlagen, soweit diese Kosten in den Fällen des § 1 Abs. 3 nicht in den Kosten der Wärmelieferung enthalten sind, sondern vom Gebäudeeigentümer gesondert abgerechnet werden.**

301 § 1 Abs. 3 bezieht die Direktabrechnungsfälle in die Pflicht zur verbrauchsabhängigen Abrechnung ein. Die HeizkostenV gilt danach auch für die Verteilung der Kosten der Wärmelieferung und Warmwasserlieferung auf die Nutzer der mit Wärme oder Warmwasser versorgten Räume, soweit der Lieferer unmittelbar mit den Nutzern abrechnet und dabei die Anteile der Nutzer am Gesamtverbrauch zugrunde legt. In diesen Fällen muss der Lieferer von Wärme und Warmwasser seine Kosten verbrauchsabhängig abrechnen. Der Gebäudeeigentümer bliebe darüber hinaus verpflichtet, die bei ihm entstandenen Kosten des Betriebs der zugehörigen Hausanlagen, die in den vom Versorgungsunternehmen in Rechnung gestellten Kosten der Wärmelieferung nicht enthalten sind, ebenfalls verbrauchsabhängig zu verteilen.

302 Die Art der Aufteilung der verbrauchsabhängigen Abrechnung zwischen Gebäudeeigentümer und Wärmelieferant ist jedoch wirtschaftlich nicht vertretbar. Die Kosten, die neben der Lieferung von Wärme für die zugehörigen Hausanlagen gesondert entstehen können, werden in der Praxis auf allenfalls 1–2 % der Gesamtkosten geschätzt. Der Verwaltungsaufwand, der erforderlich würde, um sie extra verbrauchsabhängig abzurechnen, stünde in Anbetracht der Größenordnung der Kosten in keinem Verhältnis zu einem erzielbaren Nutzen. Dieser Sachlage trägt die HeizkostenV in Nr. 4 dadurch Rechnung, dass sie die Kosten des Betriebs der zugehörigen Hausanlagen, soweit sie vom Gebäudeeigentümer gesondert abgerechnet werden müssten, von der Pflicht zur verbrauchsabhängigen Abrechnung ausnimmt.

Abs. 1 Nr. 5

303 Letztlich ist eine Ausnahme von der verbrauchsabhängigen Abrechnung in sonstigen Einzelfällen möglich, in denen die nach Landesrecht zuständige Stelle (vgl. die Liste der nach Landesrecht zuständigen Stellen, Anhang 15) **wegen besonderer Umstände von den Anforderungen der Verordnung befreit hat, um einen unangemessenen Aufwand oder sonstige unbillige Härten zu vermeiden.**

Nr. 5 enthält eine generelle **Härteklausel.** Diese ist nach § 5 Abs. 2 EnEG aus- **304** drücklich geboten. Hiernach ist in den Rechtsverordnungen vorzusehen, dass auf Antrag von den Anforderungen befreit werden kann, soweit diese im Einzelfall wegen besonderer Umstände durch einen unangemessenen Aufwand oder in sonstiger Weise zu einer unbilligen Härte führen.

Die Auswirkung der Härteklausel ist in der Praxis sehr gering, da der weitaus **305** überwiegende Teil der Härtefälle bereits durch den Ausnahmetatbestand der Nr. 1 erfasst wird.

Absatz 2

Abs. 2 enthält entsprechend Abs. 1 die **Ausnahmen von den Vorschriften** **306** **über die Versorgung mit Warmwasser.** Demnach gelten für eine Ausnahme von der verbrauchsabhängigen Abrechnung der Kosten des Warmwassers die gleichen Ausnahmetatbestände wie für die Versorgung mit Wärme. Soweit sich die §§ 3 bis 6 und § 8 auf die Versorgung mit Warmwasser beziehen, sind sie bei Vorliegen der Ausnahmetatbestände nicht anzuwenden. Lediglich die Ausnahmeregelung in Abs. 1 Nr. 1 a) kann sich sinnvollerweise nur auf Wärme, nicht dagegen auf Warmwasser beziehen (vgl. hierzu näher Rdn. 283).

§ 12 Kürzungsrecht, Übergangsregelungen

(1) Soweit die Kosten der Versorgung mit Wärme oder Warmwasser entgegen den Vorschriften dieser Verordnung nicht verbrauchsabhängig abgerechnet werden, hat der Nutzer das Recht, bei der nicht verbrauchsabhängigen Abrechnung der Kosten den auf ihn entfallenden Anteil um 15 vom Hundert zu kürzen. Dies gilt nicht beim Wohnungseigentum im Verhältnis des einzelnen Wohnungseigentümers zur Gemeinschaft der Wohnungseigentümer; insoweit verbleibt es bei den allgemeinen Vorschriften.
(2) Die Anforderungen des § 5 Abs. 1 Satz 2 gelten bis zum 31. Dezember 2013 als erfüllt
1. für die am 1. Januar 1987 für die Erfassung des anteiligen Warmwasserverbrauchs vorhandenen Warmwasserkostenverteiler und
2. für die am 1. Juli 1981 bereits vorhandenen sonstigen Ausstattungen zur Verbrauchserfassung.
(3) Bei preisgebundenen Wohnungen im Sinne der Neubaumietenverordnung 1970 gilt Absatz 2 mit der Maßgabe, dass an die Stelle des Datums »1. Juli 1981« das Datum »1. August 1984« tritt.
(4) § 1 Abs. 3, § 4 Abs. 3 Satz 2 und § 6 Abs. 3 gelten für Abrechnungszeiträume, die nach dem 30. September 1989 beginnen; rechtsgeschäftliche

Bestimmungen über eine frühere Anwendung dieser Vorschriften bleiben unberührt.

(5) Wird in den Fällen des § 1 Abs. 3 der Wärmeverbrauch der einzelnen Nutzer am 30. September 1989 mit Einrichtungen zur Messung der Wassermenge ermittelt, gilt die Anforderung des § 5 Abs. 1 Satz 1 als erfüllt.

(6) Auf Abrechnungszeiträume, die vor dem 1. Januar 2009 begonnen haben, ist diese Verordnung in der bis zum 31. Dezember 2008 geltenden Fassung weiter anzuwenden.

Einigungsvertrag Anlage I Kapitel V Sachgebiet D Abschnitt III Nr. 10 g):

§ 12 Abs. 2 ist mit der Maßgabe anzuwenden, dass an die Stelle der Daten »1. Januar 1987« und »1. Juli 1981« jeweils das Datum »1. Januar 1991« tritt.

Einleitung

307 Für die Ausstattung von Räumen mit den erforderlichen Geräten zur Verbrauchserfassung war nach Inkrafttreten der Verordnung am 1. März 1981 ein längerer Zeitraum vorgesehen. Realistischerweise konnte davon ausgegangen werden, dass etwa 3 bis 4 Millionen Wohnungen vom Anwendungsbereich der HeizkostenV betroffen sein würden. Hiervon war bereits ein beträchtlicher Teil mit Verbrauchserfassungsgeräten versehen. Die verbrauchsabhängige Abrechnung wurde in diesen Gebäuden bislang auf freiwilliger Basis vorgenommen. Wenn dennoch damit zu rechnen war, dass bestimmt mehr als 2 Millionen Wohnungen aufgrund der Vorschriften der Verordnung ausgestattet werden mussten, war es erforderlich, hierfür eine angemessene Übergangsfrist einzuräumen.

308 Die Bemessung der Übergangsfrist berücksichtigte zunächst die Kapazitäten der Gerätehersteller. Sie mussten in der Lage sein, innerhalb der Übergangsfrist Geräte in ausreichendem Maße zur Verfügung zu stellen. Darüber hinaus musste den technischen Möglichkeiten und Notwendigkeiten Rechnung getragen werden. Es musste Personal in ausreichendem Maße vorhanden sein, das in der Lage war, in den auszustattenden Wohnungen die Geräte einzubauen. Weiterhin ermöglichte die Übergangsfrist dem Ausstattungsgewerbe auch, innerhalb des vorgegebenen Zeitraumes technische Neuentwicklungen ausreifen zu lassen. Hier ist besonders zu erwähnen, dass die bislang gebräuchlichen Heizkostenverteiler nach dem Verdunstungsprinzip in immer stärkerem Maße der Konkurrenz derjenigen mit elektrischer Messgrößenerfassung und der Wärmezähler ausgesetzt waren. Da die letzteren unter technischen Gesichtspunkten vielfach noch verbesserungsfähig waren, wollte die Übergangsfrist gerade solchen Geräten die Chance einräumen, bis zu dem Zeitpunkt, zu dem alle Wohnungen ausgestattet sein mussten, ausgereift zu sein.

Nicht zuletzt wurde durch die Übergangsfrist auch den Interessen der Gebäudeeigentümer und der Nutzer Genüge getan. Sie sollten sich auf die Kosten für die Verbrauchserfassungsgeräte einstellen und nötige Preisvergleiche vornehmen können. Da der verpflichtete Gebäudeeigentümer nicht gezwungen wurde, von heute auf morgen die Räume mit Geräten auszustatten, wurde ein kurzfristiger Nachfrageschub nach den Geräten vermieden. Mit entsprechenden Preiserhöhungen aufgrund eines solchen Nachfrageschubs war infolgedessen nicht zu rechnen.

Darlegung der Übergangsregelung des § 12 Abs. 1 alte Fassung:

Obgleich Abs. 1 alte Fassung auf den ersten Blick nur eine Regelung für Räume enthält, die vor dem 1. Juli 1981 bezugsfertig geworden waren und in denen die nach der Verordnung erforderliche Ausstattung zur Verbrauchserfassung noch nicht vorhanden war, waren dennoch im Wesentlichen drei Fallgruppen zu unterscheiden:

1.
Gebäude, die vom 1. Juli 1981 an bezugsfertig wurden, mussten gleich mit der erforderlichen Ausstattung zur Verbrauchserfassung versehen sein, so dass sie sofort verbrauchsabhängig abgerechnet werden konnten. Der Zeitraum zwischen Inkrafttreten der alten Fassung der Verordnung am 1. März 1981 und dem 1. Juli 1981 war erforderlich, um noch alle diejenigen Gebäude in der gehörigen Weise ausrüsten zu können, mit deren Bau bei Inkrafttreten der Verordnung bereits begonnen worden war, die aber vom 1. Juli 1981 an erst bezugsfertig wurden. Da die Ausrüstung dieser im Bau befindlichen Gebäude keine Schwierigkeiten bereiten durfte, war eine solche Viermonatsfrist auch ausreichend. Die verbrauchsabhängige Abrechnung konnte vom Beginn der Heizperiode 1981/82 an erfolgen.

2.
Für eine weitere Gruppe von **Gebäuden, die bereits Vordem 1. Juli 1981 bezugsfertig geworden und mit der erforderlichen Ausstattung zur Verbrauchserfassung versehen waren,** galt die Verordnung vom Tage ihres Inkrafttreten am 1. März 1981 an. Für den Fall, dass die Räume nach dem Inkrafttreten der Verordnung, aber noch vor dem 1. Juli 1981 bezugsfertig geworden waren, galt sie vom Tage der Bezugsfertigkeit an. Da § 6 Abs. 3 Satz 3 alte Fassung vorschrieb, dass die Festlegung und die Änderung der Abrechnungsmaßstäbe nur mit Wirkung zum Beginn eines Abrechnungszeitraumes zulässig sind, war in diesen Fällen die erste verbrauchsabhängige Abrechnung

309

310

311

312

erst für den ersten Abrechnungszeitraum nach Inkrafttreten der Verordnung möglich. Das bedeutete für die Praxis, dass die Heizperiode 1981/82 verbrauchsabhängig abzurechnen war.

313 3.

Für den großen Teil der **Gebäude, die vor dem 1. Juli 1981 bezugsfertig geworden, aber noch nicht mit der erforderlichen Ausstattung versehen waren**, enthielt Abs. 1 eingehende Regelungen.

314 Nach **Nr. 1** waren sie mit **Verbrauchserfassungsgeräten spätestens bis zum 30. Juni 1984** zu versehen. Diese dreijährige Übergangsfrist war wegen der bereits erwähnten wirtschaftlichen und technischen Erfordernisse nötig, aber auch ausreichend. Sie trug den Interessen der Betroffenen in hinreichender Weise Rechnung.

315 Nach **Nr. 2** war der **Gebäudeeigentümer berechtigt**, die Ausstattung bereits **vor dem 30. Juni 1984 anzubringen**. Während der Übergangsfrist konnte er folglich jederzeit den Einbau der Geräte vornehmen. Er war jedoch nur verpflichtet, dies spätestens bis zum Ablauf der Frist getan zu haben. In Ergänzung zu der so ausgestalteten Pflicht des Gebäudeeigentümers regelte Nr. 2 Satz 3, dass ein Anspruch eines Nutzers auf die Anbringung vor dem Ablauf der Übergangsfrist nur mit der Maßgabe bestand, dass der Einbau der erforderlichen Geräte spätestens bis zum 30. Juni 1984 vorzunehmen war. Der einzelne Nutzer konnte folglich schon vor Ablauf der Übergangsfrist einen Anspruch auf Anbringung der Ausstattung geltend machen. Wollte er versuchen, diesen Anspruch gerichtlich durchzusetzen, so konnte die Verpflichtung zur Anbringung nur mit der Maßgabe ausgesprochen werden, diese spätestens bis zum Ablauf der Übergangsfrist vorzunehmen. Im Falle des Wohnungseigentums konnten die Wohnungseigentümer nach § 3 und den dort bezeichneten Regelungen eine frühere Anbringung der Verbrauchserfassungsgeräte beschließen.

316 Nach **Nr. 3** galten die Vorschriften über die **verbrauchsabhängige Kostenverteilung erstmals für den Abrechnungszeitraum, der nach dem Anbringen der Ausstattung begann**. Sollte folglich ein verpflichteter Gebäudeeigentümer mit dem Einbau der Geräte bis zum Juni 1984 gewartet haben, so musste die verbrauchsabhängige Abrechnung erstmalig mit dem Abrechnungszeitraum 1984/85 beginnen, falls dieser nach dem Einbau einsetzte.

317 Da die HeizkostenV jedoch keine Regelung über den Beginn des Abrechnungszeitraums enthält, seine Festlegung vielmehr in den Bereich der privatrechtlichen Rechtsbeziehungen zwischen Gebäudeeigentümer und Nutzer fällt, konnte auch der Fall eintreten, dass bei einem Beginn des Abrechnungszeitraums am 1. April 1984 die verbrauchsabhängige Abrechnung zwingend erst für den Abrechnungszeitraum 1985/86 vorgeschrieben wäre. Denn im Zeitpunkt des Einbaus der Geräte im Juni 1984 hätte bei dieser Fallgestaltung der Abrechnungszeitraum 1984/85 bereits begonnen, so dass der nach Nr. 3 maßgebliche Abrechnungszeitraum erst 1985/86 wäre (vgl. jedoch Rdn. 171–172 zum Problem der Rückwirkung).

Nr. 4 enthielt eine **Sanktionsmöglichkeit** für den Fall, dass entgegen den Vorschriften der Verordnung die Ausstattung zur Verbrauchserfassung nicht angebracht und dementsprechend auch nicht verbrauchsabhängig abgerechnet wurde. In solchen Situationen war der Nutzer berechtigt, den auf ihn entfallenden Anteil an den Kosten für Heizung und Warmwasser um **15 % zu kürzen**. Da nach empirisch belegten Untersuchungen durch die Einführung der verbrauchsabhängigen Abrechnung der Heizenergieverbrauch um durchschnittlich 15 % verringert werden kann, entsprach die Kürzung in dieser Höhe der erwarteten Energieeinsparung. **318**

Absatz 1

Die Übergangsregelung des § 12 Abs. 1 alte Fassung und die Sondervorschriften für preisgebundene Wohnungen im Sinne der NMV 1970 in § 12 a alte Fassung sind in der Zwischenzeit teilweise durch Zeitablauf gegenstandslos geworden. Sie sind daher durch die Verordnung zu Änderung energieeinsparrechtlicher Vorschriften vom 19. Januar 1989 aufgehoben und durch den neuen § 12 »Kürzungsrecht, Übergangsregelungen« ersetzt worden. **319**

Nach Abs. 1 Satz 1 hat der Nutzer das **Recht, den auf ihn entfallenden Anteil um 15 vom Hundert zu kürzen, soweit die Kosten der Versorgung mit Wärme oder Warmwasser entgegen den Vorschriften dieser Verordnung nicht verbrauchsabhängig abgerechnet werden.** **320**

Das bisher bloß als Übergangsregelung in § 12 Abs. 1 Nr. 4 alte Fassung geltende **Kürzungsrecht** hat sich in der Praxis bewährt. Es bleibt daher als **eigenständiges Recht** im Interesse der Durchsetzbarkeit der verbrauchsabhängigen Abrechnung bestehen. Es betrifft jedoch nur die Fälle, in denen entgegen den Vorschriften der HeizkostenV nicht verbrauchsabhängig abgerechnet wird. **321**

Werden z. B. gemeinschaftlich genutzte Räume nach § 4 Abs. 3 oder der Verbrauch in Sonderfällen nach § 9 a nicht ordnungsgemäß erfasst oder bei Nutzerwechsel die Kosten nach § 9 b Abs. 3 nicht verbrauchsabhängig verteilt, so wird gemäß den Vorschriften der Verordnung verfahren. Ein Recht zur Kürzung ist hier nicht gegeben. Dies trifft auch auf die Fälle zu, in denen wegen des Entstehens unverhältnismäßig hoher Kosten im Sinne des § 11 Abs. 1 Nr. 1 b oder wegen der Nichtbeeinflussbarkeit des Wärmeverbrauchs nach **322**

§ 11 Abs. 1 Nr. 1 c (vgl. oben Rdn. 284–290) nicht verbrauchsabhängig abzurechnen ist. In allen solchen Situationen wird gemäß den einschlägigen
Bestimmungen der HeizkostenV verfahren und gerade nicht entgegen ihren
Vorschriften, wie es § 12 Abs. 1 S. 1 für eine Kürzung verlangt (vgl. *BGH*
WM 2005, 776 m.w.N. und WM 2003, 699 m.w.N.; *LG Hamburg* WM 2005,
721 m.w.N.).

323 Allerdings hat der *BGH* (WM 2005, 657) in der Zwischenzeit auch **Grenzen der Kürzungsmöglichkeiten** aufgezeigt. So hat er eine Kürzung der Kosten des Wärmeverbrauchs abgelehnt, wenn die entsprechenden Ausstattungen für dessen Erfassung vorhanden waren und verwendet wurden, und nur
der Warmwasserverbrauch mangels Geräteausstattung nicht ermittelt werden
konnte. In einem solchen Fall beschränke sich das Recht zur Kürzung auf
die nicht verbrauchsabhängig abgerechneten Kosten für die Versorgung mit
Warmwasser. Bereits der Wortlaut des § 12 Abs. 1 S. 1 (»›Soweit‹ die Kosten
der Versorgung mit Wärme ›oder‹ Warmwasser ... nicht verbrauchsabhängig
abgerechnet werden, ...«) lasse eine Trennung der Kosten der Versorgung mit
Wärme einerseits und mit Warmwasser andererseits zu. Im Übrigen entfiele der Anreiz zur Installation der Ausstattung zur Erfassung des Wärmeverbrauchs, wenn die Kürzung auch die Wärmekosten schon dann treffen würde,
wenn alleine die Ausstattung zur Erfassung des Warmwasserbrauchs fehlte.
Diese Entscheidung des *BGH* stößt zumindest in Bezug auf Anlagen, bei denen die Versorgung mit Wärme mit der zentralen Warmwasserversorgungsanlage verbunden ist (§ 9), auf Kritik (*Lammel* WM 2005, 762). Bei ihnen müsse
genauer unterschieden werden, welche Ausstattungen zur Verbrauchserfassung
fehlten. Seien nur die Nutzereinheiten betroffen, müsse das Gleiche gelten
wie bei getrennten Anlagen. Sei darüber hinaus auch die Versorgungsanlage
betroffen, seien je nach tatsächlicher Situation weitere Differenzierungen vorzunehmen, z.B. danach ob technische Gründe für das Fehlen vorliegen oder
auch nachlässiges Verhalten des für die Erfassung Verantwortlichen. Die jeweiligen Folgen würden sich wiederum aus der HeizkostenV ergeben.

324 Daneben lässt sich ein Kürzungsrecht auch nach allgemeinen Vorschriften
in Anspruch nehmen. Bei einem aus anderen Rechtsgrundlagen als der HeizkostenV abgeleiteten Kürzungsrecht müsste jedoch der Mieter im Zweifel vor
Gericht den Beweis darüber führen, welchen Teil der Kosten des Betriebs der
zentralen Heizungs- oder Warmwasserversorgungsanlage er zurückfordern
könnte, wenn verbrauchsabhängig abgerechnet worden wäre.

325 Solche nicht aus der HeizkostenV resultierenden Kürzungsrechte ergeben
sich bei preisgebundenen Wohnungen aus den Rückerstattungspflichten des
Vermieters gegenüber dem Mieter nach § 8 Abs. 2 WoBindG und aus öf

fentlich-rechtlichen Sanktionen der zuständigen Stellen nach §§ 25 und 26 WoBindG. Bei nicht preisgebundenen Wohnungen wird der Anspruch des Vermieters auf Bezahlung insbesondere des verbrauchsabhängigen Teils der Heizkosten nicht fällig, wenn keine korrekte, der HeizkostenV entsprechende verbrauchsabhängige Abrechnung und damit keine ordnungsgemäße Abrechnung im Sinne des § 259 BGB vorliegt. Zumindest soweit es sich um den verbrauchsabhängig abzurechnenden Kostenanteil handelt, braucht der Mieter dann einen aufgrund der fehlerhaften Abrechnung entstandenen Abrechnungssaldo nicht auszugleichen. Er kann darüber hinaus auch weitere Vorauszahlungen auf die Heizkosten bis zur Vorlage einer ordnungsgemäßen Abrechnung verweigern. Ist die Abrechnung allerdings erfolgt und hat der Mieter den Saldo durch Nachzahlung ausgeglichen, kann er anschließend ein Kürzungsrecht nach § 12 Abs. 1 S. 1 nicht mehr geltend machen und geleistete Kosten zurückfordern (*LG Hamburg* WM 2000, 311). Bei Vorliegen der erforderlichen Voraussetzungen hätte er vorher eine Kürzung vornehmen dürfen. Eine »automatische« Kürzung des Nachzahlungsanspruchs des Vermieters tritt jedoch nicht ein. Die Zahlung ist dann mit Rechtsgrund erfolgt. Das Leistungsverhältnis zwischen den beteiligten Parteien erlischt. Eine Rückforderung ist dann ausgeschlossen.

Die Gesamtheit der Kürzungs- und Sanktionsmöglichkeiten stellt in der Praxis die Durchsetzbarkeit der verbrauchsabhängigen Abrechnung relativ sicher. **326**

Nach Abs. 1 Satz 2 gilt das Kürzungsrecht nach Satz 1 jedoch nicht beim Wohnungseigentum im Verhältnis des einzelnen Wohnungseigentümers zur Gemeinschaft der Wohnungseigentümer. Es passt für Eigentümergemeinschaften deshalb nicht, weil bei diesen die Heizungs- und Warmwasserkosten gemeinschaftlich aufgebracht werden müssen, um den Betrieb der Anlagen zu ermöglichen. Hierfür werden weitgehend monatliche oder jährliche Vorschüsse geleistet. Infolgedessen wird in Abs. 1 Satz 2 für das Wohnungseigentum eine Ausnahme gemacht und klargestellt, dass insoweit die allgemeinen Vorschriften gelten. **327**

Absatz 2

Nach Abs. 2 gelten für **die am 1. Januar 1987 für die Erfassung des anteiligen Warmwasserverbrauchs vorhandenen Warmwasserkostenverteiler (Nr. 1)** und für **die am 1. Juli 1981 bereits vorhandenen sonstigen Ausstattungen zur Verbrauchserfassung (Nr. 2)** die Anforderungen des § 5 Abs. 1 Satz 2 bis zum 31. Dezember 2013 als erfüllt. Der **Einigungsvertrag** legt in Anlage I Kapitel V Sachgebiet D Abschnitt III Nr. 10 g) für die neuen Bundesländer anstelle der in Nr. 1 und Nr. 2 genannten Daten den **1.1.1991** fest. Hier- **328** nach **dürfen** alle Geräte, die zu diesen Zeitpunkten in Räumen installiert sind, **unverändert weiter benutzt werden.** Die praktische Bedeutung der Besitzstandklausel hat sich für die neuen Bundesländer als gering erwiesen.

329 Bei der Neufassung 1984 der HeizkostenV waren anerkannte Regeln der Technik für Warmwasserkostenverteiler noch nicht vorhanden. Der Verordnungsgeber ging jedoch davon aus, dass diese bis zum Ablauf der auf den 1. Januar 1987 festgesetzten Übergangsfrist existieren würden (Nr. 1).

330 Entgegen solchen Erwartungen hat sich erwiesen, dass es in absehbarer Zeit keine technischen Regelwerke für Warmwasserkostenverteiler geben wird. Diese Geräteart wird deshalb in § 5 Abs. 1 Satz 1 nicht mehr genannt. Stattdessen wird nunmehr der Begriff **andere geeignete Ausstattungen** verwendet. Er soll den Weg für die technische Entwicklung weiterer geeigneter Ausstattungen zur Erfassung des anteiligen Warm Wasserverbrauchs offenhalten. Lediglich die am 1. Januar 1987 bereits vorhandenen dürfen weiter benutzt werden. Dem Einbau solcher Geräte nach diesem Termin könnte im Zweifel vor Gericht die Anerkennung als geeignete Ausstattung zur Erfassung des Warmwasserverbrauchs verweigert werden, da ihnen nicht bestätigt werden kann, dass sie anerkannten Regeln der Technik entsprechen, es sei denn, ihre Eignung wurde auf andere Weise nach gewiesen (vgl. hierzu § 5 Abs. 1 Satz 1 Rdn. 103–112).

331 Für die am 1. Juli 1981 bereits vorhandenen sonstigen Ausstattungen zur Verbrauchserfassung (Nr. 2), die nicht Warmwasserkostenverteiler sind, kommt es nicht darauf an, dass sie den anerkannten Regeln der Technik nach § 5 Abs. 1 Satz 2 entsprechen oder gar die technischen Mindestanforderungen nach § 5 Abs. 1 Satz 2 alte Fassung in Verbindung mit den DIN 4713 und 4714 erfüllen. Sie sind vielmehr vor deren Schaffung in Betrieb genommen worden und dürfen daher aus dem Gesichtspunkt der Besitzstandwahrung so weiter benutzt werden, wie sie zurzeit existieren. Selbst für den Fall, dass mit diesen Geräten eine Berücksichtigung des lagebedingten Wärmebedarfsunterschiedes (»Reduktion«, vgl. hierzu die Ausführungen unter § 7 Abs. 1 Rdn. 178–195) erfolgt, darf dies auch weiterhin geschehen. Das ist jedoch nur so lange erlaubt, bis die bestehende Ausstattung zur Verbrauchserfassung verändert wird. Sollten die Geräte gebrauchsuntauglich werden oder der Gebäudeeigentümer sich entschließen, aus anderen Gründen die Geräte auszutauschen, so müssen die neu anzubringenden die Anforderungen nach § 5 Abs. 1 Satz 2 erfüllen (vgl. oben Rdn. 113–115).

332 Da ein Ausgleich des lagebedingten Wärmebedarfsunterschiedes gestattet ist, wenn dieser durch die Konstruktion der verwendeten Geräte selbst erfolgt (Skalenreduktion), ist er aus Gründen der Gleichbehandlung auch dort er-

laubt, wo er z. Z. nicht mit Hilfe der Geräte, sondern rechnerisch vorgenommen wird (tabellarische Reduktion). Jedoch auch dieses Verfahren ist nur so lange gestattet, wie es unverändert weiter fortgeführt wird. Bei einer Änderung der verwendeten Geräte oder des Abrechnungssystems muss die Berücksichtigung des lagebedingten Wärmebedarfsunterschiedes entfallen.

Mit der Änderung der HeizkostenV 2009 wurde die bisher geltende **Besitz- 333 standswahrung zeitlich befristet**. Nunmehr gelten die Anforderungen des § 5 Abs. 1 Satz 2 längstens noch bis zum **31. Dezember 2013** als erfüllt. Danach ist die weitere Verwendung veralteter Technik nicht mehr vertretbar. Sie würde das Ziel gefährden, durch die verbrauchsabhängige Abrechnung die Nutzer zur Energieeinsparung anzuhalten. Demgegenüber soll die Umrüstung alter Ausstattungen zur Verbrauchserfassung auf neue Technik die Verursachergerechtigkeit steigern und zu sparsamerem Verbrauch beitragen. Die alten Geräte dürfen daher nur noch bis Ende 2013 weiter benutzt werden. Bei Abrechnungszeiträumen, die unter den Jahreswechsel 2013/14 hinausgehen, sollte die Umrüstung vor Beginn des Abrechnungszeitraumes im Jahr 2013 erfolgen. Die fünfjährige Übergangsfrist ist großzügig bemessen. Der Austausch der Geräte kann mit anderen zukünftig anstehenden Maßnahmen in Gebäuden verbunden werden. Preisschübe durch erhöhte Nachfrage nach solchen Geräten werden vermieden.

Frühere Sonderregelung für Berlin:

Für Wohnraum in Berlin, der am 1. Dezember 1982 preisgebunden im Sinne **334** des § 3 der AMVOB war, galt § 12 alte Fassung mit der Maßgabe, dass in Abs. 1 jeweils an die Stelle des Datums »30. Juni 1984« das Datum »30. Juni 1985« und in Abs. 2 an die Stelle des Datums »1. Juli 1981« das Datum »1. Juli 1982« trat (Art. 2 Dritte ÄndVO – AMVOB).

Die Frist für den Einbau der Ausstattungen zur Verbrauchserfassung wurde **335** um ein Jahr verlängert, um den Eigentümern von preisgebundenen Berliner Altbauwohnungen denselben Übergangszeitraum von 3 Jahren zu gewähren, wie er den unmittelbar von der HeizkostenV erfassten Eigentümern zustand, um etwaige Lieferschwierigkeiten zu vermeiden, die sonst durch die Einbeziehung des Berliner Altbaubestandes in die Pflicht zur verbrauchsabhängigen Abrechnung hätten entstehen können. Durch die Änderung des Termins, bis zu dem Verbrauchserfassungsgeräte eingebaut sein mussten, um noch von § 12 Abs. 2 alte Fassung begünstigt zu sein, sollte ebenfalls berücksichtigt werden, dass die Regeln der HeizkostenV für Berliner Altbauten 1 Jahr später in Kraft traten als für nicht preisgebundenen Wohnraum. Durch das Gesetz zur dauerhaften sozialen Verbesserung der Wohnungssituation im Land Berlin vom 14. Juli 1987 (BGBl. I S. 1625) ist der preisgebundene Altbauwohnraum in Berlin in das allgemeine Mietrecht übergeleitet worden und die Preisbindung entfällt. Nach § 8 Abs. 2 Nr. 12 ist die **AMVOB** am **1. Januar 1988 außer Kraft** getreten. **Seitdem gilt die HeizkostenV** auch für den Berliner Altbauwohnraum **unmittelbar.**

Absatz 3

336 Abs. 3 legt fest, dass **bei preisgebundenen Wohnungen im Sinne der NMV 1970** die Übergangsregelung des **Abs. 2 mit der Maßgabe gilt, dass an die Stelle des Datums »1. Juli 1981« das Datum »1. August 1984« tritt.** Damit ist die Besitzstandregelung aus § 12 a Abs. 3 alte Fassung in die Neufassung der HeizkostenV übernommen worden. Sie hat weiterhin Bedeutung für den Altbestand an Ausstattungen zur Verbrauchserfassung im preisgebundenen Wohnraum und ist aus Gründen der Rechtssicherheit und -klarheit erhalten geblieben.

Absatz 4

337 Abs. 4 enthält die Übergangsregelung für die neu in die HeizkostenV einbezogenen Fälle der Direktabrechnung bei Lieferung von Wärme und Warmwasser gemäß § 1 Abs. 3 und der verbrauchsabhängigen Abrechnung von Gemeinschaftsräumen gemäß § 4 Abs. 3 Satz 2 und § 6 Abs. 3. Die neuen Regelungen **gelten für Abrechnungszeiträume, die nach dem 30. September 1989 beginnen.** Ähnlich wie in § 6 Abs. 4 die Abrechnungsmaßstäbe nur für künftige Abrechnungszeiträume geändert werden können, sollen diese Regelungen erst für Abrechnungszeiträume gelten, die nach dem Inkrafttreten der neuen Vorschriften vom 30. September 1989 an beginnen. Da in der Praxis jedoch die Abrechnungszeiträume im Wesentlichen direkt nach der Heizperiode und damit vielfach am 1. April eines Jahres beginnen, könnte sich hier ähnlich wie bei § 6 Abs. 4 die Frage der Rückwirkung stellen (vgl. Rdn. 171–172). Da der Verordnungsgeber die Nutzer jedoch nicht zwingen wollte, z. B. Gemeinschaftsräume gemäß § 4 Abs. 3 noch nicht im Abrechnungszeitraum 1989/90 abrechnen zu können, nur weil dieser bereits am 1. April und damit vor dem 30. September 1989 begonnen hatte, ist in Abs. 4 2. Halbsatz festgelegt, dass **rechtsgeschäftliche Bestimmungen über eine frühere Anwendung dieser Vorschriften unberührt bleiben.** Damit können die Nutzer Gemeinschaftsräume auch in dem vor dem 30. September 1989 begonnenen Abrechnungszeitraum verbrauchsabhängig abrechnen, wenn sie sich rechtsgeschäftlich hierauf bereits geeinigt haben oder dies vor dem in Abs. 4 genannten Datum tun.

Absatz 5

Wird in den Fällen der Lieferung von Wärme nach § 1 Abs. 3 der Wärme- **338** verbrauch der einzelnen Nutzer am 30. September 1989 mit Einrichtungen zur Messung der Wassermenge ermittelt, gilt die Anforderung des § 5 Abs. 1 Satz 1 als erfüllt.

Hierbei handelt es sich um eine Besitzstandregelung für die Fälle, bei denen **339** bei Lieferung von Wärme gemäß § 1 Abs. 3 der Wärmeverbrauch mit Einrichtungen zur Messung der **Wassermenge, das heißt mit Wasserzählern** ermittelt wird. Wie bereits bisher, so bleibt auch weiterhin nach § 18 Abs. 1 Satz 3 AVBFernwärmeV anstelle der Wärmemessung die Messung der Wassermenge als Ersatzverfahren ausreichend. Dieser geschützte Besitzstand gilt jedoch nur dann weiter, **wenn die Einrichtungen zur Messung der Wassermenge vor dem 30. September 1989 installiert worden sind.** In dem Fall gelten die technischen Anforderungen gemäß § 5 Abs. 1 Satz 1 als erfüllt. Das Ersatzverfahren wurde in der Praxis häufig angewandt. Aus Gründen der Verhältnismäßigkeit war die Weitergeltung der schon in § 18 Abs. 1 Satz 3 AVBFernwärmeV alte Fassung enthaltenen Besitzstandklausel erforderlich. Sie ist darüber hinaus vertretbar, weil sie in § 12 Abs. 5 HeizkostenV und nunmehr auch in § 18 Abs. 1 Satz 3 AVBFernwärmeV an das Datum 30. September 1989 gebunden ist.

Absatz 6

Die Änderung der HeizkostenV tritt nach Artikel 3 der Änderungsverord- **340** nung am 1. Januar 2009 in Kraft. Zu diesem Datum laufen die gegenwärtige Heizperiode und vielfach auch die Abrechnungszeiträume bereits. Daher legt die **neue Übergangsregelung in Abs. 6 fest, dass auf Abrechnungszeiträume, die vor dem 1. Januar 2009 begonnen haben, die HeizkostenV in der bis zum 31. Dezember 2008 geltenden Fassung weiter anzuwenden** ist.

[§ 12 a Sondervorschriften für preisgebundene Wohnungen im Sinne der Neubaumietenverordnung 1970 (alte Fassung)

(1) Bei preisgebundenen Wohnungen im Sinne der Neubaumietenverordnung 1970, bei denen die Kosten der Versorgung mit Wärme oder Warmwasser am 30. April 1984 neben der Einzelmiete auf die Mieter umgelegt werden, hat der Mieter ein Kürzungsrecht entsprechend § 12 Abs. 1 Nr. 4, soweit diese Kosten entgegen den Vorschriften dieser Verordnung nicht verbrauchsabhängig abgerechnet werden. Er kann von seinem Kürzungs-

recht erstmalig für den Abrechnungszeitraum Gebrauch machen, der im Kalenderjahr 1985 beginnt. § 12 Abs. 1 Nr. 1 bis 3 ist nicht anzuwenden.
(2) Bei preisgebundenen Wohnungen im Sinne der Neubaumietenverordnung 1970, bei denen die Kosten für Wärme oder Warmwasser am 30. April 1984 in der Einzelmiete enthalten sind, sind die §§ 11 und 12 mit folgenden Maßgaben anzuwenden:
1. In § 11 Abs. 1 Nr. 1 Buchstabe b und § 12 Abs. 1 tritt an die Stelle des Datums »1. Juli 1981« jeweils das Datum »1. August 1984«;
2. in § 12 Abs. 1 Nr. 1 und 2 tritt an die Stelle des Datums »30. Juni 1984« jeweils das Datum »30. Juni 1985«.
(3) Bei den in den Absätzen 1 und 2 bezeichneten Wohnungen ist § 12 Abs. 2 Nr. 2 mit der Maßgabe anzuwenden, dass an die Stelle des Datums »1. Juli 1981« das Datum »1. August 1984« tritt.]

341 Durch Art. 1 Nr. 11 der Verordnung zur Änderung energieeinsparrechtlicher Vorschriften vom 19. Januar 1989 sind die Sondervorschriften für preisgebundene Wohnungen im Sinne der NMV 1970 in § 12 a aufgehoben worden. Sie sind zum Teil durch Zeitablauf gegenstandslos geworden oder in der Neufassung des § 12 aufgegangen. Da die Regelungen des § 12 a alte Fassung jedoch vielfach Gegenstand von Problemen und Rechtsstreitigkeiten waren und zum Teil noch sind, wird im Folgenden die Kommentierung des aufgehobenen § 12 a beibehalten.

342 Die Neufassung der NMV 1970 bestimmt im § 22 Abs. 1, dass für die Umlegung der Kosten des Betriebs zentraler Heizungs- und Warmwasserversorgungsanlagen und der Kosten der Lieferung von Fernwärme und Fernwarmwasser die HeizkostenV Anwendung findet. § 12 a stellt weitere Sondervorschriften für preisgebundene Wohnungen im Sinne der NMV 1970 auf und konkretisiert die Harmonisierung der verbrauchsabhängigen Abrechnung im preisgebundenen und nicht preisgebundenen Wohnraum.

Absatz 1

343 Nach **Abs. 1 Satz 1** hat der Mieter bei preisgebundenen Wohnungen im Sinne der NMV 1970, bei denen die **Kosten der Versorgung mit Wärme oder Warmwasser am 30. April 1984 neben der Einzelmiete auf die Mieter umgelegt** werden, ein **Kürzungsrecht** entsprechend § 12 Abs. 1 Nr. 4, soweit diese Kosten entgegen den Vorschriften der HeizkostenV nicht verbrauchsabhängig abgerechnet werden. Dies bedeutet, dass im Bereich des preisgebundenen Wohnraums, in dem bereits nach den §§ 22–23 b NMV 1970 alte Fassung verbrauchsabhängig abgerechnet wurde, dem Mieter ein Kürzungsrecht entsprechend § 12 Abs. 1 Nr. 4 HeizkostenV zur Seite gestellt wird, soweit die Kosten entgegen den Vorschriften der HeizkostenV nicht verbrauchsabhängig abgerechnet werden. Die **Rechtsposition des Nutzers wird** in den Fällen, in denen bisher schon verbrauchsabhängig abgerechnet wurde, dadurch **verstärkt, dass er zuzüglich zu seinem Rückerstattungsanspruch nach § 8 Abs. 2 des WoBindG (BGBl. 1982 I S. 972) das Kürzungsrecht nach der HeizkostenV** erhält, **wenn** der Gebäudeeigentümer entgegen den Verpflichtungen aus der HeizkostenV **nicht verbrauchsabhängig abrechnet.** Der Nutzer hat somit die Wahl, bei der nicht verbrauchsabhängigen Abrechnung der Kosten den auf ihn entfallenden Anteil um 15 % zu kürzen oder seinen Rückerstattungsanspruch geltend zu machen. Bei letzterem wird es in der Regel ebenfalls zur Pauschalierung eines zu erstattenden Betrages kommen. Da der Mieter hier jedoch einen Anspruch geltend machen muss und nicht selbst einen von ihm zu zahlenden Betrag kürzen darf, trägt er unter Umständen ein nicht unerhebliches Prozessrisiko.

Nach **Satz 2 des Abs. 1** kann der Mieter von seinem Kürzungsrecht jedoch   **344**
erstmalig für den Abrechnungszeitraum Gebrauch machen, der im Kalenderjahr 1985 beginnt. Hierdurch werden Probleme einer Rückwirkung vermieden. Nach **Satz 3** sind die Regelungen des § 12 Abs. 1 Nr. 1 bis 3 nicht anzuwenden. Satz 3 dient lediglich der Klarstellung.

Ergänzend ist darauf hinzuweisen, dass im preisgebundenen Wohnraum, bei   **345**
dem die Kosten der Versorgung mit Wärme und Warmwasser am 30. April 1984 nach den Vorschriften der §§ 22, 23 und 23 a der NMV 1970 alte Fassung umzulegen sind, es für die Kosten des laufenden Abrechnungszeitraumes bei den Regelungen der alten Fassung der NMV 1970 bleibt. Erst die dann folgenden Abrechnungszeiträume sind nach den Vorschriften der HeizkostenV verbrauchsabhängig abzurechnen (vgl. § 22 Abs. 3 NMV 1970).

Absatz 2

Abs. 2 enthält Vorschriften über die **Anwendung der §§ 11 und 12 bei preis**   **346**
gebundenen Wohnungen im Sinne der NMV 1970, **bei denen die Kosten für Wärme oder Warmwasser am 30. April 1984 in der Einzelmiete enthalten waren.** Er trifft damit Regelungen für die Fälle, in denen bisher zulässigerweise im preisgebundenen Wohnraum noch nicht verbrauchsabhängig abgerechnet wurde.

Bei diesen preisgebundenen Wohnungen kommt in Zukunft mit der Pflicht   **347**
zur verbrauchsabhängigen Abrechnung auch die Ausnahmemöglichkeit nach § 11 und die Übergangsregelung nach § 12 Abs. 1 zum Zuge. Um jedoch Frik-

tionen bei Wohnungen zu vermeiden, die sich bei der Neufassung 1984 der HeizkostenV noch im Bau befanden, wurde ähnlich wie bei Inkrafttreten der HeizkostenV alte Fassung (vgl. die Ausführungen zu § 12 Abs. 1 Rdn. 310–318; Ziffer 1) in der Ausnahme nach § 11 Abs. 1 Nr. 1 b) sowie in der Übergangsregelung nach § 12 Abs. 1 auf die **Wohnungen** abgestellt, die noch **bis zum 1. August 1984 bezugsfertig** geworden sind (**Abs. 2 Nr. 1**). Darüber hinaus wird für diese Wohnungen die **Frist für die Anbringung einer Ausstattung zur Verbrauchserfassung** bis zum 30. Juni 1985 verlängert. Die Möglichkeit einer vorzeitigen Anbringung der Verbrauchserfassungsgeräte bleibt jedoch gemäß § 12 Abs. 1 Nr. 2 bestehen (**Abs. 2 Nr. 2**).

348 Auch hier ist ergänzend auf **§ 23 b NMV 1970** hinzuweisen, der eine **Übergangsregelung für Wohnungen** enthält, die vor dem 1. Januar 1980 bezugsfertig geworden sind, aber noch nicht mit der erforderlichen messtechnischen Ausstattung versehen waren und daher nicht verbrauchsabhängig abgerechnet wurden. Solange die Verbrauchserfassungsgeräte noch nicht eingebaut waren, längstens jedoch bis zu dem im Jahre 1983 ausgelaufenen Abrechnungszeitraum, durften die Kosten für die Versorgung mit Wärme nach der Wohnfläche der beheizten Räume, die Kosten für die Versorgung mit Warmwasser nach der Wohnfläche oder nach einem Maßstab, der dem Wasserverbrauch in anderer Weise als durch Erfassung Rechnung trägt, und einheitlich entstandene Kosten der Versorgung mit Wärme und Warmwasser aus verbundenen Anlagen nach der Wohnfläche der beheizten Räume umgelegt werden.

Absatz 3

349 **Abs. 3** bestimmt für die in den Abs. 1 und 2 bezeichneten preisgebundenen Wohnungen, dass für die **am 1. August 1984 bereits vorhandenen sonstigen Ausstattungen zur Verbrauchserfassung, die nicht Warmwasserkostenverteiler sind,** die **Anforderungen des § 5 Abs. 1 Satz 2** als **erfüllt** gelten. Hiernach dürfen alle Geräte, die zu diesem Zeitpunkt bereits in Räumen installiert waren, unverändert weiter benutzt werden, auch wenn sie noch nicht den anerkannten Regeln der Technik entsprechen oder ihre Eignung auf andere Weise nachgewiesen wurde, wie dies § 5 Abs. 1 Satz 2 verlangt.

§ 13   Berlin-Klausel

Diese Verordnung gilt nach § 14 des Dritten Überleitungsgesetzes in Verbindung mit § 10 des Energieeinsparungsgesetzes auch im Land Berlin.

Die Heizkosten V gilt nach § 14 des Dritten Überleitungsgesetzes in Verbindung mit § 10 des EnEG auch in Berlin. Damit enthält § 13 die **übliche Berlin-Klausel.** Die Verordnung ist auf den nicht preisgebundenen Wohnraum in Berlin anzuwenden (zur Anwendbarkeit auf den bisher noch preisgebundenen Altbauwohnraum in Berlin vgl. die Ausführungen unter § 1 Abs. 4 Rdn. 47–48, und § 12, ehemalige Sonderregelung für Berlin, Rdn. 334–335).   **350**

§ 14   Inkrafttreten

Diese Verordnung trat am 1. März 1981 in Kraft (BGBl. I S. 261, ber. 296). Wirtschaftliche und technische Probleme standen diesem Termin nicht entgegen. Ihnen wurde durch die Regelung der Übergangsvorschrift in ausreichendem Maße Rechnung getragen.   **351**

Die Neufassung der HeizkostenV trat gemäß Art. 9 der Verordnung zur Änderung energieeinsparrechtlicher Vorschriften vom 19. Januar 1989 am **1. März 1989** in Kraft (BGBl. I S. 109 ff., 114).   **352**

Für die **neuen Bundesländer** trat sie am 1.1.1991 in Kraft. Bis dahin konnte dort nach den Regeln der DDR verfahren werden. Der Einigungsvertrag gibt weitere Maßgaben und Übergangsvorschriften für die Anwendung der Verordnung in Anlage I Kapitel V Sachgebiet D Abschnitt III Nr. 10 vor.   **353**

Mit der Verordnung zur Änderung der Verordnung über Heizkostenabrechnung vom 2. Dezember 2008 traten gemäß Artikel 3 wesentliche neue Regelungen mit Wirkung zum 1. Januar 2009 in Kraft (BGBl. I S. 2375 ff.).   **354**

3. Teil   Heiz- und Warmwasserkosten in den neuen Bundesländern

1. Die rechtlichen Grundlagen im Einigungsvertrag

Die HeizkostenV trat am 1.1.1991 in den neuen Bundesländern in Kraft. **355** Seit dem 1.1.1996 müssen grundsätzlich auch dort alle Räume mit Ausstattungen zur Verbrauchserfassung ausgerüstet sein und die Heiz- und Warmwasserkosten nach der Verordnung abgerechnet werden. So sieht es der Einigungsvertrag vom 31.8.1990 vor.

Gemäß seinem **Artikel 3** trat das **Grundgesetz für die Bundesrepublik** **356** **Deutschland** mit dem Wirksamwerden des Beitritts in den zuvor noch in der Deutschen Demokratischen Republik gebildeten Ländern Brandenburg, Mecklenburg-Vorpommern, Sachsen, Sachsen-Anhalt und Thüringen sowie in dem Teil des Landes Berlin, in dem es bisher nicht galt, **in Kraft**, soweit im Einigungsvertrag nichts anderes bestimmt ist. Nach **Artikel 8** trat dort auch **das übrige Bundesrecht in Kraft**, soweit es nicht in seinem Geltungsbereich auf bestimmte Länder oder Landesteile der Bundesrepublik Deutschland beschränkt ist und soweit durch den Einigungsvertrag nichts anderes bestimmt wird. In **Anlage I** enthält der Vertrag besondere Bestimmungen zur Überleitung von Bundesrecht. Anlage I ist in **19 Kapitel** nach den jeweiligen Zuständigkeiten der verschiedenen Bundesministerien für die Gesetzgebung unterteilt. Die HeizkostenV fällt in die Zuständigkeit des Bundesministers für Wirtschaft in Kapitel V. Dieses gliedert sich wie die übrigen Kapitel in **drei Abschnitte**. Sie regeln jeweils Ausnahmen vom Inkrafttreten (Abschnitt I), Aufhebungen, Änderungen und Ergänzungen von Rechtsvorschriften (Abschnitt II) sowie bestimmte Maßgaben für ihre Anwendung (Abschnitt III). Gemäß **Abschnitt III Nr. 10** tritt die HeizkostenV in den neuen Bundesländern mit sieben Maßgaben in Kraft. Auf sie wurde zum Teil bereits in der vorstehenden Kommentierung der Verordnung zu den § 5 Abs. 1 Satz 2 und 3, § 9 Abs. 2 Nr. 3, § 11 Abs. 1 Nr. 1 b), § 12 Abs. 2 und § 14 eingegangen.

Im Einzelnen legt Abschnitt III Nr. 10 folgende Maßgaben für die Heiz- **357** **kostenV fest (BGBl. II 1990, 1007):**

a) Die Verordnung trat am **1.1.1991 in Kraft**. Bis zum 31.12.1990 konnte in **358** den neuen Bundesländern noch nach den bisherigen Regeln auf der Basis des Rechts der DDR verfahren werden.

b) **Räume**, die **vor dem 1.1.1991 bezugsfertig** wurden und in denen die nach **359** der Verordnung erforderliche Ausstattung zur Verbrauchserfassung noch nicht vorhanden war, mussten **bis spätestens 31.12.1995 ausgestattet** sein. Der Gebäudeeigentümer war berechtigt, die Ausstattung auch vorher anzubringen. Wie bei ihrer ursprünglichen Einführung in den alten Bundesländern 1981 stand für die verbrauchsabhängige Abrechnung in den neuen Bundesländern damit ebenfalls ein angemessener Übergangszeitraum zur Verfügung. Er ist jetzt lange abgelaufen. Man schätzte, dass bis zu 3 Mio. Wohnungen mit Erfassungsgeräten ausgestattet werden mussten. Die Bemessung der 5-jährigen Übergangsfrist berücksichtigte daher zum einen die Kapazitäten der Gerätehersteller und Messdienstunternehmen. Sie mussten innerhalb der Frist die erforderlichen Geräte zur Verfügung stellen. Es musste Personal vorhanden sein, das in der Lage war, in den auszustattenden Räumen die Geräte einzubauen und die Voraussetzungen für die verbrauchsabhängige Abrechnung zu schaffen. Zum anderen wurde durch die Übergangsfrist auch den Interessen der Gebäudeeigentümer und der Nutzer genüge getan. Sie mussten sich auf die Kosten der Geräte einstellen und nötige Preisvergleiche vornehmen können. Da der Gebäudeeigentümer nicht gezwungen wurde, die Räume sofort auszustatten, wurde ein kurzfristiger Nachfrageschub nach Geräten mit den sich daraus ergebenden Preiserhöhungen vermieden.

360 c) Soweit und solange die nach Landesrecht zuständigen Behörden der neuen Bundesländer noch nicht die **Einigung sachverständiger Stellen gemäß § 5 Abs. 1 Satz 2 und 3** der HeizkostenV bestätigt haben, können Ausstattungen zur Verbrauchserfassung verwendet werden, für die eine sachverständige Stelle aus den alten Bundesländern die **Bestätigung im Sinne von § 5 Abs. 1 Satz 2** erteilt hat, d.h. dass sie den anerkannten Regeln der Technik entsprechen oder ihre Eignung auf andere Weise nachgewiesen wurde.

361 d) Als **Heizwerte der verbrauchten Brennstoffe (H$_u$)** nach § 9 Abs. 2 Ziff. 3 können auch verwendet werden: Braunkohlenbrikett 5,5 kWh/kg und Braunkohlenhochtemperaturkoks 8,0 kWh/kg.

362 e) Die Vorschriften der **HeizkostenV** über die Kostenverteilung gelten **erstmalig für den Abrechnungszeitraum, der nach dem Anbringen der Ausstattung beginnt.** Sollte ein verpflichteter Gebäudeeigentümer mit dem Einbau der Geräte bis zum Ablauf der Übergangsfrist am 31.12.1995 gewartet haben, so musste die verbrauchsabhängige Abrechnung erstmalig mit dem neuen Abrechnungszeitraum vorgenommen werden, der im Jahre 1996 begann. Die HeizkostenV selbst enthält allerdings keine Regelung über Anfang und Ende des Abrechnungszeitraums. Seine Festlegung fällt vielmehr in den Bereich der privatrechtlichen Rechtsbeziehungen zwischen Gebäudeeigentümer und Nutzer (vgl. auch oben Rdn. 159–173, 317).

f) **§ 11 Abs. 1 Nr. 1 Buchstabe c)** ist mit der Maßgabe anzuwenden, dass an 363
die Stelle des Datums »1. Juli 1981« das Datum »1. Januar 1991« tritt. Nach
dieser Regelung sind alle Räume, die vor dem 1.1.1991 bezugsfertig wurden
und in denen der Nutzer den Wärmeverbrauch nicht beeinflussen kann, von
der verbrauchsabhängigen Abrechnung ausgenommen. Räume, die nach diesem Termin bezugsfertig wurden, mussten bereits so ausgestattet sein, dass
der Wärmeverbrauch beeinflussbar ist. Ein Fall der Nichtbeeinflussbarkeit
liegt z. B. dann vor, wenn bei einer Einrohrheizung der erste Nutzer seine
Heizung nicht abschalten kann, ohne zugleich die Heizungen der dahinterliegenden Nutzer mit abzuschalten (vgl. im Einzelnen auch oben Rdn. 123, 288–
290). In den neuen Bundesländern konnte sie aber auch dann gegeben sein,
wenn eine Regelungsmöglichkeit für den Wärmeverbrauch zwar vorhanden
war, aber technisch nicht funktionierte. Oftmals unterblieb die erforderliche
Wartung, so dass die Geräte im Laufe der Zeit unbrauchbar wurden. Sobald
die Funktionstauglichkeit hergestellt war und der Energieverbrauch beeinflusst werden konnte, musste verbrauchsabhängig abgerechnet werden. Die
Voraussetzungen dieser Ausnahmebestimmung lagen dann nicht mehr vor
(vgl. auch oben Rdn. 288–290).

g) **§ 12 Abs. 2** ist mit der Maßgabe anzuwenden, dass an die Stelle der Daten 364
»1. Januar 1987« und »1. Juli 1981« jeweils das Datum »1. Januar 1991« tritt.
Diese Regelung passt die Besitzstandgarantie für vorhandene Warmwasserkostenverteiler und sonstige Ausstattungen zur Verbrauchserfassung an die
Verhältnisse in den neuen Bundesländern an. Alle solche Geräte, die am
1.1.1991 in Räumen installiert waren, dürfen unverändert weiter benutzt werden. Die technischen Anforderungen des § 5 Abs. 1 Satz 2 gelten für sie als erfüllt (vgl. auch oben Rdn. 112–115). Die praktische Auswirkung dieser Regelung hält sich allerdings in Grenzen.

2. Das Verhältnis von HeizkostenV und Betriebskosten-Umlageverordnung

Nachdem die HeizkostenV am 1.1.1991 in den neuen Bundesländern in Kraft 365
getreten war, trat dort am 26.6.1991 auch die BetrKostUV in Kraft (BGBl. I
1991, 1270). Sie ist inzwischen durch das Gesetz zur Überleitung preisgebundenen Wohnraums im Beitrittsgebiet in das allgemeine Miethöherecht (Mie-
ten-Überleitungsgesetz) vom 6.6.1995 (BGBl. I 1995, 748) wieder aufgehoben
worden. Nach der BetrKostUV konnte der **Vermieter Betriebskosten für
Wohnraum, der sich in den neuen Bundesländern befindet und dessen
höchstzulässiger Mietzins sich am 2.10.1990 aus Rechtsvorschriften (der
DDR) ergab, anteilig auf die Mieter umlegen.** Vorher bestand keine Mög-

lichkeit, die Betriebskosten in ihrer tatsächlichen Höhe auf die Mieter zu verteilen. Sie wurden in nur geringem Maße und nach pauschalen Sätzen festgelegt, obwohl sie durch die konkrete Nutzung einer Wohnung entstanden und vom Mieter verursacht wurden. Die jetzige Regelung basierte auf der Neuorientierung der Wirtschaft in den neuen Bundesländern, die sich auf die Grundsätze der Freiheit der Preisbildung und des Abbaus von Subventionen stützt.

366 § 4 BetrKostUV regelt die **Kosten der Heizung und Warmwasserversorgung**, die ab dem 1.10.1991 (§ 11 Abs. 1 BetrKostUV) für Wohnraum entstehen, der bis zum 2.10.1990 (§ 1 Abs. 1 BetrKostUV) hergestellt wurde. Nach **Abs. 1** sind die Kosten des Betriebs zentraler Heiz- und Warmwasserversorgungsanlagen sowie der eigenständig gewerblichen Lieferung von Wärme und Warmwasser, auch aus zentralen Heiz- und Warmwasserversorgungsanlagen, wie folgt umzulegen:

1. die Kosten der Versorgung mit Wärme nach der Wohnfläche oder dem umbauten Raum; es darf auch die Wohnfläche oder der umbaute Raum der beheizten Räume zugrunde gelegt werden;

2. die Kosten der Versorgung mit Warmwasser nach der Wohnfläche oder einem Maßstab, der dem Warmwasserverbrauch in sonstiger Weise Rechnung trägt.

367 Hiermit übernimmt die BetrKostUV die entsprechenden Regelungen des § 22 Abs. 2 NMV 1970 (BGBl. I 1989, 109), die dort für die Fälle einer Ausnahme von der HeizkostenV vorgesehen sind. Die NMV 1970 enthält Vorschriften für preisgebundene Wohnungen in den alten Bundesländern ähnlich wie die BetrKostUV für Wohnraum in den neuen Bundesländern, für den bei Wirksamwerden des Beitritts Preisvorschriften über die Miete nach DDR-Recht bestanden. Maßstab für die Umlugung ist in erster Linie die Fläche der einzelnen Wohnungen. Wegen der unterschiedlichen Geschosshöhen, vor allem in Altbauten, kann die Umlegung aber auch nach dem umbauten Raum zu angemessenen Ergebnissen führen. Der Vermieter hat hierbei die Wahl zwischen den beiden Maßstäben. Für die Heizung kann statt der Fläche oder des umbauten Raums der Gesamtwohnung auch nur die Fläche oder der umbaute Raum der beheizten Räume zugrunde gelegt werden. Die BetrKostUV nimmt damit auf die faktischen Verhältnisse der neuen Bundesländer bis zu deren Beitritt Rücksicht und erlaubt weiterhin die pauschale Abrechnung, bis die Voraussetzungen für die verbrauchsabhängige Abrechnung vorliegen.

368 **Abs. 2** schreibt dann die Anwendung der HeizkostenV vor, soweit dies in Anlage I Kapitel V Sachgebiet D Abschnitt III Nr. 10 des Einigungsvertrages vom 31.8.1990 (BGBl. II, 1007) bestimmt ist (vgl. die vorstehenden Ausführungen zu 1). Die HeizkostenV hat damit unter Beachtung der im Einigungsvertrag festgelegten Maßgaben Vorrang gegenüber den in § 4 Abs. 1 BetrKostUV aufgeführten Umlegungsmaßstäben. Spätestens für den Abrechnungszeitraum, der nach dem Ablauf der Übergangsfrist 31.12.1995 beginnt, muss sich die Verteilung der Kosten ausschließlich nach der HeizkostenV richten. Dies galt vorher auch schon dann, wenn die Ausstattungen zur Verbrauchserfassung angebracht waren.

Nach **Abs. 3** sind die Kosten der Heizung und Warmwasserversorgung nach **369** Absatz 1 bis zu einem Betrag von 3,00 DM (ab 1.1.1994: 2,50 DM – BetrKostU-ÄndV, BGBl. I 1992, 1415) je Quadratmeter Wohnfläche monatlich umlagefähig. Dieser Betrag vermindert sich auf 2,60 DM (ab 1.1.1994: 2,10 DM – BetrKostU-ÄndV, BGBl. I 1992, 1415), wenn nur Heizkosten umgelegt werden. Den überschießenden Betrag der Kosten für Wärme und Warmwasser hat der Gebäudeeigentümer zu tragen. Für eine Übergangszeit bis zur vollen Anwendung der HeizkostenV und der Angleichung der wohnungswirtschaftlichen Verhältnisse in Deutschland sollte die Kappungsgrenze die Mieter vor überhöhten Heizkosten schützen. Andererseits sollte dem Vermieter der vorläufige weitere Betrieb der Heizungsanlagen auf einem gegenüber den Verhältnissen in den alten Bundesländern höheren Kostenniveau ermöglicht werden. Die weitere Herabsetzung der Kappungsgrenze drei Jahre nach dem Beitritt erschien im Hinblick auf die inzwischen erfolgten Energiesparmaßnahmen und die Anpassung der höchstzulässigen Grundmieten sinnvoll, um weitere Anreize zur Energieeinsparung zu schaffen und die Umstellung von Heizungsanlagen auf die Anforderungen der Ende 1995 voll geltenden Regelungen zur Energieeinsparung voranzutreiben.

Die Begrenzung der Umlage trug unter sozialpolitischen Gesichtspunkten der **370** Tatsache Rechnung, dass die Belastung der Mieter in den neuen Bundesländern mit diesen Kosten bisher sehr niedrig lag, während das wirkliche Ausmaß der Kosten die Leistungsfähigkeit der Mieter bei weitem überstiegen hätte und ihre Höhe wegen der fehlenden Regelbarkeit der Heizung vom Mieter nicht beeinflusst werden konnte. Obendrein waren die Gebäude unzureichend wärmegedämmt. Nach DDR-Recht wurden für Neubauwohnungen, die ab 1967 errichtet wurden, für die Zentralheizung bis zu 0,40 Mark je Quadratmeter Wohnfläche monatlich bezahlt. Üblich war daneben für die zentrale Versorgung mit Warmwasser ein Zuschlag von 0,12 Mark. In vielen Fällen wurden die Heiz- und Warmwasserkosten pauschal mit der niedrigen Grundmiete abgegolten. Dem standen tatsächliche Kosten für die Versorgung mit Wärme und Warmwasser gegenüber, die z.B. bei neueren, fern beheizten Wohnungen zwischen 2,00 und 5,00 DM schwankten. Diese Kosten, die erheblich über denen in den alten Bundesländern lagen (1,50 bis 2,00 DM je qm

Wohnfläche monatlich bei fernwärme- und zentral beheizten Wohnungen), sollten den Mietern mit geringeren Einkommen in den neuen Bundesländern nicht zugemutet werden. So erläutert der Verordnungsgeber die Begrenzung der Umlagefähigkeit der Kosten für Heizung und Warmwasserversorgung. Soweit die anfallenden Kosten beim Vermieter infolge der Kappung nicht gedeckt waren, sollten sie durch staatliche Subventionen ausgeglichen werden, bis durch Umrüstung unwirtschaftlicher Heizungsanlagen sowie sonstige Energiesparmaßnahmen eine Senkung der überhöhten Kosten erreicht würde. Zwar wurde die Umstellung der Heizungsanlagen durch staatliche Förderprogramme unterstützt. Der ursprünglich geplante Ausgleich für die Kappung wurde jedoch nicht geleistet. Die Möglichkeit zur Kappung war von vornherein nur für eine Übergangszeit ins Auge gefasst. Sie ist inzwischen entfallen.

371 **Die Kernfrage war, ob die Kosten auch dann nach Abs. 3 gekappt werden durften, wenn die Ausstattungen zur Verbrauchserfassung installiert waren und bereits verbrauchsabhängig nach der HeizkostenV abgerechnet wurde.**

372 Einige Gerichte (*AG Gardelegen* WM 1994, 69/70; *AG Zwickau* DWW 1993, 372) **verneinten dies.** Sie hielten § 4 Abs. 3 BetrKostUV nicht mehr für anwendbar, wenn nach der HeizkostenV abgerechnet wurde. Abgeleitet wurde dieses Ergebnis aus dem Wortlaut sowie Sinn und Zweck des § 4 Abs. 2 BetrKostUV in Verbindung mit der HeizkostenV und § 4 Abs. 3 BetrKostUV. Nach dem Wortlaut des Abs. 3 findet dieser nur auf § 4 Abs. 1 BetrKostUV Anwendung, da Abs. 3 nur auf Abs. 1 verweise, nicht jedoch auf Abs. 2. Vom Sinn und Zweck des Abs. 3 ausgehend sei dieser eine Mieterschutzvorschrift. Sie solle ihn vor überhöhten Kosten schützen, die auf Berechnungsgrundlagen (nach Abs. 1) beruhten, die ein aktives Sparverhalten des Nutzers nicht berücksichtigten, so dass der Mieter nicht die Möglichkeit habe, die Kosten zu reduzieren. Bei der Abrechnung nach § 4 Abs. 2 in Verbindung mit der HeizkostenV bedürfe es eines Mieterschutzes nicht, da nur die Kosten abgerechnet würden, die der Nutzer tatsächlich durch seinen Verbrauch verursacht habe. Über sein Verbrauchsverhalten könne er auf die Höhe der Kosten einwirken.

373 **Auch in der Literatur** (vgl. mit ausführlichen Nachweisen über den Streitstand: *Pfeifer* in DWW 1993, 283) **ist die Anwendung der Kappungsgrenze auf die Abrechnung nach der HeizkostenV vereinzelt verneint worden.** Begründet wurde dies mit der Ablehnung der Berücksichtigung sozialer Erwägungen sowie dem Zusammenwirken von HeizkostenV und BetrKostUV. Nur bei Berücksichtigung sozialer Erwägungen könne die BetrKostUV einschließlich der Kappungsgrenze neben der HeizkostenV angewendet werden.

Gegen die Einbeziehung sozialer Grandsätze spreche aber das für die neuen Bundesländer geltende Wohngeldsondergesetz, das auch eine Unterstützung für Energiekosten vorsehe. Eines weiteren Entgegenkommens bedürfe es nicht. Sinn und Zweck der HeizkostenV spreche vielmehr für eine Anwendung dieser Verordnung anstelle der BetrKostUV. Wenn durch eine Änderung des Nutzerverhaltens Energie eingespart werden solle, laufe es diesem Ziel zuwider, wenn die Verordnung die Ausstattung mit Erfassungsgeräten und die Abrechnung vorschreibe, aber die höheren Verbrauche oberhalb der Kappungsgrenze, die das Einsparpotential darstellten, von der Abrechnung wieder ausnähme.

Die überwiegende Ansicht in Rechtsprechung und Literatur ging jedoch davon aus, dass die Kappungsgrenze auch dann gelte, wenn nach der HeizkostenV ab gerechnet wird (vgl. u. a. *LG Magdeburg* WM 1996, 98 sowie WM 1994, 57 und DWW 1993, 283 jeweils mit weiteren Nachweisen). Dieser Auffassung ist zuzustimmen. Sie ergibt sich zum einen aus dem Wortlaut und der Stellung des Abs. 3 als Schlussvorschrift in § 4 BetrKostUV. Das LG Magdeburg führte hierzu sehr klar aus, dass sich bei der Formulierung in Abs. 3 »… Kosten der Heizung und Warmwasserversorgung nach Absatz 1 …« der Teil »nach Absatz 1« auf »Heizung und Warmwasser« und nicht auf »Kosten« beziehe. Dies diene zu einer knappen Bezeichnung der in Abs. 1 beschriebenen Heiz- und Warmwasserversorgungsanlagen. Hierdurch werde eine Wiederholung des gesamten Textes in Abs. 1 von »zentraler« bis »Warmwasserversorgungsanlagen« entbehrlich. Dahingegen könne aus der Formulierung »nach Absatz 1« kein Umkehrschluss abgeleitet werden, dass die Kappungsgrenze des Abs. 3 nur in den von Abs. 1 erfassten Fällen und nicht in denen des Abs. 2 gelten solle. Vielmehr gelte Abs. 3 für die Anwendungsfälle sowohl des Abs. 1 als auch des Abs. 2. Für dieses Ergebnis spreche die systematische Stellung von Abs. 3 als gleichberechtigter Absatz nach Abs. 1 und 2. Hätte Abs. 3 sich nur auf Abs. 1 beziehen sollen, wäre es näherliegend gewesen, Abs. 3 als Satz 2 in Abs. 1 zu integrieren oder zumindest Abs. 3 dem jetzigen Abs. 2 voranzustellen, um klarzumachen, dass mit Abs. 2 ein neuer Regelungsbereich beginne, der mit der Kappungsgrenze nichts zu tun habe.

Zum anderen rechtfertigt sich dieses Ergebnis aber auch aus dem Sinn und Zweck des Abs. 3 als einer Schutznorm zugunsten des Mieters und als Anreiz für den Gebäudeeigentümer, die alten Anlagen schnell mit Ausstattungen zur Verbrauchserfassung und Regelungsventilen zu versehen und durch zusätzliche Energiesparmaßnahmen wie Wärmedämmung dazu beizutragen, dass Kosten, die die Kappungsgrenze übersteigen, gar nicht erst anfallen. Das LG Magdeburg weist zu Recht darauf hin, dass der Gebäudeeigentümer, der dies unterlasse, dadurch belastet werden solle, dass er die über die Kappungsgren-

374

375

ze hinausgehenden Kosten selbst tragen müsse. Dabei sei davon auszugehen, dass die Kosten nach dem Einbau der erforderlichen Geräte gering seien oder völlig entfielen, so dass die Kappungsgrenze den Gebäudeeigentümer nicht weiter belaste. Eine Belastung der Nutzer mit Kosten, die die Kappungsgrenze übersteigen, solle aus sozialen Gründen vermieden werden. Berücksichtigt werden dabei ihr immer noch geringeres Einkommen als in den alten Bundesländern und die noch vorhandenen technischen Mängel der Anlagen, die bewirken, dass ein beträchtlicher Teil der Kosten unabhängig vom tatsächlichen Verbrauch anfällt. Würden die Kosten letztlich bei der Anwendung der HeizkostenV nicht gekappt werden dürfen, könnte sich der Gebäudeeigentümer auch die Modernisierung der gesamten Heizungsanlage ersparen. Er brauchte nur die für die verbrauchsabhängige Abrechnung erforderlichen Ausstattungen zur Verbrauchserfassung zu installieren. Ein solches Ergebnis kann nicht richtig sein. Es würde nur einen Teilaspekt der Gesamtsituation in den neuen Bundesländern, nämlich die Geräteausstattung, berücksichtigen. Der ebenso wichtige Bereich der Modernisierung der Heizung und der Wärmedämmung des Gebäudes bliebe unberücksichtigt. Das hat der Verordnungsgeber nicht gewollt.

376 Wenn somit die Kappungsgrenze nach Abs. 3 auch bei Anwendung der HeizkostenV zu beachten war, stellte sich abschließend die **Frage nach der relevanten Bezugsgröße für die Kappung: die Wohnfläche des einzelnen Nutzers oder die Gesamtfläche des Gebäudes oder gar einer Wirtschaftseinheit.** Wurde nicht die individuelle Wohnfläche zugrunde gelegt, so konnten auf den einzelnen Nutzer durchaus höhere als die in Abs. 3 festgelegten Kosten je qm entfallen. Dies wiederum entsprach nicht dem Sinn und Zweck des Abs. 3 als Schutznorm für den Nutzer. Die Kappungsgrenze durfte deshalb nur auf die Wohnfläche des einzelnen Nutzers bezogen werden. Nur so konnte der Schutz individuell garantiert werden (*AG Grimma* WM 1998, 489). Um den Nutzer aber nicht dauerhaft zu begünstigen und weiterer Energieverschwendung entgegenzutreten, hat der Verordnungsgeber die **Kappungsgrenze lediglich als Übergangsregelung in Kauf genommen. Sie ist inzwischen entfallen.**

377 Durch das **Gesetz zur Überleitung preis gebundenen Wohnraums im Beitrittsgebiet in das allgemeine Miethöherecht (Mietenüberleitungsgesetz – BGBl. I 1995, 748)** wurden § 11 Abs. 3 MHG in der durch Anlage I Kapitel XIV Abschnitt II Nr. 7 des Einigungsvertrages ergänzten Fassung gestrichen und die **BetrKostUV mit Wirkung vom 11.6.1995 aufgehoben.** Damit besteht auch die Kappungsgrenze für die Umlegung der Heizungs- und Warmwasserversorgungskosten nicht mehr. Sie können seitdem in voller Höhe auf die Nutzer verteilt werden. Der durch das Mietenüberleitungsgesetz **neu**

geschaffene § 14 MHG schreibt in **Abs. 2** hierzu ergänzend vor, dass **Betriebskosten, die auf Zeiträume vor dem 11.6.1995 entfallen, nach den bisherigen Vorschriften abzurechnen sind.** Später angefallene Betriebskosten aus einem Abrechnungszeitraum, der vor dem 11.6.1995 begonnen hat, können nach den bisherigen Vorschriften abgerechnet werden. Liegt der Stichtag innerhalb eines Abrechnungszeitraums, was in sehr vielen Fällen gegeben sein dürfte, so muss die Kappungsgrenze bis dahin beachtet werden. Nachher könnte der Gebäudeeigentümer sie z.B. wegen der Einheitlichkeit und Einfachheit der Abrechnung weiter beachten. Er ist hierzu jedoch nicht mehr gezwungen. Wendet er sie nicht an, um die tatsächlich entstandenen Kosten voll in Rechnung stellen zu können, sollte er aber in der Abrechnung die Trennung zum Stichtag deutlich machen und nach Möglichkeit erläutern.

Nach § 14 Abs. 1 S. 1 MHG durften **Betriebskosten im Sinne des § 27 II. BV** **378** bei Mietverhältnissen auf Grund von Verträgen, die vor den 11.6.1995 abgeschlossen wurden, auch nach diesem Zeitpunkt **bis zum 31.12.1997 durch bloße schriftliche Erklärung auf die Mieter umgelegt** werden. Der Zustimmung der Mieter bedurfte es unter diesen besonderen Voraussetzungen der Übergangsvorschriften des MHG auch dann nicht, wenn es sich um Kosten der Wärmelieferung handelte (*BGH* NJW 2003, 2900; anders als bei der späteren Grundsatzentscheidung des *BGH* NJW 2005, 1776 zum Wärmecontracting, vgl. oben Rdn. 24–32). Den Vermietern sollte in den neuen Bundesländern für einen von vornherein begrenzten Übergangszeitraum zur Umlegung der Betriebskosten, die im Mietrecht der DDR keine Rolle gespielt hatten, ein größeres Gestaltungsrecht eingeräumt werden. Allerdings musste aus der Erklärung nach allgemeinen Grundsätzen für den Mieter klar erkennbar sein, welche Art von Betriebskosten der Vermieter umlegen wollte. Sie mussten inhaltlich bestimmt und eindeutig angegeben werden (vgl. auch später *BGH* WM 2006, 686). Der *BGH* behandelte in dieser Entscheidung die Besonderheit des früheren § 14 MHG im Beitrittsgebiet im Fall der Wärmelieferung nach Umstellung der Beheizungsart von Einzelöfen auf Zentralheizung. Die allgemeine Frage der Kostenumlage beim Übergang zum Wärmecontracting entschied er zwei Jahre später im oben dargestellten Sinne (vgl. Rdn. 24–32).

4. Teil Die Heizkostenabrechnung

1. Mindestangaben in der Heizkostenabrechnung

Nachdem die Verbrauchserfassungsgeräte durch den Gebäudeeigentümer oder **379** die Mitarbeiter von Messdienstfirmen abgelesen worden sind, erstellen der Gebäudeeigentümer selbst oder die Firmen für den Gebäudeeigentümer die Heizkostenabrechnung. In der vertraglichen Beziehung zwischen Gebäudeeigentümer und Mieter obliegt es dem Gebäudeeigentümer, die Abrechnung für Heizung und Warmwasser durchzuführen. In der überwiegenden Zahl der Fälle, in denen verbrauchsabhängig abgerechnet wird, hat der Gebäudeeigentümer sich dieser Pflicht entledigt und hierfür die Dienste einer Abrechnungsfirma in Anspruch genommen. **Die Firmen erstellen ihre Rechnungen nach den ermittelten Verbrauchswerten sowie den ihnen vom Eigentümer bekanntgegebenen angefallenen Kosten** für den Betrieb der zentralen Heizungs- und Warmwasserversorgungsanlage. Die dem Nutzer übermittelte Einzelabrechnung ist vielfach so gestaltet, dass es ihm schwerfällt, Verbrauch und Kosten Verteilung nachzuvollziehen. Die HeizkostenV selbst enthält zwar keine Vorschriften darüber, wie das Formular für die Heizkostenabrechnung aussehen und welche Einzelangaben es enthalten soll. Die zu den allgemeinen Regeln der Technik (vgl. Art. 5 Abs. 1 Satz 2) gehörenden DIN-Normen geben jedoch in DIN 4713 Teil 5 Abschnitt 6 wertvolle Hinweise dafür, welche Mindestangaben auf der Heizkostenabrechnung erscheinen sollen. Jedes Abrechnungsformular sollte aus Gründen der Klarheit die hier aufgeführten Einzelangaben enthalten. Das deutsche Institut für Normung plante darüber hinaus, ein standardisiertes Abrechnungsformular herauszugeben, das diesen Anforderungen genügt. Dazu ist es nicht gekommen. Die Abrechnungsfirmen erkennen jedoch die in der DIN-Norm enthaltenen Einzelangaben als für sie verbindlich an und gestalten ihre Formulare entsprechend.

Anhand des dargestellten Abrechnungsformulars (S. 116) ist zu ersehen, welche Angaben die Heizkostenabrechnung ausweisen sollte. Die Nummerierungen auf dem Formular zeigen die folgenden Einzelangaben. **380**

Nach DIN 4713 Teil 5 Abschnitt 6 soll die Abrechnung enthalten: **381**

a) **Vertragspartner**
   – Nutzer, Name, Anschrift   (1)

b) **Abrechner**
   – Mit Durchführung der Abrechnung beauftragte Firma   (2)

c) **Zeitraum**
   - Abrechnungszeitraum (3)
   - Nutzungsdauer, wenn Abrechnungszeitraum abweichend (4)

d) **Brennstoffverbrauch und -kosten**
   Brennstoffverbrauch und -kosten werden in Abhängigkeit der
   Versorgungsart (Öl, Gas, Kohle usw.) angegeben (5)
   - bei leitungsgebundener Versorgung (z.B. Gas):
   - die bezogenen Mengen und die Kosten Durchschnittsverbrauch
     der Abrechnungseinheit
   - bei nicht leitungsgebundener Versorgung: die Menge und die
     Kosten von

     • Anfangsbestand (6)
       (gleich Endbestand Vorjahr)
     • Zukaufmenge (7)
       (möglichst jede Lieferung einzeln aufführen)
     • Endbestand (8)
       (Der Endbestand wird z.B. bei Öllagerung anhand des
       Füllstandes ermittelt. Der Wert des Endbestandes wird anhand
       der letzten Lieferung ermittelt:

       $$\frac{\text{Rechnungsbetrag} \times \text{Endbestand}}{\text{gelieferte Menge Öl}} = \text{Wert des Endbestands)}$$

     • Gesamtverbrauch (9)
       (Der Gesamtverbrauch ergibt sich aus der Summe des Anfangs-
       bestands und der Zwischenlieferung abzüglich des Endbestands.
       In gleicher Form werden auch die Kosten des Gesamtverbrauchs
       ermittelt.)
     • Durchschnittsverbrauch der Abrechnungseinheit

e) **Weitere Kosten und ihre Trennung**
   - Einzelkosten nach Entstehungsgrund und -art (10)
     Es dürfen nur die Kosten nach § 7 Abs. 2 und § 8 Abs. 2 aufgeführt
     werden.

f) **Betriebskostentrennung bei verbundenen Anlagen**
   - Trennung des Brennstoffverbrauchs für Raumheizung und
     Wassererwärmung mit Berechnung und/oder Erläuterung (11)

g) **Vorwegabzug**
   - Kosten für nicht gleichartige Nutzeinheiten
   - (z.B. Gewerbeobjekt, Garagen etc.)
   - Kosten für Bauheizungen bei Erstbezügen

– Wärmelieferung an Dritte
– Sonstiges

h) **Teilung**
– Aufteilung des Umlegungsbetrages in verbrauchsabhängige und
nicht verbrauchsabhängige Teile (12)
– Bezugsbasis der Verteilung nach Art und Anzahl der Einheiten (13)
– Preis je Einheit (14)
der Preis je Einheit ergibt sich folgendermaßen:

$$\frac{\text{Umlegungsbetrag}}{\text{Bezugsbasis}} = \text{Preis je Einheit}$$

– Anzahl der Einheiten des Nutzers an der Bezugsbasis (15)
– Anteilige Kosten des Nutzers (16)
Die anteiligen Kosten des Nutzers ergeben sich aus Preis
je Einheit × Anteile = Kosten

i) **Abrechnungsergebnis**
– Gesamtkosten je Nutzer (17)
– Vorauszahlung (Soll oder Ist) (18)
– Saldo (19)
(Differenz zwischen Gesamtkosten und Vorauszahlung)

j) **Hinweis auf Abrechnungsprüfung** (20)
– Hinweis auf Recht zur Einsichtnahme in die Abrechnungsunterlagen

2. Beispiel einer Heizkostenabrechnung

Im Folgenden soll anhand der Darstellung einer beispielhaften Heizkostenab- **382**
rechnung gezeigt werden, wie die Umlegung der entstandenen Kosten nach
den Vorschriften der HeizkostenV vorzunehmen ist. Dabei wird zunächst
von einer früher vielfach üblichen **Pauschalabrechnung** ausgegangen, die
den Verbrauch der einzelnen Nutzer nicht berücksichtigt. Anschließend wird
dieser Abrechnung eine Umlegung der entstandenen Kosten nach Maßgabe
der Verordnung **gegenübergestellt**, wobei erst ein **Abrechnungsschlüssel von
50 % verbrauchsabhängig und 50 % nach der Wohnfläche** und danach **ein
Schlüssel von 70 % verbrauchsabhängig und 30 % nach der Wohnfläche**
zugrunde gelegt werden.

Bei der Durchführung der Heizkostenabrechnung soll **von folgenden An-** **383**
nahmen ausgegangen werden:

384 Es handelt sich um ein Vier-Familienhaus. Hierin bewohnen die Familie A eine Wohnung mit 100 m² Wohnfläche, Familie B eine Wohnung mit ebenfalls 100 m² Wohnfläche, die Familie C eine Wohnung mit 50 m² Wohnfläche und schließlich die Familie D ebenfalls eine Wohnung mit 50 m² Wohnfläche. Die gesamte, der Abrechnung zugrunde liegende Wohnfläche für das Haus beträgt damit 300 m². An umzulegenden Kosten für den Betrieb der Heizungsanlage sollen für eine Heizperiode 10 000,– € angefallen sein, ohne dass es hierbei darauf ankommt, ob dieser Betrag für ein Vier-Familienhaus angemessen ist. Es soll lediglich für die Beispielsrechnung von einem glatten Betrag ausgegangen werden. Für die Abrechnungsvarianten, die den Verbrauch der einzelnen Familien berücksichtigten, wird angenommen, dass bei Familie A 30 abgelesene Verbrauchseinheiten angefallen sind, bei Familie B 20 Einheiten, Familie C 15 und schließlich Familie D lediglich 5. Aufgrund dieser Annahmen gestalten sich die einzelnen **Heizkostenabrechnungen** wie folgt (vgl. hierzu auch die tabellarische Zusammenstellung auf den Rdn. 387):

2. Beispiel einer Heizkostenabrechnung

Einzelabrechnung

VERWALTUNG:
FRANZ VERMIETER

HAUPTSTRASSE 137

D 12345 ORTSNAME

Herrn/Frau/Firma
① PETER MIETER
ROTENSTRASSE 17
D 12345 ORTSNAME

Fa. Abrechnung ②

Liegenschafts-Nr.:   15-222-2222/0
Abnehmer-Nr.:   0001/0
Abrechnung erstellt am: 22.05.95
③ Abrechnungszeitraum: 1.05.94-30.04.95
④ Heizperiode: 1.10.94-30.04.95

AUFSTELLUNG DER GESAMTKOSTEN

Brennstoff-kosten	Datum	⑤ ltr Öl	Betrag	Kostenart	Datum	Betrag	Betrag
⑥ Rest aus Vorjahr		6400	4639,36	Brennstoffkosten	Übertrag		5580,94
				Heiznebenkosten			827,73
Rechnung	20.06.94	2643	1853,01	Betriebsstrom	15.04.95	390,76	
⑦ Rechnung	10.01.95	2200	1542,42	⑩ Wartungskosten	24.10.95	205,84	
Rechnung	27.03.95	2000	1402,20	Immissionsmessung	7.11.94	42,64	
⑧ abzügl. Endbestand		-5500	-3856,05	Geb. Verbrauchs-erfassg.		189,13	
				Kosten Heizanlage			6408,67
⑨ Brennstoffkosten Summe		7743	5580,94	Gesamtkosten der Liegenschaft			6408,67

IHRE ABRECHNUNG

Aufteilung der Gesamtkosten von	Gesamtbetrag 6408.67	Gesamt-einheiten	=	Betrag/ Einheit	×	Ihre Ein-heit.	=	Ihre Kosten
Heiz- und Warmwasserkosten								
Heizkosten	5351,24							
davon			⑬		⑭	⑮		⑯
⑫ 50% Grundkosten Heizung	=	2675,62 :	330.00m² Wohnfläche	=	8.1079	×	120.00	=	972,95
50% Verbrauchsk. Heizung	=	2675,62 :	105.30 HKV-Einheiten	=	25.4094	×	37.90	=	963,02
Warmwasserkosten	1057,43							
davon								
50% Grundkosten Heizung	=	528,72 :	330.00m² Wohnfläche	=	1.6021	×	120.00	=	192,26
50% Verbrauchsk. Heizung	=	528,71 :	102.40 Warmwasser	=	5.1631	×	48.40	=	249,90

Warmwasserkostenermittlung;
Erwärmung auf
60 Grad C lt. Formel § 9.2 Heizkostenverordnung

⑪ $\dfrac{2,5 \times 102,4\,m^3 \times (60°C-10)}{10,00\,DM}$ = 1280 ltr. Öl

= 16,5% des Verbrauchs. 16.5% der Kosten Heizanlage von 6408,67 DM = 1057,43 DM

Ihre Heiz-und Warmwasserkosten   = 2378,13

⑰ Ihre Gesamtkosten   = 2378,13
⑱ Abzüglich Vorauszahlung   = 2880,00
⑲ Guthaben   = 501,87

⑳ Rückfragen richten Sie bitte an Ihre Verwaltung.

4. Teil Die Heizkostenabrechnung

GESAMTABRECHNUNG

Bei Rückfragen wenden Sie sich bitta an:

Fa. Abrechnung

Herrn
FRANZ VERMIETER
HAUPTSTRASSE 137
D   12345 ORTSNAME

LIEGENSCHAFT: ROTENSTRASSE 17
D 12345 ORTSNAME
Liegenschafts-Nr.   15-222-2222/0
Abrechnung erstellt am: 22.5.95
Abrechnungszeitraum: 1.05.94-30.04.95
Heizperiode: 1.10.94-30.04.95
Bei Abnehmerwechseln beachten Sie bitte
die Hinweise auf der Rückseite!
Wie im einzelnen verfahren wurde, entnehmen
Sie bitte der Verteilung der Gesamtkosten

AUFSTELLUNG DER GESAMTKOSTEN

Brennstoffkosten	Datum	ltr Öl	Betrag	Kostenart	Datum	Betrag	Betrag
Rest aus Vorjahr		6400	4639,36	Brennstoffkosten	Übertrag		5580,94
Rechnung	20.06.94	2643	1853,01	Heiznebenkosten			827,73
Rechnung	10.01.95	2200	1542,42	Betriebsstrom	15.04.95	390,76	
Rechnung	27.03.95	2000	1402.20	Wartungskosten	24.10.94	205,20	
abzügl. Endbestand		-5500	-3856,05	Immisionsmessung	7.11.94	42,44	
				Geb. Verbrauchs-erfassg.		189,13	
				Kosten Heizanlage			6408,67
Brennstoffkosten Summe		7743	5580,94	Gesamtkosten der Liegenschaft			6408,67

AUFTEILUNG DER GESAMTKOSTEN

Aufteilung der Gesamtkosten von	6408,67	Gesamtbe-trag:	Gesamteinheiten	=	Beitrag/Einheit

Heiz-   und   Warmwasserkosten

Heizkosten   5351,24
davon
50% Grundkosten Heizung   =   2675,62 :   330.00m² Wohnfläche   =   8.1079
50% Verbrauchsk. Heizung   =   2675,62 :   105.30 HKV-Einheiten   = 25.409

Warmwasserkosten   1057,43
davon
50% Grundkosten Heizung   =   528,72 :   330.00m² Wohnfläche   =   1.6021
50% Verbrauchsk. Heizung   =   528,71 :   102.40 Warmwasser   =   5.1631
Warmwasserkostenermittlung;
Erwärmung auf
60 Grad C lt. Formel § 9.2 Heizkostenverordnung

$$\frac{2,5 \times 102,4 \, m^3 \times (60°C-10)}{10,00 \, KWH} = 1280 \, ltr. \, Öl$$

= 16,5% des Verbrauchs.   16.5% der Kosten
Heizanlage von 6408,67 DM   = 1057,43 DM

VERTEILUNG DER GESAMTKOSTEN

Name	Kostenart	Preis/Einh.	×	Einheiten	=	Kost. Anteil	Erläuterungen
0001	Grundkosten Heizung	8.1079	×	120.00 m²	=	972,95	
PETER MIETER	Verbrauchsk. Heizung	25.4094	×	37.90 Einh.	=	963,02	
	Grundk. Warmwasser	1.6021	×	120.00 m²	=	192,26	
	Verbrauchsk. Warmw.	5.1631	×	48.40 m³	=	249,90	
	Gesamtbetrag				=	2378,13*	
0002	Grundkosten Heizung	8.1079	×	23.60 m²	=	191,35	200 von 890 Grad-tagz.
ELISABETH VORMIETER							
1.05.94-30.11.94	Verbrauchsk. Heizung	25.4094	×	4.92 Einh.	=	125,01	200 von 890 Grad-tagz.
	Grundk. Warmwasser	1.6021	×	61.56 m²	=	98,63	214 von 365 Tagen
	Verbrauchsk. Warmw.	5.1631	×	13.60 m³	=	70,22	214 von 365 Tagen
	Gesamtbetrag				=	485,21*	

162

2. Beispiel einer Heizkostenabrechnung

Bei Rückfragen wenden Sie sich bitta an:

Fa. Abrechnung

Herrn
FRANZ VERMIETER
HAUPTSTRASSE 137
D 12345 ORTSNAME

LIEGENSCHAFT: ROTENSTRASSE 17
              D 12345 ORTSNAME
Liegenschafts-Nr.   15-222-2222/0
Abrechnung erstellt am: 22.5.95
Abrechnungszeitraum: 1.05.94-30.04.95
Heizperiode: 1.10.94-30.04.95
Bei Abnehmerwechseln beachten Sie bitte
die Hinweise auf der Rückseite!
Wie im einzelnen verfahren wurde, entnehmen
Sie bitte der Verteilung der Gesamtkosten

Name	Kostenart	Preis/ Einh.	×	Einheiten	=	Kost. Anteil	Erläuterungen
0002/1	Grundkosten Heizung	8.1079	×	81.40 m²	=	659,99	690 von 890 Grad-
MARIANNE NACHMIETER							tagz.
1.12.94-30.04.95	Verbrauchsk. Heizung	25.4094	×	16.98 Einh.	=	431,45	690 von 890 Grad-
							tagz.
	Grundk. Warmwasser	1.6021	×	43.44 m²	=	69,60	151 von 365 Tagen
	Verbrauchsk. Warmw.	5.1631	×	9.60 m³	=	49,57	151 von 365 Tagen
	Gesamtbetrag				=	1210,61*	
0003	Grundkosten Heizung	8.1079	×	105.00 m²	=	851,33	
RUDOLPH MEIER	Verbrauchsk. Heizung	25.4094	×	45.50 Einh.	=	1156,13	
	Grundk. Warmwasser	1.6021	×	105.00 m²	=	168,23	
	Verbrauchsk. Warmw.	5.1631	×	30.80 m³	=	159,03	
	Gesamtbetrag				=	2334,72*	
Summen	Grundkosten Heizung	8.1079	×	330.00 m²	=	2675,62	
	Verbrauchsk. Heizung	25.4094	×	105.30 Einh.	=	2675,61	
	Grundk. Warmwasser	1.6021	×	330.00 m²	=	528,72	
	Verbrauchsk. Warmw.	5.1631	×	102,40 m³	=	528,72	
	Gesamtbetrag				=	6408,67*	

Heizung:	Durchschnittsverbrauch	19,6 ltr. Öl pro m²
	DIN-Orientierungswert	30,0 ltr. Öl pro m²/Jahr
Warmwasser:	Durchschnittsverbrauch	3,9 ltr. Öl pro m²
	DIN-Orientierungswert	6,0 ltr. Öl pro m²/Jahr

                    ABNEHMER - AUFSTELLUNG

ldf. Nr.	Name	Interne Nr. Verwaltung	Ges. Betrag	Vorauszahlg.	Guth./Nachzahlung
0001/0	PETER MIETER		2378,13	2880,00	501,87 Guth.
0002/0	ELISABETH VORMIETER		485,21	900,00	414,79 Guth.
0002/1	MARIANNE NACHMIETER		1210,61	900,00	310,51 Nachz.
0003/1	RUDOLPH MEIER		2334,72	2400,00	65,28 Guth.
					310,61 Nachz.
					981,94 Guth.
	Summen		6408,67	7080,00	671,22-Saldo

163

a) **Umlegung der angefallenen Kosten nur nach dem Anteil der Wohnfläche ohne Berücksichtigung des tatsächlichen Verbrauchs:**
Von den Gesamtkosten von 10 000,– € entfallen auf die Familie A, die mit 100 m² ein Drittel der der Abrechnung zugrunde liegenden Wohnfläche benutzt, ebenfalls ein Drittel der Gesamtkosten und damit 3333,33 €. Den gleichen Betrag hat bei der gleichen Wohnfläche ebenfalls die Familie B zu bezahlen. Auf die Familien C und D mit jeweils ein Sechstel der Wohnfläche entfallen jeweils 1666,67 €.

b) **Umlegung der Gesamtkosten nach dem Abrechnungsschlüssel 50 % verbrauchsabhängig und 50 % nach der Wohnfläche:**
Nach dieser Abrechnungsalternative werden 5000,– € unter den vier Mietparteien entsprechend ihrem anteiligen Verbrauch aufgeteilt und 5000,– € nach der Wohnfläche umgelegt. Da insgesamt 70 Abrechnungseinheiten abgelesen sein sollen, wovon auf die Familie A 30 Einheiten entfallen, trägt die Familie A drei Siebtel der verbrauchsabhängigen Kosten und damit 2142,86 €. Auf die Familie B mit 20 abgelesenen Einheiten entfallen zwei Siebtel der Kosten und somit 1428,57 €. Mit 15 Einheiten hat Familie C 1,5 Siebtel zu tragen und infolgedessen 1071,43 €. Auf Familie D entfallen 5 Abrechnungseinheiten, die 0,5 Siebtel der Gesamteinheitenzahl ausmachen und damit ein Betrag von 357,14 €.
Bei der Umlegung der zweiten Kostenhälfte nach der Wohnfläche entfallen auf die Familien A und B mit jeweils ein Drittel der Wohnfläche jeweils 1666,67 €. Die Familien C und D haben mit einem Sechstel der Wohnfläche jeweils 833,33 € zu zahlen.
Diese Aufteilung führt zu Gesamtkosten für die Familie A von 3809,53 €, Familie B von 3095,24 €, Familie C von 1904,76 € und Familie D von 1190,47 €.

c) **Umlegung der Gesamtkosten nach einem Schlüssel 70 % verbrauchsabhängig und 30 % nach der Wohnfläche:**
Bei einem verbrauchsabhängigen Teil von 70 % entfällt auf die Familie A mit 30 abgelesenen Abrechnungseinheiten ein Betrag von 3000,– €, auf die Familie B mit 20 Einheiten der Betrag von 2000,– €, die Familie C mit 15 Einheiten hat hiernach 1500,– € zu tragen und Familie D mit 5 Einheiten 500,– €. Entsprechend ihrer Wohnfläche tragen wiederum die Familien A und B mit einem Drittel der Wohnfläche jeweils 1000,– € und Familien C und D mit einem Sechstel der Wohnfläche jeweils 500,– €.
Dies führt zu Gesamtkosten für Familie A von 4000,– €, Familie B von 3000,– €, Familie C von 2000,– € und Familie D von 1000,– €.

385 Ein **Vergleich der zu zahlenden Gesamtkosten** zeigt, dass in Abhängigkeit von der gewählten Abrechnungsart die einzelnen Familien unterschiedlich hohe anteilige Kostenbelastungen zu tragen haben. Dies führt dazu, dass die Familie mit dem höchsten Verbrauch (Familie A 30 abgelesene Einheiten) bei einer Pauschalabrechnung nur nach der Wohnfläche lediglich 3333,33 € an Gesamtkosten zu zahlen hat, bei einer verbrauchsabhängigen Abrechnung mit dem Schlüssel 50 %/50 % sind dies 3809,50 € und bei einem Schlüssel von 70 %/30 % 4000,– €.

Die wenig verbrauchende Familie Dahingegen trägt bei einer Pauschalabrech- **386** nung nach der Wohnfläche 1666,67 €, bei der verbrauchsabhängigen Abrechnung mit dem Schlüssel 50 %/50 % sind dies 1190,47 € und bei einem Schlüssel von 70 %/30 % lediglich 1000,– €.

Die Gegenüberstellung der angegebenen Kosten macht deutlich, dass der **387** Mehrverbraucher bei einer Pauschalabrechnung am günstigsten abschneidet, wohingegen derjenige, der am wenigsten verbraucht, das relativ meiste zu zahlen hat. Dahingegen bewirkt die verbrauchsabhängige Abrechnung mit dem Schlüssel 70 %/30 %, dass der tatsächliche Verbrauch die Abrechnung im Wesentlichen bestimmt und somit derjenige, der das meiste verbraucht, auch am meisten bezahlt. Die verbrauchsabhängige Abrechnung mit dem Schlüssel 50 %/50 % berücksichtigt den tatsächlichen Verbrauch dahingegen nur zur Hälfte und liegt von der Wirkung her zwischen den beiden anderen Abrechnungen.

Annahmen
4-Familien-Haus

Familie A	100 m² Wohnfläche
B	100 m² Wohnfläche
C	50 m² Wohnfläche
D	50 m² Wohnfläche
insgesamt:	300 m² Wohnfläche

Betrag der umzulegenden Heizkosten für einen Abrechnungszeitraum
10 000,– €

Umlegungsschlüssel: Pauschal nach der Wohnfläche

Familie A	= 1/3 Wohnfläche =	3 333,33 €
B	= 1/3 Wohnfläche =	3 333,33 €
C	= 1/6 Wohnfläche =	1 666,67 €
D	= 1/6 Wohnfläche =	1 666,67 €
insgesamt:		10 000,00 €

Umlegungsschlüssel: 50 % verbrauchsabhängig, 50 % nach Wohnfläche
5 000,– € nach Verbrauch,
5 000,– € nach Wohnfläche

Verbrauchsabhängig: 70 abgelesene Einheiten insgesamt
Familie A = 30 Einheiten =   3/7 = 2 142,86 €
        B = 20 Einheiten =   2/7 = 1 428,57 €
        C = 15 Einheiten = 1,5/7 = 1 071,43 €
        D = 5 Einheiten = 0,5/7 =   357,14 €

insgesamt: 70 Einheiten =   7/7 = 5 000,00 €

Wohnfläche
Familie A = $^1/_3$ Wohnfläche = 1 666,67 €
        B = $^1/_3$ Wohnfläche = 1 666,67 €
        C = $^1/_6$ Wohnfläche =   833,33 €
        D = $^1/_6$ Wohnfläche =   833,33 €

insgesamt: 5 000,00 €

Gesamtkosten: 50 %/50 %
Familie A = 3 809,53 €
        B = 3 095,24 €
        C = 1 904,76 €
        D = 1 190,47 €

insgesamt: 10 000,00 €

Umlegungsschlüssel: 70 % verbrauchsabhängig, 30 % nach Wohnfläche
7 000,– € nach Verbrauch,
3 000,– € nach Wohnfläche

Verbrauchsabhängig: 70 abgelesene Einheiten insgesamt
Familie A = 30 Einheiten =   3/7 = 3 000,– €
        B = 20 Einheiten =   2/7 = 2 000,– €
        C = 15 Einheiten = 1,5/7 = 1 500,– €
        D = 5 Einheiten = 0,5/7 =   500,– €

insgesamt: 70 Einheiten =   7/7 = 7 000,– €

Wohnfläche
Familie A	= $^1/_3$ Wohnfläche =	1 000,– €
B	= $^1/_3$ Wohnfläche =	1 000,– €
C	= $^1/_6$ Wohnfläche =	500,– €
D	= $^1/_6$ Wohnfläche =	500,– €

insgesamt: 3 000,– €

Gesamtkosten: 70 %/30 %
Familie A	=	4 000,– €
B	=	3 000,– €
C	=	2 000,– €
D	=	1 000,– €

insgesamt: 10 000,– €

Vergleich:

	Pauschal	50 %/50 %	70 %/30 %
Familie A	3 333,33 €	3 809,53 €	4 000,– €
B	1 666,67 €	1 190,47 €	1 000,– €

5. Teil   Erfahrungen der Praxis

1. Gerichtsentscheidungen zu weiteren Konfliktfällen um die Heizkostenabrechnung

Sowohl bei der pauschalen Heizkostenabrechnung nach der Wohnfläche als **388** auch bei der nach Verbrauch sind in der Praxis immer wieder Fragen und Probleme aufgetaucht, die schließlich zu Streitigkeiten führten, die vor den ordentlichen Gerichten ausgetragen werden mussten. Dies geschah bei der Pauschalabrechnung oft allein dadurch, dass die in Rechnung gestellten Kostenbeträge nicht zu überprüfen waren. Bei der verbrauchsabhängigen Abrechnung kam es vielfach zu Problemen hinsichtlich der Rechtfertigung bestimmter Abrechnungsschlüssel, des individuellen Verbrauchs einzelner Nutzer innerhalb eines Gebäudes, der Wärmedämmqualität des Hauses, der Überprüfbarkeit der konkreten Abrechnung und vieler anderer Faktoren mehr.

In allen so gelagerten Streitfällen ist es von Bedeutung, dass der Betroffene **389** weiß, dass er ein **Recht darauf** hat, **eine nachvollziehbare Heizkostenabrechnung zu erhalten**. Er sollte sich nicht davon beeindrucken lassen, dass die Abrechnung durch die Messdienstfirmen vielfach in Form von Computerauszügen erstellt wird und somit einen quasi »behördlichen« Eindruck erweckt. Für das Überprüfen der Abrechnung ist auf den nicht juristisch oder betriebswirtschaftlich vorgebildeten, durchschnittlich geschulten Mieter abzustellen. Ihm wird jedoch in der Rechtsprechung zugemutet, sich mit der Abrechnung auseinanderzusetzen und zu versuchen, sich die erforderlichen Fähigkeiten zu ihrem Verständnis anzueignen (*BGH* ZMR 1982, 108; WM 1986, 214). Den erforderlichen Zeitaufwand hierfür muss er aufbringen und eventuell auch einen Taschenrechner zum Nachrechnen anschaffen (*LG Köln* WM 1985, 371).

Bei der verbrauchsabhängigen Abrechnung fängt die Überprüfung bereits bei **390** der **Kontrolle der Ablesung** durch die Messdienstfirmen an. Der Nutzer sollte darauf achten, dass die Werte auf den Erfassungsgeräten richtig abgelesen werden. Hierzu kann er ihren Stand kurz vor dem angekündigten Erscheinen der Firma bereits selbst kontrollieren. Bei **Heizkostenverteilern nach dem Verdunstungsprinzip** muss der Flüssigkeitsstand im Röhrchen grundsätzlich **an der Unterkante** des konkav gebogenen Flüssigkeitsspiegels abgelesen werden. Wird dagegen die Mitte oder die Oberkante abgelesen, ergeben sich Abweichungen bis zu 1 mm. Die Unterkante ist zu nehmen, weil die Null-Einstellung bei der automatischen Befüllung an der Unterkante gemacht wird und dieser Punkt am ausgeprägtesten abzulesen ist. Weiterhin muss in Augenhöhe abgelesen werden. Der Flüssigkeitsspiegel hat je nach Gerätetyp eine Tiefe bis zu 10 mm. Wenn die Ablesung nicht in Augenhöhe erfolgt, entsteht eine Winkelverschiebung, die zu erheblichen Abweichungen führen kann (vgl. Schaubild nach Rdn. 392). Weicht die eigene Ablesung von derjenigen der Messdienstfirma ab, sollte sich der Betroffene das abweichende Ergebnis begründen lassen. Wird dabei das entstandene Problem immer noch nicht ausgeräumt, kann durchaus die Unterschrift auf dem anzufertigenden Ableseprotokoll verweigert werden. Im Laufe der Zeit ist das Anfertigen solcher Belege aufgrund der technischen Weiterentwicklung der Ablesemöglichkeiten vielfach schon entfallen. So findet z.b. bei der Funkerfassung überhaupt keine Ablesung mehr statt. Die Einzelergebnisse werden an eine Datenzentrale im Haus übermittelt, von wo aus sie per Funk an das Abrechnungsunternehmen weitergeleitet werden. Ein Beleg wird nicht mehr angefertigt. Ebenso kann dieser bei maschineller Datenerfassung entfallen, bei der die Werte eingescannt und weiterverarbeitet werden. Aber auch andere Arten der mobilen Erfassung verzichten heute oft auf das gesonderte Ausstellen von Ablesebelegen (vgl. eingehender: *Schumacher* WM 2005, 509 m.w.N.). Sind sie nicht mehr vorhanden, fehlt sowohl dem Vermieter als auch dem Mieter im Zweifel bei rechtlichen Auseinandersetzungen um die Abrechnung ein wichtiges Beweismittel, das im Prozess einen eigenen Wert entfalten kann. Hatte der Mieter solche Belege bisher traditionell unterzeichnet, hatte er die Richtigkeit der aufgeführten Werte anerkannt. Ein solcher Beweiswert entfällt ersatzlos, wenn Ablesebelege nicht mehr erstellt werden.

391 Entstehen Unstimmigkeiten erst nachher bei Erhalt der konkreten Rechnung, so kann der Nutzer von seinem **Recht auf Einsichtnahme in die Originalbelege beim Vermieter** Gebrauch machen, wenn er z.B. einzelne in Rechnung gestellte Kostenbeträge dem Grunde oder der Höhe nach anzweifelt. Es ist darauf hinzuweisen, dass die Messdienstfirmen lediglich die vom Vermieter übermittelten Angaben ohne Prüfung ihrer Richtigkeit übernehmen oder diese für ihn selbst erstellen und sie dann den Abrechnungen zugrunde legen.

392 Der Vermieter muss nicht von sich aus ungefragt der Heizkostenabrechnung Belege beifügen. Sie sind nicht Voraussetzung für die Fälligkeit der Abrechnung. Verlangt der Mieter jedoch die Einsichtnahme zur Prüfung der Abrechnung, für die er einen angemessenen Zeitraum (ca. 2 Wochen bei normaler jährlicher Abrechnung) in Anspruch nehmen kann, so gesteht ihm die Rechtsprechung ein Zurückbehaltungsrecht bezüglich des Abrechnungssaldos zu, bis er die Belege eingesehen hat. Der Mieter ist also nicht darauf angewiesen, einen Auskunftsanspruch gesondert geltend zu machen.

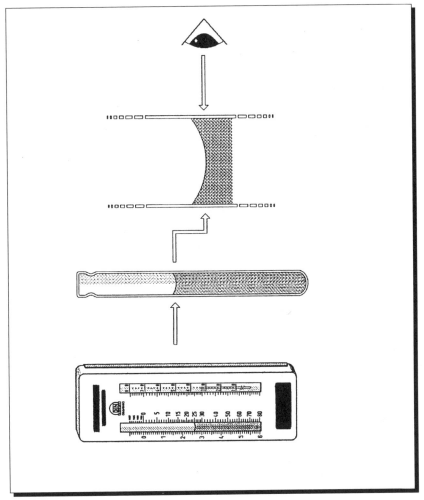

Ablesung, Kontrolle

Lange Zeit war streitig, ob der Mieter preisfreien Wohnraums zur Prüfung 393
der Betriebskostenabrechnung einen **Anspruch** gegen den Vermieter **auf Überlassung von Fotokopien** der Abrechnungsbelege hatte. Der *BGH* (WM 2006,
200 m.w.N.) hat diese Frage entschieden und einen solchen **Anspruch abgelehnt.** Das Gesetz sehe ihn für den Bereich des preisfreien Wohnraums nicht
vor. Nur für preisgebundene Wohnraummietverhältnisse bestimme § 29 Abs. 2

S. 1 NMV, dass der Mieter anstelle der Einsicht in die Berechnungsunterlagen Ablichtungen davon gegen Erstattung der Auslagen verlangen könne. Diese Regelung sei aber auf den preisfreien Wohnraum nicht zu übertragen. Einer analogen Anwendung stehe entgegen, dass eine planwidrige Regelungslücke des Gesetzes nicht vorliege. Ein dahingehender Anspruch nach den Grundsätzen von Treu und Glauben (§ 242 BGB) komme nur ausnahmsweise dann in Betracht, wenn dem Mieter die Einsichtnahme in die Unterlagen in den Räumen des Vermieters nicht zugemutet werden könne (der *BGH* bestätigte diese Entscheidung im selben Jahr erneut; vgl. WM 2006, 616). Dem Interesse des Mieters an einer Überprüfung der Abrechnung werde im Regelfall bereits dadurch Rechnung getragen, dass er vom Vermieter Einsicht in die der Abrechnung zugrunde liegenden Belege verlangen und sich hierbei fachkundiger Hilfe bedienen könne. Demgegenüber könne der Vermieter ein berechtigtes Interesse daran haben, den Mieter auf die Einsichtnahme in die Rechnungsbelege zu verweisen, um den durch die Anfertigung von Fotokopien entstehenden zusätzlichen Aufwand zu vermeiden und dem Mieter mögliche Unklarheiten im Gespräch sofort zu erläutern. Dieses Interesse des Vermieters würde nicht hinreichend berücksichtigt, wenn er dem Mieter stets – auch gegen Kostenerstattung – auf dessen Anforderung hin Belegkopien zu überlassen hätte. Das Urteil des *BGH* ist vor allem im Schrifttum (vgl. *Fenn* WM 2006, 482 ff. m. w. N.) auf **massive Kritik** gestoßen. Zum einen verschlechtere es ohne Grund die Position des Mieters erheblich. Zum anderen aber bleibe vor allem offen, unter welchen Voraussetzungen eben kein Regelfall vorliege, in dem die Einsichtnahme in die Originale den Interessen des Mieters genüge. Dabei sei sozialen Belangen eine besondere Bedeutung beizumessen und u. a. dem Bildungsgrad des Mieters und der Komplexität der Unterlagen, gesundheitlichen Beeinträchtigungen, familiären Gründen sowie speziellen Interessen von Arbeitnehmern Rechnung zu tragen. Das Urteil gebe vor allem auch Anlass zu neuem Streit über Ort und Umfang der Einsichtnahme in die Originalbelege (vgl. u. a. *Lammel* WM 2007, 61 und *Scheffler* WM 2007, 229 m. w. N.). So wird es unter Verweis auf die Vorschriften zum Leistungsort (§ 269 BGB) als richtig angesehen, dass dem Nutzer die Abrechnung an dessen Wohnsitz zu übermitteln sei und er das Belegeinsichtsrecht am Ort des Mietobjekts wahrnehmen könne. In Bezug auf den Umfang sei es nicht ausreichend (anders als *LG Berlin* WM 2006, 617), dass im Büro der Hausverwaltung ein Aktenordner mit allen nur möglichen Belegen zur Einsicht vorgehalten werde. Vielmehr sei eine übersichtliche Zusammenstellung der Einnahmen und Ausgaben erforderlich mit den dazu passenden Belegen. Eine fachkundige Hilfsperson, die den Mieter bei der Einsichtnahme begleite, diene nicht dazu, die jeweiligen Belege erst zusammenzustellen. Sie solle hingegen nur die inhaltliche Erläuterung vornehmen. Auch von einer einmal gegebenen Zusage, dem Mieter Kopien der Belege zuzusenden, kann nach Ansicht des *AG Mainz* (WM 2006, 619) der Vermieter selbst dann nicht wieder abrücken, wenn er diese nur abgegeben hat, um den Mieter damit hinzuhalten (vgl. dazu auch *Wall* WM 2007, 119).

Er kann sogar **Einsicht in** die von der Messdienstfirma erstellten **Ablesebelege für andere Wohnungen** im Gebäude verlangen. Hiergegen kann sich der Gebäudeeigentümer nicht aus Gründen des Datenschutzes wehren. Datenschutz greift in diesem Fall nicht durch (*BGH* WM 1984, 70; *LG Frankenthal* WM 1985, 347; *AG Flensburg* WM 1985, 347; *AG Garmisch-Partenkirchen* WM 1996, 155; *AG Münster* WM 2000, 198). **394**

In der Rechtsprechung unterschiedlich beurteilt wird die Frage, ob Belege am **Wohnsitz des Gebäudeeigentümers** oder an dem des **Mieters** vorzulegen sind. Gewichtige Gründe sprechen dafür, dass dies der Wohnsitz des Gebäudeeigentümers sein sollte. Er benötigt die Belege zum Beispiel noch für andere Zwecke wie Steuern, so dass ihre Weggabe für ihn zu weiteren Komplikationen führen kann. Darüber hinaus kann aus der Einsicht des Mieters in die Belege die Notwendigkeit entstehen, weitere Belege einsehen zu müssen. Sie sind dann am Wohnsitz des Gebäudeeigentümers ebenfalls sofort verfügbar. Hat der Gebäudeeigentümer seinen Wohnsitz jedoch an einem weit entfernten Ort, so können Zumutbarkeitserwägungen nach § 242 BGB dazu führen, den Mieter die Belege an seinem eigenen Wohnsitz, bei einem Hausmeister im Mietgebäude oder bei einem Verwalter einsehen zu lassen (*OLG Köln* WM 2006, 537; *LG Hannover*, *LG Hanau* WM 1985, 346; *LG Freiburg* WM 1981, U 5). **395**

In der Praxis kommt es immer wieder vor, dass die Heizkostenabrechnung **Kostenansätze** enthält, die nach § 7 Abs. 2 HeizkostenV nicht umlagefähig sind (vgl. oben Rdn. 204–207). Dies berührt die Wirksamkeit der Abrechnung grundsätzlich noch nicht. Ist es ohne große Mühe möglich, die unzulässigen Kostenansätze herauszurechnen, ist der berichtigte Saldo sofort fällig. Sind sie jedoch derart zahlreich oder nicht leicht zu eliminieren, wird der Abrechnungssaldo nach bisheriger Rechtsprechung insgesamt nicht fällig. Denn es obliegt nicht dem Mieter, aus einer nicht ordnungsgemäßen und nicht leicht zu korrigierenden Abrechnung die Kosten herauszurechnen, die umlagefähig sind (*LG Mannheim* WM 1976, 120; *LG Hamburg* – 16 S 237/82 – Urteil vom 21.12.1982; vgl. auch zur Zahlungspflicht des Mieters bei formell ordnungsgemäßer, aber inhaltlich falscher Abrechnung: *Schmid* WM 2006, 481 sowie zur In Rechnung Stellung von Kostenpositionen beim Mieter, die vorher gegenüber dem Versorgungsunternehmen gekürzt wurden: *Kleine Arndt* WM 2006, 479). Genauso wenig stimmt der Mieter einer Umlage nicht vereinbarter Be- **396** triebskosten alleine dadurch zu, dass er gegen die in der Vergangenheit ein Guthaben zu seinen Gunsten ergebenden Abrechnungen keine Einwendungen erhoben hat (*BGH* NJW 2008, 283). Ist die Abrechnung wegen unzulässiger Kostenansätze oder vielleicht nur durch eine falsche mathematische Berechnung unrichtig, führte häufig die Frage zu Streit vor den Gerichten, ob eine nachträgliche Berichtigung auch dann noch möglich sei, wenn der sich aus der Rechnung ergebende Saldo bereits vorbehaltlos zwischen den Parteien ausgeglichen wurde. Die Rechtsprechung hat dies abgelehnt und nachträgliche Einwendungen ausgeschlossen, die bei Rechnungserteilung hätten geltend gemacht werden können (*OLG Hamburg* WM 1988, 26; *LG Aachen* WM 1987, 50; *LG Wuppertal* WM 1982, 300; *AG Koblenz* DWW 1996, 252).

397 Zu den **formellen Anforderungen an die Heiz- und Warmwasserkostenabrechnung** hat der *BGH* (NJW 2005, 3135 m.w.N.) inzwischen **grundsätzlich Stellung genommen** und seine Entscheidung wiederholt bestätigt (vgl. auch *BGH* NJW 2007, 1059 und WM 2006, 200). Danach muss eine solche Abrechnung »den allgemeinen Anforderungen nach § 259 BGB genügen. Bei Gebäuden mit mehreren Wohneinheiten sind in die Abrechnung regelmäßig folgende **Mindestangaben** aufzunehmen: **Eine Zusammenstellung der Gesamtkosten, die Angabe und Erläuterung der zu Grunde gelegten Verteilerschlüssel, die Berechnung des Anteils des Mieters und der Abzug der Vorauszahlungen des Mieters.**« Die Abrechnung solle den Mieter in die Lage versetzen, den Anspruch des Vermieters nachzuprüfen. Dabei müsse ein durchschnittlich gebildeter, juristisch und betriebswirtschaftlich nicht geschulter Mieter die Abrechnung gedanklich und rechnerisch nachvollziehen können (vgl. zu diesen Anforderungen auch *LG Dortmund* WM 2005, 454 mit sehr kritischer Anmerkung von *Warneke* und *AG Dortmund* WM 2004, 148). Die Forderung nach Verständlichkeit der Abrechnung gehe aber nur soweit, wie sie der Abrechnende beeinflussen könne. Müsse er eine gesetzlich vorgesehene Abrechnungsweise anwenden (wie z.B. im Falle der Formeln des § 9 Abs. 2, vgl. oben Rdn. 224–238), seien ihm sich daraus ergebende Verständnisprobleme nicht zuzurechnen. Allerdings setze die formelle Ordnungsmäßigkeit voraus, dass dem Mieter auch dann die Gesamtkosten einer berechneten Kostenart mitgeteilt werden, wenn einzelne Kostenteile nicht umlagefähig seien. Es genüge nicht, nur die insoweit schon bereinigten Kosten mitzuteilen. Dem Mieter müsse ersichtlich sein, ob und in welcher Höhe nicht umlagefähige Kosten vorab abgesetzt worden seien. Auch dies habe Einfluss auf die dem Mieter angelasteten Kosten. Fehle es an einer solchen Offenlegung, liege ein formeller Mangel der Abrechnung vor, der zu ihrer Unwirksamkeit führe (*BGH* NJW 2007, 1059).

Eine Verpflichtung des Gebäudeeigentümers zur jährlichen Abrechnung **398** ergibt sich aus § 556 Abs. 3 S. 1 BGB sowie vor dieser Mietrechtsänderung schon bei Mietverhältnissen über preisfreien Wohnraum aus § 4 Abs. 1 MHG und bei Mietverhältnissen über preisgebundenen Wohnraum aus § 20 Abs. 4 NMV 1970. Die **Frist, innerhalb derer abzurechnen ist,** ist in § 556 Abs. 3 S. 2 BGB festgelegt und war vorher bereits in § 20 Abs. 3 NMV 1970 für den preisgebundenen Wohnraum normiert. Hiernach ist die jährliche Abrechnung spätestens bis zum Ablauf des zwölften Monats nach dem Ende des Abrechnungszeitraumes dem Mieter zuzuleiten. Nach der Rechtsprechung des *BGH* (NJW 2007, 1059) wird die Frist nur mit einer formell ordnungsgemäßen Abrechnung gewahrt. Lediglich inhaltliche Fehler können dabei aber auch nach Fristablauf korrigiert werden (vgl. auch *AG Pinneberg* WM 2004, 537 und *AG Dortmund* WM 2004, 538). Sinn und Zweck der Ausschlussfrist ist es, den Vermieter zu einer zeitnahen Abrechnung anzuhalten. Der Mieter muss nach Ablauf von mehr als einem Jahr nach der Abrechnungsperiode nicht mehr mit Nachforderungen rechnen. Wenn der Vermieter jedoch innerhalb der Jahresfrist eine in allen wesentlichen Punkten nachvollziehbare Abrechnung vorlegt, so muss es ihm möglich sein, einzelne Erläuterungen und inhaltliche Korrekturen auch nach Fristablauf nachzuholen. Für den nicht preisgebundenen Wohnraum musste die Abrechnung vor der Mietrechtsänderung in angemessener Frist erfolgen. Die Rechtsprechung definiert sie bis zum Ende des Kalenderjahres, in dem die Heizperiode endet. Nach Ablauf dieser Frist kann der Mieter seinen Abrechnungsanspruch geltend machen. Er kann ihm dadurch Nachdruck verleihen, dass er weitere Vorauszahlungen für den folgenden Abrechnungszeitraum zurückbehält (*BGH* ZMR 1982,108). Ein solches **Zurückbehaltungsrecht** kann er auch geltend machen, um **unangemessen hohe monatliche Vorauszahlungen herabzusetzen.** Erweisen die Zahlungen sich im Verlauf des Mietverhältnisses als zu hoch, kann der Mieter vom Vermieter die Herabsetzung verlangen, auch wenn der Mietvertrag keine entsprechende Regelung enthält. Zur einseitigen Herabsetzung ist er aber nicht berechtigt. Er kann sie nur durch Zurückbehaltung weiterer Vorauszahlungen durchsetzen (*BayObLG* WM 1995, 694).

Gemäß § 197 BGB **verjährt** der **Anspruch** des Gebäudeeigentümers auf **Zah-** **399** **lung eines Abrechnungssaldos** ebenso wie Mietzinsansprüche **nach 4 Jahren.** Streitig war bislang, wann die Frist beginnt. Zum einen wurde die Verjährung an die Fälligkeit der Abrechnungspflicht geknüpft. Zum anderen wurde auf die Übersendung einer überprüfbaren Abrechnung abgestellt (vgl. u. a. *BGH* WM 1984, 127; *OLG Frankfurt/M.* ZMR 1983, 410; *OLG Hamm* WM 1982, 72). Für Heizkostennachforderungen des Vermieters gegen den Mieter hat der *BGH* (NJW 1991, 836; und *OLG Düsseldorf* WM 2000, 133

m. w. N.) entschieden, dass für den Beginn der Verjährung der Zeitpunkt maßgebend ist, zu dem dem Mieter die Abrechnung über die Heizkosten zugeht. Erst dann sei der Nachforderungsanspruch fällig geworden. Für den Verjährungsbeginn bleibe die Fälligkeit auch dann maßgeblich, wenn sie von einem zeitlich unbestimmten und unbestimmbaren Ergebnis abhänge und der Gläubiger damit auf den Beginn der Verjährung Einfluss nehmen könne. Es gebe keinen allgemeinen Grundsatz, wonach bei Ansprüchen mit hinausgeschobener, von der Disposition des Gläubigers abhängiger Fälligkeit die Verjährung mit dem Zeitpunkt beginne, zu dem der Gläubiger die Verjährung selbst hätte herbeiführen können. Unerheblich sei, dass der Verjährungsbeginn durch das Verhalten des Gläubigers im Einzelfall weit hinausgeschoben werden könne. Der Mieter könne aufgrund seines Anspruchs auf Abrechnung ihre Erteilung durchsetzen und damit den Verjährungsbeginn herbeiführen. Er sei darüber hinaus berechtigt, weitere Vorauszahlungen gemäß § 273 BGB zu verweigern, falls der Vermieter in angemessener Zeit keine Abrechnung erteile. Damit sei der Mieter gegenüber einer unvertretbaren Saumseligkeit des Vermieters hinreichend geschützt. Im Übrigen gelte ebenso der für den Mieter günstige Umkehrschluss, dass die Verjährung für einen eventuellen Rückforderungsanspruch des Mieters wegen überzahlter Nebenkosten auch erst mit der Rechnungserteilung beginne.

400 Außer durch Verjährung kann der Gebäudeeigentümer seinen Anspruch auf Zahlung des Abrechnungssaldos auch durch **Verwirkung** verlieren. Dies setzt voraus, dass er sich so verhält, dass der Nutzer mit der Geltendmachung von Ansprüchen nicht mehr zu rechnen braucht und sich hierauf einrichten darf, und dass der Nutzer tatsächlich nicht damit rechnet, noch in Anspruch genommen zu werden (*BGH* WM 1984, 127; *KG Berlin* WM 1981, 270). Denn zur Annahme der Verwirkung als eines Unterfalls der unzulässigen Rechtsausübung (§ 242 BGB) ist allein der Ablauf eines längeren Zeitraumes, innerhalb dessen der Anspruch nicht geltend gemacht worden ist, im Allgemeinen nicht genügend. Der Verstoß gegen Treu und Glauben, der den Verwirkungstatbestand begründet, besteht in der Illoyalität der verspäteten Geltendmachung des Anspruchs, die darin zu sehen ist, dass die Forderung noch verfolgt wird, obwohl der Vertragspartner bereits darauf vertrauen durfte, dass keine Forderung mehr geltend gemacht würde, und er sich hierauf eingestellt hat. Über den reinen Zeitablauf hinaus müssen folglich noch besondere Umstände vorliegen, die die Feststellung rechtfertigen, der Schuldner habe bereits darauf vertrauen können, dass der Gläubiger die Forderung nicht mehr geltend machen werde. Ein Mieter kann somit bei objektiver Würdigung nicht annehmen, allein deswegen, weil der Vermieter in angemessener Frist nicht abgerechnet habe, verzichte dieser auf Forderungen, die ihm über die vereinbarten

Vorauszahlungen hinaus zustehen. Die Gründe für das Versäumnis des Vermieters können vielschichtig sein. Über das bloße Verstreichenlassen einer Abrechnungsfrist hinaus müssen folglich Umstände hinzutreten, die den Schluss rechtfertigen, der Vermieter wolle keine Ansprüche mehr geltend machen (vgl. insoweit *OLG Düsseldorf* WM 2000, 133). Auch der *BGH* (NJW 2005, 1464; 2008, 1302) hat diese Auffassung in der Zwischenzeit nochmals bestätigt. Abgesehen vom bloßen Zeitablauf verlangt er für eine Verwirkung das Vorliegen von Umständen, die für den Schuldner einen Vertrauenstatbestand schaffen und die spätere Geltendmachung des Rechts als treuwidrig erscheinen lassen. Er hatte diese Feststellung in einem Urteil wiederholt, bei dem es um Nachzahlungen von 20 Jahre lang nicht eingeforderten Betriebskosten ging. Allein aus dem Umstand, dass der Vermieter von Mietbeginn an zwei Jahrzehnte lang nicht über Betriebskostenvorauszahlungen abrechne, folge auch noch keine auf Vertragsänderung gerichtete Willensbetätigung des Vermieters mit der Folge, dass eine erstmalige Abrechnung nach so langer Zeit ausgeschlossen wäre.

Letztlich ist wichtig zu erwähnen, dass der **Saldo** aus der **Heizkostenabrech-** **401** **nung** nicht zu den **Mietrückständen** im Sinne des § 543 Abs. 2 Nr. 3 BGB zählt. Der Verzug bei der Begleichung des Abrechnungssaldos berechtigt daher nicht zur fristlosen Kündigung. Die Voraussetzungen hierfür könnten allenfalls nach § 543 Abs. 1 S. 2 BGB vorliegen, wenn der Mieter böswillig oder querulatorisch die Zahlung von Heizkosten verweigert und dadurch seine Verpflichtungen aus dem Mietverhältnis schuldhaft in einem solchen Maße verletzt, dass dem Gebäudeeigentümer die Fortsetzung des Mietverhältnisses nicht zugemutet werden kann. Mit dieser Frage waren die Gerichte u. a. dadurch befasst, dass der Mieter Fehler bei der Verbrauchserfassung geltend machte, aufgrund derer er die Zahlung ablehnte. Nach der bislang ergangenen Rechtsprechung braucht sich der Gebäudeeigentümer Erfassungsfehler, die auch bei ordnungsgemäßer Befolgung der HeizkostenV und der dazugehörigen technischen Bestimmungen unvermeidbar sind, nicht entgegenhalten zu lassen. Anders ist dies jedoch bei außerhalb der Toleranzen liegenden Fertigungsfehlern, Skalierungs-, Montage- und Ablesefehlern (*LG Hamburg* – 7 S 259/85 – Urteil vom 3.9.1987; a. A. *BGH* WM 1986, 214, 216; *OLG Köln* DWW 1985, 180; *OLG Schleswig* WM 1986, 346).

Sollte trotz eigener Kontrolle der Ablesung und der selbstständigen Überprü-   **402** fung der Richtigkeit der Heizkostenabrechnung dennoch ein Problem übrigbleiben, zu dessen Klärung der Betroffene nicht imstande ist, ist es dienlich, sachkundigen Rat einzuholen. Hinsichtlich der Fragen zur Heizkostenabrechnung erteilen oft die zuständigen **Verbände** wie z. B. der Deutsche Mieterbund, der Zentralverband der Haus-, Wohnungs- und Grundeigentümer sowie der Gesamtverband der Wohnungswirtschaft oder der Bundesverband Freier Wohnungsunternehmen kostenlosen Rat. Nicht zuletzt geben auch die **Arbeitsgemeinschaft der Verbraucher e. V.** (AgV) und die dieser angeschlossenen örtlichen Beratungsstellen Auskünfte in Energiefragen und speziell zur Heizkostenabrechnung. (Eine Adressenliste der örtlichen Beratungsstellen der Verbraucherzentralen ist im Anhang 16 enthalten.)

403 Können die entstandenen Probleme trotz der angeführten außergerichtlichen Hilfs- und Beratungsmöglichkeiten nicht ausgeräumt werden, bleibt letztlich der Weg zur **Rechtsberatung**. Die Erteilung von Rechtsauskünften ist Sache der dafür zuständigen Stellen, insbesondere der Rechtsanwälte. In vielen Städten und Gemeinden gibt es auch Rechtsberatungsstellen, die unentgeltlich oder gegen ermäßigte Gebühr Rechtsrat erteilen. Näheres hierüber kann beim örtlichen Amtsgericht erfragt werden.

2. Hinweise zum vernünftigen Umgang mit Heizenergie

404 Der vernünftige Umgang mit Heizenergie trägt in entscheidendem Maße dazu bei, den Energieverbrauch für die Gebäudeheizung zu senken. Durch die verbrauchsabhängige Abrechnung wird gleichzeitig die Kostenbelastung für den sparsamen Nutzer im Bereich des Erträglichen gehalten. Von wesentlicher Bedeutung für die rationale Nutzung der Heizung ist zunächst das **Einstellen der richtigen Raumtemperatur**. Räume sollen nicht überheizt sein, denn mit jedem Grad Celsius über der als angenehm empfundenen Raumtemperatur von ca. 20 °C bis 21 °C steigen der Verbrauch und somit die Brennstoffkosten um einige Prozent. Bei guter Wärmedämmung vermittelt die warme Oberfläche von Wänden, Fenstern und Decken ein gutes Behaglichkeitsgefühl. Oft ist es durch verbesserten Wärmeschutz bei gleicher Behaglichkeit möglich, die Raumtemperatur um 1 °C zu senken. Bei abgedichteten Fenster- und Türfugen braucht keine unangenehme Zugluft mehr durch überheizte Räume überdeckt zu werden.

405 Bei Streitfällen um die »richtige« Raumtemperatur haben die angerufenen Gerichte (vgl. u. a. *AG Hamburg* WM 1996, 469 m. w. N.) entschieden, dass in **Wohnräumen** in der Zeit von **7.00–23.00 Uhr** eine Temperatur von **20 °C**, **nachts** von **15–17 °C** gewährleistet sein sollte. **Übrige Räume** sollten eine Temperatur von **18 °C** aufweisen. Auch außerhalb der Heizperiode, die meistens von Anfang Oktober bis Ende April vereinbart wird, kann eine Beheizung dann verlangt werden, wenn die Temperaturen in Wohnräumen für längere Zeit unter 20 °C gesunken sind und mit kurzfristiger Erwärmung nicht zu rechnen ist. Diesem Recht des Nutzers auf Beheizung entspricht seine Pflicht zum Heizen. Er darf im Winter die Heizung nicht gänzlich abstellen, um Heizenergie und -kosten zu sparen. Er ist kraft seiner aus dem Mietvertrag resultierenden Obhutspflicht gehalten, Räume nicht auskühlen und Leitungen nicht einfrieren zu lassen. Natürlich ist auch die zentrale Versorgung – soweit vorhanden – der Mietwohnung mit Warmwasser ganzjährig aufrecht zu erhalten (u. a. *AG Köln* WM 1996, 701).

Die für eine wirkungsvolle Beheizung notwendige **Luftzirkulation** sollte **406** nicht durch **Verstellen der Heizkörper** mit Möbeln oder großflächigen Verkleidungen verhindert oder durch dicke Vorhänge erschwert werden. Diese verschlechtern die Wärmeabgabe in den Raum und erhöhen die Wärmeverluste durch Außenwände und Fenster. Sofern **Rollläden** oder **schwere Vorhänge** vor Fenstern oder Türen vorhanden sind, sollten sie abends geschlossen werden. Hierdurch werden hohe Abstrahlungsverluste vermieden, Heizenergie gespart und die Wohnung am nächsten Morgen schnell wieder aufgewärmt. Wie die Verlustwerte (k-Werte) in der Tabelle nach Rdn. 413 zeigen, kann man z. B. mit zugezogenen Vorhängen und gleichzeitig heruntergelassenen Rollläden die Wärmeverluste durch das Fenster um ca. 50 % senken.

Luft im Heizkörper verschlechtert die Wärmeabgabe. Sie macht sich durch **407** Gluckergeräusche oder durch eine ungleichmäßige Temperatur des Heizkörpers bemerkbar. Mit einem Entlüftungsschlüssel kann am Entlüftungsventil so lange die Luft aus dem Heizkörper abgelassen werden, bis Heißwasser austritt.

Die **Raumtemperatur sollte nicht mehr mit dem Fenster »reguliert«** werden. **408** Deshalb sind Räume zwar kräftig, aber nur kurz zu lüften. Hierdurch wird die Luft ausgetauscht, natürliche Wärmespeicher wie Wände, Decken und Böden aber auch Möbel und Textilien kühlen dabei nicht vollkommen aus. Eine zusätzliche Quelle für enorme Energieverluste ist die **Kombination von gekipptem oder undichtem Fenster mit Thermostatventil am darunterliegenden Heizkörper.** Physikalisch bedingt steigt warme Luft auf und kalte sinkt nach unten. Die kalte Außenluft fällt bei gekipptem oder undichtem Fenster auf das darunter liegende Thermostatventil und täuscht dem Gerät einen kalten Raum vor. Folgerichtig öffnet das Ventil, um die eingestellte Temperatur aufrechtzuerhalten. Dem Heizkörper wird dadurch Wärme zugeführt, die jedoch gleich wieder nach außen abgegeben wird, weil die warme Luft aufsteigt und aus dem Fenster entweicht. Die Kombination von Thermostatventil am Heizkörper und gleichzeitig gekipptem oder undichtem Fenster führt daher zu einer oft unbemerkten, aber von der Ausstattung zur Verbrauchserfassung registrierten Wärmeabgabe.

Die Funktion des Thermostatventils wird auch dadurch gestört, dass **Heiz- 409 körper zugebaut oder zugehängt** werden und so das Ventil nicht mehr die eigentliche Raumtemperatur, sondern nur noch die dann erhöhte gestaute Wärme erfassen kann. Um die vom Nutzer gewünschte Temperatur zu erhalten, muss das Thermostatventil höher eingestellt werden, als dies bei Normalbedingungen ohne Zubauen oder Verhängen des Heizkörpers erforderlich wäre. Die eigentliche Funktion des Ventils ist gestört und der gewünschte Einspareffekt nicht mehr zu erreichen. Soll dennoch aus optischen oder ästhetischen Gründen der Heizkörper verdeckt werden, kann ein Thermostatventil mit Fernfühler das beschriebene Problem in Grenzen halten.

410 **Dauerlüftungen** sollten im Winter geschlossen werden. Offenstehende Fenster im Dachraum oder die geöffnete Klappe am offenen Kamin verursachen durch den »Schornsteineffekt« hohe Lüftungswärmeverluste.

411 In unterschiedlich genutzten Räumen sollte die richtige Temperatur nach Möglichkeit durch **Thermostatventile** dem Bedarf entsprechend eingestellt werden. Das Beheizen sollte sich an der Benutzungsdauer und an der Art der Benutzung ausrichten. An kühlen Sommerabenden, an denen nur der Wohnraum leicht erwärmt wird, ist der offene Kamin eine beliebte und gemütliche Wärmequelle. Aber auch ein alter Kachelofen nutzt den Wärmeinhalt von festen Brennstoffen sehr gut aus. Er wird in letzter Zeit wieder häufiger angeboten und ist auch eine attraktive Zusatzheizung für den Wohnbereich.

412 Nicht eindeutig beantworten lässt sich die Frage, ob die **Raumtemperatur bei Nacht** völlig abgesenkt werden sollte. Zu ihrer Beurteilung ist es notwendig, die örtlichen Verhältnisse zu kennen, insbesondere die Art des Heizkessels und die physikalischen Eigenschaften des Mauerwerks. Theoretisch könnte zwar mit einer völligen Abschaltung des Kessels in der Nacht ein geringes Mehr an Brennstoff eingespart werden als bei einem Durchfahren mit abgesenkter Temperatur, doch besteht dabei die Gefahr, dass sich im Kessel Schwitzwasser bildet und der Kessel somit vorzeitig korrodiert. Außerdem kann je nach Außentemperatur und Wärmeleitfähigkeit bzw. Wärmekapazität des Mauerwerks die Temperatur der Räume während der Nacht soweit absinken, dass in den Morgenstunden eine zusätzliche Wärmeleistung erforderlich ist, um in der gewünschten Zeit wieder die erforderliche Raumtemperatur zu erreichen. Aus diesem Grunde empfehlen Fachleute, den Kessel nicht ganz abzustellen, sondern dann, wenn es sich nur um die Nachtstunden handelt, mit geringerer Leistung durchzufahren.

413 **Gemeinschaftlich genutzte Räume** können sehr leicht Quelle für Energieverschwendung sein. In Mehrfamilienhäusern werden sie oft unkontrolliert und viel zu stark geheizt, weil kein Nutzer unmittelbar merkt, dass er auch hierfür Kosten tragen muss. Da jedoch die Heizkosten dieser Räume in jede einzelne Abrechnung einfließen, sollten alle Nutzer ein Interesse an der angemessenen Beheizung gemeinschaftlich genutzter Räume haben.

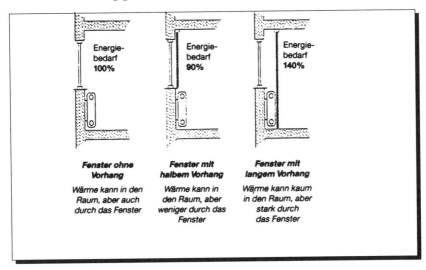

Bedingung am Fenster	k-Wert (W/m²K)	Prozent-vergleich
Doppelscheibe ohne Vorhang und Rolladen	3,0	100%
Doppelscheibe mit Vorhang	2,2	73%
Doppelscheibe mit Rolladen	1,9	60%
Doppelscheibe mit Vorhang und Rolladen	1,5	50%

414 Auch **Luftfeuchtigkeit** kann zur Einsparung von Heizenergie beitragen. Da feuchte Luft als warm, trockene hingegen als kalt empfunden wird, kann durch Luftfeuchtigkeit Heizenergie gespart und Wohlbefinden erzeugt werden. Luftbefeuchter oder Grünpflanzen sorgen ohne großen Aufwand für eine relative Luftfeuchtigkeit im Raum.

415 Letztlich lässt sich auch die Frage, welche **Heizungsart** aus Gründen der Energieeinsparung gegenwärtig zu empfehlen ist, nicht generell beantworten. Einmal sind die hierfür heranzuziehenden Kriterien örtlich zu verschieden, zum anderen ist schwer abzuschätzen, wie sich die Energieversorgungslage entwickeln wird. Es können deshalb lediglich allgemeine Hinweise zu einigen Heizungsarten gegeben werden: **Elektrische Heizung** kommt praktisch nur als Nachtstromspeicherheizung in Betracht. Sie ist sehr umweltfreundlich, Anschlüsse können aber nur im Rahmen der verfügbaren Kapazitäten vorgenommen werden. Auskünfte hierüber erteilt das zuständige Elektrizitätsversorgungsunternehmen. Kosten für Wartung und Instandhaltung dürften bei dieser Heizungsart niedrig ausfallen. Die Stromkosten selbst sind jedoch kontinuierlich gestiegen.

416 Ähnliches gilt auch für die **Fernheizung**. Sie ist ebenfalls umweltfreundlich, aber auch nicht überall verfügbar. Die Investitionskosten für Hausanschluss und Heizkörper liegen in der Regel über denen von elektrischen Speicherheizungen. Nähere Auskünfte über Anschlussbedingungen und Preise erteilt das zuständige Fernwärmeversorgungsunternehmen.

417 Bei der Wahl einer **Zentralheizung mit eigenem Kessel** ist zusätzlicher Kellerraum nötig. Bei Kohle- und Ölfeuerungen fallen ein oder zweimal jährlich hohe Brennstoffkosten an, die sich bei den oben erwähnten Heizungsarten ebenso wie bei der Gasheizung auf monatliche Raten verteilen. Bei Öl und Gas müssen darüber hinaus die Importabhängigkeit und die damit verbundenen Risiken gesehen werden. Auch aus der Sicht der Umweltfreundlichkeit wäre hier der Gasheizung der Vorzug zu geben.

418 **Wärmepumpenheizungen** und mit diesen kombinierte Anlagen gewinnen einen immer größeren Marktanteil. Sie haben den größten Energienutzungsgrad. Aufwendungen für Instandhaltung und Wartung müssen in die Kalkulation einbezogen werden. Bei elektrisch betriebenen Wärmepumpen sind wegen der Strompreis- und Anschlussbedingungen vorher Gespräche mit dem zuständigen Elektrizitätsversorgungsunternehmen zu führen. Außerdem sind gegebenenfalls örtliche Auflagen zu berücksichtigen, die bei den Städte- und Gemeindebehörden zu erfragen sind.

419 Auch mit **Solaranlagen** kombinierte Heißwasser- und Heizungsanlagen nehmen immer mehr an Bedeutung zu. Der durch die Sonne beigesteuerte Ener-

gieanteil ist nicht zu vernachlässigen. Zu ihrer Errichtung sind u. U. Genehmigungen der Baubehörden erforderlich.

Großen Einfluss auf den Energieeinsatz jeder Heizungsanlage haben letztlich   **420**
die ausreichende Wärmeisolierung des zu beheizenden Gebäudes, die witterungsgeführte Regelung der Heizung sowie die individuelle Regelung der einzelnen Heizkörper. Darüber hinaus wirken sich auch der Zustand von Heizkessel und Brenner, die regelmäßige Wartung der Anlage, die Anwendung neuerer energiesparender Technologien und die eigene Verbrauchskontrolle auf den Energieverbrauch aus.

6. Teil Rechtsquellenverzeichnis

1. Gesetz zur Einsparung von Energie in Gebäuden (Energieeinsparungsgesetz – EnEG) vom 22. Juli 1976 (BGBl. I S. 1873) in der Fassung der Bekanntmachung vom 1.9.2005 (BGBl. I S. 2684)
2. Gesetz zur Förderung der Modernisierung von Wohnungen und von Maßnahmen zur Einsparung von Heizenergie (Modernisierungs- und Energiesparungsgesetz – ModEnG) in der Fassung der Bekanntmachung vom 12. Juli 1978 (BGBl. I S. 993), aufgehoben mit Wirkung vom 1.1.2002 durch Art. 4 Gesetz zur Reform des Wohnungsbaurechts vom 13.9.2001 (BGBl. I S. 2376)
3. Gesetz zur Regelung der Miethöhe vom 18. Dezember 1974 (BGBl. I S. 3603) in der Fassung der Änderung vom 13.7.2001 (BGBl. I S. 1542); außer Kraft getreten am 1.9.2001 auf Grund Art. 10 des Gesetzes zur Neugliederung, Vereinfachung und Reform des Mietrechts (Mietrechtsreformgesetz) vom 19.6.2001 (BGBl. I S. 1149)
4. Gesetz über das Wohnungseigentum und das Dauerwohnrecht (Wohnungseigentumsgesetz – WEG] vom 15. März 1951 (BGBl. I S. 175, ber. S. 209), zuletzt geändert durch Art. 1 Gesetz zur Änderung des Wohnungseigentumsgesetzes und anderer Gesetze vom 26.3.2007 (BGBl. I S. 370)
5. Gesetz zur Sicherung der Zweckbestimmung von Sozialwohnungen (Wohnungsbindungsgesetz – WoBindG) in der Fassung der Bekanntmachung vom 13.9.2001, zuletzt geändert durch Art. 87 Neunte ZuständigkeitsanpassungsVO vom 31.10.2006 (BGBl. I S. 2407)
6. Eichgesetz vom 11. Juli 1969 (BGBl. I S. 759) in der Fassung der Bekanntmachung vom 23.3.1992, zuletzt geändert durch Art. 1 ÄndG vom 2.2.2007 (BGBl. I S. 58)
7. Gesetz zur dauerhaften sozialen Verbesserung der Wohnungssituation im Land Berlin vom 19. Juli 1987 (BGBl. I S. 1625)
8. Verordnung über die verbrauchsabhängige Abrechnung der Heiz- und Warmwasserkosten (Verordnung über Heizkostenabrechnung – HeizkostenV) vom 23. Februar 1981 (BGBl. I S. 261, ber. S. 296) in der Neufassung vom 20. Januar 1989 (BGBl. I S. 115), zuletzt geändert durch Verordnung zur Änderung der Verordnung über Heizkostenabrechnung vom 2. Dezember 2008 (BGBl. I S. 2375)
9. Verordnung über die Ermittlung der zulässigen Miete für preisgebundene Wohnungen (Neubaumietenverordnung 1970 – NMV 1970) in der Neufassung vom 12.10.1990 (BGBl. I S. 2203), zuletzt geändert durch Verordnung zur Berechnung der Wohnfläche, über die Aufstellung von Betriebskosten und zur Änderung anderer Verordnungen vom 25.11.2003 (BGBl. I S. 2346, 2350)

10. Verordnung über wohnungswirtschaftliche Berechnungen (Zweite Berechnungsverordnung – II. BV) in der Neufassung vom 12.10.1990 (BGBl. I S. 2178); geändert durch Verordnung vom 13.7.1992 (BGBl. I S. 1250), vom 23.7.1996 (BGBl. I S. 1167), Gesetz vom 19.6.2001 (BGBl. I S. 1149), vom 13.9.2001 (BGBl. I S. 2376) und Verordnung vom 25.11.2003 (BGBl. I S. 2346)

11. Verordnung über die Aufstellung von Betriebskosten (Betriebskostenverordnung – BetrKV) vom 25.11.2003 (BGBl. I S. 2346, 2347)

12. Verordnung zur Änderung wohnungsrechtlicher Vorschriften vom 5. April 1984 (BGBl. I S. 546)

13. Vierte Verordnung zur Änderung wohnungsrechtlicher Vorschriften vom 13. Juli 1992 (BGBl. I S. 1250)

14. Verordnung zur Änderung energieeinsparrechtlicher Vorschriften vom 19. Januar 1989 (BGBl. I S. 109 ff.)

15. Verordnung über den Mietpreis für den bis zum 31. Dezember 1949 bezugsfertig gewordenen Wohnraum in Berlin (Altbaumietenverordnung Berlin – AMVOB) vom 21. März 1961 (BGBl. I S. 230), zuletzt geändert durch Gesetz vom 24. Juli 1979 (BGBl. I S. 1202), aufgehoben durch Gesetz zur dauerhaften sozialen Verbesserung der Wohnungssituation im Land Berlin vom 19. Juli 1987 (BGBl. I S. 1625)

16. Dritte Verordnung zur Änderung der Altbaumietenverordnung – Berlin (Dritte ÄndVO – AMVOB) vom 28. Oktober 1982 (BGBl. I S. 1472, 1473)

17. Verordnung über Allgemeine Bedingungen für die Versorgung mit Fernwärme (AVBFernwärmeV) vom 20. Juni 1980 (BGBl. I S. 742), zuletzt geändert durch Art. 20 Gesetz zur Anpassung von Verjährungsvorschriften an das Schuldrechtsmodernisierungsgesetz vom 9.12.2004 (BGBl. I S. 3214)

18. Verordnung über energiesparenden Wärmeschutz und energiesparende Anlagentechnik bei Gebäuden (Energieeinsparverordnung – EnEV) vom 24.7. 2007 (BGBl. I S. 1519)

19. Verordnung über einen energiesparenden Wärmeschutz bei Gebäuden (Wärmeschutzverordnung – Wärmeschutz V) in der Neufassung vom 16. August 1994 (BGBl. I S. 2121); außer Kraft getreten mit Wirkung vom 1.2.2002 gemäß § 20 Abs. 2 Energieeinsparverordnung vom 16.11.2001 (BGBl. I S. 3085)

20. Verordnung über energiesparende Anforderungen an heizungstechnische Anlagen und Brauchwasseranlagen (Heizungsanlagen-Verordnung – HeizAnlV) in der Neufassung vom 22. März 1994 (BGBl. I S. 613); außer Kraft getreten mit Wirkung vom 1.2.2002 gemäß § 20 Abs. 2 Energieeinsparverordnung vom 16.11.2001 (BGBl. I S. 3085)

21. Verordnung über energiesparende Anforderungen an den Betrieb von heizungstechnischen Anlagen und Brauchwasseranlagen (Heizungsbetriebs-

Verordnung – HeizBetrV) vom 22. September 1978 (BGBl. I S. 1584), auf-gehoben durch die Verordnung zur Änderung energieeinsparrechtlicher Vorschriften vom 19. Januar 1989 (BGBl. I S. 109 ff.)

22. Vertrag zwischen der Bundesrepublik Deutschland und der Deutschen Demokratischen Republik über die Herstellung der Einheit Deutschlands (Einigungsvertrag) vom 30. August 1990 (BGBl. II S. 889)

23. Verordnung über die Umlage von Betriebskosten auf die Mieter (Be-triebskosten-Umlageverordnung-BetrKostUV) vom 17. Juni 1991 (BGBl. I S. 1270)

24. Verordnung zur Änderung der Verordnung über die Umlage von Betriebs-kosten auf die Mieter (Betriebskostenumlage-Änderungsverordnung – BetrKostUÄndV) vom 27. Juli 1992 (BGBl. I S. 1415)

25. Viertes Gesetz zur Änderung mietrechtlicher Vorschriften (Viertes Miet-rechtsänderungsgesetz) vom 21. Juli 1993 (BGBl. I S. 1257); außer Kraft ge-treten am 1.9.2001 auf Grund Art 10 des Gesetzes zur Neugliederung, Vereinfachung und Reform des Mietrechts (Mietrechtsreformgesetz) vom 19.6.2001 (BGBl. I S. 1149)

26. Richtlinie 93/76/EWG des Rates vom 13. September 1993 zur Begren-zung der Kohlendioxidemissionen durch eine effizientere Energienutzung (SAVE), Amtsblatt der Europäischen Gemeinschaften (Nr. L 237/28) vom 22. September 1993, aufgehoben durch Richtlinie 2006/32/EG des Euro-päischen Parlaments und des Rates vom 5. April 2006 über Endenergie-effizienz und Energiedienstleistungen und zur Aufhebung der Richtlinie 93/76/EWG des Rates, Amtsblatt der Europäischen Union (L 114/64 ff.) vom 27. April 2006

27. Gesetz zur Überleitung preisgebundenen Wohnraums im Beitrittsgebiet in das allgemeine Miethöherecht (Mietenüberleitungsgesetz) vom 6. Juni 1995 (BGBl. I S. 748); außer Kraft getreten am 30.11.2007 auf Grund von Art. 24 Zweites Gesetz über die Bereinigung von Bundesrecht im Zustän-digkeitsbereich des BMJ vom 23.11.2007 (BGBl. I S. 2614)

7. Teil   Anhang

Anhang 1

Verordnung über die verbrauchsabhängige Abrechnung
der Heiz- und Warmwasserkosten
(Verordnung über Heizkostenabrechnung – Heizkosten V)
vom 23. Februar 1981 (BGBl. I S. 261, her. S. 296) in der Neufassung
vom 20. Januar 1989 (BGBl. I S. 115)

Auf Grund des Artikels 9 der Verordnung zur Änderung energieeinsparrechtlicher
Vorschriften vom 19. Januar 1989 (BGBl. I S. 109) wird nachstehend der Wortlaut der
Verordnung über Heizkostenabrechnung in der ab 1. März 1989 geltenden Fassung be-
kanntgemacht. Die Neufassung berücksichtigt:
1. die Fassung der Bekanntmachung vom 5. April 1984 (BGBl. I S. 592),
2. den am 1. März 1989 in Kraft tretenden Artikel 1 der eingangs genannten Verordnung.
Die Rechtsvorschriften wurden erlassen auf Grund des § 2 Abs. 2 und 3, des § 3 Abs. 2,
des § 3 a, des § 4 Abs. 3 und des § 5 des Energieeinsparungsgesetzes vom 22. Juli 1976
(BGBl. I S. 1873), das durch das Gesetz vom 20. Juni 1980 (BGBl. I S. 701) geändert
worden ist.

§ 1 Anwendungsbereich
(1) Diese Verordnung gilt für die Verteilung der Kosten
1. des Betriebs zentraler Heizungsanlagen und zentraler Warmwasserversorgungsanlagen,
2. der eigenständig gewerblichen Lieferung von Wärme und Warmwasser, auch aus
   Anlagen nach Nummer 1 (Wärmelieferung, Warmwasserlieferung)
durch den Gebäudeeigentümer auf die Nutzer der mit Wärme oder Warmwasser versorgten Räume.
(2) Dem Gebäudeeigentümer stehen gleich
1. der zur Nutzungsüberlassung in eigenem Namen und für eigene Rechnung Berechtigte,
2. derjenige, dem der Betrieb von Anlagen im Sinne des § 1 Abs. 1 Nr. 1 in der Weise
   übertragen worden ist, dass er dafür ein Entgelt vom Nutzer zu fordern berechtigt
   ist,
3. beim Wohnungseigentum die Gemeinschaft der Wohnungseigentümer im Verhältnis zum Wohnungseigentümer, bei Vermietung einer oder mehrerer Eigentumswohnungen der Wohnungseigentümer im Verhältnis zum Mieter.
(3) Diese Verordnung gilt auch für die Verteilung der Kosten der Wärmelieferung und
Warmwasserlieferung auf die Nutzer der mit Wärme oder Warmwasser versorgten
Räume, soweit der Lieferer unmittelbar mit den Nutzern abrechnet und dabei nicht

den für den einzelnen Nutzer gemessenen Verbrauch, sondern die Anteile der Nutzer am Gesamtverbrauch zugrunde legt; in diesen Fällen gelten die Rechte und Pflichten des Gebäudeeigentümers aus dieser Verordnung für den Lieferer.

(4) Diese Verordnung gilt auch für Mietverhältnisse über preisgebundenen Wohnraum, soweit für diesen nichts anderes bestimmt ist.

§ 2 Vorrang vor rechtsgeschäftlichen Bestimmungen

Außer bei Gebäuden mit nicht mehr als zwei Wohnungen, von denen eine der Vermieter selbst bewohnt, gehen die Vorschriften dieser Verordnung rechtsgeschäftlichen Bestimmungen vor.

§ 3 Anwendung auf das Wohnungseigentum

Die Vorschriften dieser Verordnung sind auf Wohnungseigentum anzuwenden unabhängig davon, ob durch Vereinbarung oder Beschluss der Wohnungseigentümer abweichende Bestimmungen über die Verteilung der Kosten der Versorgung mit Wärme und Warmwasser getroffen worden sind. Auf die Anbringung und Auswahl der Ausstattung nach den §§ 4 und 5 sowie auf die Verteilung der Kosten und die sonstigen Entscheidungen des Gebäudeeigentümers nach den §§ 6 bis 9 b und 11 sind die Regelungen entsprechend anzuwenden, die für die Verwaltung des gemeinschaftlichen Eigentums im Wohnungseigentumsgesetz enthalten oder durch Vereinbarung der Wohnungseigentümer getroffen worden sind. Die Kosten für die Anbringung der Ausstattung sind entsprechend den dort vorgesehenen Regelungen über die Tragung der Verwaltungskosten zu verteilen.

§ 4 Pflicht zur Verbrauchserfassung

(1) Der Gebäudeeigentümer hat den anteiligen Verbrauch der Nutzer an Wärme und Warmwasser zu erfassen.

(2) Er hat dazu die Räume mit Ausstattungen zur Verbrauchserfassung zu versehen; die Nutzer haben dies zu dulden. Will der Gebäudeeigentümer die Ausstattung zur Verbrauchserfassung mieten oder durch eine andere Art der Gebrauchsüberlassung beschaffen, so hat er dies den Nutzern vorher unter Angabe der dadurch entstehenden Kosten mitzuteilen; die Maßnahme ist unzulässig, wenn die Mehrheit der Nutzer innerhalb eines Monats nach Zugang der Mitteilung widerspricht. Die Wahl der Ausstattung bleibt im Rahmen des § 5 dem Gebäudeeigentümer überlassen.

(3) Gemeinschaftlich genutzte Räume sind von der Pflicht zur Verbrauchserfassung ausgenommen. Dies gilt nicht für Gemeinschaftsräume mit nutzungsbedingt hohem Wärme- oder Warmwasserverbrauch, wie Schwimmbäder oder Saunen.

(4) Der Nutzer ist berechtigt, vom Gebäudeeigentümer die Erfüllung dieser Verpflichtungen zu verlangen.

§ 5 Ausstattung zur Verbrauchserfassung

(1) Zur Erfassung des anteiligen Wärmeverbrauchs sind Wärmezähler oder Heizkostenverteiler, zur Erfassung des anteiligen Warmwasserverbrauchs Warmwasserzähler oder andere geeignete Ausstattungen zu verwenden. Soweit nicht eichrechtliche Bestimmungen zur Anwendung kommen, dürfen nur solche Ausstattungen zur Ver-

brauchserfassung verwendet werden, hinsichtlich derer sachverständige Stellen bestätigt haben, dass sie den anerkannten Regeln der Technik entsprechen oder dass ihre Eignung auf andere Weise nachgewiesen wurde. Als sachverständige Stellen gelten nur solche Stellen, deren Eignung die nach Landesrecht zuständige Behörde im Benehmen mit der Physikalisch-Technischen Bundesanstalt bestätigt hat. Die Ausstattungen müssen für das jeweilige Heizsystem geeignet sein und so angebracht werden, dass ihre technisch einwandfreie Funktion gewährleistet ist.

(2) Wird der Verbrauch der von einer Anlage im Sinne des § 1 Abs. 1 versorgten Nutzer nicht mit gleichen Ausstattungen erfasst, so sind zunächst durch Vorerfassung vom Gesamtverbrauch die Anteile der Gruppen von Nutzern zu erfassen, deren Verbrauch mit gleichen Ausstattungen erfasst wird. Der Gebäudeeigentümer kann auch bei unterschiedlichen Nutzungs- oder Gebäudearten oder aus anderen sachgerechten Gründen eine Vorerfassung nach Nutzergruppen durchführen.

§ 6 Pflicht zur verbrauchsabhängigen Kostenverteilung

(1) Der Gebäudeeigentümer hat die Kosten der Versorgung mit Wärme und Warmwasser auf der Grundlage der Verbrauchserfassung nach Maßgabe der §§ 7 bis 9 auf die einzelnen Nutzer zu verteilen.

(2) In den Fällen des § 5 Abs. 2 sind die Kosten zunächst mindestens zu 50 vom Hundert nach dem Verhältnis der erfassten Anteile am Gesamtverbrauch auf die Nutzergruppen aufzuteilen. Werden die Kosten nicht vollständig nach dem Verhältnis der erfassten Anteile am Gesamtverbrauch aufgeteilt, sind

1. die übrigen Kosten der Versorgung mit Wärme nach der Wohn- oder Nutzfläche oder nach dem umbauten Raum auf die einzelnen Nutzergruppen zu verteilen; es kann auch die Wohn- oder Nutzfläche oder der umbaute Raum der beheizten Räume zugrunde gelegt werden,

2. die übrigen Kosten der Versorgung mit Warmwasser nach der Wohn- oder Nutzfläche auf die einzelnen Nutzergruppen zu verteilen.

Die Kostenanteile der Nutzergruppen sind dann nach Absatz 1 auf die einzelnen Nutzer zu verteilen.

(3) In den Fällen des § 4 Abs. 3 Satz 2 sind die Kosten nach dem Verhältnis der erfassten Anteile am Gesamtverbrauch auf die Gemeinschaftsräume und die übrigen Räume aufzuteilen. Die Verteilung der auf die Gemeinschaftsräume entfallenden anteiligen Kosten richtet sich nach rechtsgeschäftlichen Bestimmungen.

(4) Die Wahl der Abrechnungsmaßstäbe nach Absatz 2 sowie nach den §§ 7 bis 9 bleibt dem Gebäudeeigentümer überlassen. Er kann diese einmalig für künftige Abrechnungszeiträume durch Erklärung gegenüber den Nutzern ändern

1. bis zum Ablauf von drei Abrechnungszeiträumen nach deren erstmaliger Bestimmung,

2. bei der Einführung einer Vorerfassung nach Nutzergruppen,

3. nach Durchführung von baulichen Maßnahmen, die nachhaltig Einsparungen von Heizenergie bewirken.

Die Festlegung und die Änderung der Abrechnungsmaßstäbe sind nur mit Wirkung zum Beginn eines Abrechnungszeitraumes zulässig.

§ 7 Verteilung der Kosten der Versorgung mit Wärme

(1) Von den Kosten des Betriebs der zentralen Heizungsanlage sind mindestens 50 vom Hundert, höchstens 70 vom Hundert nach dem erfassten Wärmeverbrauch der Nutzer zu verteilen. Die übrigen Kosten sind nach der Wohn- oder Nutzfläche oder nach dem umbauten Raum zu verteilen; es kann auch die Wohn- oder Nutzfläche oder der umbaute Raum der beheizten Räume zugrunde gelegt werden.

(2) Zu den Kosten des Betriebs der zentralen Heizungsanlage einschließlich der Abgasanlage gehören die Kosten der verbrauchten Brennstoffe und ihrer Lieferung, die Kosten des Betriebsstromes, die Kosten der Bedienung, Überwachung und Pflege der Anlage, der regelmäßigen Prüfung ihrer Betriebsbereitschaft und Betriebssicherheit einschließlich der Einstellung durch einen Fachmann, der Reinigung der Anlage und des Betriebsraumes, die Kosten der Messungen nach dem Bundes-Immissionsschutzgesetz, die Kosten der Anmietung oder anderer Arten der Gebrauchsüberlassung einer Ausstattung zur Verbrauchserfassung sowie die Kosten der Verwendung einer Ausstattung zur Verbrauchserfassung einschließlich der Kosten der Berechnung und Aufteilung.

(3) Für die Verteilung der Kosten der Wärmelieferung gilt Absatz 1 entsprechend.

(4) Zu den Kosten der Wärmelieferung gehören das Entgelt für die Wärmelieferung und die Kosten des Betriebs der zugehörigen Hausanlagen entsprechend Absatz 2.

§ 8 Verteilung der Kosten der Versorgung mit Warmwasser

(1) Von den Kosten des Betriebs der zentralen Warmwasserversorgungsanlage sind mindestens 50 vom Hundert, höchstens 70 vom Hundert nach dem erfassten Warmwasserverbrauch, die übrigen Kosten nach der Wohn- oder Nutzfläche zu verteilen.

(2) Zu den Kosten des Betriebs der zentralen Warmwasserversorgungsanlage gehören die Kosten der Wasserversorgung, soweit sie nicht gesondert abgerechnet werden, und die Kosten der Wassererwärmung entsprechend § 7 Abs. 2. Zu den Kosten der Wasserversorgung gehören die Kosten des Wasserverbrauchs, die Grundgebühren und die Zählermiete, die Kosten der Verwendung von Zwischenzählern, die Kosten des Betriebs einer hauseigenen Wasserversorgungsanlage und einer Wasseraufbereitungsanlage einschließlich der Aufbereitungsstoffe.

(3) Für die Verteilung der Kosten der Warmwasserlieferung gilt Absatz 1 entsprechend.

(4) Zu den Kosten der Warmwasserlieferung gehören das Entgelt für die Lieferung des Warmwassers und die Kosten des Betriebs der zugehörigen Hausanlagen entsprechend § 7 Abs. 2.

§ 9 Verteilung der Kosten der Versorgung mit Wärme und Warmwasser bei verbundenen Anlagen

(1) Ist die zentrale Anlage zur Versorgung mit Wärme mit der zentralen Warmwasserversorgungsanlage verbunden, so sind die einheitlich entstandenen Kosten des Betriebs aufzuteilen. Die Anteile an den einheitlich entstandenen Kosten sind nach den Anteilen am Energieverbrauch (Brennstoff- oder Wärmeverbrauch) zu bestimmen. Kosten, die nicht einheitlich entstanden sind, sind dem Anteil an den einheitlich entstandenen Kosten hinzuzurechnen. Der Anteil der zentralen Anlage zur Versorgung mit Wärme

ergibt sich aus dem gesamten Verbrauch nach Abzug des Verbrauchs der zentralen Warmwasserversorgungsanlage. Der Anteil der zentralen Warmwasserversorgungsanlage am Brennstoffverbrauch ist nach Absatz 2, der Anteil am Wärmeverbrauch nach Absatz 3 zu ermitteln.

(2) Der Brennstoffverbrauch der zentralen Warmwasserversorgungsanlage (B) ist in Litern, Kubikmetern oder Kilogramm nach der Formel

$$B = \frac{2,5 \times V \times (t_w - 10)}{H_u}$$

zu errechnen. Dabei sind zugrunde zu legen

1. das gemessene Volumen des verbrauchten Warmwassers (V) in Kubikmetern;
2. die gemessene oder geschätzte mittlere Temperatur des Warmwasser (t_w) in Grad Celsius;
3. der Heizwert des verbrauchten Brennstoffes (H_u) in Kilowattstunden (kWh) je Liter (l), Kubikmeter (m³) oder Kilogramm (kg). Als H_u-Werte können verwendet werden für

Heizöl   10   kWh/l
Stadtgas   4,5 kWh/m³
Erdgas L   9   kWh/m³
Erdgas H   10,5 kWh/m³
Brechkoks   8   kWh/kg

Enthalten die Abrechnungsunterlagen des Energieversorgungsunternehmens H_u-Werte, so sind diese zu verwenden.

Der Brennstoffverbrauch der zentralen Warmwasserversorgungsanlage kann auch nach den anerkannten Regeln der Technik errechnet werden. Kann das Volumen des verbrauchten Warmwassers nicht gemessen werden, ist als Brennstoffverbrauch der zentralen Warmwasserversorgungsanlage ein Anteil von 18 vom Hundert der insgesamt verbrauchten Brennstoffe zugrunde zu legen.

(3) Die auf die zentrale Warmwasserversorgungsanlage entfallende Wärmemenge (Q) ist mit einem Wärmezähler zu messen. Sie kann auch in Kilowattstunden nach der Formel

$$Q = 2,0 \times V \times (t_w - 10)$$

errechnet werden. Dabei sind zugrunde zu legen

1. das gemessene Volumen des verbrauchten Warmwassers (V) in Kubikmetern;
2. die gemessene oder geschätzte mittlere Temperatur des Warmwassers (t_w) in Grad Celsius.

Die auf die zentrale Warmwasserversorgungsanlage entfallende Wärmemenge kann auch nach den anerkannten Regeln der Technik errechnet werden. Kann sie weder nach Satz 1 gemessen noch nach den Sätzen 2 bis 4 errechnet werden, ist dafür ein Anteil von 18 vom Hundert der insgesamt verbrauchten Wärmemenge zugrunde zu legen.

(4) Der Anteil an den Kosten der Versorgung mit Wärme ist nach § 7 Abs. 1, der Anteil an den Kosten der Versorgung mit Warmwasser nach § 8 Abs. 1 zu verteilen, soweit diese Verordnung nichts anders bestimmt oder zulässt.

§ 9 a   Kostenverteilung in Sonderfällen

(1) Kann der anteilige Wärme- oder Warmwasserverbrauch von Nutzern für einen Abrechnungszeitraum wegen Geräteausfalls oder aus anderen zwingenden Gründen nicht ordnungsgemäß erfasst werden, ist er vom Gebäudeeigentümer auf der Grundlage des Verbrauchs der betroffenen Räume in vergleichbaren früheren Abrechnungszeiträumen oder des Verbrauchs vergleichbarer anderer Räume im jeweiligen Abrechnungszeitraum zu ermitteln. Der so ermittelte anteilige Verbrauch ist bei der Kostenverteilung anstelle des erfassten Verbrauchs zugrunde zu legen.

(2) Überschreitet die von der Verbrauchsermittlung nach Absatz 1 betroffene Wohn- oder Nutzfläche oder der umbaute Raum 25 vom Hundert der für die Kostenverteilung maßgeblichen gesamten Wohn- oder Nutzfläche oder des maßgeblichen gesamten umbauten Raumes, sind die Kosten ausschließlich nach den nach § 7 Abs. 1 Satz 2 und § 8 Abs. 1 für die Verteilung der übrigen Kosten zugrunde zu legenden Maßstäben zu verteilen.

§ 9 b   Kostenaufteilung bei Nutzerwechsel

(1) Bei Nutzerwechsel innerhalb eines Abrechnungszeitraumes hat der Gebäudeeigentümer eine Ablesung der Ausstattung zur Verbrauchserfassung der vom Wechsel betroffenen Räume (Zwischenablesung) vorzunehmen.

(2) Die nach dem erfassten Verbrauch zu verteilenden Kosten sind auf der Grundlage der Zwischenablesung, die übrigen Kosten des Wärmeverbrauchs auf der Grundlage der sich aus anerkannten Regeln der Technik ergebenden Gradtagszahlen oder zeitanteilig und die übrigen Kosten des Warmwasserverbrauchs zeitanteilig auf Vor- und Nachnutzer aufzuteilen.

(3) Ist eine Zwischenablesung nicht möglich oder lässt sie wegen des Zeitpunktes des Nutzerwechsels aus technischen Gründen keine hinreichend genaue Ermittlung der Verbrauchsanteile zu, sind die gesamten Kosten nach den nach Absatz 2 für die übrigen Kosten geltenden Maßstäben aufzuteilen.

(4) Von den Absätzen 1 bis 3 abweichende rechtsgeschäftliche Bestimmungen bleiben unberührt.

§ 10   Überschreitung der Höchstsätze

Rechtsgeschäftliche Bestimmungen, die höhere als die in § 7 Abs. 1 und § 8 Abs. 1 genannten Höchstsätze von 70 vom Hundert vorsehen, bleiben unberührt.

§ 11   Ausnahmen

(1) Soweit sich die §§ 3 bis 7 auf die Versorgung mit Wärme beziehen, sind sie nicht anzuwenden
1. auf Räume,
    a) bei denen das Anbringen der Ausstattung zur Verbrauchserfassung, die Erfassung des Wärmeverbrauchs oder die Verteilung der Kosten des Wärmeverbrauchs nicht oder nur mit unverhältnismäßig hohen Kosten möglich ist oder
    b) die vor dem 1. Juli 1981 bezugsfertig geworden sind und in denen der Nutzer den Wärmeverbrauch nicht beeinflussen kann;
2. a) auf Alters- und Pflegeheime, Studenten- und Lehrlingsheime,

b) auf vergleichbare Gebäude oder Gebäudeteile, deren Nutzung Personengruppen vorbehalten ist, mit denen wegen ihrer besonderen persönlichen Verhältnisse regelmäßig keine üblichen Mietverträge abgeschlossen werden;

3. auf Räume in Gebäuden, die überwiegend versorgt werden
   a) mit Wärme aus Anlagen zur Rückgewinnung von Wärme oder aus Wärmepumpen- oder Solaranlagen oder
   b) mit Wärme aus Anlagen der Kraft-Wärme-Kopplung oder aus Anlagen zur Verwertung von Abwärme, sofern der Wärmeverbrauch des Gebäudes nicht erfasst wird,
   wenn die nach Landesrecht zuständige Stelle im Interesse der Energieeinsparung und der Nutzer eine Ausnahme zugelassen hat;

4. auf die Kosten des Betriebs der zugehörigen Hausanlagen, soweit diese Kosten in den Fällen des § 1 Abs. 3 nicht in den Kosten der Wärmelieferung enthalten sind, sondern vom Gebäudeeigentümer gesondert abgerechnet werden;

5. in sonstigen Einzelfällen, in denen die nach Landesrecht zuständige Stelle wegen besonderer Umstände von den Anforderungen dieser Verordnung befreit hat, um einen unangemessenen Aufwand oder sonstige unbillige Härten zu vermeiden.

(2) Soweit sich die §§ 3 bis 6 und § 8 auf die Versorgung mit Warmwasser beziehen, gilt Absatz 1 entsprechend.

§ 12 Kürzungsrecht, Übergangsregelungen

(1) Soweit die Kosten der Versorgung mit Wärme oder Warmwasser entgegen den Vorschriften dieser Verordnung nicht verbrauchsabhängig abgerechnet werden, hat der Nutzer das Recht, bei der nicht verbrauchsabhängigen Abrechnung der Kosten den auf ihn entfallenden Anteil um 15 vom Hundert zu kürzen. Dies gilt nicht beim Wohnungseigentum im Verhältnis des einzelnen Wohnungseigentümers zur Gemeinschaft der Wohnungseigentümer; insoweit verbleibt es bei den allgemeinen Vorschriften.

(2) Die Anforderungen des § 5 Abs. 1 Satz 2 gelten als erfüllt
1. für die am 1. Januar 1987 für die Erfassung des anteiligen Warmwasserverbrauchs vorhandenen Warmwasserkostenverteiler und
2. für die am 1. Juli 1981 bereits vorhandenen sonstigen Ausstattungen zur Verbrauchserfassung.

(3) Bei preisgebundenen Wohnungen im Sinne der Neubaumietenverordnung 1970 gilt Absatz 2 mit der Maßgabe, dass an die Stelle des Datums »1. Juli 1981« das Datum »1. August 1984« tritt.

(4) § 1 Abs. 3, § 4 Abs. 3 Satz 2 und § 6 Abs. 3 gelten für Abrechnungszeiträume, die nach dem 30. September 1989 beginnen; rechtsgeschäftliche Bestimmungen über eine frühere Anwendung dieser Vorschriften bleiben unberührt.

(5) Wird in den Fällen des § 1 Abs. 3 der Wärmeverbrauch der einzelnen Nutzer am 30. September 1989 mit Einrichtungen zur Messung der Wassermenge ermittelt, gilt die Anforderung des § 5 Abs. 1 Satz 1 als erfüllt.

[§ 12 a   Sondervorschriften für preisgebundene Wohnungen im Sinne der
Neubaumietenverordnung 1970; alte Fassung
(1) Bei preisgebundenen Wohnungen im Sinne der Neubaumietenverordnung 1970,
bei denen die Kosten der Versorgung mit Wärme oder Warmwasser am 30. April 1984
neben der Einzelmiete auf die Mieter umgelegt werden, hat der Mieter ein Kürzungsrecht entsprechend § 12 Abs. 1 Nr. 4, soweit diese Kosten entgegen den Vorschriften
dieser Verordnung nicht verbrauchsabhängig abgerechnet werden. Er kann von seinem
Kürzungsrecht erstmalig für den Abrechnungszeitraum Gebrauch machen, der im Kalenderjahr 1985 beginnt. § 12 Abs. 1 Nr. 1 bis 3 ist nicht anzuwenden.
(2) Bei preisgebundenen Wohnungen im Sinne der Neubaumietenverordnung 1970,
bei denen die Kosten für Wärme oder Warmwasser am 30. April 1984 in der Einzelmiete enthalten sind, sind die §§ 11 und 12 mit folgenden Maßgaben anzuwenden:
1. In § 11 Abs. 1 Nr. 1 Buchstabe b und § 12 Abs. 1 tritt an die Stelle des Datums »1. Juli
1981« jeweils das Datum »1. August 1984«;
2. in § 12 Abs. 1 Nr. 1 und 2 tritt an die Stelle des Datums »30. Juni 1984« jeweils das
Datum »30. Juni 1985«.
(3) Bei den in den Absätzen 1 und 2 bezeichneten Wohnungen ist § 12 Abs. 2 Nr. 2 mit
der Maßgabe anzuwenden, dass an die Stelle des Datums »1. Juli 1981« das Datum
»1. August 1984« tritt.]

§ 13   Berlin-Klausel

Diese Verordnung gilt nach § 14 des Dritten Überleitungsgesetzes in Verbindung mit
§ 10 des Energieeinsparungsgesetzes auch im Land Berlin.

§ 14   Inkrafttreten

Verordnung zur Änderung der Verordnung über Heizkosten-abrechnung*)

vom 2. Dezember 2008 (BGBl. I S. 2375)

Auf Grund der §§ 3 a und 5 Abs. 4 des Energieeinsparungsgesetzes in der Fassung der
Bekanntmachung vom 1. September 2005 (BGBl. I S. 2684) verordnet die Bundesregierung:

Artikel 1

Die Verordnung über Heizkostenabrechnung in der Fassung der Bekanntmachung
vom 20. Januar 1989 (BGBl. I S. 115) wird wie folgt geändert:

---

*) Diese Verordnung dient der Umsetzung der Richtlinie 2006/32/EG des Europäi-
schen Parlaments und des Rates vom 5. April 2006 über Endenergieeffizienz und
Energiedienstleistungen und zur Aufhebung der Richtlinie 93/76/EWG des Rates
(ABl. EU Nr. L 114 S. 64).

1. § 6 wird wie folgt geändert:

a) Dem Absatz 1 werden folgende Sätze angefügt:

»Das Ergebnis der Ablesung soll dem Nutzer in der Regel innerhalb eines Monats mitgeteilt werden. Eine gesonderte Mitteilung ist nicht erforderlich, wenn das Ableseergebnis über einen längeren Zeitraum in den Räumen des Nutzers gespeichert ist und von diesem selbst abgerufen werden kann. Einer gesonderten Mitteilung des Warmwasserverbrauchs bedarf es auch dann nicht, wenn in der Nutzeinheit ein Warmwasserzähler eingebaut ist.«

b) Absatz 4 wird wie folgt geändert:

aa) In Satz 1 werden die Wörter »den §§ 7 bis 9« durch die Wörter »§ 7 Abs. 1 Satz 1, §§ 8 und 9« ersetzt.

bb) Satz 2 wird wie folgt geändert:

aaa) Im Satzteil vor Nummer 1 wird das Wort »einmalig« gestrichen.

bbb) Nummer 1 wird aufgehoben.

ccc) Nummer 2 wird Nummer 1.

ddd) Nummer 3 wird Nummer 2 und der Punkt am Ende wird durch das Wort »oder« ersetzt.

eee) Folgende Nummer 3 wird angefügt:

»3. aus anderen sachgerechten Gründen nach deren erstmaliger Bestimmung.«

2. § 7 wird wie folgt geändert:

a) In Absatz 1 werden nach Satz 1 die folgenden Sätze eingefügt:

»In Gebäuden, die das Anforderungsniveau der Wärmeschutzverordnung vom 16. August 1994 (BGBl. I S. 2121) nicht erfüllen, die mit einer Öl- öder Gasheizung versorgt werden und in denen die freiliegenden Leitungen der Wärmeverteilung überwiegend gedämmt sind, sind von den Kosten des Betriebs der zentralen Heizungsanlage 70 vom Hundert nach dem erfassten Wärmeverbrauch der Nutzer zu verteilen. In Gebäuden, in denen die freiliegenden Leitungen der Wärmeverteilung überwiegend ungedämmt sind und deswegen ein wesentlicher Anteil des Wärmeverbrauchs nicht erfasst wird, kann der Wärmeverbrauch der Nutzer nach anerkannten Regeln der Technik bestimmt werden. Der so bestimmte Verbrauch der einzelnen Nutzer wird als erfasster Wärmeverbrauch nach Satz 1 berücksichtigt.«

b) Absatz 2 wird wie folgt geändert:

aa) In Satz 1 werden die Wörter »einen Fachmann« durch die Wörter »eine Fachkraft« und die Wörter »einschließlich der Kosten der Berechnung und Aufteilung« durch die Wörter »einschließlich der Kosten der Eichung sowie der Kosten der Berechnung, Aufteilung und Verbrauchsanalyse« ersetzt.

bb) Folgender Satz wird angefügt:

»Die Verbrauchsanalyse sollte insbesondere die Entwicklung der Kosten für die Heizwärme- und Warmwasserversorgung der vergangenen drei Jahre wiedergeben.«

3. § 9 wird wie folgt geändert:

a) Absatz 1 wird wie folgt geändert:

aa) Satz 2 wird wie folgt gefasst:

»Die Anteile an den einheitlich entstandenen Kosten sind bei Anlagen mit Heizkesseln nach den Anteilen am Brennstoffverbrauch oder am Energieverbrauch, bei eigenständiger gewerblicher Wärmelieferung nach den Anteilen am Wärmeverbrauch zu bestimmen.«

bb) Satz 5 wird durch folgende Sätze ersetzt:

»Bei Anlagen, die weder durch Heizkessel noch durch eigenständige gewerbliche Wärmelieferung mit Wärme versorgt werden, können anerkannte Regeln der Technik zur Aufteilung der Kosten verwendet werden. Der Anteil der zentralen Warmwasserversorgungsanlage am Wärmeverbrauch ist nach Absatz 2, der Anteil am Brennstoffverbrauch nach Absatz 3 zu ermitteln.«

b) Absatz 2 wird wie folgt gefasst:

»(2) Die auf die zentrale Warmwasserversorgungsanlage entfallende Wärmemenge (Q) ist ab dem 31. Dezember 2013 mit einem Wärmezähler zu messen. Kann die Wärmemenge nur mit einem unzumutbar hohen Aufwand gemessen werden, kann sie nach der Gleichung

$$Q = 2{,}5 \, \frac{kWh}{m^3 \cdot K} \cdot V \cdot (t_w - 10 \, °C)$$

bestimmt werden. Dabei sind zu Grunde zu legen

1. das gemessene Volumen des verbrauchten Warmwassers (V) in Kubikmetern (m³);
2. die gemessene oder geschätzte mittlere Temperatur des Warmwassers (t_w) in Grad Celsius (°C).

Wenn in Ausnahmefällen weder die Wärmemenge noch das Volumen des verbrauchten Warmwassers gemessen werden können, kann die auf die zentrale Warmwasserversorgungsanlage entfallende Wärmemenge nach folgender Gleichung bestimmt werden

$$Q = 32 \, \frac{kWh}{m^2_{A_{Wohn}}} \cdot A_{Wohn}$$

Dabei ist die durch die zentrale Anlage mit Warmwasser versorgte Wohn- oder Nutzfläche (A_{Wohn}) zu Grunde zu legen. Die nach den Gleichungen in Satz 2 oder 4 bestimmte Wärmemenge (Q) ist

1. bei brennwertbezogener Abrechnung von Erdgas mit 1,11 zu multiplizieren und
2. bei eigenständiger gewerblicher Wärmelieferung durch 1,15 zu dividieren.«

c) Absatz 3 wird wie folgt gefasst:

»(3) Bei Anlagen mit Heizkesseln ist der Brennstoffverbrauch der zentralen Warmwasserversorgungsanlage (B) in Litern, Kubikmetern, Kilogramm oder Schüttraummetern nach der Gleichung

$$B = \frac{Q}{Hi}$$

zu bestimmen. Dabei sind zu Grunde zu legen

1. die auf die zentrale Warmwasserversorgungsanlage entfallende Wärmemenge (Q) nach Absatz 2 in kWh;
2. der Heizwert des verbrauchten Brennstoffes (Hi) in Kilowattstunden (kWh) je Liter (l), Kubikmeter (m³), Kilogramm (kg) oder Schüttraummeter (SRm). Als Hi-Werte können verwendet werden für

Leichtes Heizöl EL	10	kWh/l
Schweres Heizöl	10,9	kWh/l
Erdgas H	10	kWh/m³
Erdgas L	9	kWh/m³
Flüssiggas	13	kWh/kg
Koks	8	kWh/kg
Braunkohle	5,5	kWh/kg
Steinkohle	8	kWh/kg
Holz (lufttrocken)	4,1	kWh/kg
Holzpellets	5	kWh/kg
Holzhackschnitzel	650	kWh/SRm.

Enthalten die Abrechnungsunterlagen des Energieversorgungsunternehmens oder Brennstofflieferanten Hi-Werte, sind diese zu verwenden. Soweit die Abrechnung über kWh-Werte erfolgt, ist eine Umrechnung in Brennstoffverbrauch nicht erforderlich.«

4. § 9 a wird wie folgt geändert:
a) In Absatz 1 Satz 1 werden die Wörter »früheren Abrechnungszeiträumen« durch das Wort »Zeiträumen« ersetzt und nach den Wörtern »im jeweiligen Abrechnungszeitraum« werden die Wörter »oder des Durchschnittsverbrauchs des Gebäudes oder der Nutzergruppe« eingefügt.
b) In Absatz 2 wird die Angabe »§ 7 Abs. 1 Satz 2« durch die Angabe »§ 7 Abs. 1 Satz 4« ersetzt.

5. § 11 Abs. 1 wird wie folgt geändert:
a) Nummer 1 wird wie folgt geändert:
aa) Dem Buchstaben a wird folgender Buchstabe a vorangestellt:
»a) in Gebäuden, die einen Heizwärmebedarf von weniger als 15 kWh/(m² . a) aufweisen,«.
bb) Der bisherige Buchstabe a wird Buchstabe b und vor dem Wort »oder« werden ein Semikolon und die Wörter »unverhältnismäßig hohe Kosten liegen vor, wenn diese nicht durch die Einsparungen, die in der Regel innerhalb von zehn Jahren erzielt werden können, erwirtschaftet werden können;« eingefügt.
cc) Der bisherige Buchstabe b wird Buchstabe c.
b) Nummer 3 wird wie folgt geändert:
aa) In Buchstabe b wird das Komma nach dem Wort »wird« durch ein Semikolon ersetzt.
bb) Die Wörter »wenn die nach Landesrecht zuständige Stelle im Interesse der Energieeinsparung und der Nutzer eine Ausnahme zugelassen hat;« werden gestrichen.

6. § 12 wird wie folgt geändert:
a) In Absatz 2 werden nach dem Wort »gelten« die Wörter »bis zum 31. Dezember 2013« eingefügt.
b) Folgender Absatz 6 wird angefügt:
»(6) Auf Abrechnungszeiträume, die vor dem 1. Januar 2009 begonnen haben, ist diese Verordnung in der bis zum 31. Dezember 2008 geltenden Fassung weiter anzuwenden.«

Artikel 2   Bekanntmachungserlaubnis

Das Bundesministerium für Wirtschaft und Technologie und das Bundesministerium für Verkehr, Bau und Stadtentwicklung können den Wortlaut der Heizkostenverordnung in der ab dem 1. Januar 2009 geltenden Fassung im Bundesgesetzblatt bekannt machen.

Artikel 3   Inkrafttreten

Diese Verordnung tritt am 1. Januar 2009 in Kraft.

Der Bundesrat hat zugestimmt.

Berlin, den 2. Dezember 2008

Die Bundeskanzlerin
Dr. Angela Merkel

Der Bundesminister für Wirtschaft und Technologie
Michael Glos

Der Bundesminister für Verkehr, Bau und Stadtentwicklung
W. Tiefensee

Anhang 2

Verordnung über die Ermittlung der zulässigen Miete für preisgebundene Wohnungen (Neubaumietenverordnung 1970 – NMV 1970)

in der Neufassung der Bekanntmachung vom 12. Oktober 1990 (BGBl. I S. 2203), zuletzt geändert durch Verordnung zur Berechnung der Wohnfläche, über die Aufstellung von Betriebskosten und zur Änderung anderer Verordnungen vom 25.11.2003 (BGBl. I S. 2346, 2350)

(Auszug)

§ 20 Umlagen neben der Einzelmiete
(1) Neben der Einzelmiete ist die Umlage der Betriebskosten im Sinne des § 27 der Zweiten Berechnungsverordnung und des Umlageausfallwagnisses zulässig. Es dürfen nur solche Kosten umgelegt werden, die bei gewissenhafter Abwägung aller Umstände und bei ordentlicher Geschäftsführung gerechtfertigt sind. Soweit Betriebskosten geltend gemacht werden, sind diese nach Art und Höhe dem Mieter bei Überlassung der Wohnung bekanntzugeben.
(2) Soweit in den §§ 21 bis 25 nichts anderes bestimmt ist, sind die Betriebskosten nach dem Verhältnis der Wohnfläche umzulegen. Betriebskosten, die nicht für Wohnraum entstanden sind, sind vorweg abzuziehen; kann hierbei nicht festgestellt werden, ob die Betriebskosten auf Wohnraum oder auf Geschäftsraum entfallen, sind sie für den Wohnteil und den anderen Teil des Gebäudes oder der Wirtschaftseinheit im Verhältnis des umbauten Raumes oder der Wohn- und Nutzflächen aufzuteilen. Bei der Berechnung des umbauten Raumes ist Anlage 2 zur Zweiten Berechnungsverordnung zugrunde zu legen.
(3) Auf den voraussichtlichen Umlegungsbetrag sind monatliche Vorauszahlungen in angemessener Höhe zulässig, soweit in § 25 nichts anderes bestimmt ist. Über die Betriebskosten, den Umlegungsbetrag und die Vorauszahlungen ist jährlich abzurechnen (Abrechnungszeitraum). Der Vermieter darf alle oder mehrere Betriebskostenarten in einer Abrechnung erfassen. Die jährliche Abrechnung ist dem Mieter spätestens bis zum Ablauf des zwölften Monats nach dem Ende des Abrechnungszeitraums zuzuleiten; diese Frist ist für Nachforderungen eine Ausschlussfrist, es sei denn, der Vermieter hat die Geltendmachung erst nach Ablauf der Jahresfrist nicht zu vertreten.
(4) Für Erhöhungen der Vorauszahlungen und für die Erhebung der durch die Vorauszahlungen nicht gedeckten Umlegungsbetrages sowie für die Nachforderung von Betriebskosten gilt § 4 Abs. 7 und 8 entsprechend. Eine Erhöhung der Vorauszahlungen für einen zurückliegenden Zeitraum ist nicht zulässig.

§ 21 Umlegung der Kosten der Wasserversorgung und der Entwässerung
(1) Zu den Kosten der Wasserversorgung gehören die Kosten des Wasserverbrauchs, die Grundgebühren, die Kosten der Anmietung oder anderer Arten der Gebrauchsüberlassung von Wasserzählern sowie die Kosten ihrer Verwendung einschließlich der Kosten der Berechnung und Aufteilung, die Kosten des Betriebs einer hauseigenen

Wasserversorgungsanlage und einer Wasseraufbereitungsanlage einschließlich der Aufbereitungsstoffe.

(2) Bei der Berechnung der Umlage für die Kosten der Wasserversorgung sind zunächst die Kosten des Wasserverbrauchs abzuziehen, der nicht mit der üblichen Benutzung der Wohnungen zusammenhängt. Die verbleibenden Kosten dürfen nach dem Verhältnis der Wohnflächen oder nach einem Maßstab, der dem unterschiedlichen Wasserverbrauch der Wohnparteien Rechnung trägt, umgelegt werden. Wird der Wasserverbrauch, der mit der üblichen Benutzung der Wohnungen zusammenhängt, für alle Wohnungen eines Gebäudes durch Wasserzähler erfasst, hat der Vermieter die auf die Wohnungen entfallenden Kosten nach dem erfassten unterschiedlichen Wasserverbrauch der Wohnparteien umzulegen.

(3) Zu den Kosten der Entwässerung gehören die Gebühren für die Benutzung einer öffentlichen Entwässerungsanlage oder die Kosten des Betriebs einer entsprechenden nicht öffentlichen Anlage sowie die Kosten des Betriebs einer Entwässerungspumpe. Die Kosten sind mit dem Maßstab nach Absatz 2 umzulegen.

§ 22 Umlegung der Kosten der Versorgung mit Wärme und Warmwasser

(1) Für die Umlegung der Kosten des Betriebs zentraler Heizungs- und Warmwasserversorgungsanlagen und der Kosten der eigenständig gewerblichen Lieferung von Wärme und Warmwasser, auch aus zentralen Heizungs- und Warmwasserversorgungsanlagen, findet die Verordnung über Heizkostenabrechnung in der Fassung der Bekanntmachung vom 5. April 1984 (BGBl. I S. 592), geändert durch Artikel 1 der Verordnung vom 19. Januar 1989 (BGBl. I S. 109), Anwendung.

(2) Liegt eine Ausnahme nach § 11 der Verordnung über Heizkostenabrechnung vor, dürfen umgelegt werden

1. die Kosten der Versorgung mit Wärme nach der Wohnfläche oder nach dem umbauten Raum; es darf auch die Wohnfläche oder der umbaute Raum der beheizten Räume zugrunde gelegt werden,

2. die Kosten der Versorgung mit Warmwasser nach der Wohnfläche oder einem Maßstab, der dem Warmwasserverbrauch in anderer Weise als durch Erfassung Rechnung trägt.

§ 7 Abs. 2 und 4, § 8 Abs. 2 und 4 der Verordnung über Heizkostenabrechnung gelten entsprechend. Genehmigungen nach den Vorschriften des § 22 Abs. 5 oder des § 23 Abs. 5 in der bis zum 30. April 1984 geltenden Fassung bleiben unberührt.

(3) Werden für Wohnungen, die vor dem 1. Januar 1981 bezugsfertig geworden sind, bei verbundenen Anlagen die Kosten für die Versorgung mit Wärme und Warmwasser am 30. April 1984 unaufgeteilt umgelegt, bleibt dies weiterhin zulässig.

§ 22a Umlegung der Kosten der Müllabfuhr

(1) Zu den Kosten der Müllabfuhr gehören die hierfür zu entrichtenden Gebühren und die Kosten entsprechender nicht öffentlicher Maßnahmen.

(2) Die Kosten der Müllabfuhr sind nach einem Maßstab, der der unterschiedlichen Müllverursachung durch die Wohnparteien Rechnung trägt, oder nach dem Verhältnis der Wohnflächen umzulegen.

§ 23   Umlegung der Kosten des Betriebs der zentralen Brennstoffversorgungs-anlage

(1) Zu den Kosten des Betriebs der zentralen Brennstoffversorgungsanlage gehören die Kosten der verbrauchten Brennstoffe und ihrer Lieferung, die Kosten des Betriebsstromes und die Kosten der Überwachung sowie die Kosten der Reinigung der Anlage und des Betriebsraumes.

(2) Die Kosten dürfen nur nach dem Brennstoffverbrauch umgelegt werden.

§ 25 a   Umlageausfallwagnis

Das Umlageausfallwagnis ist das Wagnis einer Einnahmenminderung, die durch uneinbringliche Rückstände von Betriebskosten oder nicht umlegbarer Betriebskosten infolge Leerstehens von Raum, der zur Vermietung bestimmt ist, einschließlich der uneinbringlichen Kosten einer Rechtsverfolgung auf Zahlung entsteht. Das Umlageausfallwagnis darf 2 vom Hundert der im Abrechnungszeitraum auf den Wohnraum entfallenden Betriebskosten nicht übersteigen. Soweit die Deckung von Ausfällen anders, namentlich durch einen Anspruch gegenüber einem Dritten gesichert ist, darf die Umlage nicht erhöht werden.

Anhang 3

Dritte Verordnung zur Änderung der Altbaumietenverordnung Berlin (Dritte ÄndVO – AMVOB)

vom 28. Oktober 1982 (BGBl. I S. 1472, 1473)

Auf Grund des § 2 Abs. 2 und 3 sowie der §§ 3 a und 5 des Energieeinsparungsgesetzes vom 22. Juli 1976 (BGBl. I S. 1873), geändert durch Gesetz vom 20. Juni 1980 (BGBl. I S. 701), verordnet die Bundesregierung mit Zustimmung des Bundesrates, und hinsichtlich des Artikels 1 Nr. 1 und 2 dieser Verordnung verordnen auf Grand des § 28 des Modernisierungs- und Energieeinsparungsgesetzes in der Fassung der Bekanntmachung vom 12. Juli 1978 (BGBl. I S. 993) der Bundesminister für Wirtschaft und der Bundesminister für Raumordnung, Bauwesen und Städtebau im Einvernehmen mit dem Senat von Berlin:

Artikel 1
Änderung der Altbaumietenverordnung Berlin

Die Altbaumietenverordnung Berlin in der im Bundesgesetzblatt Teil III, Gliederungsnummer 402–22, veröffentlichten bereinigten Fassung, zuletzt geändert durch Verordnung vom 6. Mai 1981 (BGBl. I S. 411), wird wie folgt geändert:

1. § 6 Nr. 6 erhält folgende Fassung:
   »6. Mieterhöhungen für bauliche Änderungen nach § 11 dieser Verordnung.«
2. § 11 wird wie folgt geändert:
   a) Die Überschrift erhält folgende Fassung:
      »Bauliche Änderungen durch den Vermieter«.
   b) In Absatz 1 Satz 1 werden nach dem Wort »(Modernisierung)« folgende Worte eingefügt:
      », oder hat er andere bauliche Änderungen auf Grund von Umständen, die er nicht zu vertreten hat, durchgeführt«.

3. Nach § 19 wird eingefügt:

»§ 20 Umlegung der Kosten der Versorgung mit Wärme und Warmwasser
(1) Ist Wohnraum mit einer zentralen Heizungsanlage oder zentralen Warmwasserversorgungsanlage ausgestattet oder wird Wohnraum mit Fernwärme oder Fernwarmwasser beliefert, so gelten für die Verbrauchserfassung und die Umlegung der Kosten der Versorgung mit Wärme und Warmwasser die Vorschriften der Verordnung über Heizkostenabrechnung vom 23. Februar 1981 (BGBl. I S. 261, 296).
(2) Ein angemessener Betrag für die Bedienung der zentralen Heizungsanlage oder zentralen Warmwasserversorgungsanlage kann auch dann umgelegt werden, wenn der Vermieter die Anlage selbst bedient.
(3) Für die Kosten des Wasserverbrauchs einer zentralen Warmwasserversorgungsanlage gilt § 17. Soweit danach die Umlegung dieser Kosten zulässig ist, dürfen sie auch zusammen mit den Kosten des Betriebs dieser Anlage abgerechnet werden.«

4. § 21 erhält folgende Fassung:

»**§ 21 Kürzung der Miete**
(1) Sind in der Miete die Kosten der Versorgung mit Wärme pauschal enthalten, so hat der Vermieter die sich aus § 20 ergebenden Kosten nach Kürzung der Stichtagsmiete um 10 vom Hundert umzulegen. Ist zur Abgeltung dieser Kosten die Zahlung eines bestimmten Betrags vereinbart, so entfällt der vereinbarte Betrag.
(2) Werden bei Inkrafttreten dieser Verordnung die Kosten des Betriebs der zentralen Heizungsanlage in den in Absatz 1 Satz 1 genannten Fällen nach Abzug eines geringeren Betrages als 10 vom Hundert der Stichtagsmiete in zulässiger Weise umgelegt, so bleibt dies weiterhin zulässig.
(3) Die Preisbehörde kann im Einzelfall auf Antrag zur Vermeidung von Härten eine von Absatz 1 Satz 1 abweichende Regelung treffen.
(4) Für die Kosten der Versorgung mit Warmwasser sind die Absätze 1 bis 3 mit der Maßgabe entsprechend anzuwenden, dass an die Stelle des Satzes von 10 vom Hundert bei durchgehender jährlicher Warmwasserversorgung ein Satz von 4 vom Hundert tritt, in anderen Fällen ein angemessen niedrigerer Satz.«

5. § 22 erhält folgende Fassung:

»**§ 22 Vorauszahlungen auf die Umlegungsbeträge**
(1) Auf den voraussichtlichen Umlegungsbetrag für die Kosten der Versorgung mit Wärme während einer Heizperiode sind monatliche Vorauszahlungen vorbehaltlich der Abrechnung unverzüglich nach Schluss der Heizperiode zulässig. Bei Einverständnis des Mieters sind höhere Vorauszahlungen nach Vorlage der Rechnung zulässig.
(2) Für die Kosten der Versorgung mit Warmwasser ist Absatz 1 mit der Maßgabe entsprechend anzuwenden, dass bei durchgehender jährlicher Warmwasserversorgung jährlich abzurechnen ist.«

6. § 23 erhält folgende Fassung:

»**§ 23 Ausnahmefälle**
Soweit auf Grund des § 11 der Verordnung über Heizkostenabrechnung eine verbrauchsabhängige Abrechnung nicht vorgeschrieben ist, gilt:
1. Die Kosten der Versorgung mit Wärme dürfen nach Quadratmetern der Wohnfläche der beheizten Räume, nach der Fläche der Heizkörper oder nach einem anderen, dem Wärmeverbrauch Rechnung tragenden Maßstab umgelegt werden. Ein hiernach zulässiger Umlegungsmaßstab darf von dem Vermieter nur im Einvernehmen mit allen Mietern durch einen anderen zulässigen Umlegungsmaßstab ersetzt werden. Kommt ein Einvernehmen nicht zustande, so kann die Preisbehörde auf Antrag des Vermieters einen nach Satz 1 zulässigen Umlegungsmaßstab genehmigen.
2. Die Kosten der Versorgung mit Warmwasser dürfen nach dem Verhältnis der Grundmieten umgelegt werden. Hat der Vermieter mit allen Mietern ein Einvernehmen über einen anderen Umlegungsmaßstab erzielt, so ist die Umlegung nach diesem Maßstab zulässig. Kommt ein Einvernehmen nicht zustande, so kann die Preisbehörde auf Antrag des Vermieters einen anderen Umlegungsmaßstab zulassen.

3. § 20 Abs. 2 und 3, §§ 21 und 22 dieser Verordnung sowie § 7 Abs. 2 und 4, § 8 Abs. 2 und 4 der Verordnung über Heizkostenabrechnung gelten entsprechend.«

7. § 24 wird aufgehoben.

8. Nach § 36 wird eingefügt:

»§ 36 a Übergangsregelung für Kosten der Versorgung mit Wärme und Warmwasser
Für Wohnraum, in dem die nach der Verordnung über Heizkostenabrechnung erforderliche Ausstattung zur Verbrauchserfassung noch nicht vorhanden ist, bleibt eine am 1. Dezember 1982 zulässige Umlegung der Kosten der Versorgung mit Wärme oder mit Warmwasser vorläufig weiterhin zulässig. § 12 der Verordnung über Heizkostenabrechnung in Verbindung mit Artikel 2 der Dritten Verordnung zur Änderung der Altbaumietenverordnung Berlin vom 28. Oktober 1982 (BGBl. I S. 1472) bleibt unberührt.«

Artikel 2
Sonderregelung für Berlin zu § 12 der Verordnung über Heizkostenabrechnung
Für Wohnraum im Land Berlin, der am 1. Dezember 1982 preisgebunden im Sinne des § 3 der Altbaumietenverordnung Berlin ist, gilt § 12 der Verordnung über Heizkostenabrechnung mit der Maßgabe, dass in Absatz 1 jeweils an die Stelle des Datums »30. Juni 1984« das Datum »30. Juni 1985« und in Absatz 2 an die Stelle des Datums »1. Juli 1981« das Datum »1. Juli 1982« tritt.

Artikel 3
Neufassung
Der Bundesminister für Wirtschaft kann die Altbaumietenverordnung Berlin in der vom 1. Dezember 1982 an geltenden Fassung im Bundesgesetzblatt bekanntmachen.

Artikel 4
Berlin-Klausel
Diese Verordnung gilt nach § 14 des Dritten Überleitungsgesetzes in Verbindung mit § 10 des Energieeinsparungsgesetzes und mit § 30 des Modernisierungs- und Energieeinsparungsgesetzes auch im Land Berlin.

Artikel 5
Inkrafttreten
Diese Verordnung tritt am ersten Tage des auf die Verkündung folgenden Kalendermonats in Kraft.

Anhang 4

Verordnung über Allgemeine Bedingungen für die Versorgung mit Fernwärme (AVB FernwärmeV)

vom 20. Juni 1980 (BGBl. I S. 742), zuletzt geändert durch Art. 20 Gesetz zur Anpassung von Verjährungsvorschriften an das Schuldrechtsmodernisierungsgesetz vom 9. 12. 2004 (BGBl. I S. 3214)

(Auszug)

§ 1 Gegenstand der Verordnung

(1) Soweit Fernwärmeversorgungsunternehmen für den Anschluss an die Fernwärmeversorgung und für die Versorgung mit Fernwärme Vertragsmuster oder Vertragsbedingungen verwenden, die für eine Vielzahl von Verträgen vorformuliert sind (allgemeine Versorgungsbedingungen), gelten die §§ 2 bis 34. Diese sind, soweit Absatz 3 und § 35 nichts anderes vorsehen, Bestandteil des Versorgungsvertrages.

(2) Die Verordnung gilt nicht für den Anschluss und die Versorgung von Industrieunternehmen.

(3) Der Vertrag kann auch zu allgemeinen Versorgungsbedingungen abgeschlossen werden, die von den §§ 2 bis 34 abweichen, wenn das Fernwärme Versorgungsunternehmen einen Vertragsabschluss zu den allgemeinen Bedingungen dieser Verordnung angeboten hat und der Kunde mit den Abweichungen ausdrücklich einverstanden ist. Auf die abweichenden Bedingungen sind die §§ 3 bis 11 des Gesetzes zur Regelung des Rechts der Allgemeinen Geschäftsbedingungen anzuwenden. Von der in § 18 enthaltenen Verpflichtung, zur Ermittlung des verbrauchsabhängigen Entgelts Messeinrichtungen zu verwenden, darf nicht abgewichen werden.

§ 18 Messung

(1) Zur Ermittlung des verbrauchsabhängigen Entgelts hat das Fernwärmeversorgungsunternehmen Messeinrichtungen zu verwenden, die den eichrechtlichen Vorschriften entsprechen müssen. Die gelieferte Wärmemenge ist durch Messung festzustellen (Wärmemessung). Anstelle der Wärmemessung ist auch die Messung der Wassermenge ausreichend (Ersatzverfahren), wenn die Einrichtungen zur Messung der Wassermenge vor dem 30. September 1989 installiert worden sind. Der anteilige Wärmeverbrauch mehrerer Kunden kann mit Einrichtungen zur Verteilung von Heizkosten (Hilfsverfahren) bestimmt werden, wenn die gelieferte Wärmemenge
1. an einem Hausanschluss, von dem aus mehrere Kunden versorgt werden, oder
2. an einer sonstigen verbrauchsnah gelegenen Stelle für einzelne Gebäudegruppen, die vor dem 1. April 1980 an das Verteilungsnetz angeschlossen worden sind,
festgestellt wird. Das Unternehmen bestimmt das jeweils anzuwendende Verfahren; es ist berechtigt, dieses während der Vertragslaufzeit zu ändern.

(2) Dient die gelieferte Wärme ausschließlich der Deckung des eigenen Bedarfs des Kunden, so kann vereinbart werden, dass das Entgelt auf andere Weise als nach Absatz 1 ermittelt wird.

(3) Erfolgt die Versorgung aus Anlagen der Kraft-Wärme-Kopplung oder aus Anlagen zur Verwertung von Abwärme, so kann die zuständige Behörde im Interesse der Energieeinsparung Ausnahmen von Absatz 1 zulassen.

(4) Das Fernwärmeversorgungsunternehmen hat dafür Sorge zu tragen, dass eine einwandfreie Anwendung der in Absatz 1 genannten Verfahren gewährleistet ist. Es bestimmt Art, Zahl und Größe sowie Anbringungsort von Mess- und Regeleinrichtungen. Ebenso ist die Lieferung, Anbringung, Überwachung, Unterhaltung und Entfernung der Mess- und Regeleinrichtungen Aufgabe des Unternehmens. Es hat den Kunden und den Anschlussnehmer anzuhören und deren berechtigte Interessen zu wahren. Es ist verpflichtet, auf Verlangen des Kunden oder des Hauseigentümers Mess- oder Regeleinrichtungen zu verlegen, wenn dies ohne Beeinträchtigung einer einwandfreien Messung oder Regelung möglich ist.

(5) Die Kosten für die Messeinrichtungen hat das Fernwärmeversorgungsunternehmen zu tragen; die Zulässigkeit von Verrechnungspreisen bleibt unberührt. Die im Falle des Absatzes 4 Satz 5 entstehenden Kosten hat der Kunde oder der Hauseigentümer zu tragen.

(6) Der Kunde haftet für das Abhandenkommen und die Beschädigung von Mess- und Regeleinrichtungen, soweit ihn hieran ein Verschulden trifft. Er hat den Verlust, Beschädigungen und Störungen dieser Einrichtungen dem Fernwärmeversorgungsunternehmen unverzüglich mitzuteilen.

(7) Bei der Abrechnung der Lieferung von Fernwärme und Fernwarmwasser sind die Bestimmungen der Verordnung über Heizkostenabrechnung in der Fassung der Bekanntmachung vom 5. April 1984 (BGBl. I S. 592), geändert durch Artikel 1 der Verordnung vom 19. Januar 1989 (BGBl. I S. 109), zu beachten.

§ 19 Nachprüfung von Messeinrichtungen

(1) Der Kunde kann jederzeit die Nachprüfung der Messeinrichtungen verlangen. Bei Messeinrichtungen, die den eichrechtlichen Vorschriften entsprechen müssen, kann er die Nachprüfung durch eine Eichbehörde oder eine staatlich anerkannte Prüfstelle im Sinne des § 6 Abs. 2 des Eichgesetzes verlangen. Stellt der Kunde den Antrag auf Prüfung nicht bei dem Fernwärmeversorgungsunternehmen, so hat er dieses vor Antragstellung zu benachrichtigen.

(2) Die Kosten der Prüfung fallen dem Unternehmen zur Last, falls eine nicht unerhebliche Ungenauigkeit festgestellt wird, sonst dem Kunden. Bei Messeinrichtungen, die den eichrechtlichen Vorschriften entsprechen müssen, ist die Ungenauigkeit dann nicht unerheblich, wenn sie die gesetzlichen Verkehrsfehlergrenzen überschreitet.

§ 20 Ablesung

(1) Die Messeinrichtungen werden vom Beauftragten des Fernwärmeversorgungsunternehmens möglichst in gleichen Zeitabständen oder auf Verlangen des Unternehmens vom Kunden selbst abgelesen. Dieser hat dafür Sorge zu tragen, dass die Messeinrichtungen leicht zugänglich sind.

(2) Solange der Beauftragte des Unternehmens die Räume des Kunden nicht zum Zwecke der Ablesung betreten kann, darf das Unternehmen den Verbrauch auf der Grundlage der letzten Ablesung schätzen; die tatsächlichen Verhältnisse sind angemessen zu berücksichtigen.

§ 37 Inkrafttreten

(1) Diese Verordnung tritt mit Wirkung vom 1. April 1980 in Kraft.

(2) Die §§ 2 bis 34 gelten auch für Versorgungsverträge die vor dem 1. April 1980 zustande gekommen sind, unmittelbar. Das Fernwärmeversorgungsunternehmen ist verpflichtet, die Kunden in geeigneter Weise hierüber zu unterrichten. Die vereinbarte Laufzeit der vor Verkündung dieser Verordnung abgeschlossenen Versorgungsverträge bleibt unberührt.

(3) § 24 Abs. 2 und 3, § 25 Abs. 1 und 2 sowie § 28 gelten nur für Abrechnungszeiträume, die nach dem 31. August 1980 beginnen.

(4) Ist die Kundenanlage vor dem 1. Januar 1981 an das Verteilungsnetz angeschlossen worden, so gilt die in § 18 vorgesehene Verpflichtung, zur Ermittlung des verbrauchsabhängigen Entgelts Messeinrichtungen zu verwenden, spätestens für Abrechnungszeiträume, die nach dem 31. Dezember 1982 beginnen.

Anhang 5

Gesetz zur Sicherung der Zweckbestimmung von Sozialwohnungen (Wohnungsbindungsgesetz – WoBindG)

in der Fassung der Bekanntmachung vom 13.9.2001, zuletzt geändert durch Art. 87 Neunte ZuständigkeitsanpassungsVO vom 31.10.2006 (BGBl. I S. 2407)

(Auszug)

§ 8 Kostenmiete

(1) Der Verfügungsberechtigte darf die Wohnung nicht gegen ein höheres Entgelt zum Gebrauch überlassen, als zur Deckung der laufenden Aufwendungen erforderlich ist (Kostenmiete). Die Kostenmiete ist nach den §§ 8 a und 8 b zu ermitteln.

(2) Soweit das vereinbarte Entgelt die Kostenmiete übersteigt, ist die Vereinbarung unwirksam. Soweit die Vereinbarung unwirksam ist, ist die Leistung zurückzuerstatten und vom Empfang an zu verzinsen. Der Anspruch auf Rückerstattung verjährt nach Ablauf von vier Jahren nach der jeweiligen Leistung, jedoch spätestens nach Ablauf eines Jahres von der Beendigung des Mietverhältnisses an.

(3) Sind für eine Wohnung in einem Eigenheim oder einer Kleinsiedlung oder für eine sonstige Wohnung die öffentlichen Mittel ohne Vorlage einer Wirtschaftlichkeitsberechnung oder auf Grund einer vereinfachten Wirtschaftlichkeitsberechnung bewilligt worden, so darf der Verfügungsberechtigte die Wohnung höchstens gegen ein Entgelt bis zur Höhe der Kostenmiete für vergleichbare öffentlich geförderte Wohnungen (Vergleichsmiete) überlassen. Die zuständige Stelle kann genehmigen, dass der Verfügungsberechtigte von der Vergleichsmiete zur Kostenmiete übergeht. Absatz 2 ist entsprechend anzuwenden.

(4) Der Vermieter hat dem Mieter auf Verlangen Auskunft über die Ermittlung und Zusammensetzung der Miete zu geben und, soweit der Miete eine Genehmigung der Bewilligungsstelle zugrunde liegt, die zuletzt erteilte Genehmigung vorzulegen. Wird eine Genehmigung nicht vorgelegt oder ist die Auskunft über die Ermittlung und Zusammensetzung der Miete unzureichend, so hat die zuständige Stelle dem Mieter auf Verlangen die Höhe der nach Absatz 1 oder 3 zulässigen Miete mitzuteilen, soweit diese sich aus ihren Unterlagen ergibt.

(5) Die diesem Gesetz unterliegenden Wohnungen sind preisgebundener Wohnraum.

Anhang 6

Gesetz zur Regelung der Miethöhe

vom 18. Dezember 1974 (BGBl. I S. 3603) in der Fassung der Änderung vom
13.7.2001 (BGBl. I S. 1542); außer Kraft getreten am 1.9.2001 auf Grund
Art. 10 des Gesetzes zur Neugliederung, Vereinfachung und Reform des
Mietrechts (Mietrechtsreformgesetz) vom 19.6.2001 (BGBl. I S. 1149)
(Auszug)

§ 3 Abs. 1 Satz 1:
Hat der Vermieter bauliche Maßnahmen durchgeführt, die den Gebrauchswert der
Mietsache nachhaltig erhöhen, die allgemeinen Wohnverhältnisse auf die Dauer verbessern oder nachhaltig Einsparungen von Heizenergie oder Wasser bewirken (Modernisierung), oder hat er andere bauliche Änderungen auf Grund von Umständen, die
er nicht zu vertreten hat, durchgeführt, so kann er eine Erhöhung der jährlichen Miete
um elf vom Hundert der für die Wohnung aufgewendeten Kosten verlangen.

§ 4
(1) Für Betriebskosten im Sinne von § 27 der Zweiten Berechnungsverordnung dürfen
Vorauszahlungen nur in angemessener Höhe vereinbart werden. Über die Vorauszahlungen ist jährlich abzurechnen.
(2) Der Vermieter ist berechtigt, Erhöhungen der Betriebskosten durch schriftliche
Erklärung anteilig auf den Mieter umzulegen. Die Erklärung ist nur wirksam, wenn in
ihr der Grund für die Umlage bezeichnet und erläutert wird.
(3) Der Mieter schuldet den auf ihn entfallenden Teil der Umlage vom Ersten des auf
die Erklärung folgenden Monats oder, wenn die Erklärung erst nach dem Fünfzehnten
eines Monats abgegeben worden ist, vom Ersten des übernächsten Monats an. Soweit
die Erklärung darauf beruht, dass sich die Betriebskosten rückwirkend erhöht haben,
wirkt sie auf den Zeitpunkt der Erhöhung der Betriebskosten, höchstens jedoch auf
den Beginn des der Erklärung vorausgehenden Kalenderjahres zurück, sofern der Vermieter die Erklärung innerhalb von drei Monaten nach Kenntnis von der Erhöhung
abgibt.
(4) Ermäßigen sich die Betriebskosten, so ist der Mietzins vom Zeitpunkt der Ermäßigung ab entsprechend herabzusetzen. Die Ermäßigung ist dem Mieter unverzüglich
mitzuteilen.
(5) Der Vermieter kann durch schriftliche Erklärung bestimmen,
1. dass die Kosten der Wasserversorgung und der Entwässerung ganz oder teilweise
   nach dem erfassten unterschiedlichen Wasserverbrauch der Mieter und die Kosten
   der Müllabfuhr nach einem Maßstab umgelegt werden dürfen, der der unterschiedlichen Müllverursachung Rechnung trägt, oder
2. dass die in Nummer 1 bezeichneten Kosten unmittelbar zwischen den Mietern und
   denjenigen abgerechnet werden, die die entsprechenden Leistungen erbringen.
Die Erklärung kann nur für künftige Abrechnungszeiträume abgegeben werden und
ist nur mit Wirkung zum Beginn eines Abrechnungszeitraums zulässig. Sind die Kosten im Mietzins enthalten, so ist dieser entsprechend herabzusetzen.

§ 11

(1) In dem in Artikel 3 des Einigungsvertrages genannten Gebiet sind die §§ 1 bis 10 a auf Wohnraum anzuwenden, der nicht mit Mitteln aus öffentlichen Haushalten gefördert wurde und seit dem 3. Oktober 1990

1. in neu errichteten Gebäuden fertig gestellt wurde oder
2. aus Räumen wiederhergestellt wurde, die auf Dauer zu Wohnzwecken nicht mehr benutzbar waren, oder aus Räumen geschaffen wurde, die nach ihrer baulichen Anlage und Ausstattung anderen als Wohnzwecken dienten.

Bei der Vermietung dieses Wohnraums sind Preisvorschriften nicht anzuwenden. Die §§ 1 bis 10 a sind auch auf Wohnraum anzuwenden, dessen Errichtung mit Mitteln der vereinbarten Förderung im Sinne des § 88 d des Zweiten Wohnungsbaugesetzes gefördert wurde.

(2) Auf anderen als den in Absatz 1 bezeichneten Wohnraum in dem in Artikel 3 des Einigungsvertrages genannten Gebiet sind die §§ 1 bis 10 a ab 11. Juni 1995 anzuwenden, soweit sich aus den §§ 12 bis 17 nichts anderes ergibt.

§ 14

(1) Betriebskosten im Sinne des § 27 der Zweiten Berechnungsverordnung dürfen bei Mietverhältnissen auf Grund von Verträgen, die vor dem 11. Juni 1995 abgeschlossen worden sind, auch nach diesem Zeitpunkt bis zum 31. Dezember 1997 durch schriftliche Erklärung auf die Mieter umgelegt und hierfür Vorauszahlungen in angemessener Höhe verlangt werden. Sind bis zu diesem Zeitpunkt Betriebskosten umgelegt oder angemessene Vorauszahlungen verlangt worden, so gilt dies als vertraglich vereinbart. § 8 ist entsprechend anzuwenden.

(2) Betriebskosten, die auf Zeiträume vor dem 11. Juni 1995 entfallen, sind nach den bisherigen Vorschriften abzurechnen. Später angefallene Betriebskosten aus einem Abrechnungszeitraum, der vor dem 11. Juni 1995 begonnen hat, können nach den bisherigen Vorschriften abgerechnet werden.

Anhang 7

Bürgerliches Gesetzbuch (BGB)

In der Fassung der Bekanntmachung vom 2. Januar 2002 (BGBl. I S. 42, 2909; 2003 I S. 738), zuletzt geändert durch das Gesetz vom 17. Dezember 2008 (BGBl. I S. 2586)

(Auszug)

§ 559 Mieterhöhung bei Modernisierung

(1) Hat der Vermieter bauliche Maßnahmen durchgeführt, die den Gebrauchswert der Mietsache nachhaltig erhöhen, die allgemeinen Wohnverhältnisse auf Dauer verbessern oder nachhaltig Einsparungen von Energie oder Wasser bewirken (Modernisierung), oder hat er andere bauliche Maßnahmen auf Grund von Umständen durchgeführt, die er nicht zu vertreten hat, so kann er die jährliche Miete um 11 vom Hundert der für die Wohnung aufgewendeten Kosten erhöhen.

(2) Sind die baulichen Maßnahmen für mehrere Wohnungen durchgeführt worden, so sind die Kosten angemessen auf die einzelnen Wohnungen aufzuteilen.

(3) Eine zum Nachteil des Mieters abweichende Vereinbarung ist unwirksam.

Anhang 8

Gesetz zur Überleitung preisgebundenen Wohnraums im Beitrittsgebiet in das allgemeine Miethöherecht (Mietenüberleitungsgesetz)
vom 6. Juni 1995 (BGBl. I S. 748)

(Auszug)

Artikel 1
(siehe Anhang 6 §§ 11 und 14 MHG)

Artikel 6
Inkrafttreten, Außerkrafttreten von Vorschriften
(1) Artikel 5 Nr. 1 tritt mit Wirkung vom 1. Januar 1995, die Artikel 4 und 5 treten im
Übrigen am 1. Juli 1995 in Kraft.
(2) Im Übrigen tritt dieses Gesetz am Tage nach der Verkündung in Kraft. Gleichzeitig treten außer Kraft
1. die Erste Grundmietenverordnung vom 17. Juni 1991 (BGBl. I S. 1269),
2. die Zweite Grundmietenverordnung vom 27. Juli 1992 (BGBl. I S. 1416),
3. die Betriebskosten-Umlageverordnung vom 17. Juni 1991 (BGBl. I S. 1270), zuletzt
geändert durch die Verordnung vom 27. Juli 1992 (BGBl. I S. 1415).

Anhang 9

Verordnung über wohnungswirtschaftliche Berechnungen
(Zweite Berechnungsverordnung – II. BV)

in der Neufassung der Bekanntmachung vom 12.10.1990 (BGBl. I S. 2178); geändert durch Verordnung vom 13.7.1992 (BGBl. I S. 1250), vom 23.7.1996 (BGBl. I S. 1167), Gesetz vom 19.6.2001 (BGBl. I S. 1149), vom 13.9.2001 (BGBl. I S. 2376) und Verordnung vom 25.11.2003 (BGBl. I S. 2346)

(Auszug)

§ 26 Verwaltungskosten

(1) Verwaltungskosten sind die Kosten der zur Verwaltung des Gebäudes oder der Wirtschaftseinheit erforderlichen Arbeitskräfte und Einrichtungen, die Kosten der Aufsicht sowie der Wert der vom Vermieter persönlich geleisteten Verwaltungsarbeit. Zu den Verwaltungskosten gehören auch die Kosten für die gesetzlichen oder freiwilligen Prüfungen des Jahresabschlusses und der Geschäftsführung.

(2) Die Verwaltungskosten dürfen höchstens mit 420 Deutsche Mark jährlich je Wohnung, bei Eigenheimen, Kaufeigenheimen und Kleinsiedlungen je Wohngebäude angesetzt werden.

(3) Für Garagen oder ähnliche Einstellplätze dürfen Verwaltungskosten höchstens mit 55 Deutsche Mark jährlich je Garagen- oder Einstellplatz angesetzt werden.

§ 27 Betriebskosten

(1) Betriebskosten sind die Kosten, die dem Eigentümer (Erbbauberechtigten) durch das Eigentum am Grundstück (Erbbaurecht) oder durch den bestimmungsmäßigen Gebrauch des Gebäudes oder der Wirtschaftseinheit, der Nebengebäude, Anlagen, Einrichtungen und des Grundstücks laufend entstehen. Der Ermittlung der Betriebskosten ist die dieser Verordnung beigefügte Anlage 3 »Aufstellung der Betriebskosten« zugrunde zu legen.

(2) Sach- und Arbeitsleistungen des Eigentümers (Erbbauberechtigten), durch die Betriebskosten erspart werden, dürfen mit dem Betrage angesetzt werden, der für eine gleichwertige Leistung eines Dritten, insbesondere eines Unternehmers, angesetzt werden könnte. Die Umsatzsteuer des Dritten darf nicht angesetzt werden.

(3) Im öffentlich geförderten sozialen Wohnungsbau und im steuerbegünstigten oder freifinanzierten Wohnungsbau, der mit Wohnungsfürsorgemitteln gefördert worden ist, dürfen die Betriebskosten nicht in der Wirtschaftlichkeitsberechnung angesetzt werden.

Anlage 3
(zu § 27 Abs. 1)

Aufstellung der Betriebskosten

Betriebskosten sind nachstehende Kosten, die dem Eigentümer (Erbbauberechtigten) durch das Eigentum (Erbbaurecht) am Grundstück oder durch den bestimmungsmäßigen Gebrauch des Gebäudes oder der Wirtschaftseinheit, der Nebengebäude, Anlagen, Einrichtungen und des Grundstücks laufend entstehen, es sei denn, dass sie üblicherweise vom Mieter außerhalb der Miete unmittelbar getragen werden:

1. **Die laufenden öffentlichen Lasten des Grundstücks**
   Hierzu gehört namentlich die Grundsteuer, jedoch nicht die Hypothekengewinnabgabe.

2. **Die Kosten der Wasserversorgung**
   Hierzu gehören die Kosten des Wasserverbrauchs, die Grundgebühren und die Zählermiete, die Kosten der Verwendung von Zwischenzählern, die Kosten des Betriebs einer hauseigenen Wasserversorgungsanlage und einer Wasseraufbereitungsanlage einschließlich der Aufbereitungsstoffe.

3. **Die Kosten der Entwässerung**
   Hierzu gehören die Gebühren für die Haus- und Grundstücksentwässerung, die Kosten des Betriebs einer entsprechenden nicht öffentlichen Anlage und die Kosten des Betriebs einer Entwässerungspumpe.

4. **Die Kosten**
   a) **des Betriebs der zentralen Heizungsanlage einschließlich der Abgasanlage;**
   hierzu gehören die Kosten der verbrauchten Brennstoffe und ihrer Lieferung, die Kosten des Betriebsstroms, die Kosten der Bedienung, Überwachung und Pflege der Anlage, der regelmäßigen Prüfung ihrer Betriebsbereitschaft und Betriebssicherheit einschließlich der Einstellung durch einen Fachmann, der Reinigung der Anlage und des Betriebsraums, die Kosten der Messungen nach dem Bundes-Immissionsschutzgesetz, die Kosten der Anmietung oder anderer Arten der Gebrauchsüberlassung einer Ausstattung zur Verbrauchserfassung sowie die Kosten der Verwendung einer Ausstattung zur Verbrauchserfassung einschließlich der Kosten der Berechnung und Aufteilung;
   oder
   b) **des Betriebs der zentralen Brennstoffversorgungsanlage;**
   hierzu gehören die Kosten der verbrauchten Brennstoffe und ihrer Lieferung, die Kosten des Betriebsstroms und die Kosten der Überwachung sowie die Kosten der Reinigung der Anlage und des Betriebsraums;
   oder
   c) **der eigenständig gewerblichen Lieferung von Wärme, auch aus Anlagen im Sinne des Buchstabens a;**
   hierzu gehören das Entgelt für die Wärmelieferung und die Kosten des Betriebs der zugehörigen Hausanlagen entsprechend Buchstabe a;
   oder
   d) **der Reinigung und Wartung von Etagenheizungen;**
   hierzu gehören die Kosten der Beseitigung von Wasserablagerungen und Verbrennungsrückständen in der Anlage, die Kosten der regelmäßigen Prüfung der Betriebsbereitschaft und Betriebssicherheit und der damit zusammenhängenden Einstellung durch einen Fachmann sowie die Kosten der Messungen nach dem Bundes-Immissionsschutzgesetz.

5. **Die Kosten**
   a) **des Betriebs der zentralen Warmwasserversorgungsanlage;**
   hierzu gehören die Kosten der Wasserversorgung entsprechend Nummer 2, so-

weit sie nicht dort bereits berücksichtigt sind, und die Kosten der Wassererwärmung entsprechend Nummer 4 Buchstabe a;

oder

b) der eigenständig gewerblichen Lieferung von Warmwasser, auch aus Anlagen im Sinne des Buchstabens a;
hierzu gehören das Entgelt für die Lieferung des Warmwassers und die Kosten
des Betriebs der zugehörigen Hausanlagen entsprechend Nummer 4 Buchstabe a;

oder

c) der Reinigung und Wartung von Warmwassergeräten;
hierzu gehören die Kosten der Beseitigung von Wasserablagerungen und Verbrennungsrückständen im Innern der Geräte sowie die Kosten der regelmäßigen Prüfung der Betriebsbereitschaft und Betriebssicherheit und der damit zusammenhängenden Einstellung durch einen Fachmann

6. Die Kosten verbundener Heizungs- und Warmwasserversorgungsanlagen

a) bei zentralen Heizungsanlagen entsprechend Nummer 4 Buchstabe a und
entsprechend Nummer 2, soweit sie nicht dort bereits berücksichtigt sind;

oder

b) bei der eigenständig gewerblichen Lieferung von Wärme entsprechend
Nummer 4 Buchstabe c und entsprechend Nummer 2, soweit sie nicht dort
bereits berücksichtigt sind;

oder

c) bei verbundenen Etagenheizungen und Warmwasserversorgungsanlagen
entsprechend Nummer 4 Buchstabe d und entsprechend Nummer 2, soweit
sie nicht dort bereits berücksichtigt sind.

7. Die Kosten des Betriebs des maschinellen Personen- oder Lastenaufzuges
Hierzu gehören die Kosten des Betriebsstroms, die Kosten der Beaufsichtigung,
der Bedienung, Überwachung und Pflege der Anlage, der regelmäßigen Prüfung
ihrer Betriebsbereitschaft und Betriebssicherheit einschließlich der Einstellung
durch einen Fachmann sowie die Kosten der Reinigung der Anlage.

8. Die Kosten der Straßenreinigung und Müllabfuhr
Hierzu gehören die für die öffentliche Straßenreinigung und Müllabfuhr zu entrichtenden Gebühren oder die Kosten entsprechender nicht öffentlicher Maßnahmen.

9. Die Kosten der Hausreinigung und Ungezieferbekämpfung
Zu den Kosten der Hausreinigung gehören die Kosten für die Säuberung der von
den Bewohnern gemeinsam benutzten Gebäudeteile, wie Zugänge, Flure, Treppen, Keller, Bodenräume, Waschküchen, Fahrkorb des Aufzuges.

10. Die Kosten der Gartenpflege
Hierzu gehören die Kosten der Pflege gärtnerisch angelegter Flächen einschließlich der Erneuerung von Pflanzen und Gehölzen, der Pflege von Spielplätzen einschließlich der Erneuerung von Sand und der Pflege von Plätzen, Zugängen und
Zufahrten, die dem nicht öffentlichen Verkehr dienen.

11. Die Kosten der Beleuchtung
Hierzu gehören die Kosten des Stroms für die Außenbeleuchtung und die Be-

leuchtung der von den Bewohnern gemeinsam benutzten Gebäudeteile, wie Zugänge, Flure, Treppen, Keller, Bodenräume, Waschküchen.

12. **Die Kosten der Schornsteinreinigung**

    Hierzu gehören die Kehrgebühren nach der maßgebenden Gebührenordnung, soweit sie nicht bereits als Kosten nach Nummer 4 Buchstabe a berücksichtigt sind.

13. **Die Kosten der Sach- und Haftpflichtversicherung**

    Hierzu gehören namentlich die Kosten der Versicherung des Gebäudes gegen Feuer-, Sturm- und Wasserschäden, der Glasversicherung, der Haftpflichtversicherung für das Gebäude, den Öltank und den Aufzug.

14. **Die Kosten für den Hauswart**

    Hierzu gehören die Vergütung, die Sozialbeiträge und alle geldwerten Leistungen, die der Eigentümer (Erbbauberechtigte) dem Hauswart für seine Arbeit gewährt, soweit diese nicht die Instandhaltung, Instandsetzung, Erneuerung, Schönheitsreparaturen oder die Hausverwaltung betrifft.

    Soweit Arbeiten vom Hauswart ausgeführt werden, dürfen Kosten für Arbeitsleistungen nach den Nummern 2 bis 10 nicht angesetzt werden.

15. **Die Kosten**

    a) **des Betriebs der Gemeinschafts-Antennenanlage;**

       hierzu gehören die Kosten des Betriebsstromes und die Kosten der regelmäßigen Prüfung ihrer Betriebsbereitschaft einschließlich der Einstellung durch einen Fachmann oder das Nutzungsentgelt für eine nicht zur Wirtschaftseinheit gehörende Antennenanlage; oder

    b) **des Betriebs der mit einem Breitbandkabelnetz verbundenen privaten Verteilanlage;**

       hierzu gehören die Kosten entsprechend Buchstabe a, ferner die laufenden monatlichen Grundgebühren für Breitbandanschlüsse.

16. **Die Kosten des Betriebs der maschinellen Wascheinrichtung**

    Hierzu gehören die Kosten des Betriebsstroms, die Kosten der Überwachung, Pflege und Reinigung der maschinellen Einrichtung, der regelmäßigen Prüfung ihrer Betriebsbereitschaft und Betriebssicherheit sowie die Kosten der Wasserversorgung entsprechend Nummer 2, soweit sie nicht dort bereits berücksichtigt sind.

17. **Sonstige Betriebskosten**

    Das sind die in den Nummern 1 bis 16 nicht genannten Betriebskosten, namentlich die Betriebskosten von Nebengebäuden, Anlagen und Einrichtungen.

Anhang 10

Verordnung über die Aufstellung von Betriebskosten (Betriebskostenverordnung – BetrKV)

vom 25. November 2003 (BGBl. I S. 2346, 2347)

§ 1 Betriebskosten

(1) Betriebskosten sind die Kosten, die dem Eigentümer oder Erbbauberechtigten durch das Eigentum oder Erbbaurecht am Grundstück oder durch den bestimmungsmäßigen Gebrauch des Gebäudes, der Nebengebäude, Anlagen, Einrichtungen und des Grundstücks laufend entstehen. Sach- und Arbeitsleistungen des Eigentümers oder Erbbauberechtigten dürfen mit dem Betrag angesetzt werden, der für eine gleichwertige Leistung eines Dritten, insbesondere eines Unternehmers, angesetzt werden könnte; die Umsatzsteuer des Dritten darf nicht angesetzt werden.

(2) Zu den Betriebskosten gehören nicht:

1. die Kosten der zur Verwaltung des Gebäudes erforderlichen Arbeitskräfte und Einrichtungen, die Kosten der Aufsicht, der Wert der vom Vermieter persönlich geleisteten Verwaltungsarbeit, die Kosten für die gesetzlichen oder freiwilligen Prüfungen des Jahresabschlusses und die Kosten für die Geschäftsführung (Verwaltungskosten),

2. die Kosten, die während der Nutzungsdauer zur Erhaltung des bestimmungsmäßigen Gebrauchs aufgewendet werden müssen, um die durch Abnutzung, Alterung und Witterungseinwirkung entstehenden baulichen oder sonstigen Mängel ordnungsgemäß zu beseitigen (Instandhaltungs- und Instandsetzungskosten).

§ 2 Aufstellung der Betriebskosten

Betriebskosten im Sinne von § 1 sind:

1. die laufenden öffentlichen Lasten des Grundstücks, hierzu gehört namentlich die Grundsteuer;

2. die Kosten der Wasserversorgung,
hierzu gehören die Kosten des Wasserverbrauchs, die Grundgebühren, die Kosten der Anmietung oder anderer Arten der Gebrauchsüberlassung von Wasserzählern sowie die Kosten ihrer Verwendung einschließlich der Kosten der Eichung sowie der Kosten der Berechnung und Aufteilung, die Kosten der Wartung von Wassermengenreglern, die Kosten des Betriebs einer hauseigenen Wasserversorgungsanlage und einer Wasseraufbereitungsanlage einschließlich der Aufbereitungsstoffe;

3. die Kosten der Entwässerung,
hierzu gehören die Gebühren für die Haus- und Grundstücksentwässerung, die Kosten des Betriebs einer entsprechenden nicht öffentlichen Anlage und die Kosten des Betriebs einer Entwässerungspumpe;

4. die Kosten
a) des Betriebs der zentralen Heizungsanlage einschließlich der Abgasanlage, hierzu gehören die Kosten der verbrauchten Brennstoffe und ihrer Lieferung, die Kosten des Betriebsstroms, die Kosten der Bedienung, Überwachung und

Pflege der Anlage, der regelmäßigen Prüfung ihrer Betriebsbereitschaft und Betriebssicherheit einschließlich der Einstellung durch eine Fachkraft, der Reinigung der Anlage und des Betriebsraums, die Kosten der Messungen nach dem Bundes-Immissionsschutzgesetz, die Kosten der Anmietung oder anderer Arten der Gebrauchsüberlassung einer Ausstattung zur Verbrauchserfassung sowie die Kosten der Verwendung einer Ausstattung zur Verbrauchserfassung einschließlich der Kosten der Eichung sowie der Kosten der Berechnung und Aufteilung

oder

b) des Betriebs der zentralen Brennstoffversorgungsanlage,

hierzu gehören die Kosten der verbrauchten Brennstoffe und ihrer Lieferung, die Kosten des Betriebsstroms und die Kosten der Überwachung sowie die Kosten der Reinigung der Anlage und des Betriebsraums

oder

c) der eigenständig gewerblichen Lieferung von Wärme, auch aus Anlagen im Sinne des Buchstabens a,

hierzu gehören das Entgelt für die Wärmelieferung und die Kosten des Betriebs der zugehörigen Hausanlagen entsprechend Buchstabe a

oder

d) der Reinigung und Wartung von Etagenheizungen und Gaseinzelfeuerstätten,

hierzu gehören die Kosten der Beseitigung von Wasserablagerungen und Verbrennungsrückständen in der Anlage, die Kosten der regelmäßigen Prüfung der Betriebsbereitschaft und Betriebssicherheit und der damit zusammenhängenden Einstellung durch eine Fachkraft sowie die Kosten der Messungen nach dem Bundes-Immissionsschutzgesetz;

5. die Kosten

a) des Betriebs der zentralen Warmwasserversorgungsanlage,

hierzu gehören die Kosten der Wasserversorgung entsprechend Nummer 2, soweit sie nicht dort bereits berücksichtigt sind, und die Kosten der Wassererwärmung entsprechend Nummer 4 Buchstabe a

oder

b) der eigenständig gewerblichen Lieferung von Warmwasser, auch aus Anlagen im Sinne des Buchstabens a,

hierzu gehören das Entgelt für die Lieferung des Warmwassers und die Kosten des Betriebs der zugehörigen Hausanlagen entsprechend Nummer 4 Buchstabe a

oder

c) der Reinigung und Wartung von Warmwassergeräten,

hierzu gehören die Kosten der Beseitigung von Wasserablagerungen und Verbrennungsrückständen im innern der Geräte sowie die Kosten der regelmäßigen Prüfung der Betriebsbereitschaft und Betriebssicherheit und der damit zusammenhängenden Einstellung durch eine Fachkraft;

6. die Kosten verbundener Heizungs- und Warmwasserversorgungsanlagen

a) bei zentralen Heizungsanlagen entsprechend Nummer 4 Buchstabe a und entsprechend Nummer 2, soweit sie nicht dort bereits berücksichtigt sind,

oder

b) bei der eigenständig gewerblichen Lieferung von Wärme entsprechend Nummer 4 Buchstabe c und entsprechend Nummer 2, soweit sie nicht dort bereits berücksichtigt sind,

oder

c) bei verbundenen Etagenheizungen und Warmwasserversorgungsanlagen entsprechend Nummer 4 Buchstabe d und entsprechend Nummer 2, soweit sie nicht dort bereits berücksichtigt sind;

7. die Kosten des Betriebs des Personen- oder Lastenaufzugs,

hierzu gehören die Kosten des Betriebsstroms, die Kosten der Beaufsichtigung, der Bedienung, Überwachung und Pflege der Anlage, der regelmäßigen Prüfung ihrer Betriebsbereitschaft und Betriebssicherheit einschließlich der Einstellung durch eine Fachkraft sowie die kosten der Reinigung der Anlage;

8. die Kosten der Straßenreinigung und Müllbeseitigung,

zu den Kosten der Straßenreinigung gehören die für die öffentliche Straßenreinigung zu entrichtenden Gebühren und die Kosten entsprechender nicht öffentlicher Maßnahmen; zu den Kosten der Müllbeseitigung gehören namentlich die für die Müllabfuhr zu entrichtenden Gebühren, die Kosten entsprechender nicht öffentlicher Maßnahmen, die Kosten des Betriebs von Müllkompressoren, Müllschluckern, Müllabsauganlagen sowie des Betriebs von Müllmengenerfassungsanlagen einschließlich der Kosten der Berechnung und Aufteilung;

9. die Kosten der Gebäudereinigung und Ungezieferbekämpfung,

zu den Kosten der Gebäudereinigung gehören die Kosten für die Säuberung der von den Bewohnern gemeinsam genutzten Gebäudeteile, wie Zugänge, Flure, Treppen, Keller, Bodenräume, Waschküchen, Fahrkorb des Aufzugs;

10. die Kosten der Gartenpflege,

hierzu gehören die Kosten der Pflege gärtnerisch angelegter Flächen einschließlich der Erneuerung von Pflanzen und Gehölzen, der Pflege von Spielplätzen einschließlich der Erneuerung von Sand und der Pflege von Plätzen, Zugängen und Zufahrten, die dem nicht öffentlichen Verkehr dienen;

11. die Kosten der Beleuchtung,

hierzu gehören die Kosten des Stroms für die Außenbeleuchtung und die Beleuchtung der von den Bewohnern gemeinsam genutzten Gebäudeteile, wie Zugänge, Flure, Treppen, Keller, Bodenräume, Waschküchen;

12. die Kosten der Schornsteinreinigung,

hierzu gehören die Kehrgebühren nach der maßgebenden Gebührenordnung, soweit sie nicht bereits als Kosten nach Nummer 4 Buchstabe a berücksichtigt sind;

13. die Kosten der Sach- und Haftpflichtversicherung,

hierzu gehören namentlich die Kosten der Versicherung des Gebäudes gegen Feuer-, Sturm-, Wasser- sowie sonstige Elementarschäden, der Glasversicherung, der Haftpflichtversicherung für das Gebäude, den Öltank und den Aufzug;

14. die Kosten für den Hauswart,

hierzu gehören die Vergütung, die Sozialbeiträge und alle geldwerten Leistungen, die der Eigentümer oder Erbbauberechtigte dem Hauswart für seine Arbeit gewährt, soweit diese nicht die Instandhaltung, Instandsetzung, Erneuerung, Schönheitsreparaturen oder die Hausverwaltung betrifft; soweit Arbeiten vom

Hauswart ausgeführt werden, dürfen Kosten für Arbeitsleistungen nach den Nummern 2 bis 10 und 16 nicht angesetzt werden;

15. die Kosten

    a) des Betriebs der Gemeinschafts-Antennenanlage,

    hierzu gehören die Kosten des Betriebsstroms und die Kosten der regelmäßigen Prüfung ihrer Betriebsbereitschaft einschließlich der Einstellung durch eine Fachkraft oder das Nutzungsentgelt für eine nicht zu dem Gebäude gehörende Antennenanlage sowie die Gebühren, die nach dem Urheberrechtsgesetz für die Kabelweitersendung entstehen,

    oder

    b) des Betriebs der mit einem Breitbandkabelnetz verbundenen privaten Verteilanlage,

    hierzu gehören die Kosten entsprechend Buchstabe a, ferner die laufenden monatlichen Grundgebühren für Breitbandkabelanschlüsse;

16. die Kosten des Betriebs der Einrichtungen für die Wäschepflege,

    hierzu gehören die Kosten des Betriebsstroms, die Kosten der Überwachung, Pflege und Reinigung der Einrichtungen, der regelmäßigen Prüfung ihrer Betriebsbereitschaft und Betriebssicherheit sowie die Kosten der Wasserversorgung entsprechend Nummer 2, soweit sie nicht dort bereits berücksichtigt sind;

17. sonstige Betriebskosten,

    hierzu gehören Betriebskosten im Sinne des § 1, die von den Nummern 1 bis 16 nicht erfasst sind.

Anhang 11

Vertrag zwischen der Bundesrepublik Deutschland und der Deutschen Demokratischen Republik über die Herstellung der Einheit Deutschlands
– Einigungsvertrag –
vom 31. August 1990 (BGBl. II S. 889)
(Auszug)

Artikel 1   Länder
(1) Mit dem Wirksamwerden des Beitritts der Deutschen Demokratischen Republik zur Bundesrepublik Deutschland gemäß Artikel 23 des Grundgesetzes am 3. Oktober 1990 werden die Länder Brandenburg, Mecklenburg-Vorpommern, Sachsen, Sachsen-Anhalt und Thüringen Länder der Bundesrepublik Deutschland. Für die Bildung und die Grenzen dieser Länder untereinander sind die Bestimmungen des Verfassungsgesetzes zur Bildung von Ländern in der Deutschen Demokratischen Republik vom 22. Juli 1990 – Ländereinführungsgesetz – (GBl I Nr. 51, S. 955) gemäß Anlage II maßgebend.
(2) Die 23 Bezirke von Berlin bilden das Land Berlin.

Artikel 3   Inkrafttreten des Grundgesetzes
Mit dem Wirksamwerden des Beitritts tritt das Grundgesetz für die Bundesrepublik Deutschland in der im Bundesgesetzblatt Teil III, Gliederungsnummer 100-1, veröffentlichten bereinigten Fassung, zuletzt geändert durch Gesetz vom 21. Dezember 1983 (BGBl. I S. 1481), in den Ländern Brandenburg, Mecklenburg-Vorpommern, Sachsen, Sachsen-Anhalt und Thüringen sowie in dem Teil des Landes Berlin, in dem es bisher nicht galt, mit den sich aus Artikel 4 ergebenden Änderungen in Kraft, soweit in diesem Vertrag nichts anderes bestimmt ist.

Artikel 8   Überleitung von Bundesrecht
Mit dem Wirksamwerden des Beitritts tritt in dem in Artikel 3 genannten Gebiet Bundesrecht in Kraft, soweit es nicht in seinem Geltungsbereich auf bestimmte Länder oder Landesteile der Bundesrepublik Deutschland beschränkt ist und soweit durch diesen Vertrag, insbesondere dessen Anlage I, nichts anderes bestimmt wird.

Artikel 11   Verträge der Bundesrepublik Deutschland
Die Vertragsparteien gehen davon aus, dass völkerrechtliche Verträge und Vereinbarungen, denen die Bundesrepublik Deutschland als Vertragspartei angehört, einschließlich solcher Verträge, die Mitgliedschaften in internationalen Organisationen oder Institutionen begründen, ihre Gültigkeit behalten und die daraus folgenden Rechte und Verpflichtungen sich mit Ausnahme der in Anlage I genannten Verträge auch auf das in Artikel 3 genannte Gebiet beziehen. Soweit im Einzelfall Anpassungen erforderlich werden, wird sich die gesamtdeutsche Regierung mit den jeweiligen Vertragspartnern ins Benehmen setzen.

Anlage I

Besondere Bestimmungen zur Überleitung von Bundesrecht
gemäß Artikel 8 und Artikel 11 des Vertrages
Vorbemerkungen:
Von dem Inkrafttreten des Bundesrechts gemäß Artikel 8 des Vertrages sind die in Abschnitt I des jeweiligen Kapitels aufgeführten Rechtsvorschriften ausgenommen. Entsprechendes gilt gemäß Artikel 11 des Vertrages für die in Abschnitt I des Kapitels I genannten völkerrechtlichen Verträge.
Gemäß Abschnitt II des jeweiligen Kapitels werden die dort aufgeführten Rechtsvorschriften aufgehoben, geändert oder ergänzt.
Gemäß Abschnitt III des jeweiligen Kapitels treten die Rechtsvorschriften mit den dort bestimmten Maßgaben in dem in Artikel 3 des Vertrages genannten Gebiet in Kraft. Soweit in übergeleitetem Bundesrecht auf andere Rechtsvorschriften der Bundesrepublik Deutschland verwiesen wird, ist die Verweisung auch wirksam, wenn die in Bezug genommenen Rechtsvorschriften nicht übergeleitet worden sind. Sollen an die Stelle der in Bezug genommenen Rechtsvorschriften der Bundesrepublik Deutschland Rechtsvorschriften der Deutschen Demokratischen Republik treten, ist dies ausdrücklich bestimmt.

Anlage I Kapitel V Sachgebiet D Abschnitt III (BGBl. 1990 II S. 1007)
10. Verordnung über Heizkostenabrechnung in der Fassung der Bekanntmachung vom 20. Januar 1989 (BGBl. I S. 115) mit folgenden Maßgaben:
a) Die Verordnung tritt zum 1. Januar 1991 in Kraft. Bis zum 31. Dezember 1990 kann in dem in Artikel 3 des Vertrages genannten Gebiet nach den bisherigen Regeln verfahren werden.
b) Räume, die vor dem 1. Januar 1991 bezugsfertig geworden sind und in denen die nach der Verordnung erforderliche Ausstattung zur Verbrauchserfassung noch nicht vorhanden ist, sind bis spätestens zum 31. Dezember 1995 auszustatten. Der Gebäudeeigentümer ist berechtigt, die Ausstattung bereits vor dem 31. Dezember 1995 anzubringen.
c) Soweit und solange die nach Landesrecht zuständigen Behörden des in Artikel 3 des Vertrages genannten Gebietes noch nicht die Eignung sachverständiger Stellen gemäß § 5 Abs. 1 Satz 2 und 3 der Verordnung bestätigt haben, können Ausstattungen zur Verbrauchserfassung verwendet werden, für die eine sachverständige Stelle aus dem Gebiet, in dem die Verordnung schon vor dem Beitritt gegolten hat, die Bestätigung im Sinne von § 5 Abs. 1 Satz 2 erteilt hat.
d) Als Heizwerte der verbrauchten Brennstoffe (H_u) nach § 9 Abs. 2 Ziff. 3 können auch verwendet werden:
   Braunkohlenbrikett   5,5 kWh/kg
   Braunkohlenhochtemperaturkoks 8,0 kWh/kg
e) Die Vorschriften dieser Verordnung über die Kostenverteilung gelten erstmalig für den Abrechnungszeitraum, der nach dem Anbringen der Ausstattung beginnt.
f) § 11 Abs. 1 Nr. 1 Buchstabe b) ist mit der Maßgabe anzuwenden, dass an die Stelle des Datums »1. Juli 1981« das Datum »1. Januar 1991« tritt.

g) § 12 Abs. 2 ist mit der Maßgabe anzuwenden, dass an die Stelle der Daten »1. Januar 1987« und »1. Juli 1981« jeweils das Datum »1. Januar 1991« tritt.

Anlage I Kapitel XIV Abschnitt II (BGBl. 1990 II S. 1126)
7. Gesetz zur Regelung der Miethöhe vom 18. Dezember 1974 (BGBl. I S. 3603, 3604), zuletzt geändert durch Gesetz vom 20. Dezember 1982 (BGBl. I S. 1912) Nach § 10 wird folgender § 11 angefügt:

»§ 11

(1) In dem in Artikel 3 des Einigungsvertrages genannten Gebiet findet dieses Gesetz für Wohnraum Anwendung, der nicht mit Mitteln aus öffentlichen Haushalten gefördert wurde und nach dem Wirksamwerden des Beitritts
1. in neu errichteten Gebäuden fertig gestellt wurde oder
2. aus Räumen wiederhergestellt wurde, die auf Dauer zu Wohnzwecken nicht mehr benutzbar waren, oder aus Räumen geschaffen wurde, die nach ihrer baulichen Anlage und Ausstattung anderen als Wohnzwecken dienten. Bei der Vermietung dieses Wohnraums sind Preisvorschriften nicht anzuwenden.

(2) Für Wohnraum, dessen höchstzulässiger Mietzins sich bei Wirksamwerden des Beitritts aus Rechtsvorschriften ergibt, gelten § 1 Satz 1 und § 3 sowie die folgenden Absätze. § 3 ist auch auf vor dem Wirksamwerden des Beitritts begonnene aber noch nicht beendete bauliche Maßnahmen anzuwenden.

(3) Die Bundesregierung wird ermächtigt, durch Rechtsverordnung mit Zustimmung des Bundesrates
1. den höchstzulässigen Mietzins unter Berücksichtigung der Einkommensentwicklung schrittweise mit dem Ziel zu erhöhen, die in § 2 Abs. 1 Satz 1 Nr. 2 bezeichnete Miete zuzulassen. Dabei sind Art, Größe, Ausstattung, Beschaffenheit und Lage des Wohnraums zu berücksichtigen;
2. zu bestimmen, dass die Betriebskosten oder Teile davon nach § 4 anteilig auf die Mieter umgelegt werden dürfen;
3. zu bestimmen, dass nach dem 31. Dezember 1992 beim Abschluss neuer Mietverträge bestimmte Zuschläge verlangt werden dürfen, oder die in § 10 Abs. 2 bezeichnete Miete vereinbart werden darf; dabei kann die höchstzulässige Miete festgelegt werden;
4. für den Teil des Landes Berlin, in dem das Grundgesetz bisher nicht galt, oder einen Teil davon Sonderregelungen vorzusehen.

(4) Der Vermieter kann vorbehaltlich des § 1 Satz 3 gegenüber dem Mieter schriftlich erklären, dass der Mietzins um einen bestimmten Betrag, bei Betriebskosten um einen bestimmbaren Betrag, bis zur Höhe des nach der Rechtsverordnung nach Absatz 3 zulässigen Mietzinses erhöht werden soll. Hat der Vermieter seine Erklärung mit Hilfe automatischer Einrichtungen gefertigt, so bedarf es nicht seiner eigenhändigen Unterschrift.

(5) Die Erklärung des Vermieters hat die Wirkung, dass von dem Ersten des auf die Erklärung folgenden übernächsten Monats der erhöhte Mietzins an die Stelle des bisher entrichteten Mietzinses tritt.

(6) Der Mieter ist berechtigt, das Mietverhältnis spätestens am dritten Werktag des Kalendermonats, von dem an der Mietzins erhöht werden soll, für den Ablauf des

übernächsten Kalendermonats zu kündigen. Kündigt der Mieter, so tritt die Erhöhung nicht ein.

(7) Die Bundesregierung wird ermächtigt, durch Rechtsverordnung mit Zustimmung des Bundesrates zu bestimmen, dass über § 3 hinaus bis zum 1. Januar 1996 bei erheblichen Instandsetzungsmaßnahmen eine Erhöhung der jährlichen Miete in einem bestimmten Umfang der aufgewendeten Kosten verlangt werden kann. Bei der Bestimmung des Umfangs ist zu berücksichtigen,

1. welche Beträge dem Vermieter aufgrund einer Rechtsverordnung nach Absatz 3 zustehen,

2. dass die zu erwartende Mieterhöhung für die Mieter im Hinblick auf deren Einkommen keine Härte bedeuten darf, die ihnen auch unter Berücksichtigung der Interessen des Vermieters an der Instandsetzungsmaßnahme nicht zuzumuten ist.

Instandsetzungsmaßnahmen aufgrund einer Rechtsverordnung nach Satz 1 stehen bei der Anwendung sonstiger Vorschriften dieses Gesetzes baulichen Maßnahmen nach § 3 gleich.«

Anhang 12

Verordnung über die Umlage von Betriebskosten auf die Mieter (Betriebskosten-Umlageverordnung – BetrKostUV)* vom 17. Juni 1991 (BGBl. I S. 1270)

Auf Grund des § 11 Abs. 3 Nr. 2 des Gesetzes zur Regelung der Miethöhe vom 18. Dezember 1974 (BGBl. I S. 3603, 3604), der durch Anlage I Kapitel XIV Abschnitt II Nr. 7 des Einigungsvertrages vom 31. August 1990 in Verbindung mit Artikel 1 des Gesetzes vom 23. September 1990 (BGBl. 1990 II S. 885, 1126) angefügt worden ist, verordnet die Bundesregierung:

§ 1 Umlegung und Vorauszahlung von Betriebskosten

(1) Für Wohnraum, der sich in dem in Artikel 3 des Einigungsvertrages genannten Gebiet befindet und dessen höchstzulässiger Mietzins sich am 2. Oktober 1990 aus Rechtsvorschriften ergab, kann der Vermieter Betriebskosten nach den Vorschriften dieser Verordnung durch schriftliche Erklärung anteilig auf Mieter umlegen.

(2) Soweit die Vertragsparteien nichts anderes vereinbaren, kann der Vermieter für die Betriebskosten Vorauszahlungen in angemessener Höhe verlangen. Über die Vorauszahlungen ist jährlich abzurechnen.

(3) Soweit diese Verordnung nichts anderes bestimmt, gehen ihre Vorschriften rechtsgeschäftlichen Bestimmungen vor, die vor dem Inkrafttreten dieser Verordnung getroffen worden sind. Im Übrigen ist eine zu Lasten des Mieters von den Vorschriften dieser Verordnung abweichende Vereinbarung insoweit unwirksam.

(4) Soweit bei Anwendung dieser Verordnung die Umlage der Betriebskosten auf der Grundlage der Wohnfläche erklärt wird und die Wohnfläche nicht gemäß den §§ 42 bis 44 der Zweiten Berechnungsverordnung in der Fassung der Bekanntmachung vom 12. Oktober 1990 (BGBl. I S. 2178) berechnet wurde, kann nach Vorliegen der Wohnflächenberechnung gemäß den §§ 42 bis 44 der Zweiten Berechnungsverordnung verlangt werden, dass ab der nächstfolgenden Abrechnung die Betriebskosten auf Grund dieser Wohnflächenberechnung umgelegt werden.

(5) Betriebskosten sind die in der Anlage aufgeführten Kosten (identisch mit Anlage 3 zu § 27 Abs. 1 II. BV)

§ 2 Umlegungsmaßstäbe

(1) Der Vermieter kann Betriebskosten nach einem mit allen Mietern vereinbarten Maßstab anteilig auf die Mieter umlegen.

(2) Soweit keine Vereinbarung mit den Mietern getroffen worden ist, kann der Vermieter die Betriebskosten nach den §§ 3 bis 9 umlegen. Die Wahl zwischen mehreren danach zugelassenen Umlegungsmaßstäben bleibt dem Vermieter überlassen.

---

* Außer Kraft durch das Gesetz zur Überleitung preisgebundenen Wohnraums im Beitrittsgebiet in das allgemeine Miethöherecht (Mietenüberleitungsgesetz) vom 6. Juni 1995 (BGBl. I S. 748).

(3) Bis zum Ablauf von drei Abrechnungszeiträumen nach erstmaliger Bestimmung eines Umlegungsmaßstabes nach Absatz 2 kann der Vermieter durch Erklärung gegenüber den Mietern für künftige Abrechnungszeiträume einen anderen geeigneten Maßstab nach den §§ 3 bis 9 insbesondere dann bestimmen, wenn durch bauliche Änderungen eine verbrauchsabhängige Abrechnung von Betriebskosten möglich wird.

§ 3 Kosten der Wasserversorgung und Entwässerung

(1) Bei der Berechnung der Umlage für die Kosten der Wasserversorgung und der Entwässerung sind zunächst die Kosten des Wasserverbrauchs abzuziehen, der nicht mit der üblichen Benutzung der Wohnungen zusammenhängt.
(2) Die verbleibenden Kosten dürfen
1. nach dem Verhältnis der Wohnflächen oder
2. nach einem Maßstab, der dem unterschiedlichen Wasserverbrauch Rechnung trägt,
umgelegt werden.

§ 4 Kosten der Heizung und Warmwasserversorgung

(1) Die Kosten des Betriebs zentraler Heiz- und Warmwasserversorgungsanlagen sowie der eigenständig gewerblichen Lieferung von Wärme und Warmwasser, auch aus zentralen Heiz- und Warmwasserversorgungsanlagen, sind wie folgt umzulegen:
1. die Kosten der Versorgung mit Wärme nach der Wohnfläche oder dem umbauten Raum; es darf auch die Wohnfläche oder der umbaute Raum der beheizten Räume zugrunde gelegt werden;
2. die Kosten der Versorgung mit Warmwasser nach der Wohnfläche oder einem Maßstab, der dem Warmwasserverbrauch in sonstiger Weise Rechnung trägt.
(2) Die Verordnung über Heizkostenabrechnung ist anzuwenden, soweit dies in Anlage I Kapitel V Sachgebiet D Abschnitt III Nr. 10 des Einigungsvertrages vom 31. August 1990 (BGBl. 1990 II S. 885, 1007) bestimmt ist.
(3) Die Kosten der Heizung und Warmwasserversorgung nach Absatz 1 sind bis zu einem Betrag von 3,00 Deutsche Mark je Quadratmeter Wohnfläche monatlich umlagefähig. Dieser Betrag vermindert sich auf 2,60 Deutsche Mark, wenn nur Heizkosten umgelegt werden.

§ 5 Kosten des Betriebs einer zentralen Brennstoffversorgungsanlage

Die Kosten des Betriebs einer zentralen Brennstoffversorgungsanlage dürfen nur nach dem Brennstoffverbrauch umgelegt werden.

§ 6 Aufzugskosten

(1) Die Kosten des Betriebs eines Personen- oder Lastenaufzugs dürfen nach dem Verhältnis der Wohnflächen umgelegt werden.
(2) Wohnraum im Erdgeschoss kann von der Umlegung ausgenommen werden.

§ 7 Kosten einer Breitbandverteilanlage

Die Kosten des Betriebs der mit einem Breitbandkabelnetz verbundenen privaten Verteilanlage dürfen nach dem Verhältnis der Wohnflächen umgelegt werden. Die laufenden monatlichen Grundgebühren für Breitbandanschlüsse dürfen jedoch nur zu gleichen Teilen auf die angeschlossenen Wohnungen umgelegt werden.

§ 8   Kosten maschineller Wascheinrichtungen
Die Betriebs- und Instandhaltungskosten maschineller Wascheinrichtungen dürfen nur auf die Benutzer der Einrichtung umgelegt werden. Der Umlegungsmaßstab muss dem Gebrauch Rechnung tragen.

§ 9   Umlegungsmaßstab bei sonstigen Betriebskosten
Soweit in den §§ 2 bis 8 nichts anderes bestimmt ist, sind die Betriebskosten nach dem Verhältnis der Wohnflächen umzulegen.

§ 10   Anrechnung bisheriger Betriebskosten
(1) Soweit Betriebskosten bisher im Mietzins gesondert ausgewiesen waren, ermäßigt sich der Mietzins von dem Zeitpunkt an, zu dem die Umlegung der Betriebskosten nach dieser Verordnung wirksam wird, um den ausgewiesenen Betrag.
(2) Soweit Betriebskosten bisher im Mietzins nicht gesondert ausgewiesen waren, ermäßigt dieser sich von dem Zeitpunkt an, zu dem die Umlegung von Betriebskosten nach dieser Verordnung wirksam wird,
1. um 0,40 Deutsche Mark je Quadratmeter Wohnfläche monatlich, wenn Kosten der Versorgung mit Wärme, und um weitere 0,12 Deutsche Mark, wenn auch Kosten der Versorgung mit Warmwasser nach dieser Verordnung umgelegt werden, höchstens jedoch um 50 vom Hundert des am 2. Oktober 1990 zulässigen Mietzinses.
2. um zehn vom Hundert dieses Mietzinses ausschließlich der Kosten für die Versorgung mit Wärme und Warmwasser, wenn andere als die in Nummer 1 bezeichneten Betriebskosten umgelegt werden.

§ 11   Übergangsvorschriften
(1) Betriebskosten dürfen nicht nach dieser Verordnung umgelegt werden, soweit sie auf die Zeit vor dem 1. Oktober 1991 entfallen.
(2) Wird die Erklärung über die Umlegung von Betriebskosten bereits vor dem Zeitpunkt abgegeben, von dem an die Betriebskosten nach den dafür maßgebenden Rechtsvorschriften entstehen, so wird sie frühestens von diesem Zeitpunkt an wirksam. Soweit die Erklärung darauf beruht, dass die Betriebskosten rückwirkend entstanden sind, wirkt sie im Rahmen des Absatzes 1 auf den Zeitpunkt der Entstehung der Betriebskosten zurück, sofern der Vermieter die Erklärung innerhalb von drei Monaten nach Kenntnis von der Entstehung der Kosten abgibt.
(3) Im Übrigen richtet sich die Umlegung von Betriebskostenerhöhungen nach § 4 Abs. 2 und 3, die Herabsetzung des Mietzinses bei einer Ermäßigung der Betriebskosten nach § 4 Abs. 4 des Gesetzes zur Regelung der Miethöhe.

§ 12   Inkrafttreten
Diese Verordnung tritt am Tage nach der Verkündung in Kraft.

Verordnung zur Änderung der Verordnung über die Umlage von Betriebskosten auf die Mieter (Betriebskostenumlage-Änderungsverordnung – BetrKostUÄndV) vom 27. Juli 1992 (BGBl. I S. 1415)

Auf Grund des § 11 Abs. 3 Nr. 2 des Gesetzes zur Regelung der Miethöhe vom 18. Dezember 1974 (BGBl. I S. 3603, 3604), der durch Anlage I Kapitel XIV Abschnitt II Nr. 7 des Einigungsvertrages vom 31. August 1990 in Verbindung mit Artikel 1 des Gesetzes vom 23. September 1990 (BGBl. 1990 II S. 885, 1126) angefügt worden ist, verordnet die Bundesregierung:

Artikel 1

§ 4 Abs. 3 der Betriebskosten-Umlageverordnung vom 17. Juni 1991 (BGBl. I S. 1270), die durch Artikel 3 der Vierten Verordnung zur Änderung wohnungsrechtlicher Vorschriften vom 13. Juli 1992 (BGBl. I S. 1250) geändert worden ist, erhält folgende Fassung: »(3) Die Kosten der Heizung und Warmwasserversorgung nach Absatz 1 sind bis zu einem Betrag von 2,50 Deutsche Mark je Quadratmeter Wohnfläche monatlich umlagefähig. Dieser Betrag vermindert sich auf 2,10 Deutsche Mark, wenn nur Heizkosten umgelegt werden.«

Artikel 2

Diese Verordnung tritt am 1. Januar 1994 in Kraft.

Anhang 13

Gesetz zur Einsparung von Energie in Gebäuden
(Energieeinsparungsgesetz – EnEG) vom 22. Juli 1976 (BGBl. I S. 1873)
in der Fassung der Bekanntmachung vom 1. September 2005
(BGBl. I S. 2684)

§ 1 Energiesparender Wärmeschutz bei zu errichtenden Gebäuden
(1) Wer ein Gebäude errichtet, das seiner Zweckbestimmung nach beheizt oder ge-
kühlt werden muss, hat, um Energie zu sparen, den Wärmeschutz nach Maßgabe der
nach Absatz 2 zu erlassenden Rechtsverordnung so zu entwerfen und auszuführen,
dass beim Heizen und Kühlen vermeidbare Energieverluste unterbleiben.
(2) Die Bundesregierung wird ermächtigt, durch Rechtsverordnung mit Zustimmung
des Bundesrates Anforderungen an den Wärmeschutz von Gebäuden und ihren Bauteilen festzusetzen. Die Anforderungen können sich auf die Begrenzung des Wärmedurchgangs sowie der Lüftungswärmeverluste und auf ausreichende raumklimatische
Verhältnisse beziehen. Bei der Begrenzung des Wärmedurchgangs ist der gesamte Einfluss der die beheizten oder gekühlten Räume nach außen und zum Erdreich abgren-
zenden sowie derjenigen Bauteile zu berücksichtigen, die diese Räume gegen Räume
abweichender Temperatur abgrenzen. Bei der Begrenzung von Lüftungswärmeverlus-
ten ist der gesamte Einfluss der Lüftungseinrichtungen, der Dichtheit von Fenstern
und Türen sowie der Fugen zwischen einzelnen Bauteilen zu berücksichtigen.
(3) Soweit andere Rechtsvorschriften höhere Anforderungen an den baulichen Wärmeschutz stellen, bleiben sie unberührt.

§ 2 Energiesparende Anlagetechnik bei Gebäuden
(1) Wer Heizungs-, raumlufttechnische, Kühl-, Beleuchtungs- sowie Warmwasserversorgungsanlagen oder -einrichtungen in Gebäude einbaut oder einbauen lässt oder in
Gebäuden aufstellt oder aufstellen lässt, hat bei Entwurf, Auswahl und Ausführung
dieser Anlagen und Einrichtungen nach Maßgabe der nach den Absätzen 2 und 3 zu
erlassenden Rechtsverordnungen dafür Sorge zu tragen, dass nicht mehr Energie verbraucht wird, als zur bestimmungsgemäßen Nutzung erforderlich ist.
(2) Die Bundesregierung wird ermächtigt, durch Rechtsverordnung mit Zustimmung
des Bundesrates vorzuschreiben, welchen Anforderungen die Beschaffenheit und die
Ausführung der in Absatz 1 genannten Anlagen und Einrichtungen genügen müssen,
damit vermeidbare Energieverluste unterbleiben. Für zu errichtende Gebäude können
sich die Anforderungen beziehen auf
1. den Wirkungsgrad, die Auslegung und die Leistungsaufteilung der Wärme- und
   Kälteerzeuger,
2. die Ausbildung interner Verteilungsnetze,
3. die Begrenzung der Warmwassertemperatur,
4. die Einrichtungen der Regelung und Steuerung der Wärme- und Kälteversorgungs-
   systeme,
5. den Einsatz von Wärmerückgewinnungsanlagen,

6. die messtechnische Ausstattung zur Verbrauchserfassung,
7. die Effizient von Beleuchtungssystemen, insbesondere den Wirkungsgrad von Beleuchtungseinrichtungen, die Verbesserung der Tageslichtnutzung, die Ausstattung zur Regelung und Abschaltung dieser Systeme,
8. weitere Eigenschaften der Anlagen und Einrichtungen, soweit dies im Rahmen der Zielsetzung des Absatzes 1 auf Grund der technischen Entwicklung erforderlich wird.

(3) Die Absätze 1 und 2 gelten entsprechend, soweit in bestehende Gebäude bisher nicht vorhandene Anlagen oder Einrichtungen eingebaut oder vorhandene ersetzt, erweitert oder umgerüstet werden. Bei wesentlichen Erweiterungen oder Umrüstungen können die Anforderungen auf die gesamten Anlagen oder Einrichtungen erstreckt werden. Außerdem können Anforderungen zur Ergänzung der in Absatz 1 genannten Anlagen und Einrichtungen mit dem Ziel einer nachträglichen Verbesserung des Wirkungsgrades und einer Erfassung des Energieverbrauchs gestellt werden.

(4) Soweit andere Rechtsvorschriften höhere Anforderungen an die in Absatz 1 genannten Anlagen und Einrichtungen stellen, bleiben sie unberührt.

§ 3 Energiesparender Betrieb von Anlagen

(1) Wer Heizungs-, raumlufttechnische, Kühl-, Beleuchtungs- sowie Warmwasserversorgungsanlagen oder -einrichtungen in Gebäuden betreibt oder betreiben lässt, hat dafür Sorge zu tragen, dass sie nach Maßgabe der nach Absatz 2 zu erlassenden Rechtsverordnung so instand gehalten und betrieben werden, dass nicht mehr Energie verbraucht wird, als zu ihrer bestimmungsgemäßen Nutzung erforderlich ist.

(2) Die Bundesregierung wird ermächtigt, durch Rechtsverordnung mit Zustimmung des Bundesrates vorzuschreiben, welchen Anforderungen der Betrieb der in Absatz 1 genannten Anlagen und Einrichtungen genügen muss, damit vermeidbare Energieverluste unterbleiben. Die Anforderungen können sich auf die sachkundige Bedienung, Instandhaltung, regelmäßige Wartung, Inspektion und auf die bestimmungsgemäße Nutzung der Anlagen und Einrichtungen beziehen.

(3) Soweit andere Rechtsvorschriften höhere Anforderungen an den Betrieb der in Absatz 1 genannten Anlagen und Einrichtungen stellen, bleiben sie unberührt.

§ 3 a Verteilung der Betriebskosten

Die Bundesregierung wird ermächtigt, durch Rechtsverordnung mit Zustimmung des Bundesrates vorzuschreiben, dass
1. der Energieverbrauch der Benutzer von Heizungs- oder raumlufttechnischen oder der Versorgung mit Warmwasser dienenden gemeinschaftlichen Anlagen oder Einrichtungen erfasst wird,
2. die Betriebskosten dieser Anlagen oder Einrichtungen so auf die Benutzer zu verteilen sind, dass dem Energieverbrauch der Benutzer Rechnung getragen wird.

§ 4 Sonderregelungen und Anforderungen an bestehende Gebäude

(1) Die Bundesregierung wird ermächtigt, durch Rechtsverordnung mit Zustimmung des Bundesrates von den nach den §§ 1 bis 3 zu erlassenden Rechtsverordnungen Ausnahmen zuzulassen und abweichende Anforderungen für Gebäude und Gebäudeteile vorzuschreiben, die nach ihrem üblichen Verwendungszweck

1. wesentlich unter oder über der gewöhnlichen, durchschnittlichen Heizdauer beheizt werden müssen,
2. eine Innentemperatur unter 15 Grad C erfordern,
3. den Heizenergiebedarf durch die im Innern des Gebäudes anfallende Abwärme überwiegend decken,
4. nur teilweise beheizt werden müssen,
5. eine überwiegende Verglasung der wärmeübertragenden Umfassungsflächen erfordern,
6. nicht zum dauernden Aufenthalt von Menschen bestimmt sind,
7. sportlich, kulturell oder zu Versammlungen genutzt werden,
8. zum Schutze von Personen oder Sachwerten einen erhöhten Luftwechsel erfordern,
9. und nach der Art ihrer Ausführung für eine dauernde Verwendung nicht geeignet sind, soweit der Zweck des Gesetzes, vermeidbare Energieverluste zu verhindern, dies erfordert oder zulässt. Satz 1 gilt entsprechend für die in § 2 Abs. 1 genannten Anlagen und Einrichtungen in solchen Gebäuden oder Gebäudeteilen.

(2) Die Bundesregierung wird ermächtigt, durch Rechtsverordnung mit Zustimmung des Bundesrates zu bestimmen, dass die nach den §§ 1 bis 3 und 4 Abs. 1 festzulegenden Anforderungen auch bei wesentlichen Änderungen von Gebäuden einzuhalten sind.

(3) Die Bundesregierung wird ermächtigt, durch Rechtsverordnung mit Zustimmung des Bundesrates zu bestimmen, dass für bestehende Gebäude, Anlagen oder Einrichtungen einzelne Anforderungen nach den §§ 1, 2 Abs. 1 und 2 und § 4 Abs. 1 gestellt werden können, wenn die Maßnahmen generell zu einer wesentlichen Verminderung der Energieverluste beitragen und die Aufwendungen durch die eintretenden Einsparungen innerhalb angemessener Fristen erwirtschaftet werden können.

§ 5   Gemeinsame Voraussetzungen für Rechtsverordnungen

(1) Die in den Rechtsverordnungen nach den §§ 1 bis 4 aufgestellten Anforderungen müssen nach dem Stand der Technik erfüllbar und für Gebäude gleicher Art und Nutzung wirtschaftlich vertretbar sein. Anforderungen gelten als wirtschaftlich vertretbar, wenn generell die erforderlichen Aufwendungen innerhalb der üblichen Nutzungsdauer durch die eintretenden Einsparungen erwirtschaftet werden können. Bei bestehenden Gebäuden ist die noch zu erwartende Nutzungsdauer zu berücksichtigen.

(2) In den Rechtsverordnungen ist vorzusehen, dass auf Antrag von den Anforderungen befreit werden kann, soweit diese im Einzelfall wegen besonderer Umstände durch einen unangemessenen Aufwand oder in sonstiger Weise zu einer unbilligen Härte führen.

(3) In den Rechtsverordnungen kann wegen technischer Anforderungen auf Bekanntmachungen sachverständiger Stellen unter Angabe der Fundstelle verwiesen werden.

(4) In den Rechtsverordnungen nach den §§ 1 bis 4 können die Anforderungen und – in den Fällen des § 3 a – die Erfassung und Kostenverteilung abweichend von Vereinbarungen der Benutzer und von Vorschriften des Wohnungseigentumsgesetzes geregelt und näher bestimmt werden, wie diese Regelungen sich auf die Rechtsverhältnisse zwischen den Beteiligten auswirken.

(5) In den Rechtsverordnungen nach den §§ 1 bis 4 können sich die Anforderungen auch auf den Gesamtenergiebedarf oder -verbrauch der Gebäude und die Einsetzbar-

keit alternativer Systeme beziehen sowie Umwandlungsverluste der Anlagensysteme berücksichtigen (Gesamtenergieeffizienz).

§ 5 a   Energieausweise
Die Bundesregierung wird ermächtigt, zur Umsetzung oder Durchführung von Rechtsakten der Europäischen Gemeinschaften durch Rechtsverordnung mit Zustimmung des Bundesrates Inhalte und Verwendung von Energieausweisen auf Bedarfs- und Verbrauchsgrundlage vorzugeben und dabei zu bestimmen, welche Angaben und Kennwerte über die Energieeffizienz eines Gebäudes, eines Gebäudeteils oder in § 2 Abs. 1 genannter Anlagen oder Einrichtungen darzustellen sind. Die Vorgaben können sich insbesondere beziehen auf
1. die Arten der betroffenen Gebäude, Gebäudeteile und Anlagen oder Einrichtungen,
2. die Zeitpunkte und Anlässe für die Ausstellung und Aktualisierung von Energieausweisen,
3. die Ermittlung, Dokumentation und Aktualisierung von Angaben und Kennwerten,
4. die Angabe von Referenzwerten, wie gültige Rechtsnormen und Vergleichskennwerte,
5. begleitende Empfehlungen für kostengünstige Verbesserungen der Energieeffizienz,
6. die Verpflichtung, Energieausweise Behörden und bestimmten Dritten zugänglich zu machen,
7. den Aushang von Energieausweisen für Gebäude, in denen Dienstleistungen für die Allgemeinheit erbracht werden,
8. die Berechtigung zur Ausstellung von Energieausweisen einschließlich der Anforderungen an die Qualifikation der Aussteller sowie
9. die Ausgestaltung der Energieausweise.
Die Energieausweise dienen lediglich der Information.

§ 6   Maßgebender Zeitpunkt
Für die Unterscheidung zwischen zu errichtenden und bestehenden Gebäuden im Sinne dieses Gesetzes ist der Zeitpunkt der Baugenehmigung oder der bauaufsichtlichen Zustimmung, im Übrigen der Zeitpunkt maßgeblich, zu dem nach Maßgabe des Bauordnungsrechts mit der Bauausführung begonnen werden durfte.

§ 7   Überwachung
(1) Die zuständigen Behörden haben darüber zu wachen, dass die in den Rechtsverordnungen nach diesem Gesetz festgesetzten Anforderungen erfüllt werden, soweit die Erfüllung dieser Anforderungen nicht schon nach anderen Rechtsvorschriften im erforderlichen Umfang überwacht wird.
(2) Die Landesregierungen oder die von ihnen bestimmten Stellen werden ermächtigt, durch Rechtsverordnung die Überwachung hinsichtlich der in den Rechtsverordnungen nach den §§ 1 und 2 festgesetzten Anforderungen ganz oder teilweise auf geeignete Stellen, Fachvereinigungen oder Sachverständige zu übertragen. Soweit sich § 4 auf die §§ 1 und 2 bezieht, gilt Satz 1 entsprechend.

(3) Die Bundesregierung wird ermächtigt, durch Rechtsverordnung mit Zustimmung des Bundesrates die Überwachung hinsichtlich der durch Rechtsverordnung nach § 3 festgesetzten Anforderungen auf geeignete Stellen, Fachvereinigungen oder Sachverständige zu übertragen. Soweit sich § 4 auf § 3 bezieht, gilt Satz 1 entsprechend.

(4) In den Rechtsverordnungen nach den Absätzen 2 und 3 kann die Art und das Verfahren der Überwachung geregelt werden; ferner können Anzeige- und Nachweispflichten vorgeschrieben werden. Es ist vorzusehen, dass in der Regel Anforderungen auf Grund der §§ 1 und 2 nur einmal und Anforderungen auf Grund des § 3 höchstens einmal im Jahr überwacht werden; bei Anlagen in Einfamilienhäusern, kleinen und mittleren Mehrfamilienhäusern und vergleichbaren Nichtwohngebäuden ist eine längere Überwachungsfrist vorzusehen.

(5) In der Rechtsverordnung nach Absatz 3 ist vorzusehen, dass
1. eine Überwachung von Anlagen mit einer geringen Wärmeleistung entfällt,
2. die Überwachung der Erfüllung von Anforderungen sich auf die Kontrolle von Nachweisen beschränkt, soweit die Wartung durch eigenes Fachpersonal oder auf Grund von Wartungsverträgen durch Fachbetriebe sichergestellt ist.

(6) In Rechtsverordnungen nach § 4 Abs. 3 kann vorgesehen werden, dass die Überwachung ihrer Einhaltung entfällt.

§ 8 Bußgeldvorschrift

(1) Ordnungswidrig handelt, wer vorsätzlich oder fahrlässig einer Rechtsverordnung
1. nach § 1 Abs. 2 Satz 1 oder 2, § 2 Abs. 2 auch in Verbindung mit Abs. 3, § 3 Abs. 2 oder § 4,
2. nach § 5a Satz 1 oder
3. nach § 7 Abs. 4
oder einer vollziehbaren Anordnung auf Grund einer solchen Rechtsverordnung zuwiderhandelt, soweit die Rechtsverordnung für einen bestimmten Tatbestand auf diese Bußgeldvorschrift verweist.

(2) Die Ordnungswidrigkeit kann in den Fällen des Absatzes 1 Nr. 1 mit einer Geldbuße bis zu fünfzigtausend Euro, in den Fällen des Absatzes 1 Nr. 2 mit einer Geldbuße bis zu fünfzehntausend Euro und in den übrigen Fällen mit einer Geldbuße bis zu fünftausend Euro geahndet werden.

§§ 9 u. 10 (gegenstandslos)

§ 11 (Inkrafttreten)

Anhang 14

Richtlinie 93/76/EWG des Rates

zur Begrenzung der Kohlendioxidemissionen durch eine effizientere Energie-
nutzung (SAVE) vom 13. September 1993 (ABl. Nr. L 237 vom 22. September
1993, S. 28), aufgehoben durch Richtlinie 2006/32/EG des Europäischen
Parlaments und des Rates vom 5. April 2006 über Endenergieeffizienz und
Energiedienstleistungen und zur Aufhebung der Richtlinie 93/76/EWG des
Rates, Amtsblatt der Europäischen Union (L 114/64 ff.) vom 27. April 2006

DER RAT DER EUROPÄISCHEN GEMEINSCHAFTEN –

gestützt auf den Vertrag zur Gründung der Europäischen Wirtschaftsgemeinschaft,
insbesondere auf die Artikel 130s und 235,

auf Vorschlag der Kommission (1),

nach Stellungnahme des Europäischen Parlaments (2),

nach Stellungnahme des Wirtschafts- und Sozialausschusses (3),

in Erwägung nachstehender Gründe:

Mit seiner Entschließung vom 16. September 1986 (4) hat der Rat neue energiepoliti-
sche Ziele der Gemeinschaft für 1995 und die Konvergenz der Politik der Mitgliedstaaten festgelegt.

Der Rat (Minister für Umwelt und Energie) hat auf seiner Tagung vom 29. Oktober
1990 einvernehmlich festgestellt, dass unter der Annahme, dass andere führende Staa-
ten andere ähnliche Verpflichtungen eingehen, und unter Anerkennung der Ziele, die
von einer Reihe von Mitgliedstaaten festgelegt wurden, um die Stabilisierung oder Ver-
ringerung der Emissionen bis zu bestimmten Terminen zu erreichen, die Gemeinschaft
und die Mitgliedstaaten bereit sind, Maßnahmen zu ergreifen, um bis zum Jahr 2000
eine Stabilisierung der CO_2-Emissionen in der Gemeinschaft insgesamt auf dem Stand
von 1990 zu erreichen; ferner hat er festgestellt, dass Mitgliedstaaten, die von einem relativ niedrigen Energieverbrauch und damit von einem pro Kopf oder anhand einer
anderen geeigneten Grundlage gemessenen niedrigen Emissionsniveau ausgehen, berechtigt sind, CO_2-Ziele und/oder -Strategien zu verfolgen, die ihrer wirtschaftlichen
und gesellschaftlichen Entwicklung entsprechen, während sie gleichzeitig eine effiziente Energienutzung bei ihren Wirtschaftätigkeiten anstreben.

Mit der Entscheidung 91/565/EWG (5) hat der Rat das SAVE-Programm genehmigt,
welches auf eine Förderung der Energieeffizienz in der Gemeinschaft abzielt.

1 ABl. Nr. C 179 vom 16.7.1992, S. 8.
2 ABl. Nr. C 176 vom 28.6.1993.
3 ABl. Nr. C 19 vom 25.1.1993, S. 134.
4 ABl. Nr. C 241 vom 25.9.1986, S. 1.
5 ABl. Nr. L 307 vom 8.11.1991, S. 34.

Nach Artikel 130 r des Vertrages hat die Umweltpolitik der Gemeinschaft zum Ziel, eine umsichtige und rationelle Verwendung der natürlichen Ressourcen zu gewährleisten. Unter diesen natürlichen Ressourcen sind Erdölerzeugnisse, Erdgas und feste Brennstoffe nicht nur die wichtigsten Energiequellen, sondern auch die stärksten Kohlendioxid-Emissionsquellen.

Da im Vertrag sonst keine Befugnisse vorgesehen sind, wie sie für den Erlass von Rechtsvorschriften für die energiebezogenen Aspekte der in dieser Richtlinie vorgesehenen Programme erforderlich wären, sollte auch auf Artikel 235 des Vertrages Bezug genommen werden.

Auf den Bereich der Wohngebäude und den tertiären Sektor entfallen beinahe 40 % des Energieendverbrauchs der Gemeinschaft; das weitere Wachstum dieser Bereiche wird auch deren Energieverbrauch und damit ihre Kohlendioxidemissionen steigern.

Diese Richtlinie zielt darauf ab, die Qualität der Umwelt zu bewahren und eine umsichtige und rationelle Verwendung der natürlichen Ressourcen zu gewährleisten; diese Ziele fallen nicht ausschließlich in die Zuständigkeit der Gemeinschaft.

Zur Begrenzung der Kohlendioxidemissionen und zur Förderung einer rationellen Energieverwendung ist eine gemeinsame Anstrengung aller Mitgliedstaaten erforderlich, wozu auch Maßnahmen auf Gemeinschaftsebene gehören.

Die Maßnahmen sind von den Mitgliedstaaten nach dem Subsidiaritätsprinzip auf der Grundlage potentieller Verbesserungen des Energienutzungsgrades, des Kosten-Nutzen-Verhältnisses, der technischen Durchführbarkeit und der Umweltverträglichkeit festzulegen.

Ein Energieausweis trägt durch eine objektive Information über die energiebezogenen Merkmale der Gebäude zu einer besseren Transparenz des Immobilienmarktes bei und fördert Investitionen in Energiesparmaßnahmen.

Die in einem angemessenen Verhältnis zum tatsächlichen Verbrauch der Hausbewohner erstellte Abrechnung der Heizungs-, Klimatisierungs- und Warmwasserbereitungskosten trägt zu Energieeinsparungen im Wohnbereich bei. Es ist wünschenswert, dass die Bewohner solcher Gebäude in die Lage versetzt werden, ihren eigenen Wärme-, Kaltwasser- und Warmwasserverbrauch zu regeln. Die Empfehlungen und Entschließungen des Rates zur Abrechnung der Heizungs- und Warmwasserbereitungskosten (6) sind nur in zwei Mitgliedstaaten umgesetzt worden; ein erheblicher Teil der Heizungs-, Klimatisierungs- und Warmwasserbereitungskosten wird noch nach anderen Faktoren als dem Energieverbrauch abgerechnet.

Die Förderung von Investitionen zur Energieeinsparung im öffentlichen Bereich erfordert neue Methoden der finanziellen Unterstützung. Die Mitgliedstaaten sollten

---

6 Empfehlung 76/493/EWG (ABl. Nr. L 140 vom 28.5.1976, S. 12).
  Empfehlung 77/712/EWG (ABl. Nr. L 295 vom 18.11.1977, S. 1).
  Entschließung vom 9.6.1980 (ABl. Nr. C 149 vom 18.6.1980, S. 3).
  Entschließung vom 15.1.1985 (ABl. Nr. C 20 vom 22.1.1985, S. 1).

daher die sich bietenden Möglichkeiten der Drittfinanzierung zulassen und in vollem Umfang nutzen.

Gebäude beeinflussen den langfristigen Energieverbrauch. Daher sollten neue Gebäude mit einer leistungsfähigen Wärmedämmung, die an die örtlichen Klimabedingungen angepasst ist, ausgestattet sein. Dies gilt auch für Behördengebäude, bei denen die Behörden dadurch ein Beispiel setzen sollten, dass sie umwelt- und energiebezogenen Überlegungen Rechnung tragen.

Eine regelmäßige Wartung der Heizkessel trägt zur Beibehaltung ihrer korrekten Einstellung gemäß der Produktspezifikation und auf diese Weise zu einer optimalen Leistung aus umwelt- und ernergiebezogener Sicht bei.

Wegen ihrer wirtschaftlichen Zielvorgaben eignet sich die Industrie generell für eine bessere Energienutzung. Energiebilanzen, insbesondere in Unternehmen mit hohem Energieverbrauch, sollten gefördert werden, um hier bedeutende Energieeinsparungen zu erreichen.

Eine effizientere Energienutzung in allen Regionen der Gemeinschaft wird den wirtschaftlichen und sozialen Zusammenhalt der Gemeinschaft stärken, wie dies in Artikel 130 a des Vertrages vorgesehen ist –

HAT FOLGENDE RICHTLINIE ERLASSEN:

Artikel 1

Mit dieser Richtlinie wird angestrebt, dass die Mitgliedstaaten das Ziel der Begrenzung der Kohlendioxidemissionen durch eine effizientere Energienutzung, insbesondere durch die Aufstellung und Umsetzung von Programmen mit folgendem Inhalt, verwirklichen:
– Energieausweis für Gebäude,
– Abrechnung der Heizungs-, Klimatisierungs- und Warmwasserbereitungskosten nach dem tatsächlichen Verbrauch,
– Förderung der Drittfinanzierung von Energiesparinvestitionen im öffentlichen Bereich,
– Wärmedämmung von Neubauten,
– regelmäßige Überprüfung von Heizkesseln,
– Energiebilanzen in Unternehmen mit hohem Energieverbrauch.
Die Programme können Rechts- und Verwaltungsvorschriften sowie Wirtschafts- und Verwaltungsinstrumente, Aufklärungs- und Erziehungsmaßnahmen und freiwillige Vereinbarungen sein, deren Wirkung objektiv einschätzbar ist.

Artikel 2

Die Mitgliedstaaten erstellen Programme im Zusammenhang mit dem Energieausweis für Gebäude und führen diese durch. Der Energieausweis für Gebäude mit einer Beschreibung ihrer energiebezogenen Merkmale dient zur Information potentieller Nutzer eines Gebäudes über die effiziente Energienutzung eines Gebäudes.
Gegebenenfalls kann der Energieausweis auch Möglichkeiten zur Verbesserung dieser energiebezogenen Merkmale aufzeigen.

Artikel 3

Die Mitgliedstaaten erstellen Programme für eine in einem angemessenen Verhältnis zum tatsächlichen Verbrauch stehende Abrechnung der Kosten für Heizung, Klimatisierung und Warmwasserbereitung und führen diese Programme durch. Diese Programme ermöglichen die Aufteilung der Kosten für diese Leistungen auf die Nutzer eines Gebäudes oder Gebäudeteils nach dem Wärmeverbrauch bzw. Kalt- und Warmwasserverbrauch jedes Nutzers. Dies betrifft Gebäude oder Gebäudeteile, die über eine zentrale Heizung, Klimatisierung oder Warmwasserbereitung verfügen. Die Bewohner solcher Gebäude sollten in die Lage versetzt werden, ihren eigenen Wärme-, Kaltwasser- und Heißwasserverbrauch zu regeln.

Artikel 4

Die Mitgliedstaaten erstellen Programme, um im öffentlichen Bereich die Drittfinanzierung von Investitionen in eine effiziente Energienutzung zuzulassen, und führen diese Programme durch.

Als Drittfinanzierung im Sinne dieser Richtlinie gelten die pauschale Erbringung von Dienstleistungen für die Projektierung, den Bau, den Betrieb, die Wartung und die Finanzierung von Anlagen für eine effizientere Energienutzung, wobei die Amortisation dieser Aufwendungen ganz oder teilweise über die Energieeinsparung erfolgt.

Artikel 5

Die Mitgliedstaaten erstellen und verwirklichen Programme mit dem Ziel, eine wirksame Wärmedämmung für Neubauten auf lange Sicht nach Normen zu erreichen, die von den Mitgliedstaaten unter Berücksichtigung der Klimabedingungen und -zonen und des Verwendungszwecks des Gebäudes festgelegt werden.

Artikel 6

Die Mitgliedstaaten erstellen und verwirklichen Programme zur regelmäßigen Überprüfung von Heizungseinrichtungen mit einer Nennleistung von mehr als 15 kW, um deren Betriebsbedingungen im Hinblick auf den Energieverbrauch zu verbessern und die Kohlendioxidemissionen zu begrenzen.

Artikel 7

Die Mitgliedstaaten erstellen und verwirklichen Programme mit dem Ziel der Förderung regelmäßiger Energiediagnosen für Industriebetriebe mit hohem Energieverbrauch, um eine effizientere Energienutzung in den Betrieben zu erzielen und die Kohlendioxidemissionen zu begrenzen; sie können entsprechende Vorkehrungen für andere Betriebe mit hohem Energieverbrauch treffen.

Artikel 8

Die Mitgliedstaaten bestimmen den Umfang der in den Artikeln 1 bis 7 genannten Programme auf der Grundlage potentieller Verbesserungen des Energienutzungsgrads, des Kosten-Nutzen-Verhältnisses, der technischen Durchführbarkeit und der Umweltverträglichkeit.

Artikel 9

Die Mitgliedstaaten übermitteln der Kommission alle zwei Jahre einen Bericht über die Durchführung der in dieser Richtlinie vorgesehenen Programme. Dabei unterrichten sie die Kommission davon, für welche Möglichkeiten sie sich in ihrem Maßnahmenpaket entschieden haben. Unter Berücksichtigung von Artikel 8 teilen sie der Kommission darüber hinaus auf Antrag die Gründe mit, die ihre Entscheidung bezüglich des Inhalts der Programme bestimmt haben.

Bei der Prüfung der Berichte der Mitgliedstaaten wird die Kommission von dem in der Entscheidung 91/565/EWG genannten Beratenden Ausschuss nach dem Verfahren des Artikel 6 jener Entscheidung unterstützt.

Artikel 10

(1) Die Mitgliedstaaten erlassen die erforderlichen Rechts- und Verwaltungsvorschriften und/oder andere in Artikel 1 genannte Maßnahmen, um dieser Richtlinie so bald wie möglich, spätestens aber bis zum 31. Dezember 1994 nachzukommen. Die Mitgliedstaaten müssen alle Vorkehrungen treffen, damit sie die Zielvorgaben dieser Richtlinie erfüllen können.

Wenn die Mitgliedstaaten hierfür Rechts- und Verwaltungsvorschriften erlassen, nehmen sie in den Vorschriften selbst oder durch einen Hinweis bei der amtlichen Veröffentlichung auf diese Richtlinie Bezug. Die Mitgliedstaaten regeln die Einzelheiten der Bezugnahme. Dies gilt sinngemäß auch für die Umsetzung der Programme in anderer Form.

(2) Die Mitgliedstaaten teilen der Kommission den Wortlaut der innerstaatlichen Rechtsund Verwaltungsvorschriften und/oder der anderen in Artikel 1 genannten Maßnahmen mit, die sie auf dem unter diese Richtlinie fallenden Gebiet erlassen.

Artikel 11

Diese Richtlinie ist an die Mitgliedstaaten gerichtet.

Anhang 15

Nach Landesrecht zuständige Stellen für die Erteilung von Ausnahmegenehmigungen zur HeizkostenV

Nachfolgend werden die Landesministerien für Wirtschafts-, Energie-, Umwelt- oder Baupolitik aufgeführt, die für die HeizkostenV und damit für Entscheidungen zu ihrer Anwendung zuständig sind. Es ist nicht ausgeschlossen, dass diese Ministerien wiederum die Erteilung von Ausnahmegenehmigungen auf z. b. Bezirksregierungen, Regierungspräsidien, Stadt- und Kreisverwaltungen oder Eichbehörden delegiert haben. Auf deren Auflistung muss hier verzichtet werden, da deren Zuständigkeiten durchaus wechseln können und damit zukünftig nicht mehr der Aktualität entsprechen würden. Auf jeden Fall aber können die Landesministerien die jeweils zuständige Stelle für die Erteilung von Ausnahmegenehmigungen konkret benennen, soweit sie diese nicht selbst erteilen.

Baden-Württemberg
Wirtschaftsministerium
Baden-Württemberg
Referat 42 und 45
Theodor-Heuss-Straße 4
70174 Stuttgart
Tel.: 0711-123-0
Fax: 0711-123-2126
poststelle@wm.bwl.de

Freistaat Bayern
Staatsministerium für Wirtschaft,
Infrastruktur, Verkehr und Technologie
Referat VI 2
Prinzregentenstraße 28
80538 München
Tel.: 089-216201
Fax: 089-2162-2760
poststelle@stmwivt.bayern.de

Berlin
Senatsverwaltung für Stadtentwicklung
Referat IV A
Württembergische Straße 6
10707 Berlin
Tel.: 030-9012-0
Fax: 030-9012-7331
postelle@senstadt.berlin.de

Brandenburg
Ministerium für Wirtschaft des
Landes Brandenburg
Referat 35
Heinrich-Mann-Allee 107
14473 Potsdam
Tel.: 0049-331-866-0
Fax: 0049-331-866-1533
poststelle@mw.brandenburg.de

Hansestadt Bremen
Senator für Umwelt, Bau,
Verkehr und Europa
Referat 21
Ansgaritorstraße 2
28195 Bremen
Tel.: 0421-361-2407
Fax: 0421-361-2050
office@bau.bremen.de

Hansestadt Hamburg
Behörde für Stadtentwicklung
und Umwelt
Amt für Wohnen, Stadterneuerung
und Bodenordnung
Referat WSB 230
Stadthausbrücke 8
20355 Hamburg
Tel.: 040-42828-0
Fax: 040-42840-319
poststelle@bsu.hamburg.de

Hessen
Hessisches Ministerium für Wirtschaft,
Verkehr und Landesentwicklung
Referate VI 2 und VI 5
Kaiser-Friedrich-Ring 75
65185 Wiesbaden
Tel.: 0611-815-0
Fax: 0611-815-2225
poststelle@hmwvl.hessen.de

Mecklenburg-Vorpommern
Ministerium für Verkehr,
Bau und Landesentwicklung
Referat 310
Schloßstr. 6–8
19053 Schwerin
Tel.: 0385-588-0
Fax: 0385-8099
poststelle@vm.mv-regierung.de

Niedersachsen
Ministerium für Soziales, Frauen,
Familie und Gesundheit
Referat 506
Hinrich-Wilhelm-Kopf-Platz 2
30159 Hannover
Tel.: 0511-120-0
Fax: 0511-120-4298
poststelle@ms.niedersachsen.de

Nordrhein-Westfalen
Ministerium für Wirtschaft,
Mittelstand und Energie
Referat 411
Haroldstr. 4
40213 Düsseldorf
Tel.: 0211-837-02
Fax: 0211-837-2200
poststelle@mwme.nrw.de

Rheinland-Pfalz
Ministerium für Wirtschaft,
Verkehr, Landwirtschaft und
Weinbau
Referat 8104
Stiftsstraße 9
55116 Mainz
Tel.: 06131-16-0
Fax: 06131-16-2100
poststelle@mwvlw.rlp.de

Saarland
Ministerium der Finanzen
Abteilung D
Am Stadtgraben 6–8
66111 Saarbrücken
Tel.: 0681-501-00
Fax: 0681-501-1620
poststelle@finanzen.saarland.de

Sachsen
Sächsisches Staatsministerium des
Innern
Referat 55
Wilhelm-Buck-Straße 2–4
01097 Dresden
Tel.: 0351-564-0
Fax. 0351-5643199
poststelle@smi.sachsen.de

Sachsen-Anhalt
Ministerium für Landesentwicklung
und Verkehr
Referat 26
Turmschanzenstraße 30
39114 Magdeburg
Tel.: 0391-56701
Fax: 0391-5677510
poststelle@mlv.sachsen-anhalt.de

Thüringen
Ministerium für Bau,
Landesentwicklung und Medien
Referat 24
Werner-Seelenbinder-Straße 8
99096 Erfurt
Tel.: 0361-37-900
Fax: 0361-37-91749
poststelle@tmblm.thueringen.de

Schleswig-Holstein
Innenministerium
Referat IV 68
Düsternbrooker Weg 92
24105 Kiel
Tel.: 0431-988-0
Fax: 0431-988-2833
poststelle@im.landsh.de

Anhang 16

Beratungsstellen der Verbraucherzentralen für Energieeinsparung

Die Beratungsstellen der Verbraucherzentralen für Energieberatung sind im Internet unter folgender Adresse abrufbar: www.verbraucherzentrale-energieberatung.de. Im Folgenden werden die jeweiligen Zentralen in den Landeshauptstädten aufgeführt, um diese auch postalisch oder telefonisch kontaktieren zu können. Über sie sind die weiteren zahlreichen Beratungsstellen in den einzelnen Bundesländern erreichbar. Ihre vollständige Auflistung wäre viel zu umfangreich und ist hier daher leider nicht möglich.

Verbraucherzentrale
Baden-Württemberg e. V.
Paulinenstrasse 47, 70178 Stuttgart
Tel.: 0711/66 91 10
Fax: 0711/66 91 50
www.verbraucherzentrale-bawue.de

Verbraucherzentrale Bayern e. V.
Mozartstraße 9, 80336 München
Tel.: 089/53 98 70
Fax: 089/53 75 53
www.verbraucherzentrale-bayern.de

VerbraucherService Bayern
im Katholischen Deutschen
Frauenbund e. V.
Dachauer Straße 5/IV, 80335 München
Tel.: 089/51 51 87 43
Fax: 089/51 51 87 45
www.verbraucherservice-bayern.de

Verbraucherzentrale Berlin e. V.
Hardenbergplatz 2, 10623 Berlin
Tel.: 030/214 85-0
Fax: 030/211 72 01
www.verbraucherzentrale-berlin.de

Verbraucherzentrale Brandenburg e. V.
Templiner Str. 21, 14473 Potsdam
Tel.: 0331/298 71-0
Fax: 0331/298 71 77
www.vzb.de

Verbraucherzentrale Bremen e. V.
Altenweg 4, 28195 Bremen
Tel.: 0421/160 777
Fax: 0421/160 77 80
www.verbraucherzentrale-bremen.de

Verbraucherzentrale Hamburg e. V.
Kirchenallee 22, 20099 Hamburg
Tel.: 040/24 832-0
Fax: 040/24832-290
www.vzhh.de

Verbraucherzentrale Hessen e. V.
Große Friedberger Str. 13–17,
60313 Frankfurt
Tel.: 01805-97 20 10
Fax: 069/97 20 10-50
www.verbraucher.de

Neue Verbraucherzentrale in
Mecklenburg und Vorpommern e. V.
Strandstr. 98, 18055 Rostock
Tel.: 0381/208 70 50
Fax: 0381/208 70 30
www.nvzmv.de

Verbraucherzentrale
Niedersachsen e. V.
Herrenstr. 14, 30159 Hannover 1
Tel.: 0511/911 96-0
Fax: 0511/911 96-10
www.verbraucherzentrale-niedersachsen.de

Deutscher Hausfrauen-Bund
Landesverband Niedersachsen e. V.
Drostestraße 41, 30161 Hannover
Tel.: 0511/3 36 01 10
Fax: 0511/3 36 01 12
www.hausfrauenbund.de

Verbraucherzentrale
Nordrhein-Westfalen e. V.
Mintropstr. 27, 40215 Düsseldorf
Tel.: 0221/38 09 0
Fax: 0221/38 09 216
www.vz-nrw.de

Verbraucherzentrale
Rheinland-Pfalz e. V.
Ludwigstraße 6, 55116 Mainz
Tel.: 06131/28 48 0
Fax: 06131/28 48 66
www.energieberatung-rlp.de

Verbraucherzentrale Saarland e. V.
Haus der Beratung
Trierer Straße 22, 66111 Saarbrücken
Tel.: 0681/50089-0
Fax: 0681/50089-22
www.vz-saar.de

Verbraucherzentrale Sachsen e. V.
Brühl-Center, Brühl 34–38,
04109 Leipzig
Tel.: 0341/696290
Fax: 0341/6892826
www.verbraucherzentrale-sachsen.de

Verbraucherzentrale
Sachsen-Anhalt e. V.
Steinbockgasse 1, 06108 Halle
Tel.: 0345/2 98 03 29
Fax: 0345/2 98 03 26
www.vzsa.de

Verbraucherzentrale
Schleswig-Holstein e. V.
Bergstr. 24, 24103 Kiel
Tel.: 0431/590 990
Fax: 0431/590 99 77
www.verbraucherzentrale-sh.de

Verbraucherzentrale Thüringen e. V.
Eugen-Richter-Str. 45, 99085 Erfurt
Tel.: 0361/55514-0
Fax: 0361/5551440
www.vzth.de

Anhang 17

Sonstige Interessenvereinigungen mit Bezug zu Heizkosten und Energie

Arbeitsgemeinschaft für Wärme und
Heizkraftwirtschaft e. V. (AGFW)
Stresemannallee 28
60596 Frankfurt am Main
info@agfw.de
b.lubinski@agfw.de

Arbeitsgemeinschaft ökologischer
Forschungsinstitute (AGÖF)
Geschäftsstelle im Energie- und
Umweltzentrum
31832 Springe-Eldagsen
Fax: 05044/97577
agoef@t-online.de

Arbeitsgemeinschaft Wohnberatung
AGW e. V.
Bundesverband der Bau- und
Wohnberatungen
Postfach 70005
53070 Bonn
c-i-n@t-online.de

Arbeitsgemeinschaft Heiz- und
Wasserkostenverteilung e. V.
Burgstraße 29
53177 Bonn
Fax: 0228/358371
info@arge-heiwako.de

Bevollmächtigter des Rates der EKD
Charlottenstr. 53/54
10117 Berlin
detlef.rueckert@ekd-berlin.de

Bund der Energieverbraucher e. V.
Grabenstraße 17
53619 Rheinbreitbach
Tel.: 02224/92270
Fax: 02224/10321
Info@energieverbraucher.de

Bund der Öffentlich bestellten
Vermessungsingenieure e. V. (BDVI)
Luisenstr. 46
10117 Berlin
Tel.: 030/240835-3
Fax: 030/240836-59
langner@bdvi.de

Bund Deutscher Architekten BDA
Bundessekretariat
Köpenicker Str. 48/49
10179 Berlin
Telefax 030/27 87 99-15
kontakt@bda-bund.de

Bundesarchitektenkammer e. V.
Askanischer Platz 4, 10963 Berlin
Fax: 030/263944-90
info@bak.de

Bundesingenieurkammer e. V.
Kochstr. 22
10969 Berlin
Fax: 030/2534290-3
info@bingk.de

Bund für Umwelt und Naturschutz
Deutschland e. V. (BUND)
Am Köllnischen Park 1
10179 Berlin
Fax: 030/27586440
bund@bund.net

Bund Deutscher Baumeister, Architekten und Ingenieure e. V. (BDB)
– Bundesgeschäftsstelle –
Willdenowstraße 6
12203 Berlin
Tel.: 030/841897-0
Fax: 030/841897-22
info@baumeister-online.de

Bund Deutscher Innenarchitekten BDIA
Königswinterer Str. 675
53227 Bonn
Tel.: 0228/908294-0
Fax: 0228/908294-20
info@bdia.de

Energie-Agenturen Deutschland e. V.
Französische Str. 23,
10117 Berlin
Tel. 030/293330-22
Fax 030/293330-99
info@ea-d.net

Bundesverband der Deutschen Ziegelindustrie e. V.
– Geschäftsführung –
Schaumburg-Lippe-Str. 4
53113 Bonn
Fax: 0228/91493-28
info@ziegel.de

Bundesverband Solarenergie e. V. (BSE)
Elisabethstraße 34
80796 München
Tel.: 089/27813424
Fax: 089/27312891
Info@bsi-solar.de

Bundesverband Solarwirtschaft (BSW)
Stralauer Platz 34
10243 Berlin
Tel.: 030/2977788-0
Fax: 030/2977788-99
info@bsw-solar.de

Bundesverband Erneuerbare Energien (BEE)
Teichweg 6
33100 Paderborn
Lackmann-Paderborn@t-online.de
info@bee-ev.de

Bundesverband für Umweltberatung e. V.
Bornstr. 12–13
28195 Bremen
Tel.: 0421/343400
projekt21@t-online.de

Bundesverband Deutscher Baustoff-Fachhandel e. V.
Münchener Str. 13
86899 Landsberg a. Lech
Tel.: 08191/428 25 41
Fax: 08191/428 26 60
bdb@BauNetz.de

Bundesnotarkammer
Mohrenstraße 34
10117 Berlin
s.goerk@bnotk.de
s.haeder@bnotk.de

Bundesindustrieverband Heizungs-, Klima-, Sanitärtechnik/Technische Gebäudesysteme e. V. (BHKS)
Weberstr. 33
53113 Bonn
Tel.: 0228/94917-0
Fax: 0228/94917-17
info@bhks.de

Bundesarbeitskreis Altbauerneuerung e. V. (BAKA)
Elisabethweg 10
13187 Berlin
Tel.: 030/484907855
Fax: 030/484907899
info@altbauerneuerung.de

Bundesverband des Schornsteinfeger-
handwerks
– Zentralinnungsverband (ZIV) –
Westerwaldstraße 6
53757 Sankt Augustin
Tel.: 02241/34070
Fax: 02241/340710
Ziv@schornsteinfeger.de
schornziv@aol.com

**Bundesverband Baustoffe – Steine
und Erden e. V.**
Postfach 61 04 86
10928 Berlin
Tel.: 030/7261999-0
Fax: 030/7261999-12
Info@bvbaustoffe.de

**Bundesverband der Deutschen Gas-
und Wasserwirtschaft e. V. (BGW)**
Reinhardtstr. 14
10177 Berlin
Tel.: 030/28041-545
Fax: 030/28041-445
Info@bgw.de
schaeufele@bgw.de

**Bundesindustrieverband Deutschland
Haus-, Energie- und Umwelt-
technik e. V. – BDH**
Frankfurter Str. 720–726
51145 Köln
Tel.: 02203/93593-0
Fax: 02203/93593-22
Info@bdh-koeln.de

**Bundesverband der Deutschen
Industrie e. V. (BDI)**
Breite Straße 29
10178 Berlin
Tel.: 030/2028-0
Fax: 030/2028-2566
presse@bdi-online.de
d.Meister@bdi-online.de

**Bundesverband der Deutschen
Zementindustrie e. V.**
Postfach 51 05 66
50941 Köln
Tel.: 0221/37656-0
Fax: 0221/3765686
Bdz@bdzement.de

Bundesverband der Freien Berufe (BFB)
Reinhardtstr. 34
10117 Berlin
Tel.: 030/284444-40
info-bfb@freie-berufe.de

**Bundesverband Wohneigentum e. V./
Deutscher Siedlerbund**
Neefestr. 2a
53115 Bonn
Tel.: 0228/6046820
Fax: 0228/6046825
bund@verband-wohneigentum.de

**Bundesverband Deutsche Beton- und
Fertigteilindustrie e. V. (BDB)**
Schlossallee 10
53179 Bonn
Tel.: 0228/95456-0
Fax: 0228/95456-90
betoninfo@betoninfo.de

**Bundesverband Deutscher Siedler und
Eigenheimer e. V.**
Schleißheimer Straße 205 a
80809 München
Tel.: 089/3073660
Fax: 089/305970
bundesverband@bseb.de

**Bundesverband Flächenheizungen e. V.
(BVF)**
Postfach 1020
58010 Hagen
Tel.: 02331/200850
Fax: 02331/200817
info@flaechenheizung.de

Bundesverband Flachglas e. V. (BF)
Mülheimer Str. 17
53840 Troisdorf
Tel.: 02241/8727-0
Fax: 02241/872710
info@bf-flachglasverband.de

**Bundesverband Freier Immobilien-
und Wohnungsunternehmen e. V.
(BFW)**
Kurfürstendamm 57
10707 Berlin
Tel.: 030/32781-0
Fax: 030/32781-299
office@bfw-bund.de

**Bundesverband Kalksandstein-
industrie e. V.**
Postfach 21 01 60
30401 Hannover
Tel.: 0511/27954-0
Fax: 0511/27954-54
info@kalksandstein.de

**Bundesverband Montagebau und
Fertighäuser e. V. (BMF)**
Flutgraben 2
53604 Bad Honnef
Tel.: 02224/9377-0
Fax: 02224/9377-77
m.schlechter@bdf-ev.de
info@bdf-ev.de

**Bundesverband öffentlich bestellter
und vereidigter sowie qualifizierter
Sachverständiger e. V. (BVS)**
Lindenstraße 76
10969 Berlin
Tel.: 030/25 59 38-0,
Fax: 030/25 59 38-14
bvs-ev@t-online.de

**Bundesverband Porenbeton-
industrie e. V.**
Postfach 1826
65008 Wiesbaden
Tel.: 0611/985044-0
Fax: 0611/809707
info@bv-porenbeton.de

**Bundesverband Rolladen +
Sonnenschutz e. V.**
Hopmannstr. 2
53177 Bonn
Tel.: 0228/952100
Fax: 0228/328099
Info@bv-rolladen.de

Bundesverband für Wohnungslüftung
Wasserstr. 26a
68519 Viernheim
Tel.: 06204/7086637
Fax: 06204/7086638
info@wohnungslueftung-ev.de

**Bundesvereinigung der Firmen im
Gas- und Wasserfach e. V. (FIGAWA)**
Marienburger Str. 15
50968 Köln
Tel.: 0221/3764830
Fax: 0221/3764861
Info@figawa.de

**Dachverband Deutscher Immobilien-
verwalter**
Mohrenstr. 33
10117 Berlin
Tel.: 030/30096790
Fax: 030/300967921
office@ddiv.de

Deutsches Energieberater-Netzwerk e. V.
Franziusstr. 8–14
60314 Frankfurt am Main
Tel.: 0180/5001560
Fax: 069/9043679-19
info@deutsches-energieberaternetzwerk.de
architekt-dannecker@t-online.de

DVGW Deutsche Vereinigung des
Gas- und Wasserfaches e. V.
– Technisch-wissenschaftlicher Verein –
Josef-Wirmer-Str. 1–3
53123 Bonn
Tel.: 0228/9188-5
Fax: 0228/9188-990
info@dvgw.de

Evangelisches Siedlungswerk in
Deutschland e. V.
Hans-Sachs-Platz 10
90403 Nürnberg
Tel.: 0911/223554
reiss-fechter@esw-bayern.de

DAI – Verband Deutscher Architek-
ten- und Ingenieur- Vereine e. V.
– Bundesgeschäftsstelle –
Keithstraße 2–4
10787 Berlin
Tel.: 030/21473174
Fax: 030/21473182
dai@architekt.de

Deutscher Fachverband Solarenergie
e. V. (DFS)
Bertoldstr. 45
79098 Freiburg
Tel.: 0761/2962090
Fax: 0761/2962099
Info@dfs.solarfirmen.de

Deutscher Fertigbauverband e. V.
Hackländerstraße 43
70184 Stuttgart
Tel.: 0711/23996-50
Fax: 0711/23996-60
info@dfv.com

Deutsche Krankenhaus Gesellschaft
Bundesverband der Krankenhausträger
in der Bundesrepublik Deutschland
Wegelystr. 3
10623 Berlin
dkgmail@dkgev.de

Deutscher Handwerkskammertag
(DHKT)
Postfach 11 04 72
10834 Berlin
Tel.: 030/206190
Fax: 030/20619460
Info@zdh.de

Deutscher Holzwirtschaftsrat (DHWR)
Bahnstraße 4
65205 Wiesbaden
Tel.: 0611/97706-0
Fax: 0611/97706-22
Mail@dhwr.de

Deutscher Industrie- und Handels-
kammertag (DIHK) e. V.
Breite Straße 29
10178 Berlin
Tel.: 030/20308-0
Fax: 030/20308-1000
kreikenbaum.dieter@berlin.dihk.de

Deutscher Mieterbund e. V.
Littenstraße 10
10179 Berlin
Tel.: 030/22323-0
Fax: 030/22323-100
info@mieterbund.de

Ring Deutscher Makler – RDM
Bundesverband e. V.
Littenstr. 10
10179 Berlin
Tel.: 030/27 57 26-0
rdm@rdm.de

Deutsches Volksheimstättenwerk e. V.
Bundesverband für Wohneigentum,
Wohnungsbau und Stadtentwicklung
Ernst-Reuter-Haus
Straße des 17. Juni 114
10623 Berlin
Tel.: 030/3904730
Fax: 030/39047319
Bund@vhw-online.de

Deutscher Bauernverband
Claire-Waldorff-Str. 7
10117 Berlin
Tel.: 030/31904 0
presse@bauernverband.net

Fachinstitut Gebäude-Klima e. V.
Danziger Str. 20
74321 Bietigheim-Bissingen
Tel.: 07142/54498
Fax: 07142/61298
haendel@fgk.de

Fachverband Baustoffe und Bauteile
für vorgehängte hinterlüftete
Fassaden e. V. (FVHF)
Kurfürstenstraße 129
10785 Berlin
Tel.: 030/21286281
Fax: 030/21286241
fvhf@fvhf.de

Fachverband Dampfkessel-, Behälter-
und Rohrleitungsbau e. V. (FDBR)
Sternstr. 36
40479 Düsseldorf
Tel.: 0211/49870-0
Fax: 0211/49870-36
Info@fdbr.de

Fachverband für Energie-Marketing
und -Anwendung (HEA) e. V. beim
VDEW
Am Hauptbahnhof 12
60329 Frankfurt
Tel.: 069/25619-134
Fax: 069/2799719-3
info@hea.de

Fachverband Luftdichtheit
im Bauwesen e. V.
Gottschalkstr. 28a
34127 Kassel
Tel.: 0561/4006825
Fax: 0561/4006826
info@flib.de

Fachverband Tageslicht und
Rauchschutz e. V. (FVLR)
Ernst-Hilker-Str. 2
32758 Detmold
Tel.: 05231/30959-12
Fax: 05231/30959-29
wolfgang.cornelius@fvlr.de

Fachverband Wärmedämm-Verbund-
systeme e. V. (FWV)
Fremersbergstr. 33
76530 Baden-Baden
Tel.: 07221/3009-890
info@fachverband-wdvs.de

Fachvereinigung Heizkostenverteiler
Wärmekostenabrechnungen e. V.
Tiefenbachstr. 31
70329 Stuttgart
Tel.: 0711/40961-0
webmaster@fachvereinigungev.de

Fachvereinigung Leichtbeton e. V.
Sandkauler Weg 1
56564 Neuwied
Tel.: 02631/22227
Fax: 02631/31336
Info@leichtbeton.de

GDI Gesamtverband Dämmstoff-
industrie
Luisenstr. 44
10117 Berlin
Tel.: 030/27594451
Fax: 030/28041956
info@gdi-daemmstoffe.de

GdW Bundesverband deutscher
Wohnungs- und Immobilien-
unternehmen e. V.
Postfach 33 07 55
14177 Berlin
Tel.: 030/824 03-0
Fax: 030/824 03-199
mail@gdw.de

GHI Bundesverband e. V.
Gebäudeenergieberater, Ingenieure,
Handwerker
Industriestr. 4
70565 Stuttgart
Tel.: 0711/49047740
Fax: 0711/49047741
info@gih-bv.de

**Hauptverband der Deutschen
Bauindustrie e. V.**
Kurfürstenstr. 129
10785 Berlin
Tel.: 030/21286-0
Fax: 030/21286-240
bauind@bauindustrie.de

**Hauptverband der deutschen Holz
und Kunststoffe verarbeitenden
Industrie e. V.**
Flutgraben 2
53604 Bad Honnef
info@hdh-ev.de

Haus & Grund Deutschland
Zentralverband der deutschen Haus-,
Wohnungs- und Grundeigentümer e. V.
Mohrenstr, 33
10117 Berlin
Tel.: 030/20216-0
zv@haus-und-grund.net

**Herstellerverband Raumlufttechnische
Geräde e. V. (RLT)**
Eisenbahnstr. 42
82110 Germering
Tel.: 06782/9999-33
Fax: 06782/9999-10
kaup@howatherm.de

**Industrieverband Anorganische
Dämmstoffe IVAD**
Eremitenweg 23
82131 Gauting
Tel.: 089/8505282
Fax.: 089/8505282
hadlich@ivad.de

ivd Immobilienverband Deutschland
Bundesgeschäftsstelle
Littenstr. 10
10707 Berlin
Tel.: 030/27 57 260
Fax: 030/27 57 2649
info@ivd.net

**Industrieverband Hartschaum e. V.
(IVH)**
Kurpfalzring 100 a
69123 Heidelberg
Tel.: 06221/776071
Fax: 06221/775106
Info@ivh.de

**KSD Katholischer Siedlungsdienst e. V.
Bundesverband für Wohnungswesen
und Städtebau**
Reinhardtstr. 13
10117 Berlin
Tel.: 030/28093650
Fax.: 030/28093651
BUS@KSD-eV.de

Kommissariat der Deutschen Bischöfe
Katholisches Büro
Hannoversche Str. 5
10115 Berlin
Tel.: 030/28878-132 oder -133
gabler@kath-buero.de

**Mineralölwirtschaftsverband e. V.
(MWV)**
Steindamm 55
20099 Hamburg
mwv@compuserve.com

**UNION BERATENDER
INGENIEURE e. V. – U.B.I.-D. –**
Bundesverband freiberuflicher Ingenieure
Edelsbergstr. 8
80686 München
Tel.: 089/57007-0
Fax: 089/57007260
Verband@t-online.de

Verband Deutscher Maschinen- und
Anlagenbau e. V. (VDMA)
Lyoner Str. 18
60528 Frankfurt/Main
vdma@vdma.org
hartmut.tembrink@vdma.org

Verband Deutscher Grundstücks-
nutzer (VDGN) e. V.
Irmastr. 16
12683 Berlin
Tel.: 030/650190-20
Fax: 030/650190-29
info@vdgn.de

Verband der Fenster- und Fassaden-
hersteller e. V.
Walter-Kolb-Str. 1–7
60594 Frankfurt am Main
Tel.: 069/95 50 54-0
Fax: 069/95 50 54-11
vff@window.de

Verband der Elektrizitätswirtschaft
– VDEW – e. V.
Hauptgeschäftsstelle
Stresemannallee 23
60596 Frankfurt a. M.
Tel.: 069/6304-1
Fax: 069/6304-289
info@vdew.net

Verband kommunaler Unternehmen
(VKU)
Brohler Str. 13
50968 Köln
Tel.: 0221/3770-0
Fax: 0221/3770-226
info@vku.de

Verband Unabhängig Beratender
Ingenieure und Consultants e. V.
(VUBIC)
Wallstraße 23/24
10179 Berlin
Tel.: 030/278732-0
Fax: 030/278732-20
Info@vubic.de

Verband Wohneigentum e. V.
(vormals Deutscher Siedlerbund e. V.
Gesamtverband für Haus- und
Wohneigentum)
Neefestraße 2a
53115 Bonn
Telefon: 0228/6 04 68 20
Telefax: 0228/6 04 68 25
bund@verband-wohneigentum.de

Verband Deutscher Kälte-Klima-
Fachbetriebe e. V. (VDKF)
Kaiser-Friedrich-Straße 7
53113 Bonn
Tel.: 0228/24989-0
Fax: 0228/24989-40
info@vdkf.org

Verband Beratender Ingenieure – VBI –
Bundesgeschäftsstelle
Budapester Straße 31
10787 Berlin
Tel.: 030/26062-0
Fax: 030/26062-100
vbi@vbi.de

Verband für Wohnungslüftung e. V.
Am Heiligen Kreuz 8
29211 Celle
Tel./Fax: 05141/214511
Wohnungslueftung-ev@otelo-online.de

Verband kommunaler Unternehmen e. V.
Hausvogteiplatz 3–4
10117 Berlin
Tel.: 030/203199-33
Fax: 030/203199-10
wuebbels@vku.de

Verbraucherzentrale Bundesverband e. V. (VZBV)
Markgrafenstraße 66
10969 Berlin
Tel.: 030/25800-0
Fax: 030/25800-518
info@vzbv.de

Verein Deutscher Ingenieure e. V.
– VDI –
Postfach 10 11 39
40002 Düsseldorf
Tel.: 0211/6214-0
Fax: 0211/6214-575
info@vdi.de

Vereinigung der deutschen Zentralheizungswirtschaft e. V. (VdZ)
Josef-Wirmer-Str. 1–3
Haus 1
53123 Bonn
Tel.: 0228/68848-0
Fax: 0228/68848-29
info@vdzev.de

Vereinigung Freischaffender Architekten Deutschlands e. V. (VFA)
– Bundesgeschäftsstelle –
Turmstraße 33
10551 Berlin
Tel.: 030/394940-19
Fax: 030/394940-39
info@vfa-architekten.de

Zentralverband des Deutschen Baugewerbes e. V. (ZDB)
– Hauptgeschäftsführung –
Kronenstraße 55–58
10117 Berlin
Fax: 030/20314-419
bau@zdb.de

Zentralverband des Deutschen Dachdeckerhandwerks
Fritz-Reuter-Str. 1
50968 Köln (Bayenthal)
zvdh@dachdecker.de

Zentralverband Deutscher Ingenieure e. V. (ZDI)
Edelsbergstr. 8
80686 München
Tel.: 089/57007-0
info@zdi-ingenieure.de

Zentralverband der Deutschen Elektro- und Informationstechnischen Handwerke (ZVEH)
Lilienthalallee 4
60487 Frankfurt
Tel.: 069/247747-0
Fax: 069/24774719
zveh@zveh.de

Zentralverband des Deutschen Handwerks
Mohrenstr. 20–21
10117 Berlin
Tel.: 030/20619-0
Fax: 030/20619-460
info@zdh.de

Zentralverband Elektrotechnik- und Elektronikindustrie e. V. (ZVEI)
– Geschäftsführung –
Postfach 70 12 61
60591 Frankfurt am Main
Tel.: 069/6302-0
Fax: 069/6302-317
zvei@zvei.org

Zentralverband Deutscher
Schornsteinfeger e. V. (zds)
Konrad-Zuse-Str. 19
99099 Erfurt
Tel.: 0361/789510
info@zds-schornsteinfeger.de

Zentralverband Haustechnik e. V.
(ZVH)
Hochstraße 115
58095 Hagen
Tel.: 02331/200843-44
Fax: 02331/200840-45
Zvh@zv-haustechnik.de

Zentralverband Sanitär, Heizung,
Klima (ZVSHK)
Rathausallee 6
53757 Sankt Augustin
Tel.: 02241/9299-0
Info@zentralverband-shk.de

Klima-Bündnis/Allianza del Clima e. V.
European Coordination Office
Galvanistraße 28
60486 Frankfurt
Tel.: 069/70790083
europe@klimabuendnis.org

Anhang 18

Sachverständige Stellen im Sinne von § 5 Abs. 1 S. 2 HeizkostenV

1. Wärmetechnisches Institut
   Steinbeis-Transferzentrum – Fachhochschule Mannheim
   Sachverständige Stelle A2 für Heizkostenverteiler
   Windeckstraße 110
   68163 Mannheim
   Tel. 0621/292-6521 Prof. Dr.-Ing. Stefan Faulhaber
   -6520 Klaus Keller
   Fax 0621/8413- 971
   eMail: faulhaber@wti-mannhem.de

2. Institut für Kernenergetik und Energiesysteme (IKE)
   www.ike.uni-stuttgart.de
   heißt jetzt: Institut für Gebäudeenergetik (IGE)
   Universität Stuttgart
   Lehrstuhl für Heiz- und Raumlufttechnik
   Pfaffenwaldring 31
   70569 Stuttgart
   Tel. 0711/685-2138
   Fax 0711/685-2010
   Tel. 0711/685-2084 Prof. Dr.-Ing. Michael Schmidt
   Fax 0711/685-2096
   eMail: michael.schmidt@ige.uni-stuttgart.de

3. WTP Wärmetechnische Prüfgesellschaft mbH
   www.wtp-berlin.de
   unter gleicher Anschrift auch:
   WeBeS Wärmeenergie Beratung Service GmbH
   eMail: webes@t-online.de
   Oranienstraße 161
   10969 Berlin
   Tel. 030/61 69 430 Dr.-Ing. Martin Konzelmann/Dipl.-Ing. Wolf-Dieter Geisenheimer
   Tel. 030/61 69 432-0 Prof. Dr. Günter Zöllner
   Fax 030/61 48 052

Sachregister